Popular Theater for Social Change in Latin America:

Essays in Spanish and English

UCLA Latin American Studies

Volume 41

Series Editor

JOHANNES WILBERT

Popular Theater for Social Change in Latin America

Essays in Spanish and English

GERARDO LUZURIAGA, Editor

UCLA LATIN AMERICAN CENTER PUBLICATIONS

University of California, Los Angeles

UCLA Latin American Center Publications

University of California, Los Angeles

Copyright © 1978 by The Regents of the University of California
All rights reserved
Library of Congress Catalog Card Number: 77-620071
ISBN: 0-87903-041-0
Printed in the United States of America

This anthology was developed partly with the financial
support of the Latin American Center, University of California,
Los Angeles, through grants from the Agency for International
Development and the UCLA Academic Senate. The information
and conclusions contained herein do not necessarily reflect
the positions of the supporting institutions.

Grateful acknowledgment is made for permission to print the following:
Selections from:
Anales de Literatura Hispanoamericana, Augusto Boal's *Categorías
de teatro popular,* Enrique Buenaventura, *El Comercio* (Lima),
*Conjunto, Crisis, The Drama Review, EAC, Journal of the Folklore
Institute, Latin American Theatre Review, Letras Nacionales,* and
Primer Acto

Photographs:
Paulo de Carvalho-Neto, Nereo (Bogotá), Festival de
Manizales, Teatro Experimental de Cali, Grupo Rajatablas,
Theodore Shank, Grupo Ollantay, C. M. Suárez Radillo

A Sharon, David,
Esteban y Patricio

Quienes dicen que el arte no debe propagar doctrinas, suelen referirse a doctrinas contrarias a las
suyas.

Jorge Luis Borges
"El primer Wells," *Otras inquisiciones*

God help any regime—and God help any rebellion
—that depends heavily on its artists! They are on
the whole, not a dangerous lot, as Plato thought,
but a useless lot.

Eric Bentley
The Theatre of Commitment

Las élites consideran que el teatro no puede ni
debe ser popular. Nosotros pensamos que no sólo
el teatro debe ser popular, sino que también debe
serlo todo lo demás: especialmente el Poder y el
Estado, los alimentos, las fábricas, las playas, las
universidades, la vida.

Augusto Boal
Categorías de teatro popular

Contents

PRELIMINARY NOTE

Because of the bilingual nature of this anthology, and so that a reader with a command of either English or Spanish can benefit from the contents of the book, the following arrangement has been adopted. Each essay is preceded by a brief introductory statement by the editor incorporating a summary of the essay and general background information. The statement appears in English if the article is written in Spanish, and in Spanish if the article is in English.

NOTA PRELIMINAR

Por tratarse de una recopilación bilingüe de estudios, y con el fin de que todo lector que domine ya sea el inglés ya el castellano, se pueda informar sobre el contenido de todo el libro, se ha adoptado el siguiente sistema: cada uno de los capítulos va precedido de un resumen y a veces también de una breve explicación de antecedentes, escrito en castellano si el artículo está en inglés, y viceversa, a cargo del recopilador.

Preface

Esta publicación es el resultado de un estudio iniciado en 1972 sobre "Las artes dramáticas como instrumento educativo con fines de cambio social en América Latina." En este prefacio se indican los objetivos de ese estudio y las principales actividades relacionadas con él. Asimismo, y como justificación histórica de dicho estudio, se ofrece un rápido recuento cronológico de las principales manifestaciones del teatro educativo a lo largo de la historia latinoamericana a partir de la llegada de los conquistadores ibéricos, del que se desprende el importante y sostenido papel desempeñado por ese tipo de teatro, así como el estrecho vínculo que liga lo educativo y lo político. A continuación se considera el teatro educativo, el teatro político y el teatro popular como elementos de una misma tríade en que el uno equivale a los otros dos. Finalmente vienen las observaciones de rigor: naturaleza y origen de los estudios, enfoque y organización de la antología, así como reconocimientos y agradecimientos.

This publication is the result of a research project begun in the summer of 1972 with the sponsorship of the UCLA Latin American Center, and under the initial inspiration of Professor John E. Englekirk of the UCLA Department of Spanish and Portuguese. (Not long afterward Professor Englekirk retired, and thus the development of the project, and particularly of this anthology, became my sole responsibility.) The project was entitled "The Dramatic Arts as Instruments of Education for Social Change in Contemporary Latin America." Its objectives were, first, to document and analyze the role of the theater and other dramatic and paradramatic arts, such as cinema, television, dance, and song, as pedagogical tools for literacy and health campaigns, occupational and citizenship training, and also as motivational agents for social change; second, the project attempted to assess the techniques and the effectiveness of current dramatic arts activities, both within and without the official educational process. The geographical area to be studied was, initially, only the Greater Caribbean (the islands and the surrounding continental countries), although it was hoped eventually to canvass all of Latin America, as in fact proved feasible. Chronologically, the emphasis would be on the twentieth century, and more precisely, on the last twenty-five years. As for the generic range of the "dramatic arts," the project would focus on the theater, whether the folkloric or the experimental, for children or for adults, in the rural areas or in the cities.

To these ends, a number of activities were carried out, among which the following stand out. During 1972–73 several individuals undertook exploratory trips to almost every Latin American country for the purpose of gathering documentation and establishing contacts toward a possible coordination of efforts with similar programs in those countries. A number of Latin American theater personalities, and even a theater group, who happened to be in or near Los Angeles, were invited to lecture or perform at UCLA. In June 1973 a symposium on the general theme of the project was conducted, also at UCLA, with scholars from universities around the country participating.

The historical background for the project can be outlined as follows. Theater has played a very important educational role in Latin American history. The Spanish and Portuguese conquerors and colonizers brought the theater with them to the New World. The indigenous Americans had already developed a theater of their own, mostly dance dramas and ritual ceremonies in homage to their gods and in commemoration of the great events of the past. The Inca Garcilaso de la Vega held that in Peru the theater was used to teach agrarian techniques. Spain and Portugal seized on the theater as an immediate and practical instrument with which to Christianize the Indians and to teach them a new language, as well as to make them loyal subjects of the crown. In one of his plays, Rodolfo Usigli suggests that the miracle of Guadalupe could have been no more than an auto staged with the approval of the highest Spanish authorities in order to convert, appease, and unite the insubordinate aborigines, the effect of the stratagem being the real miracle. Plays were written and performed in both the indigenous and European languages, for Indian and mestizo audiences, down through the colonial years. *Ollantay,* it is alleged, was written in Quechua in the 1780s to awaken pride in native history and tradition, and to incite the Indians to support the rebellion under Túpac Amaru.

With Independence and romanticism, José M. Heredia of Cuba, Camilo Henríquez of Chile, and others turned to the theater as a means of creating a national awareness among the "newborn" nations. José Trinidad Reyes of Honduras wrote his historical plays and *pastorelas* for the schoolchildren under his charge; his message was so effective that his theater became part of the folklore of the young struggling country. Toward the close of the century, with the emergence of the working class and workers' associations (such as mutual benefit societies and the socioculturally oriented "philharmonic societies"), dramatists created plays of social protest in an effort to alert the people to the need for a more just social order. The Mexican Revolution first caught the full imagination of the urban masses in the thoroughly Mexican dramatization of characters, events, and aims of the

movement presented in the tent shows and music halls of the capital during
the very heat of the years of conflict. Later, under José Vasconcelos and
Reconstruction, the Ministry of Education used the theater as a tool to
combat illiteracy, to propagate revolutionary ideals, and to unite a fragmented people under a common natiónal goal. Between the second and the
fifth decades of this century, under the influence of the newly created
Socialist and Communist parties and of the Russian Revolution, the theater
was used by several organizations either as an enticing attraction to attend
political meetings or as a means of direct and indirect ideological indoc-
trination, particularly in Chile, Argentina, and Mexico. In Chile the following examples come to mind: Luis Emilio Recabarren, a political leader,
promoter of workers' theater groups, and author of plays himself; the
playwrights Antonio Acevedo Hernández and the lesser known José Segundo
Castro and Francisco Hederra Concha; the theater group Leon Tolstoy in
Valparaíso; and the many groups belonging to the Chilean Workers Federa-
tion, which in 1926 held a contest of performances (probably one of the
earliest festivals of workers' theater on this continent). In Buenos Aires,
there were Leónidas Barletta and his Teatro del Pueblo (created in 1930)
and the groups Teatro Proletario and Teatro Juan B. Justo (an arm of the
Socialist Party). A Mexican example is the Teatro de Ahora, founded in
1932 by dramatists Mauricio Magdaleno and Juan Bustillo Oro.

During the 1950s and 1960s several local and national governments, like
those of Puerto Rico, Mexico, Guatemala, and Peru, designed—but not all
implemented—campaigns to reduce illiteracy, sickness, and ignorance
especially in rural areas, in which the theater and sometimes also the cinema
were utilized. Ministries of Education everywhere have long given great
importance to the *teatro infantil* and have published collections of plays for
children, both didactic and mainly entertaining. In the early 1960s, farmers
in northern Brazil were instructed, via the theater, in the use of new planting
techniques and new insecticides. In 1963 the international Moral Rearma-
ment movement brought to Brazil a play called *The Tiger* for the purpose
of combating Communism and promoting a book authored by the founder
of the movement, which once read—the audience was told—produced
excellent and immediate results leading to a more moral life.

Student and noncommercial or *independiente* groups have used the
dramatic arts as a weapon in their fight for reform, with uneven fortune
against repression and censorship. The experimental theater has gained
strength steadily during the past two decades in its struggle for a more
modern and more socially responsive art form. The collective method of
creation and the documentary theater, employed as an investigative medium
in connection with national or international issues of relevance, are distinct
features of the independent and experimental scene. Since the latter part of
the 1960s the pedagogic philosophy of Paulo Freire has been reflected in the

theater, first in Brazil, then in Chile, Argentina, Colombia, Peru, and other countries. Thus the *teatro de concientización* came to be a term in the parlance of the noncommercial theater. With the examples of Castro's Cuba in the early sixties, where the government expended considerable talent, effort, and resources on the theater, and subsequently of Manizales, Colombia, international theater festivals have become ubiquitous and very popular, and also a nuisance to many a government. For the first time since the advent of the movies, the festival theater can compete in popularity with bullfights and soccer matches, notably in Colombia. Not too surprisingly, there are children's theater festivals—some of them quite distant from the customary fantasy-filled fare—and the Chile of Frei and Allende saw a vigorous festival of workers' theater. There is no doubt that those who battle for social reform and have no access to other media have seized on the theater as *their medium* of communication and *concientización* at a more or less massive level. Obviously those artists are convinced that, although they cannot bring about immediate social changes by themselves, they do make people think; and it is when people think that change becomes possible. They certainly trust they are not a useless lot, as the well-known theater critic Eric Bentley believes, but an effective one, as Plato feared.

At least two conclusions can be drawn from this outline. First, the theater has played an important and sustained role in the changing social scene of Latin America; in few other areas of the world—perhaps Spain, Russia, Japan, and China—has this phenomenon been so remarkable. Second, the terms "educational" and "political" are very closely related. The second conclusion deserves some elaboration. Indeed, without resorting to any attempt at definition, which might result in illusory casuistry, and without taking refuge in the postulate cherished by many that all theater is political, it is not difficult to see that any kind of theater, just as any kind of education, is conditioned by a given set of historical factors—cultural, social, economic, and political—because it takes place at a very definite stage in history, in a very definite society. Deep in their hearts, teachers and theater directors or groups either approve of their society or condemn it, and their activity cannot but reflect those basic attitudes and ideologies. In this sense, there is no neutral teaching or entertaining. Teaching and entertaining do have an overt or implicit transcending purpose. Teaching the alphabet goes beyond teaching the alphabet: whatever the method used, it implies a concept of man and society. It does make a difference, for example, whether illustrations are linked to real everyday life or to a falsified world, whether the student learns to spell "malaria" or "Mickey Mouse," "slum" or "skiing." Entertaining children with Little Red Riding Hood stories or with scenes relating the problems of national agrarian reform, as in Colombia where I have seen agrarian reform as the main theme in puppet theater shows, does have a different purpose, which in either case goes beyond the theater and aesthetics.

In the specific instance of contemporary Latin America, this close connection between the educational and the political appears all the more evident when studying any manifestation of theater which attempts to have an effect on social development. Obviously, most manifestations of this sort are socially oriented toward reform or revolution, while others attempt to inculcate the cultural values of the existing social order upon the potentially rebellious members of society.

The educational theater and the political theater are but two sides of a triangle whose complementing base is the popular theater. The educational and political theaters are aimed at those worth "politically educating," namely the popular audiences: the young, the lower class. To pursue this geometrical metaphor, it could be said that this theatrical triangle is an equilateral one: the popular component, therefore, is equivalent to either the educational or the political. Again, just as people would take issue about the meaning of "educational" or "political," depending on their own ideological viewpoint, here too they would argue about the notion of "popular," as opposed, for instance, to "populist." In fact, this theme is one of the most widely discussed in the theater of contemporary Latin America, as will be seen in the contents of this anthology.

The book is a collection of a diverse nature. There are essays, reports, interviews, and collages covering a majority of the Latin American countries and the related Chicano area. Some are theoretical and methodological essays, some are panoramic descriptions, a few are historical accounts, and others are case studies or reports. Most of them support a new social order, a few, the status quo. All of them stress the theater in its scenic or theatrical practice, not in its literary denotation; in view of this unifying character, some good articles analyzing individual plays, which were originally considered for inclusion, were omitted from this volume. A number of the contributions contained here are direct products of activities generated by the original research project. The remainder are previously published authoritative studies reprinted here to widen the scope of the book as a whole.

Rather than organizing the articles in terms of their relationship to popular, educational, or political themes—which, considering the conceptual interconnections discussed above, would have been grossly artificial— I have structured them according to categories ranging from the conceptual and panoramic to the descriptive and specific. A select bibliography on popular theater, television, and song of contemporary Latin America is included at the end.

I want to express my appreciation to Professor Johannes Wilbert, Director of the UCLA Latin American Center, for his receptiveness to the idea of this publication. Grateful acknowledgment is also made to Professor John E. Englekirk for having conceived and designed the original project from which the book developed. And my most enthusiastic gratitude goes to all the contributors for their generous participation.

G.L.

University of California, Los Angeles
March, 1976

Parte I

Teoría y Métodos

1

El Teatro Popular:
Consideraciones Históricas
e Ideológicas

DOMINGO PIGA T.

Few topics dealing with the arts have elicited more interest and discussion in Latin America today than that of the popular theater. State and local agencies, public and private institutions, and official and independent theater groups everywhere seem to be devoting a great deal of effort to this kind of theater. One of the reasons for this phenomenon may be the exhaustion of the traditional forms of theater, the so-called crisis of the bourgeois theater; another explanation, more important perhaps, is the desire to find new forms that respond to the stronger demands voiced by the popular segments of Latin American society.

Much has been written in recent years about popular theater, but most of this has only added to the confusion and dogmatism built into such discussions. Conscious of this situation, in the article that follows, Domingo Piga T. seeks to arrive at a concept of popular theater that would help to uncloud the problem and that would satisfy most readers.

He begins with a historical and ideological review of popular theater. He points out, for instance, that the expression "popular theater" arose only in the last century in France, although some forms of popular theater existed long before, such as the Atellan farces among the Romans and the morality plays of the Middle Ages. He ascertains that, through the centuries, the characteristics of the popular theater have included its morally and culturally edifying content, social criticism, and a point of view

El presente trabajo se publicó por entregas semanales, con el título de "Teatro Popular," en la sección Dominical del diario *El Comercio* (Lima), a partir del 20 de octubre de 1974, y se reproduce aquí con breves cambios editoriales y con la debida autorización.

supporting class struggle. As for the form, realism has prevailed. The author also examines the educational and political derivations of popular theater, particularly in connection with the Piscator experiments.

A common disguise for popular theater and culture, namely populism, is also studied, as well as the relationship between audience and stage. A recent characteristic of the popular theater, especially in Latin America, is collective creation, which has become the necessary answer to the incapacity of the traditional dramatist to create in accord with the needs of the times and the people. The role of the playwright and problems associated with the collective method are analyzed.

The author espouses a kind of popular theater which is both entertaining and transformational, in the sense that it gives pleasure and also prepares the public to be part of a real social change.

The historical segment of the essay focuses on Western Europe theater, while the conceptual references to the contemporary popular theater deal with both Europe and Latin America. There is no mention of the indigenous forms—of pre-Columbian origin—of popular Latin American theater.

Historia

Pocos temas tienen tanta actualidad, en el ámbito del arte, como el teatro popular. El interés que suscita se debe en parte al cansancio que sufren las formas tradicionales, como asimismo al ansia real de encontrar una expresión nueva que dé respuesta al pensamiento y a la acción de las nuevas generaciones.

En cuanto a la forma, nueva o novedosa, de expresión de ideas eternas, el llamado vanguardismo ha sido el campo fructífero en donde han incursionado los individualistas, los mártires de la angustia y de la incomunicación. Su producción es de consumo restringido, reservada a élites de la burguesía, que encuentran en la abstracción, en el hermetismo y en la incoherencia la satisfacción de sus necesidades estéticas. Ahí están los puristas, elegidos por decantación cultural, que se entregan de lleno a jugar dentro de un círculo tan cerrado, como hermética es su concepción. Pero no es éste el teatro que nos preocupa, aunque sea de forma y estructura nuevas, muy actual y extraordinariamente inteligente, ya que representa la antípoda de lo popular y sirve sólo a una élite intelectual.

Cabe, entonces, preguntarnos: ¿qué es lo popular? Todos hablan de Teatro Popular, seguros de tener la verdad única en la mano. Todo aquel que hable, o haga, o escriba, o piense, o enseñe, o edite, o de alguna manera se relacione con teatro popular, cree tener la verdad única, dogmática y no admite, bajo pretexto alguno, la ideología, la opinión, la posición o verdad de otros.

Por esto queremos plantear, primeramente, algunos criterios de orden ideológico e histórico, para, luego, al través de las experiencias, poder acercarnos a un concepto que satisfaga a todos, buscando características, convergencias, constantes del o de los teatros populares.

Aclaramos previamente que la expresión misma "teatro popular" es reciente. Los franceses, cartesianos de pura sangre, le dieron el bautismo. Son ellos Romain Rolland, Eugêne Pottecher y Fermín Gémier, autores, directores y actores de fines del siglo pasado y comienzos de éste. Ellos son los que por primera vez en la historia hablaron de teatro popular como una forma especial del teatro con una orientación ajena en lo artístico y de connotación socio-económico-política. Para ellos es la respuesta de la Revolución Francesa en lo que a teatro se refiere. Frente a los cambios estructurales (políticos, económicos y administrativos) daban esta respuesta superestructural, como burguesía progresista decimonónica.

Al surgir el proletariado, en el juego dialéctico de la sociedad, en contraposición a la burguesía capitalista, surgieron también sus necesidades de orden artístico. Al aumentar la producción con el auge del desarrollo industrial, el proletariado se convirtió en poder consumidor. Por ello, la burguesía progresista y culta se preocupó de que esas masas ciudadanas tuvieran acceso a un patrimonio artístico que, hasta un cercano ayer, había pertenecido a las clases privilegiadas. Esta democratización del teatro, generó la nueva concepción teatral que orientaba su acción hacia el pueblo.

Un teatro del pueblo, por el pueblo y para el pueblo, decía Romain Rolland. Claramente se ve el origen de la fundamentación de ese teatro para fines del siglo XIX, surgiendo de la revolución liberal del siglo XVIII. Bastaba hacer accesibles los espectáculos a las grandes masas, con títulos importantes del teatro universal de todos los tiempos y a precios bajos. A las obras se les exigía un contenido de elevación ética y exaltación de los grandes valores de la humanidad. Hasta hoy, en los países europeos, se piensa en un teatro popular definido por tres características: grandes autores, amplias salas, precios bajos. Se trataba de atraer, como espectador, al naciente proletariado de empleados y obreros. Teatros como el Théâtre National Populaire de París, el de Lyon, el de Villeur Banne de Saint Etienne, Strasbourg, el Piccolo Teatro della città di Milano, el Teatro Popolare de Vittorio

Gassman, para citar algunos ejemplos, tienen estas características. En las tres últimas décadas han ampliado su público al estudiantado.

En América Latina también se da este tipo de teatro popular, basado en los principios ideológicos de la burguesía francesa del siglo pasado. Los hay en Colombia, Perú, Argentina, Chile, México, Ecuador, Brasil. Adoptan a veces el nombre de Teatro Popular o el de Teatro Nacional Popular. En general, esos teatros realizan una labor de difusión, que es típicamente paternalista. Son compañías estatales, municipales, de iniciativa privada, universitarias, comerciales o de aficionados. No hacemos una crítica ni emitimos un juicio acerca de la ideología en que se basan estos teatros, como tampoco de su contemporaneidad y vigencia. Por el momento nos limitamos a señalar la forma y expresión de ese teatro que, desde hace noventa años, se llama popular.

En este artículo nos referiremos, de manera especial, a las diversas formas y tendencias teatrales que, desde el momento señalado en párrafos anteriores, tomó el apellido de popular. Acotamos que el teatro, el gran teatro, el que ha marcado una época y transcendido en la historia, desde el ignoto momento en que un cultor dionisíaco cantó y bailó solo, ha sido siempre popular. Decimos popular en un amplio sentido, en que sus temas (problemas) y sus personajes (conflictos), se identificaban plenamente con el público, por lo menos con la inmensa mayoría de la población. Era un teatro en el cual se producía la identificación del público con el creador del espectáculo y no había discrepancias.

Tenían, también, visos de popular esas representaciones que satisfacían los gustos, apetitos de las masas romanas—la fábula o comedia atelana—como mera entretención, o mejor, usemos la palabra justa, distracción. Los elementos de esas burdas expresiones eran: violencia, sangre y sexo reales, no de ficción, y en un marco de comunicación verbal que caía en la más baja escatología. En esos momentos, siglos I y II A.C., ni la comedia ni la tragedia (griegas o latinas) eran del gusto romano. Dos siglos antes, comedias y tragedias habían sido las más puras expresiones populares, a las que accedía toda la masa ciudadana. Aun cuando por su género y contenido pudieran parecernos proclives al gusto de las mayorías, las comedias de Menandro en Grecia y de Terencio y Plauto en Roma, nunca gozaron de la presencia ni del aplauso de las grandes mayorías.

El teatro religioso medioeval—moralidades, autos sacramentales, laudas y misterios—tuvo como público a la totalidad de los habitantes de los burgos, villas y castillos. Eran espectáculos en los que la identificación era absoluta. El público participaba del fenómeno teatral con plena entrega, en comunión emocional, ideológica y de fe, sin discrepancias.

Desde el Renacimiento, momento en que el teatro retoma los modelos, de forma y contenido, de la cultura greco-latina, pierde la adhesión de las mayorías y pasa a ser delicado manjar en la mesa de unos pocos elegidos.

En el período del Iluminismo, mediados del siglo XVIII, entre los enciclopedistas y demás intelectuales del racionalismo liberal, precursores de la Revolución Francesa, empezó la preocupación por dar compromiso social, en sus contenidos, a la obra dramática. En particular debemos hacer mención de Diderot y de Juan Jacobo Rousseau. Volvían su mirada al mundo griego para exaltar las grandes fiestas del teatro en las que participaba todo el pueblo. Con nostalgia analizaban los temas de alto vuelo cívico y ético de las tragedias, enraizadas en el más puro acervo cultural de la ciudad griega. Esas tragedias se representaban al aire libre, bajo el sol mediterráneo, para miles de espectadores. Comparaban ese teatro con la mezquindad del que escribían sus contemporáneos del siglo XVIII y que representaban en "oscuras prisiones con fines de lucro y avaricia." Ellos veían, hace dos siglos, con criterio que es válido para nosotros en este momento, las cualidades educativas y de fiesta del pueblo que tiene el teatro.

J. J. Rousseau en su "Carta acerca de los espectáculos" dirigida a D'Alambert, 1758, habla de que el teatro debe ser una fiesta para todo el pueblo. Y agrega el concepto de libertad, tan grato a todos los pensadores pre-revolucionarios, de todo el pueblo reunido, expresando su regocijo y bienestar. Iba más allá, mucho más allá de sus compatriotas que un siglo después hablarían de teatro popular, lanzando la idea de convertir a los espectadores en actores, en creadores también del espectáculo de arte, a fin de que se sintieran reunidos participando de la fiesta de todos.

Diderot hacía suyas estas ideas ("Segunda conversación sobre el hijo natural," 1757), y las ampliaba en una línea estética, pues Rousseau veía el teatro con una finalidad más bien educativa.

Estas dos características exigidas al teatro hace más de dos siglos, son hoy dos constantes vivas del más puro teatro popular: espectáculo-fiesta y participación creciente y determinante del público. Era la equivalencia entre el acceso a la libertad y el acceso a la cultura, conquistas obtenidas por la Revolución Francesa y previstas por sus precursores.

Hoy se ha consagrado por las Naciones Unidas el derecho a la educación y a la cultura. Nosotros alzamos una nueva bandera que es el derecho del hombre a la entretención. A la entretención entendida, no como diversión, sino como arma de transformación de la sociedad, o sea un concepto revolucionario y dialéctico.

Los herederos de la ideología de la Revolución Francesa pusieron en la práctica, en forma de sociedad de teatro popular, compañías y salas teatrales, lo que Diderot y Rousseau y demás revolucionarios de fines del siglo XVIII, pensaron que debía ser el teatro. La primera sala con nombre de teatro popular en París, empezó sus representaciones el 3 de diciembre de 1899 (antes E. Pottecher había creado un teatro popular en Bussang en 1895). Era una sala pequeña, con un escenario de 4 x 4 mts., con capacidad para poco más de 300 personas. Distaba mucho de la ambición de la fiesta popular para decenas de miles de espectadores. La sociedad que lo organizó se llamaba Cooperación de Ideas. El público era de obreros de los sindicatos y sus familiares. Los precios eran bajísimos y las obras todas de autores franceses, la mayoría inéditas—200 títulos en tres años.

El público que asistía no era el habitual de los teatros parisinos y, como todo público virgen, veía en el escenario más que ficción y creación de actores, según la simpatía o antipatía que despertara el personaje que representaban.

Escribía Romain Rolland: "Entre los que se dicen representantes del teatro popular existen dos bandos totalmente opuestos. Uno que quiere dar al pueblo el teatro tal cual es, como es en sí, y el otro que quiere hacer surgir de esta fuerza nueva, el pueblo, una forma de nuevo arte, de nuevo teatro. Los primeros creen sólo en el teatro, los segundos ponen sus esperanzas en el pueblo. Nada hay de común entre ellos. Unos son campeones del pasado, los otros, del porvenir."

El ejemplo francés fue puesto en práctica en numerosos países de Europa: Bélgica, Alemania, Italia. Salas modestas, en las que casi siempre actores de poco oficio representaban, junto a dramas valederos, melodramas sin valor y obras de tesis en las que se exaltaba la libertad, las luchas de la clase trabajadora y las injusticias que sufría el proletario, todo esto de un modo más o menos idealizado. También los temas históricos cuyo contenido heroico servía para realzar las figuras que lucharon contra las tiranías, fueron objeto de las preferencias de los directores de estos teatros populares. Todos esos teatros llevaron una vida lánguida, sin ayuda oficial y sostenidos, más que por el apoyo de las masas populares, por el entusiasmo y la pasión de quienes los dirigían.

Características

Acotamos que lo que se entiende y hace como teatro popular en casi todo el mundo hasta la fecha, es lo mismo que se entendía y hacía en Europa a fines del siglo pasado. Por supuesto que hay variantes de orden técnico, de producción, de temas y de maneras de hacer accesibles los espectáculos al público. Es por eso que queremos destacar, después del examen histórico, algunos conceptos y experiencias realmente nuevos dentro del marco ideológico de lo popular.

Tendríamos que señalar como característica común a todos los teatros y cultores del teatro popular el anhelo de querer encontrar la FORMA, la forma única de teatro popular y dentro de moldes ideológicos decimonónicos. Además de la búsqueda de esta expresión universal, definitiva, búsqueda vana e ilusoria, se cae en la trampa de dar solución a los problemas de la clase trabajadora, a través del teatro. Soluciones de orden estético para problemas sociales, económicos y políticos. El realismo burgués de Ibsen

fue usado como receta para crear una fórmula proletarizante. Esta identificación por medio de lo emocional, de plena validez en los temas ibsenianos,
fue característica de los autores que escribían para los teatros llamados
populares. Se llegó entonces a un teatro de consignas, de discursos políticos,
de problemas contingentes. Se hizo panfleto en vez de drama, y siempre
ingenuo y superficial. Casi todas estas fórmulas de teatro popular se hicieron
proclives a intereses políticos. El caso de Erwin Piscator es, dentro de la
ingerencia de la política en el teatro, el más significativo, tanto por la profundidad que alcanzó en la ecuación arte-política, como por el desarrollo
que dio a los aspectos técnicos y de forma, los más creativos de todo el teatro
contemporáneo.

Casi todos los dramas de tesis que ocuparon los escenarios de los últimos
diez años del siglo XIX y de los primeros decenios de este siglo, tienen una
nítida connotación socio-política. A pesar de su estructura realista burguesa
de origen ibseniano, en su contenido estaba permanentemente la crítica
social, moral, política, enfrentándose con la clase burguesa dominante,
representando, también, como clase, al proletariado. Sus creadores, autores,
actores no eran clase obrera, sino burguesía progresista que creía honestamente interpretar los intereses de la clase trabajadora. Con su teatro preten-
dían dar solución de orden político, social o económico, al denunciar el
injusto sistema de privilegios o de explotación del proletariado por el capitalismo, dentro de la falsa democracia de la burguesía.

Esta característica de permanente crítica en el teatro popular es otra de
las constantes que lo acompaña hasta nuestros días. Como veremos más
adelante, se abandonará el realismo crítico y se buscarán formas nuevas.
En esta búsqueda de nuevas formas, se ha llegado a la falacia de creer que
un teatro es popular y revolucionario en la medida que lo es formalmente,
por sobre toda otra consideración. De acuerdo a este principio, se niega, por
una parte, el carácter de popular a cualquier obra que conserve la fórmula
tradicional del realismo burgués, a pesar de reunir múltiples características
de contenido popular. Por otra parte se ha caído en el formalismo de con-
ceder más importancia a la forma, a la estructura nueva de una obra, al
valor externo revolucionario, aunque su contenido sea débil. Se olvida que
la mejor forma revolucionaria es la que mejor sirve o de mejor manera realza
el contenido.

Dentro de los múltiples caminos y variantes del teatro popular, está el
teatro político. No nos referimos a aquel en que predomina lo ideológico,
como es toda la producción de Bertolt Brecht, o al de crítica social, sino a
aquella expresión que subordina todo valor estético, el arte mismo, a la
política. Arte igual herramienta de la política contingente. Encontramos,
como en cualquier otra línea del teatro, una surtida gama de calidades que
van desde el panfleto ramplón a formas superiores, como la que alcanzó en
la década del veinte el gran creador alemán Erwin Piscator.

Piscator empezó su actividad artística apenas terminada la primera guerra mundial. Su teatro adoptó la forma épica, narrativa, y tuvo siempre una intencionalidad política. En el año 1920 escribía Piscator acerca de sus propósitos político-teatrales: "Hay que simplificar la expresión y la construcción, procurar un claro efecto inequívoco sobre el sentir del público obrero. Subordinar todo propósito artístico al objetivo revolucionario." Piscator conscientemente producía obras imperfectas (artísticamente) y decía que no tenía tiempo para preocuparse de la construcción formal. No había tiempo para la depuración definitiva, puesto que su obra era de transición. Las ideas revolucionarias exigían esa urgencia de realización.

Era una época crítica la de la Alemania de los años veinte. Se re-pensaban todos los valores. Piscator pensaba que el teatro era bastante más que el reflejo de su época. Por eso sus espectáculos eran una despiadada crítica a la sociedad alemana de ese momento. "El objetivo del teatro revolucionario consiste en tomar la realidad como punto de partida, para elevar la discordancia social a elementos de acusación revolucionaria, preparadora del nuevo orden" (Piscator en 1923).

En ningún manifiesto, declaración de principios o exposición conceptual de los teatros populares o revolucionarios o políticos de la Europa actual, de América del Norte o del Sur o del Africa o de Asia, hemos encontrado nada nuevo que se pueda agregar a las ideas de los iluministas del siglo XVIII, de los burgueses progresistas del XIX, de Piscator o Brecht.

Es en la acción diaria, en la creación anónima de un teatro que surge por las apremiantes necesidades de comunicación directa, bajo la opresión de dictaduras, en donde empieza a aparecer en Latinoamérica un teatro popular que responde a las necesidades de nuestro tiempo. Es la respuesta popular y revolucionaria del arte, como precursor de un pensamiento nuevo y de la necesidad de comunicación del hombre oprimido, en un mundo en el cual aún no se producen los cambios estructurales.

El Instituto Internacional del Teatro, dependiente de la UNESCO, ha realizado varias conferencias, ha dedicado parte de sus congresos, ha efectuado encuentros ad hoc, con el objetivo de tratar el tema teatro popular. Allí se han discutido los problemas, se han analizado estadísticas, se han conocido experiencias. Respuestas varias, muy semejantes todas, para la misma pregunta, para la candente inquietud. Algunas respuestas son alentadoras. Otras, la mayoría, son pesimistas en esas reuniones de hombres de teatro. Muchas recetas, las mismas que se barajan desde hace dos siglos. Conclusión: ninguna. Muchos piensan que para el hombre de hoy y su cultura, para nuestras formas de vida, ya no es posible un teatro popular. Creen que el teatro, el arte, es selección. El teatro es sólo grandes personajes, grandes problemas, grandes ideas, accesibles sólo a aquellos hombres de sensibilidad superior, de alto nivel cultural y jamás a las masas, a la infinita y variada vastedad del pueblo. No son sólo europeos los que comulgan con esta hermosa rueda de molino, sino que los hay de nuestra angurrienta y colonizada América Latina. Más adelante analizaremos este pesimismo y veremos cómo la responsabilidad del alejamiento del público popular de las salas habituales de teatro, no es responsabilidad del pueblo, sino del Estado y de los que dirigen y hacen teatro.

A partir de la última post-guerra todos esos teatros (movimientos teatrales), orientados por ideólogos europeos de gran estatura, tuvieron y siguen teniendo una buena disposición, muy paternalista, de hacer un teatro nacional popular. Allí estaban o están: Jean Vilar, George Wilson, Jean Dasté, Roger Planchon, Vittorio Gassman, Giorgio Strelehr, Paolo Grassi, Jean Louis Barrault, André Guisselbrecht, Bernard Dort, E. Copfermann, René Voisin, Alfonso Sastre, para nombrar a algunos de los tantos directores, actores, autores, ensayistas, hombres de teatro que honestamente, sin espíritu demagógico, quieren encontrar, en la alquimia del mundo actual, el secreto de la trasmutación del Teatro.

Y en otra sociedad, la socialista, en donde la lucha de clases fue abolida por el triunfo del proletariado, hubo también una búsqueda, realizada por geniales creadores. Esa búsqueda duró hasta los primeros años de la década del treinta. Fueron los Meyerhold, los Evreinov, Tairov, Vajtangov, Maiakovski, Okhlopkov.

Casi todas las experiencias europeas, salvo algunas como las del Piscator y Meyerhold que dejaron una herencia tecnológica y de dirección extraordinariamente rica, se quedaron en viejas fórmulas modernizadas. También cayeron, algunos, en los vicios del esquematismo o en simbolismos ininteligibles. Murieron aprisionados, o siguen asfixiándose, por lo novedoso de la estructura dramática y de la mecánica de la realización.

Nada de esto nos resulta útil, aquí y ahora, en Latinoamérica. Nuestra realidad social supera las realizaciones y concepciones europeas. Estuvimos durante tantos años, diríamos siempre, acostumbrados a que toda la cultura nos llegara de Europa. Hemos vivido de cultura refleja. Fuimos españolizados, afrancesados, anglosajonizados, sajonizados y luego yanquizados. Ahora vemos, dolorosamente, que se pierden talentos y esfuerzos de nuestros jóvenes jugando al hermetismo o imitando al doliente y angustiado grotowskismo. Son talentos que deberían servir otras causas en esta geografía poblada de seres con hambre de verdad cultural.

Populismo

El teatro es entretenimiento por sobre toda otra consideración. El ser humano necesita entretenerse, en el sentido de re-crearse. Entretener transformando, he ahí la fórmula del teatro. Jamás entretener drogando, adormeciendo, distrayendo. Ante esta necesidad permanente de entretención del hombre, los mercaderes surgieron con su veneno de diversión, de distracción. Tuvieron como aliados y como medios para emponzoñar a millones de seres, a la radio, a la televisión y al cine.

Para satisfacer la necesidad real de recreación del público, se le dio a éste el populismo—la antípoda de lo popular—en forma de radionovela, telenovela, fotonovela, tiras en serie. Su base es lo epidérmico de lo emocional y del sentimentalismo, antípoda a su vez de los grandes y auténticos sentimientos. La receta consistía en seleccionar pasiones, sentimientos y conflictos, todos en situaciones monofacéticas y superficiales, en las que florecen personajes que animan melodramas lacrimógenos. Hay montada una gran máquina para producir estas formas de diversión y de escapismo. Existe una notable tecnología especializada en fabricar estos productos enajenantes de populismo, con apariencias de popular. Ese "arte" es expresión de conflictos privados de seres a quienes lo social, lo económico y lo político no toca ni los alcanza. Este veneno envasado en radio, televisión, revistas, cine y teatro, se hace desde un punto de vista técnico, en forma bastante perfecta. Hay todo un equipo de "cerebros", con una larga experiencia, que trabajan para vender pasiones baratas, como distracción alienante.

Cuando se habla de penetración ideológica y cultural, hay que recordar especialmente ésta, que se hace por vía audiovisual. Las inocentes revistas femeninas, de masiva difusión, pensadas en idioma imperialista, pero traducidas al castellano, tienen tirajes de cientos de miles de ejemplares especialmente para Latinoamérica. Y en cientos de miles de mujeres ha estado produciéndose una deformación ideológica que será tarea muy difícil de eliminar y reorientar.

El teatro de nuestra época ha encontrado una vía de difusión a través de la radio y de la televisión, que lo hace accesible a millones de personas. Todo el público que vio a Sarah Bernhardt, a la Réjane o a la Duse a lo largo de medio siglo, puede ver hoy en dos horas a cualquier actriz. A esas divas les costó toda su vida llegar a sus miles de espectadores. Esta capacidad masificadora de los modernos medios de comunicación, los convierte a éstos en armas de doble filo. Para le realidad latinoamericana, armas de un solo filo, peligrosas y mortales por haber caído en poder de la radio y la televisión, que venden alienación y un falso modo de vida.

Cuando hablamos de un teatro que eduque y transforme al público, pensamos en un teatro que entretenga, que atraiga, que satisfaga la necesidad de recreación del ser humano. El teatro popular tiene necesariamente que ser entretenido, para tener la posibilidad de atraer a las masas populares. De este modo, el teatro se convierte en el mejor e insustituible medio de comunicación. El teatro es comunicación por excelencia. Los diarios y revistas tienen una irradiación comunicativa secundaria, aunque aparentemente pareciera lo contrario. La gente busca en el diario sólo lo que le interesa; lee sólo titulares o lo relacionado con escándalos y los pasatiempos. Los artículos editoriales, en donde se supone está la parte ideológica de orientación del lector, son tal vez los menos leídos. Balance negativo.

En cambio el teatro, ya sea el que se realiza en una sala cerrada, al aire libre, a través de la radio, de la televisión, como mantiene la atención del que ve y oye, hace llegar su contenido absolutamente a todo ese público. Cumple plenamente, así, con su función y con su misión comunicadora. Su poder de "penetración ideológica"—podríamos llamar de este modo el contenido de la obra—su poder de transformación, resulta efectivo en grado sumo y, además, no puede ser sustituido por ningún otro medio de comunicación de los usuales. Lo que se le da al público a través del arte, visual y auditivamente, surte su efecto tanto en el analfabeto como en el más sabio y culto de los profesores universitarios. Por estas razones, el teatro es y ha sido la expresión máxima de todas las culturas a través de la historia. Su madurez ha correspondido, homologadamente, a la madurez de la cultura respectiva.

El público y las salas

Muchos han sido y siguen siendo los factores del alejamiento del público del teatro. Además del divorcio de las masas populares con los contenidos de las obras, problema ideológico de fondo, están los factores de orden social, los de intereses y necesidades culturales, los de orden económico y los de orden doméstico y práctico.

Ya hemos visto cómo el gran público, en un vasto momento de la historia, concurrió masivamente a los teatros griegos y a los espectáculos religiosos del Medioevo. Luego ese público abandonó el teatro, como identificación y como entretención, a partir del Renacimiento. Desde ese momento se orientó el teatro como creación de personajes y como problemática, en un sentido cada vez más clasista. Esta orientación al servicio de intereses estéticos de la aristocracia, tuvo su respaldo en el desarrollo del edificio teatral. De la plaza pública, de la feria, de los corrales, se saltó al gran edificio, al lujoso palacio construido con derroche de ornamentación. Así surgen los grandes escenarios enmarcados en relieves dorados, los fosos de orquesta, los palcos y retropalcos, los salones adyacentes. Todo esto, expresión lujuriosa del estilo barroco, era sede de acontecimientos sociales, para uso exclusivo de los nobles y de las clases adineradas. La ópera contribuyó, de una manera fundamental, al desarrollo de esta nueva arquitectura que reflejaba las clases sociales y su poder económico. El edificio teatral empezó a servir más bien a la ostentación del poder del dinero que al arte del Teatro. Los siglos XVIII y XIX son los peores momentos del teatro, en cuanto a público se refiere, con las excepciones del apogeo del Romanticismo y los movimientos del Realismo Burgués de las décadas finales del ochocientos.

Pasaron cuatro siglos de sometimiento del teatro a los gustos y a los intereses de la élite de turno que dominaba el poder político, el social y el económico. Por eso el teatro, como superestructura, fue reflejo de esas estructuras de las clases sociales dirigentes y detentadoras del poder, aristocracia y burguesía respectivamente. El autor escribía, el actor representaba, el "decorador" decoraba, el empresario organizaba. Del trabajo de todos ellos resultaba el espectáculo dramático que se representaba en el palacio settecentesco, léase teatro de ópera.

¿Podría la masa popular, el público mayoritario latente, acceder al sagrado recinto del Teatro? Imposible. Grupos de estudiantes, una minoría de la pequeña burguesía, o los pocos que tenían hambre artística, también llegaban al teatro. Para ellos había una localidad en el último piso, sin lujos ni comodidades, relativamente de bajo precio, cuyos asientos eran tablas tendidas a lo largo. En muchos casos estos desheredados de la fortuna permanecían de pie entre los huecos o claros que dejaban las columnas de esa localidad, la más "Alta." Desde allí se oía bien (como fenómeno acústico normal, en las partes altas se oye mejor que en las bajas), pero se veía a los actores en escorzo o, más bien, sólo sus cabezas. Ese lugar, tan lleno de anécdotas, se llamó "paraíso," "galería," "cazuela," "gallinero," según el uso y la costumbre de cada país.

Cuando algo se hace imprescindible, se crea una necesidad, luego se la cultiva, para que perdure. El público de la ciudad griega y el del burgo medieval, tuvieron necesidades culturales. El estado griego y las corporaciones artesanales de la Edad Media, se preocuparon de cultivarlas. Esa fue la intención de los iluministas y los Romain Rolland y sus seguidores: satisfacer una necesidad, la del teatro, como medio de comunicación, de educación y de entretención masivos.

Para asistir a esos espectáculos de gala, la élite de la burguesía y antes la aristocracia, se vestía de modo especial. Los hombres con levitas, fraques, smoking, sombrero de copa, condecoraciones. Las damas con elegantísimos vestidos, joyas, peinados especiales. La asistencia al teatro era algo excepcional que exigía una preparación largamente antelada. Las "mejores familias" de esa clase social compraban, remataban al mejor postor en subastas o arrendaban los palcos con sus retropalcos, antesalas en donde se ofrecían agasajos con champaña, licores y delicadas viandas. Tal como se ve en esta breve descripción, se había llegado a la ecuación teatro=fiesta de gala de la burguesía plutocrática.

¿Había un lugar para el pueblo, para los millones de empleados, obreros, profesionales de rentas bajas? Absolutamente no lo había. Hasta ahora subsiste la costumbre de vestirse de manera especial para los estrenos. Hay salas a las cuales no pueden entrar hombres que no lleven corbata. Se comprende entonces, en qué medida este factor social constituyó un impedimento para que el público popular se reincorporara al teatro.

Se agrega al factor de contenido de las obras, ajeno al interés popular, la insalvable barrera clasista con la cual la burguesía, alta o media, impidió la entrada a su "templo" a la gran masa del público.

Se agrega a todo esto el precio prohibitivo de las localidades. Esto fue la gran preocupación de los promotores del treatro popular. Antes no había la competencia del cine y la televisión. Hoy en Europa una localidad de teatro vale entre cinco y veinte veces lo que vale la misma localidad en el cine, por lo cual el teatro sigue siendo espectáculo para élites de burguesía adinerada. En Latinoamérica, y más en EE. UU., el fenómeno es semejante. La entrada al teatro exige desembolsos que superan las posibilidades de la mayoría del público.

Se supone que la gran mayoría de las personas trabajan y no tienen medios propios de movilidad y, además, viven en barrios lejanos de las salas teatrales. El tiempo que media entre la salida de la fábrica, taller u oficina y el del inicio de la función teatral, no es suficiente para que este empleado u obrero vaya a su casa a comer, bañarse y cambiarse de ropa. Este factor doméstico-práctico, influye enormemente en la asistencia de este público mayoritario latente al espectáculo teatral. Su necesidad natural de entretención la satisface con el cine de barrio o con la televisión en su casa, sin hacer esfuerzos especiales. ¿Cuándo asiste esa mujer o ese hombre a la sala lejana de su hogar y de su trabajo? Cuando tiene un interés extraordinario—por su formación cultural, también de excepción—por ver un determinado drama o comedia. Entonces vence el cansancio de ocho horas de trabajo, hace una excepción y, después de contar el dinero que sacrificará en desmedro de otras necesidades más inmediatas, heroicamente va al teatro. Se lo contará, luego, a sus amigos y quedará este hecho en la historia familiar, para recuerdo de sus hijos y nietos: vi tal obra, tal actriz o actor, fue en tal época. Hechos, fechas, momentos excepcionales. Pero el teatro (entretención) tendría que ser lo cotidiano, lo común, al igual que comer, trabajar, vestirse, caminar, descansar. Es muy probable que la gente no se haya detenido a pensar en estas circunstancias. Al hacer el recuento de lo que significan estos hechos tan simples, advertimos cuán lejos estamos de alcanzar la meta.

Si pensamos en el teatro como lo extraordinario, sería éste la contraposición dialéctica de lo ordinario—trabajar, comer, descansar, etc. Mi amigo Roberto Sebastián Matta, el genial pintor surrealista, en largas conversaciones que tuvimos sobre el tema, me decía que el arte era lo extraordinario y nunca podría ser una expresión a la cual se accede diariamente. Pero la función social del arte ha cambiado completamente. La tela del pintor se cambió por la muralla del edificio público y de la fábrica, la música salió con las grandes orquestas, a los parques. El mismo Matta pintó, después, murallas de las calles. El teatro debe estar al alcance de todo el pueblo y todos los días.

Otro hecho comprobado es éste: el 70% del público habitual de los teatros es femenino. Los hombres van acompañando mujeres. ¿Habría que
deducir de este dato que a los hombres no les interesa el teatro y que es un
arte para mujeres?

Hay que insistir en los aspectos "educación" y "formación cultural" de la
gran masa del pueblo. Para el hijo de la familia obrera y de una enorme
parte de los empleados, sólo existió la escuela en su nivel primario. Para un
porcentaje bajo de la pequeña burguesía, hubo educación media. El contingente escolar de esa extracción en América Latina varía entre el 25 y el
30%. La educación universitaria ofrece índices más bajos. La burguesía
creó sus escuelas con barreras clasistas. No es ésta la ocasión de hablar de
la deformación de las Universidades, convertidas hoy en fábricas de profesionales que sirven al sistema y al modo de vida capitalista. Y ni hablar
del campesino, porque sólo ahora los Estados se han dado cuenta de que
también pertenece a la raza humana. Pero esa educación no preparó al
hombre para el arte, sino, por el contrario, le imprimió la concepción del
arte-adorno, como lo superfluo o lo inútil. Por eso los cientos de miles de
personas escolarizadas, no son, en igual número, espectadores de teatro.
¿Por qué? Por que la "educación" que recibieron en la escuela estaba des-
tinada, dentro de una estructura piramidal, a preparar potenciales candidatos a esos institutos profesionales que, tradicionalmente, se llaman universidades. Le educación escolarizada artística que se impartió, fue pobre,
mal orientada, sin metodología o con métodos inadecuados y sólo en música
y artes plásticas. Nunca hubo ni educación por el arte, ni educación por el
teatro ni para el teatro. En parte pudo haberse salvado esta deformación
escolar del pasado con el apoyo cultural del hogar. Pero ¿qué formación
tuvieron los padres? Si no la misma, peor. Los frutos positivos de la reforma
educacional peruana, se verán dentro de un tiempo con la aplicación de los
conceptos educación para todos, educación permanente y luego educación
por el arte.

Más de algún lector se preguntará qué relación existe entre la educación
escolar y el teatro. Durante siglos la gran masa ciudadana de todas partes
del mundo era (y sigue siendo) sólo mano de obra al servicio de los intereses
capitalistas. Eran consumidores del pan de cada día, pero nunca de cultura,
menos de arte. Lo artístico era una zona reservada dentro de los límites de
los privilegios de la burguesía. Por tal motivo esa gran masa, que podría
constituir un público popular en potencia, no siente hoy la necesidad del
teatro como entretención. Satisface la necesidad con los medios alienantes
de difusión que le pusieron a su alcance para perpetuar un sistema. Por
eso hay que re-educar al público, hay que formar un nuevo público. Hay
que enseñarle a oir música y a ver teatro. Y hay que enseñarle a "leer". Del
75% de alfabetizados (media de América Latina con exclusión de Haití que
aún conserva celosamente el 80% de analfabetos), el porcentaje que lee

libros es muy bajo. La gente lee menos de lo indispensable y sólo por razones profesionales o técnicas; también lee revistas magazinescas, algunos *best sellers* y literatura erótica. La costumbre de leer se desarrolla paralelamente a la de oir música y ver teatro. Son necesidades que se cultivan. El cultivo y desarrollo de las necesidades culturales, son responsabilidad de los estados. El desarrollo de la cultura corresponde y depende de la evolución y revolución de las estructuras políticas y económicas.

Lo nacional, lo crítico, lo vitalizador como cimiento de lo popular

Si agregamos la educación por el arte a la facilidad de acceso al sitio físico teatral y al precio económico de las entradas, tendremos un real acercamiento del público al teatro.

No nos referimos a un teatro popular, sino a cualquier teatro. Ahora bien, si los temas, los contenidos y los problemas, como también los personajes, son expresión verdadera del medio—intencionadamente uso términos generales y amplios—nos acercaremos más aún a un posible teatro popular. Se trata de recuperar en breve tiempo lo que el público perdió a través de siglos. Todos los medios son buenos, siempre que no se haga populismo, sino un teatro de recreación educativa. Las exigencias fundamentales, que se repetirán siempre, son entretención y transformación.

Las estadísticas indican que anualmente en los grandes centros teatrales— ciudades con gran población flotante—tales como Londres, París, Nueva York, el público que asiste a los espectáculos no pasa del tres por ciento de la población. Ese público no es popular y el espectáculo es teatro de vanguardia para élites o tradicional. Para la realidad de Latinoamérica, en igual tipo de obras y de público, el porcentaje indicado baja al uno o al uno y medio de la población en donde hubo centros de gran desarrollo teatral (Buenos Aires, Montevideo, Santiago).

Si hacemos una síntesis de las teorías que han animado a los teatros populares, en lo que hemos escrito a través de este recuento histórico-ideológico, tendríamos el siguiente cuadro en lo que a obras se refiere: contenidos que eleven moral y culturalmente al hombre y apoyen su educación, tesis y problemas sociales, teatro crítico de la sociedad actual y a veces romántico anunciador de un mundo futuro sin injusticias y en el cual el hombre pueda ser feliz, presencia de la lucha de clases y de temas políticos. En cuanto a forma y estructura predominó el realismo, en especial la tendencia crítica y social de herencia ibseniana. Ha existido también la idea de que sólo a través de formas nuevas y por medio de símbolos era posible hacer teatro popular, incluso prescindiendo de las estructuras tradicionales. En cuanto a público, los factores que lo alejan del teatro los resumimos así: distancia de la sala teatral del hogar y del trabajo, precios altos de las localidades y salas lujosas que lo espantaban. Para salvar esos obstáculos se pensaba en crear

salas en los barrios con precios muy bajos para competir con los del cine.
Este balance comprende las ideas de los iluministas, la Revolución Francesa,
la burguesía progresista del siglo XIX (Rolland, Gérmier, Pottecher) y la
teoría y la práctica de los europeos y latinoamericanos que siguen esas líneas
hasta nuestros días.

La mayoría de los buscadores del teatro popular como verdad única,
sobre todo los de tendencias políticas, han mantenido una actitud extre-
madamente sectaria, negando cualquier expresión artística que no sea la
suya. Así, por ejemplo, algunos piensan que no hay temas, variadísimos, de
teatro popular, sino que el tema es uno solo, el que ellos tratan en su obra.
¿Cuál podría ser este tema tipo, si los temas del pueblo son todos los que
atañen al hombre que lucha y que está vivo? También se piensa el sentido
nacional—nacional con minúscula—como la columna vertebral de teatro
popular. ¿Qué es lo nacional para nosotros latinoamericanos? Se con-
memora en estos días el sesquicentenario de una gesta gloriosa que selló la
Independencia del Perú. Los nombres que allí aparecen en gran número
serían considerados hoy como extranjeros. Pero entonces, momento feliz de
la historia americana, eran todos nacionales, porque así se sentía, en la
emoción y en la inteligencia a esta América nuestra, la grande y del futuro,
como una sola nación. Es éste el concepto que debería animar el teatro
popular. América Latina debería volver a ser la patria de todos los que
nacen en ella, sin las barreras que el imperialismo fue creando y fomen-
tando durante siglo y medio. Si hacemos una comparación con Italia o con
España o EE. UU. como naciones, nos convenceremos que América Latina
tiene más características de nación que las señaladas.

Mucho hemos insistido en la importancia del contenido en una obra de
teatro popular. Esos contenidos son fruto de la inteligencia popular y al
mismo tiempo deben ser capaces de provocar inteligencia popular en el
público. De esto surge una característica que señalamos como básica del
teatro popular actual y de este mundo americano nuestro: su vitalidad y
capacidad de vitalizar. Ser vital significa que es un teatro animado de la
vida, de la savia del hálito del pueblo. Y es vitalizador ese teatro, porque va
a transmitir esa fuerza como una luz creadora de futuro. Un teatro que sólo
se limita a analizar o a interpretar la realidad, carece de vitalidad. ¿Qué
entendemos cuando decimos crear futuro? Entendemos transformar al
hombre, transformar la historia. Si un teatro critica lo que le pasa al hombre
o critica lo que contempla, está en el siglo pasado. Eso lo hizo Gogol y
Ostrowski y Chejov, Ibsen y Hauptmann y todos ellos lo hicieron genial-
mente.

La mayor parte de las obras que leo a diario de autores que creen que
están escribiendo teatro popular, miran el mundo circundante, los hombres
y lo que les pasa a esos hombres. Encuentran malo ese mundo y lo que

sucede y por eso lo critican. ¿Cuál sería la misión de ese escritor? Al mostrar esa realidad, provocar su transformación, haciendo consciente en el público los males de la sociedad, no llorando sobre los hechos, sino construyendo, en ese público, el futuro. Y el futuro empieza hoy, después de la crítica.

El autor y la creación colectiva

El teatro es, indiscutiblemente, un hecho social a la par que artístico. Este fenómeno no podemos olvidarlo al tratar el autor como creador de un teatro popular. Hay una acción recíproca, que es su esencia: el teatro nace, como tema-problema y como personaje, del pueblo, es producto de una determinada sociedad, y vuelve al pueblo, a esa sociedad. Se entiende así, como un diálogo vivo, cara a cara, entre creador y público. No querríamos emplear la palabra espectador cuando hablamos de teatro popular, porque el público, en este caso, es participante, no se limita a ser sólo receptor, espectador de lo que se ve y oye en el escenario. En un auténtico teatro popular, si no existe el diálogo, no existe el fenómeno teatro popular.

Por esta razón el teatro popular es un desafío para el autor. Este reto lo obliga a tomar parte en una lucha colectiva, a vivir ideológicamente en un grupo social, a recibir y dar de modo tal que su producción artística sea, más que el reflejo, el resultado de una verdad en la que han participado todos los ejecutantes artísticos y la comunidad. La participación del director, de los actores, diseñadores, hombres y mujeres del grupo social que se haya elegido para situar el hecho base de la obra, corresponde a una interacción, a un apoyo mutuo, a una reciprocidad creativa, sin la cual el autor no puede producir esa obra como expresión popular. Sin esta forma de metodología colectiva, el autor inventara la realidad, sería su obra el resultado de su visión personal, seguiría siendo el autor realista del siglo pasado, que, con muy buenas intenciones, quiere orientar, educar y entretener al pueblo desde su ventana. Por esta razón, la mayoría, si no todos los autores, se entiende los que pretenden estar en la vanguardia del teatro popular, se quedan en la zona del realismo crítico del siglo pasado, en los jardines del seductor mundo ibseniano, sin traspasar las fronteras de esas formas y contenidos burgueses decimonónicos.

Creemos que por esta razón surgió el teatro de creación colectiva. Fue la respuesta necesaria, imprescindible, a la carencia del autor que creara la obra que la época, su gente y sus problemas reclamaban. Por esto la gran mayoría de los autores que sienten la necesidad de dirigirse a la masa ciudadana o rural, no encuentran eco en ese público para el cual ellos creían estar escribiendo. Este divorcio se debe sólo a la forma y al método de trabajo. Hoy ya no puede existir el autor de teatro popular que se encierre a producir entre cuatro paredes. Para que haya reciprocidad entre autor y público, la obra tiene que crearse, trabajarse, producirse, nacer del público al cual va dirigida. Pareciera ser una paradoja, pero lo popular es así, complejo y paradojal, jamás es simple y obvio.

Los grupos de teatro popular de todas partes del mundo, en este momento histórico, al sentirse huérfanos de autores, al no tener el autor que responda ideológica, técnica, estructural y formalmente a sus intereses y necesidades, optaron por la creación colectiva. Desgraciadamente, en esta creación ha estado ausente el autor. Por eso estas creaciones han sido casi siempre aestructurales, mal construidas, sin forma teatral, y han contribuido al desprestigio de un método excelente que estimamos el único valedero para el gran teatro popular. No es posible escribir obras de teatro sin el autor. Prescindir del autor sería lo mismo que prescindir del actor. Una cosa es el método colectivo de creación de la pieza teatral, con participación de los demás creadores y la comunidad con el autor, y otra es eliminar al autor del proceso teatral. Desde que apareció el teatro como creación artística del hombre (decimos creación artística, pues existe el teatro como forma instintiva en los animales, en la naturaleza lúdica del niño, en aspectos diversos de la vida social), existieron los tres elementos que lo componen: autor, actor y público.

Cada movimiento teatral ha tenido los autores correspondientes a sus principios ideológicos, o más bien, los ha creado. En la historia del teatro vemos que surgen los movimientos renovadores por los otros creadores y luego aparecen los autores. Bastaría, como ejemplos ilustrativos del teatro contemporáneo, citar al Teatro de Meiningen, al Teatro Libre de Antoine, a la Freie Bühne de Brahm, al Teatro Artístico de Moscú de Stanislavski, a los Teatros Independientes de Buenos Aires y Montevideo, al Teatro Experimental de la Universidad de Chile. Después han aparecido los autores, con las obras que correspondían a esos movimientos renovadores: al no existir los autores que necesitaban, tuvieron que recurrir a los autores del pasado en espera de que sus contemporáneos se incorporaran al movimiento. Los hombres de teatro de nuestros días que quieren hacer teatro popular, han tomado las grandes obras de los períodos cumbres de la historia del teatro o bien, como dijimos, han elaborado sus propias obras en creación colectiva.

Se ha dicho siempre que un teatro está a la altura de la historia y de su tiempo. Bonita frase para un discurso. Rara es la ocasión en que se ha cumplido. Por lo general el teatro que se le ha dado a los públicos ha sido carroña, alimentos descompuestos que los han drogado o envenenado. Raras veces el público recibe lo que merece o necesita, un teatro a la altura de su época y de sus procesos socio-económicos. El movimiento que vemos aparecer bajo las más variadas banderas en todo el mundo como teatros populares, quiere estar a la altura de su historia y de su tiempo.

En este período, en que todo se transforma, el teatro tiene una misión importantísima. Su insustituible posibilidad de comunicación directa con el público, el auténtico diálogo, que no la tiene la televisión ni la radio, es misión del autor.

Los caminos del autor en el teatro popular

Los autores de obras de tendencia social, con intenciones de ser teatro popular, han buscado caminos en tres direcciones principales, las que enunciamos y sintetizamos de la manera siguiente:

Esquematismo.—Se quiere mostrar la realidad con verdad absoluta, ya sea en un momento de la historia, o de una sociedad o de los hombres. Escuela verista, siguiendo, en parte, el neorealismo del cine italiano del maestro Cesare Zavattini. Se toman tanto argumentos como personajes de la vida real. El contenido ideológico se manifiesta como un juicio crítico a las acciones de un individuo, grupo o clase social. Normalmente el tema de estos sucesos absolutamente reales es el de la injusticia, la opresión, la falta de libertad, la explotación de la clase trabajadora por la clase dominante, la burguesía capitalista.

Se cae en el vicio del esquematismo dividiendo a los personajes en "buenos" y "malos." El obrero, el campesino, el hombre del pueblo, es el bueno. El explotador, el policía, el burgués, el dueño de fundo, es el malo. Esto es esquematismo, simplismo, recetas para convencer convencidos. No hay complejidad, ni riqueza psicológica, ni tipificación caractereológica. Se muestra una verdad, pero monofacética. Ya a comienzos del siglo, Stanislavski le enseñaba a sus actores y alumnos a no interpretar los personajes cuya conducta en la obra tenía características negativas de maldad o crueldad, marcando sólo el acento en la maldad o crueldad, porque el personaje resultaría simplista, sin relieve, sin verdad, falso, con características pobres en una sola línea, sin riqueza psicológica. La naturaleza es compleja, imprevisible, multifacética. Bert Brecht, el más inteligente de los autores, el de mayor claridad ideológica, usando la ironía como parte de su método de conocimiento y de interpretación de la realidad, el materialismo dialéctico, muestra al asesino, al explotador, al burgués, con rasgos simpáticos y de ternura en momentos de la obra. Esta contraposición dialéctica equivale a los contrastes de claro oscuro. El "malo" no lo parecería tal en una dimensión humana, real y auténtica. El "bueno" no tiene aureola ni alas, sino que también es un ser humano con mezquindades y defectos. Entonces sí que su conducta corresponderá a la justicia y a la verdad. Las obras tratadas por el autor de esta manera no serán jamás esquemáticas. Nada cansa tanto como los esquemas simplistas. Las telenovelas, que son la máxima expresión del simplismo y de la estupidez, presentan personajes malos "malos" y buenos "buenos."

Los autores de esta primera dirección están inscritos en el realismo crítico y costumbrista y se caracterizan por tomar partido a favor o contra algunos de sus propios personajes. Los viejos geniales del gran realismo burgués—

Ibsen, Chejov, Hauptmann, Bjornson—se subían al último piso de la casa o a la copa del árbol para mirar con perspectiva la realidad. Y por eso podían mostrarla sin tomar partido.

El autor no se compromete con personajes, sino con ideas. NO debe tomar partido con las luchas y problemas de su obra, sino presentar esas luchas y problemas para que el público tome partido. El autor de esta primera dirección hace una obra estática y no dialéctica. Su función de elemento transformador de la sociedad y de la historia, no se cumple. Sólo buenas intenciones de hacer teatro popular. No hay que olvidar que está bien lo que termina bien.

Esquematismo con soluciones ingenuas.—Se muestra la realidad esquemáticamente, pero se agrega otro elemento que hace aún más esquemático el esquema, más simple la simpleza: da soluciones. Al través del teatro, fenómeno superestructural, se da solución a las contradicciones socioeconómicas, fenómeno infraestructural. Los autores de esta segunda dirección escriben dramas-recetarios: "De cómo solucionar los males de la sociedad en tres actos." Ingenuamente los conflictos de la contraposición dialéctica capital-trabajo, encuentran su solución definitiva en el escenario. Triunfan los buenos y se castiga a los malos. Estos cuadros ingenuos, que no tienen la poesía maravillosa de "El pibe" de Chaplin, resultan verdadero teatro de la crueldad, pues, a la salida de la función, el obrero volverá a la miseria de su casucha, sin agua y sin higiene. Después de caído el telón seguirá la explotación, la cesantía, la injusta repartición de la riqueza y el mismo sistema socio-económico en que vivía. Este teatro no lo ayuda, no le sirve, no le enseña, no lo anima ni lo prepara para la lucha por los cambios. Históricamente está demostrado que la superestructura no genera infraestructura.

Realismo creador y transformador.—El autor no quiere criticar, sino señalar los males y las contradicciones de la sociedad. Usa una táctica muy diferente a la de los autores de las direcciones señaladas. Sus personajes no hacen discursos en contra de la injusticia, de la guerra, de la explotación. Este autor usa la táctica de mostrar la realidad, marca las contradicciones muy claramente. Aquí no hay "malos" ni "buenos." Hay vida auténtica, con hechos y personajes seleccionados y presentados de tal modo que es en la mente del público en donde va a producirse la calificación de los personajes, situaciones y conflictos. La síntesis que surge en cada espectador es la estrategia del autor. El no dijo en su obra quién tenía la razón, qué era lo justo o lo injusto, ni cuál era el camino que había que tomar. Pero excitó la inteligencia del público. Quien vea una obra así concebida, va a tomar conciencia de los problemas que ahora los ve y los oye con claridad y los entiende racionalmente al través de la emoción estética. Y de esta toma de conciencia se pasa a la toma de posición ideológica. Este autor es un provocador ideológico, un excitador de la inteligencia y la sensibilidad del público que va a ayudar a la transformación de la sociedad.

Hacer estas obras exige del autor gran inteligencia y capacidad de síntesis. Y esta obra inteligente tiene que cumplir como nunca con la gran ley del teatro: entretener. Si no entretiene, desaparecen las ideas, la inteligencia provocadora, etc. El público va al teatro a entretenerse, no a buscar concientización, educación, transformación. Todo esto lo recibe sin buscarlo y sin darse cuenta. El autor que lo consigue es un gran autor. Su camino es el justo. Esa dirección, en nuestro concepto, es la que corresponde al teatro popular.

2

Sobre Teatro Popular y Teatro Antipopular

AUGUSTO BOAL

This is Augusto Boal's answer to those who claim that theater cannot and should not be popular; to those who attempt to draw a sharp distinction between art and politics; to those who hold that theater cannot change society; in short, to those who, in theater as in everything else, are against the people's interests.

The author begins by making a basic distinction between "population" *(población)* and "people" *(pueblo)*, the first one referring to the totality of the inhabitants of a country or region, and the second only to those who hire out their working power; therefore, those who do not constitute the "people," who are on the other end of the hiring process, are in fact "antipeople." This distinction establishes at least three categories of theater: (1) popular theater for a popular audience; (2) popular theater for an audience made up of the bourgeosie and of candidates for the bourgeosie; and (3) antipopular theater intended for popular audiences. These categories are profusely illustrated with examples from the author's experience in Brazil, particularly in São Paulo.

Still another category of popular theater discussed by Boal is his own *teatro jornal* (newspaper theater), a summary of which is found in Chapter 21 of this volume.

Este trabajo está tomado, con la debida autorización, del libro del autor, *Categorías de teatro popular* (Buenos Aires: Ediciones CEPE, 1972), pp. 21-69.

Para determinar concretamente cuáles son las categorías del teatro popular, es necesario establecer primero la diferencia fundamental entre "población" y "pueblo":

Población es la totalidad de habitantes de un país o región. Más restringido es el concepto de *pueblo:* incluye sólo a quienes alquilan su fuerza de trabajo. Pueblo es una designación genérica que engloba a obreros, campesinos y a todos aquellos que están temporaria u ocasionalmente asociados a los primeros, como ocurre con los estudiantes y otros sectores en algunos países. Quienes constituyen la población pero no el pueblo—o sea los anti-pueblo—son los propietarios, los latifundistas, la burguesía y sus asociados (ejecutivos, mayordomos) y, en general, todos los que piensan como ellos.

Si estas definiciones son correctas, tendremos entonces tres categorías de teatro que abarcan al pueblo. En las dos primeras, la perspectiva del espectáculo es la del pueblo. En la tercera, esa perspectiva es la de los señores. *Dos* perspectivas: la primera revela al mundo en permanente transformación, con sus contradicciones y el movimiento de esas contradicciones, así como los caminos de liberación de los hombres. Muestra que los hombres, esclavizados por el trabajo, las costumbres, las tradiciones, pueden cambiar su situación. Todo está siempre en transformación y hay que impulsar ese cambio.

La segunda perspectiva muestra, por el contrario, que los hombres han alcanzado después de una larga historia, el mejor de los mundos posibles, es decir, el sistema actual, donde los señores se adueñan de las tierras, de los medios de producción, mientras los hombres trabajan bajo la aprobación de Dios. ¡Vaya dos maneras diferentes de ver la vida y el mundo!

Primera categoría de Teatro Popular: del pueblo y para el pueblo

Esta categoría es eminentemente popular: el espectáculo se presenta según la perspectiva transformadora del pueblo, quien es, al mismo tiempo, su destinatario. Las representaciones se hacen generalmente para grandes concentraciones de trabajadores, en los sindicatos, en las calles, en las plazas, en los circos, en las "Asociaciones de Amigos del Barrio" y otros locales. Allí se pueden representar por lo menos tres tipos de teatro popular: *de propaganda, didáctico y cultural.*

Propaganda

Se utiliza en diversos países, inclusive en los Estados Unidos, de donde proviene la expresión "agit-prop"—agitación y propaganda. En Brasil fue practicado durante muchos años hasta 1964—fecha del primer golpe de estado de la dictadura—, por los llamados Centros Populares de Cultura, que enseñaban al pueblo tanto arte culinario, canto coral, como danza, interpretación teatral, dramaturgia, cine, pintura, etcétera. Los espectáculos teatrales organizados por dichos Centros se ocupaban de los problemas más urgentes e importantes para las comunidades. En algunos casos, los mismos obreros escribían las obras, o daban los datos y comentaban los hechos que luego serían dramatizados para que otros los escribieran. Muchos Centros estaban dirigidos por estudiantes y, con frecuencia, participaban en los mitines electorales. Eran comunes las representaciones de escenas teatrales antes de la realización de actos políticos: ellas versaban sobre los temas que tratarían luego los oradores. Para dar un ejemplo de ese teatro de propaganda se puede mencionar una obra corta: *Sólo Janio le da a la ESSO el máximo*. El título parodiaba un comercial muy conocido: "Sólo la ESSO le da a su coche el máximo." Janio, era Janio Quadros, candidato reaccionario a la Presidencia de la República; la obra mostraba las vinculaciones de Quadros con el imperialismo.

El imperialismo, de hecho, era el tema principal de este tipo de teatro. El episodio *José Da Silva y el ángel de la guardia* tomado de la obra *Revolución en América del Sur,* también se representaba frecuentemente antes de los discursos políticos de los candidatos de izquierda. La escena mostraba un día cualquiera en la vida de un obrero brasileño, forzado a pagar *royalty* a las empresas americanas, desde el momento en que se despierta y prende la luz (Light and Power), a lavarse los dientes (Colgate Palmolive) y las manos (Lever S.A.), cuando toma su café (American Coffee Company), cuando va a su trabajo, ya sea en el ómnibus de la Mercedes Benz o caminando (suela de zapatos Goodyear), si come su feijoada en lata Swift, Armour o Anglo; luego, si va al cine a ver un far-west (Hollywood produce más de la mitad de los filmes que se exhiben en Brasil), y aún dentro del cine, cuando simplemente respira (aire acondicionado Westinghouse), o al subir un ascensor Otis o Atlas hasta que, desesperado por tanto *royalty,* intenta matarse; ya en la hora de su muerte, aparece, como siempre, el Angel de la Guardia de los intereses imperialistas: un ángel con acento inglés que le cobra al pobre José los *royalty* de la Smith and Wesson, conocidos fabricantes de armas.

Esta escena, a pesar de su obviedad, y tal vez por eso mismo, revelaba fehacientemente al público de campesinos y obreros la omnipresencia del imperialismo, que dejaba de ser así una palabra hueca. Los actores iban agregando en cada ciudad o provincia los detalles típicos y las características más convenientes a la finalidad de la pieza. La escena, que originalmente duraba cinco minutos, llegó a ser representada como obra completa de una hora, atendiendo a las exigencias y ofrecimientos surgidos del público popular mismo.

En Brasil, siempre que ocurría un hecho político importante, inmediatamente los Centros se movilizaban para escribir y representar una obra de teatro sobre ese asunto. La noche en que el presidente Kennedy ordenó el bloqueo naval de Cuba, se reunieron algunos autores para escribir una obra en la Unión Nacional de los Estudiantes del Estado de Guanabara; esa misma noche la terminaron. Los actores la ensayaron durante la tarde siguiente y, por la noche, fue representada al aire libre en la escalinata del teatro Municipal. Su título era *El auto del bloqueo roto*. El bloqueo había sido decretado recientemente y los buques rusos continuaban navegando en dirección a la isla, de modo que la solución del problema era bastante incierta. El texto daba las causas del conflicto y las posibilidades de desarrollo del mismo. La obra ayudó extraordinariamente a la movilización popular en defensa de la Revolución Cubana y a la concientización del pueblo, quien pudo verla representada todas las noches (con nuevas acciones según los hechos del día) hasta la suspensión total del bloqueo. Obras similares y con igual finalidad se dieron continuamente. Basta citar unos títulos: *Patria o muerte, venceremos, Cuba sí, Yanquis, no*, etcétera.

El teatro de propaganda no se limitaba a temas internacionales; también se ocupaba de problemas de menor magnitud y para públicos más específicos. Los alumnos de la Universidad Politécnica de San Pablo, por ejemplo, presentaron una obra sobre los inconvenientes de la cátedra Vitalicia, los profesores "académicos", la enseñanza anticuada, cuyo título era *Profesor Vitalicio de Tal, catedrático*. Evidentemente las técnicas empleadas responden a los objetivos: no hay lugar para refinamientos cuando se representa encima de camiones, ni para sutiles simbolismos en un circo de 2.000 localidades o en una plaza donde el público está de pie y se mueve, donde el ruido del tránsito y los gritos de los peatones compiten con las voces de los actores. Esta estética no es ni más ni menos, ni mejor ni peor que la obra. Es lo que es. Como la política de un espectáculo para 50 espectadores de élite no es más ni menos política que la otra: es lo que es... Los alumnos de la Politécnica, en este caso, no vacilaban en utilizar los recursos más groseros para evidenciar sus puntos de vista: El asistente despertaba al Catedrático en su sarcófago para que diera una clase sobre el color que realmente tenían los calzoncillos de Don Pedro I cuando proclamó la independencia de Brasil. Se trata de un teatro insolente, agresivo, grosero, estético. El teatro es una forma de conocimiento, por lo tanto, es político; sus medios son sensoriales, por lo tanto, es estético.

En el teatro callejero no hay tiempo para sutilezas psicológicas sobre este o aquel testaferro del imperialismo, sobre este terrateniente o aquel gorila: cuando determinado personaje podía ser fácilmente reconocido por un símbolo obvio, lo utilizaba por más obvio que fuera; así el actor entraba montado en una escoba (símbolo de Janio Quadros), o con anteojos enormes y alas de cuervo (Carlos Lacerda), o con galera azul y roja (Tío Sam), etcétera. Cuando no había un símbolo rápidamente identificable, se recurría muchas veces a un cartelito con el nombre del personaje.

¿Serían más sutiles las máscaras de la Comedia Dell'Arte? Los trapos con que se vestía Arlequín fueron transformados en coloridos rombos, pero sólo cuando este personaje popular se transformó en divertimiento gentil para las *élites*. De la misma manera ocurrió con todas las demás máscaras o con las situaciones groseras de ese teatro popular—los Bhighelo, los doctores—que no pudieron ser concebidos en forma más caricaturesca y grotesca.

Se trataba, es claro, de una caricatura que mantenía y amplificaba la esencia del personaje caricaturizado; de la misma manera se procedió en Brasil: Lacerda era el ave de rapiña, Tío Sam el archiladrón.

Los objetivos del teatro de propaganda eran muy claros y definidos. Se necesitaba explicar al público un hecho ocurrido; y había urgencia: su labor de esclarecimiento influiría para que el espectador votara tal o cual candidato, participara o no en determinadas huelgas, enfrentara o no una represión policial.

El teatro de propaganda se pronunció en Brasil contra todos los actos del imperialismo hasta 1964.

Didáctico

Mientras el teatro de propaganda encaraba siempre temas muy inmediatos, el teatro didáctico—también practicado por los CPC y por grupos profesionales, como el Teatro Arena de San Pablo—se centraba en problemas más generales. Este tipo de teatros no se proponían movilizar al público frente a un hecho inminente—como votar, hacer huelga o manifestación—sino ofrecerle una enseñanza práctica o teórica.

Se elegía un tema: la Justicia. Sabemos que las clases dominantes intentan siempre imponer sus ideas, sus valores morales, etcétera, a las clases dominadas. De ahí que procuren hacer creer a todos que la Justicia es una sola, escamoteando el hecho de que son ellas, las clases dominantes, las encargadas de dictar y ejecutar esa Justicia que desean única. Pero si se descarta la hipótesis de una justicia hecha por Dios, y se admite que los hombres están separados en clases, se hace evidente entonces, que habrá tantas justicias como clases en que los hombres estén divididos y que los más fuertes impondrán su justicia como única.

Una explicación abstracta como la que acabamos de dar no llegaría a la conciencia de las masas. Por tal motivo el teatro didáctico buscaba exponerla de manera concreta, sensorial. *El mejor alcalde, el Rey,* fue representada durante tres meses en un teatro callejero—en camiones, iglesias, etcétera—para un público popular integrado por obreros, campesinos, empleadas domésticas, lúmpenes, estudiantes, etcétera. En la obra, Sancho, es un joven campesino enamorado de la linda Elvira, que también lo quiere; como quieren casarse, Elvira le dice a Sancho que pida el consentimiento de su padre, don Nuño; éste accede, pero le pide a su vez que requiera el consentimiento del señor de todas aquellas tierras, quien era, por supuesto, señor también de la justicia, que él mismo ejercía. El señor don Tello—

hombre de muy buen corazón—se siente orgulloso de poseer vasallos tan buenos, tan respetuosos de las leyes y las sanas costumbres medievales. Se revela tan bueno que decide dar, como regalo de bodas, unas veinte ovejas y unas cuantas vacas. Decide aun más: él mismo será padrino de casamiento, para honrar a tan ejemplar vasallo.

En la noche de la boda, don Tello visita la cabaña de los novios y, como era de esperar, ante la belleza de Elvira también se enamora. Posterga la boda diciendo que desea honrar todavía más al novio, pues tan hermosa le parece la futura esposa. El novio protesta, pero el señor don Tello es dueño de la ley, y sus deseos son siempre justos.

Durante la noche, el noble señor manda a sus criados para que rapten a Elvira y la lleven a su castillo. La joven se resiste, pero don Tello exige su derecho. La Justicia disponía que las primeras noches, las novias pertenecían al señor de las tierras; don Tello, por lo tanto, asistido por la Justicia, quiere cumplir con su derecho. Sancho, indignado, se dirige al Rey para pedir ayuda. En nuestra adaptación de la obra de Lope, el Rey está ocupado con sus guerras (y necesita además el apoyo de las fuerzas de Tello), y no le interesa preocuparse por una virginidad más o menos. El siervo regresa entristecido; es entonces cuando su amigo Pelayo imagina un ardid: él mismo se disfraza de Rey y auxiliado por varios campesinos prende a don Tello, establece un tribunal y hace justicia. Pero argumenta: hay aquí dos justicias; la del novio (y de todos los campesinos en general) y la del señor (y de la nobleza en general). ¿Cómo hacer la justicia total? Haciendo las dos.

Comienza el juicio. Mientras Sancho viajaba a ver al Rey, la novia fue violada y, por lo tanto, según el código español de la época, ya no se podía casar con Sancho. Pelayo juzga a don Tello como noble y lo condena a casarse con Elvira, la plebeya, de la que sigue enamorado. La violencia sexual es castigada con el casamiento entre noble y plebeya (aquí el público gritaba, protestaba y casi no permitía la continuación del juicio, porque estaba en completo desacuerdo). Enseguida—y antes de que el público interrumpiera el espectáculo—Pelayo procedía al segundo juicio, de acuerdo con la justicia campesina de Sancho. El noble era condenado al patíbulo por haber ejercido unilateralmente un derecho que los campesinos no le reconocían. Al mismo tiempo Elvira, viuda, heredaba la mitad de sus posesiones, recuperaba su honor—por haberse casado con quien le había arrancado su inocencia—y obtenía una dote inesperada. La obra terminaba con el casamiento de Elvira y Sancho y todos comprendían que mientras haya divisiones entre los hombres, mientras haya explotados y explotadores, mientras existan clases sociales, siempre habrá la justicia de unos y la de otros. Sólo cuando se eliminen las clases habrá una sola justicia.

Los campesinos que asistieron al espectáculo, trepados muchas veces a los árboles o instalados sobre los techos de las casas vecinas, al finalizar la obra debatían su contenido con los artistas. Cuando alguien les preguntaba algo sobre don Tello, respondían: "¿Quién? ¿El coronel Firminio?"; comprendían que bajo el ropaje de una época distante, con lenguaje de redondillas, era el enemigo de aquí y de ahora el que se representaba disfrazado. Cuando hablábamos de Sancho, lo identificaban con algún campesino ingenuo y confiado.

El teatro didáctico popular presentó a menudo obras de este tipo, en las cuales un determinado problema ético es discutido y analizado. Otras veces, muchas también, el contenido no era de carácter moral, sino más objetivo y material; se hizo teatro didáctico hasta con la misma agricultura. En el Nordeste de Brasil eran muy bien aceptadas las obritas cortas, al estilo de los cuentos de hadas, que enseñaban cómo utilizar determinado insecticida para combatir una plaga específica: la heroína amenazada era la zanahoria, por ejemplo, el abominable villano era el insecto y el heroico joven que la rescataba era el insecticida. La obra explicaba cómo se daba la lucha entre ellos y cómo se podía derrotar al villano. La historia se desarrollaba de tal manera que los campesinos podían aprender las características de la agricultura e incrementarla. Me han dicho que en la China comunista se han utilizado procedimientos similares.

En San Pablo, el Departamento de Tránsito intentó usar estos recursos para enseñar a los peatones a cruzar la calle, pero parece que no tuvieron éxito. . . El teatro didáctico, al fin, no es infalible.

Cultural

Para ser popular, el teatro debe abordar siempre los temas según la perspectiva del pueblo, vale decir, de la transformación permanente, de la desalienación, de la lucha contra la explotación, etcétera. Para ello no hace falta recurrir exclusivamente a los temas llamados "políticos." Nada humano es extraño al pueblo, a los hombres. Cuando atacamos al teatro "psicológico" no es porque sea tal, sino porque en esas obras la sociedad es mostrada según la perspectiva subjetiva de un personaje. Esa visión subjetiva, a través de la empatía, es transferida al espectador, quien se vuelve necesariamente pasivo. Esta transferencia de una subjetividad impide el conocimiento objetivo y real. Pero, claro está, no podemos estar nunca en contra de ningún tema, ni siquiera de temas tales como la incomunicación, la soledad, la homosexualidad, etcétera. Nos oponemos, en cambio, a las maneras antipopulares de enfocar cualquier tema. A la burguesía le interesa presentar a los hombres como incomunicados, pero la versión popular pondrá en evidencia que ellos siempre se comunican y siempre lo hicieron, aunque a las clases dominantes les convenga que termine esa comunicación. Una interpretación burguesa de *La visita de la anciana dama* de Dürrenmatt, mostrará a la Vieja como un pecado original, contra el cual no se

puede luchar; una versión popular la asociará a la Alianza para el Progreso, contra la cual sí se puede luchar. La burguesía dirá que son "Rinocerontes" todos los que renuncian a su personalidad o cosa semejante; la versión popular mostrará que los caminos de la libre empresa llevan a los rinocerontes al fascismo.

Si bien es cierto que ningún tema es extraño al teatro popular—lo popular en teatro es cuestión de enfoque y no de temas—hay problemas prioritarios. Y es atendiendo a esa prioridad que se da más relevancia a los asuntos políticos; aunque muchas veces se pueda acusar al teatro popular de monotemático, es acertado considerar que el combate al imperialismo es asunto primordial frente a cualquier otro tema.

El teatro político en Brasil se centró siempre en contenidos muy radicalizados, rechazando con firmeza los de menor envergadura, actitud que, quizás, puede muy bien considerarse errónea. Pero debemos tener en cuenta que la burguesía, por su parte, propone sólo temas menores y secundarios para distraer la atención del espectador de las cuestiones realmente importantes. No he visto jamás una serie de televisión que tratara los problemas de la penetración de capitales yanquis en el país y en el resto de América Latina, o la importancia del advenimiento de gobiernos populares como los de Cuba, Bolivia, Perú y Chile, en relación con la liberación de los pueblos de nuestro continente; vi muchísimas, en cambio, sobre neurosis individuales, soledad y homosexualidad. Claro está que la temática burguesa muchas veces se ocupa de temas "sociales" menores, como las relaciones entre clases, por ejemplo. En Brasil, en este mismo momento, bajo la más terrible y exterminadora de las dictaduras que hayamos tenido, se presentó una serie de televisión sobre la vida de los obreros; ¿cuál era la trama? Un obrero se enamoraba de la hija del patrón y después de muchas luchas psicológicas para convencer al viejo, se casaban, eran felices y tenían muchos obreritos (¿o burguesitos?). La censura prohibió que en la obra se hablase de "huelga," "sueldos," "costo de vida" y otros temas que "atenten contra la Seguridad Nacional"...

También los clásicos del pasado—Shakespeare, Molière, Aristófanes, Goldoni y otros—pueden servir a los propósitos del teatro popular. Igualmente, los espectáculos folklóricos pueden ser buen entretenimiento para el pueblo. Pero hay que advertir que cuando el contenido de la obra no es bastante claro, o puede encerrar diversas interpretaciones, la burguesía puede, y tratará siempre a través de sus actores, directores, etcétera, de hallar la versión que concuerde con sus intereses. Con respecto al folklore intentará mostrar al pueblo "fiel a sus orígenes" y no combatiendo desde sus orígenes por un futuro que debe construir; y si toma la Biblia, se detendrá—como nos enseña Angela Davis—en escenas de obediencia y respeto por el orden establecido, ocultando los pasajes que entrañan violencia, cambio y rebelión contra la violencia establecida.

No le resta importancia al folklore el hecho de que la burguesía se haya apropiado de él: es perfectamente válido ofrecer espectáculos de danzas y cantos donde el pueblo desarrolla y practica sus ritmos y movimientos; sin embargo es necesario vigilar las maniobras de las clases dominantes para utilizar el folklore. En Brasil, por ejemplo, el carnaval ha sido siempre una válvula de escape, una forma de catarsis que elimina todas las tendencias contra el orden establecido: los individuos transgreden leyes y costumbres durante tres días para volver enseguida al imperio del orden y la ley. El gobierno brasileño llega a ayudar económicamente a las famosas "escuelas de samba." Y las personas que participan en ellas creen que tal "generosidad" a nada obedece; en realidad las autoridades exigen a cambio que se censuren las historias (enredos) de las escuelas para imponerles así su ideología. Por eso es que las escuelas de samba interpretan la historia de Brasil desde el descubrimiento hasta la Bolsa de Valores de Río de Janeiro... Los que cantan ese "progreso" son los mismos explotados y hambrientos que lo hacen posible, gracias a la inhumana explotación del trabajo que vuelve más lucrativo al capital.

El teatro político antes de 1964 se valía también del folklore; presentaba cantos y danzas, a veces en forma convencional y otras introduciendo cambios originales; es bien conocida por ejemplo, la danza "Bumba Meu Boi," durante la cual es descuartizado un buey simbólico y sus partes son ofrecidas a las personas presentes, según el significado que se desee darle; el corazón a quienes desean el bien, la mierda a los que no, los cuernos a algún marido menos feliz, y así con el resto. Al final de la danza el buey nuevamente se reunifica y revive. En la provincia de Bahía, un Centro Popular de Cultura presentó un "Bumba Meu Boi" en el cual el buey era Brasil y sus partes descuartizadas eran robadas por compañías extranjeras—la minería, el café, el petróleo, etcétera. De acuerdo con la tradición el buey se recomponía (el Brasil revolucionario) y contraatacaba al descuartizador que, no es necesario aclararlo, se vestía de azul y rojo, con galera llena de estrellitas.

Conviene entonces establecer que, en verdad, el teatro popular no se centra en neurosis o triángulos amorosos, pero es igualmente cierto que el teatro burgués no denuncia la ingerencia de la United Fruit en los negocios internos de América Central, o de la Standard Oil en los de todos los países del mundo.

Teatro de perspectiva popular, pero para otro destinatario

En países como Brasil existe un teatro profesional, sujeto a los azares del éxito o del fracaso, que depende del consumo del público burgués o pequeño burgués—en cuanto a la compra de la mercadería del teatro—y del apoyo de los gobiernos constituidos—casi siempre antipopulares—en forma de subsidios. ¿Estará este teatro condenado a ser un teatro burgués, a satisfacer el interés de las clases dominantes? En general, los estúpidos dicen que sí, que es inevitable, intentando justificar la contradicción entre las ideas que dicen defender y la realidad de los hechos que realmente practican. La prueba de que no es así, está en la Francia ocupada por los nazis: Sartre escribió *Las moscas*, Picasso *El deseo atrapado por la cola*, etcétera, obras camufladas que no satisfacían los deseos del gobierno pronazi, sino que, por el contrario, revelaban la necesidad de luchar contra ese gobierno. Teatro camuflado pero inteligible para el público al que estaba destinado.

Debemos dejar bien claro este punto fundamental: un espectáculo es "popular" en cuanto asume la perspectiva del pueblo en el análisis del microcosmos social que en él aparece—las relaciones sociales de los personajes, etcétera—, aunque se dé para un solo espectador, aunque se trate de un ensayo ante un solo espectador, aunque se trate de un ensayo ante una sala vacía, y aunque su destinatario no sea el pueblo. La presencia del pueblo no determina necesariamente el carácter popular del espectáculo; muchas veces el pueblo está presente como víctima del hecho teatral.

Se podría objetar: ¿si el destinatario no es el pueblo, para qué dar este tipo de teatro? Esa es la pregunta, y más frecuentemente la acusación, dirigida a los grupos de izquierda que pretenden hacer teatro popular para públicos que pagan sus entradas, en salas convencionales. Se dice que el teatro popular hecho para la burguesía es inútil.

Si nos atenemos sólo a palabras, tal razonamiento parece correcto, pero si tomamos en cuenta la realidad comprobaremos que no es así. En verdad, los públicos llamados "burgueses" no están formados exclusivamente y ni siquiera preponderantemente, por burgueses—por lo menos en Brasil. Incluye también a pequeño burgueses—bancarios, estudiantes y profesores, profesionales liberales, etcétera—, que, por su alienación, muchas veces aceptan la ideología burguesa, sin disfrutar de las ventajas de la burguesía; piensan como burgueses pero no comen como ellos. Tienen la misma ideología porque están sometidos a los medios de información y divulgación que son de propiedad de la burguesía y que, por lo tanto, transmiten sus ideas y opiniones—Universidades, periódicos, TV, radios, publicidad, etcétera. Pero como en su mayoría son personajes híbridos—piensan como burgueses sin disfrutar como tales—, sus convicciones políticas son modificables, sustituibles. Si este público puede ver una obra que presenta un problema social según la perspectiva del pueblo y no según la perspectiva de la clase dominante—como siempre le ocurre—, es muy probable que su pensamiento social se enriquezca, y que esta riqueza transforme cualitativamente al espectador. No nos engañemos, el público burgués contiene sólo un 10% de burgués: los demás son aspirantes. No olvidemos que en las sociedades capitalistas o tributarias del capitalismo, la burguesía está constituida por muy pocas personas, siendo ésta la causa principal por la que se debe luchar contra la injusticia de la división de los bienes. No podemos, por lo menos en

América Latina, abandonar al público que habitualmente va al teatro, porque le pongamos el rótulo de "burgués."

El hecho de que se presenten espectáculos de perspectiva popular a ese género de público sirve, en principio, para agudizar las contradicciones de la burguesía ya que, al ofrecer una nueva perspectiva de análisis, se contribuye a su deterioro mediante la simple mostración de la verdad. Este tipo de teatro se contrapone a los medios de información sometidos a la burguesía y a los medios oficiales ofreciendo, en cambio, información del pueblo a la clase media.

Insistimos: es falsa la tesis de que hay un público burgués de teatro en Brasil; dicho público no podría jamás asegurar la permanencia de una obra en cartel por más de una semana en el más pequeño de los teatros de bolsillo.

Nixon habla de la mayoría silenciosa; ¿quiénes la integran? Aquellas personas que por su condición social están más cerca del pueblo pero que, por la deformación que sufren, están más cerca del statu quo. Es verdad que la derecha y los gobiernos reaccionarios se vuelcan sobre esta gran masa, por eso mismo también debe volcarse sobre ella el teatro de izquierda; la mayoría se torna silenciosa cuando no sabe qué decir, cuando no posee los elementos necesarios para decidir: sería un crimen artístico no intentar ofrecerles esos datos para que también puedan hablar. A esa mayoría se le enseña amor a la patria, obediencia a las leyes, respeto a los héroes supremos y, de pronto, las leyes de la patria ordenan a los héroes de la aviación que lancen bombas de napalm sobre mujeres y niños en Vietnam, uno de los pueblos más pobres del mundo. No es extraño que esa mayoría quede silenciosa: sus valores morales están destruidos, sus convicciones debilitadas, mientras los Nixons siguen gritando palabras hipnóticas (ley, orden, etcétera). Nuestra obligación es gritar también nuestras verdades, nacidas desde la perspectiva del pueblo; y estas verdades proclaman la superación de clases y castas, del imperialismo y del colonialismo, la autodeterminación de los pueblos, el racionamiento de los bienes—aunque parezca una medida anti-democrática para impedir que quienes poseen más dinero consuman la mayor parte de los bienes producidos por todos.

Es una gloriosa labor hacer teatro para el pueblo, en calles y camiones y dondequiera él se encuentre. Y es alegre. Pero no menos alegre debe sentirse la tarea de ofrecer a la mayoría silenciosa—silenciosa por perturbarda, por no informada o mal informada—la información correcta. Así podrá hablar y, hablando, se incorporará a la lucha de este siglo, a los más altos objetivos humanos en este momento histórico: la destrucción del lucro, de la explotación de una clase por otra, de la posesión individual de todo lo que pertenece a todos, las tierras y el aire, las máquinas y los medios de producción, los bienes de la vida.

La burguesía es muy astuta; en Brasil—y en toda América Latina—
prescribe el teatro que se debe suministrar al público, aunque se abstiene
de consumirlo. Los patrocinadores de los programas más exitosos de TV
encargan a sus ejecutivos que fiscalicen el índice de audiencia. Recetan el
veneno, pero astutamente se cuidan de ingerirlo ellos mismos.

El Pentágono no consume napalm: lo fabrica y lo brinda a otros pueblos;
la Standard Oil no consume teleteatros: sólo los auspicia. La diferencia
entre el napalm y el teatro hecho por la burguesía es puramente táctica: hay
un momento para cada cosa. Es necesario enfrentar a ambos con igual
determinación.

En Brasil la burguesía nacional, en cuanto al teatro, cumple caninamente
su determinación de fidelidad: asiste sólo a los espectáculos imperialistas y
neocolonialistas: *Hair, El halcón,* etcétera. Todo aquello recomiendan las
revistas internacionales. Su afán de obediencia que los lleva a asistir con
satisfacción a espectáculos auténticamente brasileños y antiburgueses, siempre y cuando estén recomendados por las agencias internacionales USIS,
UP, AP, etcétera. En este caso sufre la más absoluta alienación: disfruta
de un espectáculo que afectivamente le debería gustar, pero no porque le
gusta, sino porque quiere seguir fielmente la moda.

Vemos entonces que son tres las principales razones por las cuales se
puede y se debe hacer teatro de perspectiva popular para públicos que no
estén formados por el pueblo: (1) en Brasil y en toda América Latina, el
capitalismo determina que la obra de arte sea vendida como mercancía al
consumidor-espectador; para evitar la censura que esto entraña se montaron
teatros de aficionados, pero todos los grupos egresados del profesionalismo
que eligieron ese camino se deshicieron después de poco tiempo, pues, no
pudiendo continuar su desarrollo artístico, empeoraron la calidad de sus
espectáculos. (2) En nuestro país el público considerado burgués, sólo incluye un pequeño número de burgueses, contando, además, con numerosos
estudiantes, profesionales liberales, profesores, empleados, etcétera, que
constituyen interlocutores válidos para el diálogo teatral. (3) Aún aquella
parte del público directamente ligada al pensamiento burgués debe ser
influida por el pensamiento popular.

Veremos ahora algunos ejemplos de teatro popular en los que el inter-
locutor no es el pueblo; existen por lo menos dos tipos de teatro en esta categoría del teatro popular: *implícito y explícito.*

Teatro de contenido implícito

Son espectáculos y obras que no revelan inmediatamente su verdadero
significado; se puede incluir en este tipo la citada pieza de Lope de Vega,
El mejor alcalde, el Rey, hecha para un público que pagaba su entrada.
Cuando en el Brasil se discutía la necesidad de la Reforma Agraria, varios

teatros representaron simultáneamente *El círculo de tiza caucasiano* de Brecht, para mostrar, a través de una fábula, que la tierra pertenece al que en ella trabaja. Evidentemente, después de tantos siglos en que no se cuestionaba la posesión de la tierra, en que parecía perfectamente justo y humano que determinada persona fuera dueña y señora de kilómetros y kilómetros cuadrados de tierra, dueña y señora de la gente que en esa tierra vivía, después de tantos siglos en que esa inhumanidad pasaba por ser la Ley de Dios, era difícil convencer al propio campesino de que el aire es de todos, y el agua, y la tierra. Al enfrentarse con la Reforma Agraria el campesino, él mismo, se sentía un usurpador (como los esclavos que, conseguida la libertad, seguían sintiéndose esclavos). Durante siglos se les gritaba a los campesinos conceptos de robo y pecado: el mundo fue cambiando y hoy pecado y robo es en realidad el latifundio. La obra de Brecht muestra que el hijo es de Grucha y no de aquella que lo parió; es de quien lo hizo crecer, lo cuidó y le enseñó lo que sabía, y no de la princesa que lo abandonó; la tierra, como el hijo, pertenece a quien la hace producir y no a quien puede exhibir el título legal de posesión.

En Europa, durante la ocupación nazi, muchos textos fueron representados según la perspectiva de la resistencia, como el ya mencionado *Las moscas* de Sartre; posiblemente el público estuviera integrado por gente que no había resistido. En San Pablo, algunos políticos solían valerse de su aparente religiosidad: hacían manifestaciones por la calle bajo el slogan "Con Dios, por la Familia y la Libertad." Tartufísticamente afirmaban que sólo ellos sabían interpretar la palabra de Dios. Por eso presentamos *Tartufo* de Molière para públicos diversificados, heterogéneos, que incluían también a muchas de las personas que habrán marchado por las calles y que en el espectáculo se veían desmitificar.

Cuando el gobierno de la dictadura insistía en la corrupción de los gobiernos anteriores al golpe de 1964, montamos *El inspector general* de Gogol, enfatizando en la interpretación lo que el texto ya contiene: el concepto de que la primera corrupción en países subdesarrollados y dependientes como el nuestro, consiste en aceptar el ejercicio del poder, ya que se trata de un poder subordinado. Los gobiernos de Brasil procuran proclamar su independencia política, mientras caen cada vez más en la más afrentosa dependencia del imperialismo yanqui, principalmente a través de sus capitales. Se denunciaba el peligro de ese intento por mantener la apariencia de poder cuando, en la realidad, los centros de decisión estaban localizados fuera del país. Esta era la primera y mayor corrupción; les seguían otras, si bien revestían menor importancia.

Teatro de contenido explícito

Este tipo de teatro tiene pocas razones para subsistir. Cuando la perspectiva popular es abiertamente mostrada para un público que no lo es, por lo general aparece la censura. En São Paulo hicimos una "Feria Paulista de Opinión" donde reunimos el pensamiento sobre la dictadura de seis dramaturgos, seis compositores y una infinidad de artistas plásticos. El espectáculo se convirtió en un verdadero juicio al gobierno local. Por supuesto fue prohibido por la censura, aunque todavía era posible recurrir a los tribunales, que autorizaron el espectáculo. Cada artista daba con su obra (escenas de teatro de 10 a 20 minutos, canciones y obras plásticas) su opinión sobre Brasil 1968. Una contaba el caso de un pescador que fue preso porque era el único en aquella playa que sabía leer, razón por la cual las autoridades desconfiaban muchísimo de él; otra escena mostraba a varios gorilas que censuraban un tape teatral; una tercera contaba la miseria en el interior de la provincia; otra se centraba en el funcionamiento de los medios de comunicación, como forma de condicionamiento de la opinión pública; o bien se presentaba un collage de textos de Fidel Castro y del Che Guevara sobre guerra de guerrillas. Como se puede imaginar, este tipo de teatro sólo es posible en momentos de especial liberalismo.

Teatro de perspectiva anti-pueblo y cuyo destinatario es el pueblo

Esta tercera categoría es la única abundantemente patrocinada por las clases dominantes, las cuales siempre se valieron del arte en general y del teatro en particular como eficaces instrumentos de formación de la opinión pública. Es, al mismo tiempo, la única categoría que nada tiene realmente de popular: apenas su apariencia. Incluye la absoluta mayoría—por no decir la totalidad—de las series de TV, de las películas cinematográficas "made in USA" y de las obras presentadas "on-Broadway, on-calle Corrientes, on-avenida Copacabana" y todos los otros on.

Las clases dominantes usan dos procedimientos principales para inyectar en el pueblo su propia ideología.

(1) Evitar los temas realmente importantes para la sociedad, las amplias discusiones sociales, manteniendo la historia, el enredo, dentro del diminuto microcosmos del espectador. A través de la empatía que subyuga al espectador reduciéndolo a la impotencia, se muestra a la sociedad a través de las perspectivas individuales de unos cuantos personajes, cuyos problemas pueden alcanzar una solución exclusivamente en un plano individual: Fulano ama a Mengano, que puede corresponderle o no; Sutano es un borracho y por eso su casa se desmorona, pero él puede evitarlo con una decisión puramente suya; un homosexual se convirtió en tal porque sus padres no le dieron suficiente cariño. Todos los problemas son individuales y, por ende, sus soluciones. Todos los personajes aceptan la moral vigente y cuando no, son castigados. El vicio y el pecado—esto es, el rechazo de las reglas establecidas—son siempre castigados.

(2) Valoriza las características o ideas que perpetúan la situación actual,

es decir la "docilidad" de los esclavos, la capacidad de cocinar y cuidar la
casa que tienen las mujeres, la "bondad" de los campesinos, la "aversión a
la violencia" que tienen los obreros, etcétera. Este procedimiento quedará
más claro cuando analicemos Gunda Din, Sakini y otros.

Esta categoría también puede ser presentada de forma *explícita* (muy
poco peligrosa por lo obvia) o *implícita*. Tengamos siempre en cuenta que
la simple presencia del pueblo no basta para caracterizar un espectáculo
de popular. En esta categoría el pueblo es víctima, aunque los espectáculos
sean realizados en circos, estadios, plazas, etcétera, o sea con todo el aparato
"popular." Para adjudicarle la cualidad de popular, importa el contenido
de la obra, la manera de enfocar los temas.

Categoría antipopular explícita

No resulta muy eficaz porque sus propósitos antipopulares son demasiado
evidentes. El "Rearmamento Moral," organización derechista, practica este
tipo de teatro con la idea general de que es necesario cuanto antes "purificar el espíritu," para que el hombre pueda luego transformar sanamente a
la sociedad. En Brasil se presentaron con *El cóndor, El tigre* y no sé qué
otros animales. *El tigre* se ocupaba de una familia burguesa japonesa,
riquísima pero al mismo tiempo muy desgraciada; el padre era adúltero, la
madre vivía enferma de tristeza, el hijo fumaba marihuana, la hija andaba
con malas compañías (y por supuesto, había perdido la virginidad desde
la más tierna edad). El autor—yo creo que la obra fue escrita por una com-
putadora, pero admitamos la existencia de un autor—, atribuía a las situaciones expuestas el hecho de que los obreros—ante la vista de tan malos
ejemplos dados por sus patrones—se tornaban cada vez más impacientes y
disconformes, hasta llegar a la huelga y, lo que era peor, a exigir aumentos
de salario, pretensión absolutamente absurda...

El teórico o filósofo del "Rearmamento" es el doctor Franck Buchman,
autor de *La magnífica experiencia*. Según los integrantes de la organización,
basta leer unas cuantas páginas del libro para que de pronto todo empiece a
cambiar en el espíritu del lector. En *El tigre,* un amigo del personaje bur-
guesón le da un ejemplar del libro para que lo lea y, de repente, ocurre el
milagro: siente que purificar su espíritu es la única solución para resolver
las divergencias con sus obreros. Va a la garçoniere, despide a su amante—
que pierde su empleo sin poder siquiera protestar ante la Justicia del Trabajo—, vuelve a su dulce hogar, donde confiesa a su mujer y a sus hijos los
nobles propósitos que ahora lo guían. Aunque no ha leído el libro, la pobre
mujer mejora su salud, el hijo desiste de las drogas (hay aquí una espléndida sugerencia para los Hospitales de Desintoxicación que usan procesos
más complicados y caros que la simple lectura del libro de Buchman) y la
hija, finalmente, resuelve casarse con uno de sus amantes. Ahora bien,
enterados los obreros de tan espectaculares cambios, deciden enviar una

comisión ante el patrón para informarle que allí cesaban todas sus reivindicaciones—salarios inclusive—, pues comprendían las inmensas dificultades que él tenía para concretar tantos negocios y absorber tantas ganancias.

Contando así, parece mentira; pero, niños, esta historia nadie me la contó:
yo la vi con mis propios ojos en el Teatro Municipal de San Pablo, con entrada gratis para el público en general. Sólo para ver cosas como ésas el
pueblo puede entrar en el Teatro Municipal.

Cuando terminaba la obra, seguía un potpourrí de testigos personales.
Al fin y al cabo, la obra era una ficción y corría el riesgo de no convencer
a los espectadores. Por eso se hacía necesario el testigo vivo, el teatro-
verdad. Los testigos—gente que había leído el famoso libro—entraban y
narraban sus experiencias "antes y después." Cierta millonaria holandesa,
que participaba en la troupe, racista antes de la lectura, comenzó luego a
amar a todos (olvidó señalar que leyó el libro después de la caída de Hitler).
Otro odiaba a los pobres y, después, comenzó a dar limosnas; había también
un peligroso guerrillero urbano que, leída la obra, se fue revelando extraña-
mente comprensivo y amable para con las autoridades de su país.

El desfile de testigos con ese ritmo culminaba en el Gran Final, con un
piel roja muy viejo—más de 90 años—y sin dientes que entraba bailando
y cantando en el mejor estilo de Hollywood. Luego de la exhibición coreo-
gráfica, el animador le pregunta cuál había sido su experiencia con el libro:
el viejo responde muy seriamente que había sido caníbal pero, después de
leerlo, jamás pudo comer ni una hamburguesa. Juro que lo vi.

Es cierto que esos espectáculos—como muy pronto advirtieron sus patrocinadores—tienen muy reducida eficacia. Los espectadores no se dejan
engañar con tanta facilidad. Por esta razón en Brasil, por lo menos, cesaron
tales manifestaciones, aunque persistió la inundación de textos de ideología
antipopular implícita.

Categoría antipopular implícita

Hace ya algunos años el Departamento de Estado de USA auspició la
excursión de una compañía mexicana que representaba la obra de John
Patrik, *La casa de té de la luna de agosto* en toda América Latina. Algunos
críticos ingenuos—o interesados—elogiaron la liberalidad del Departamento
de Estado, interpretando el hecho como una prueba más de su buen comportamiento con respecto a las artes. La obra mostraba a Sakini, un nativo
de Okinawa astuto y vivaz, que le hacía toda clase de bromas al coronel
norteamericano, jefe de las fuerzas de ocupación en la isla. El coronel, al
principio con muchas resistencias y luego más alegremente, comenzó a asi-
milar las costumbres de los nativos. En verdad, el militar era ridiculizado
todo el tiempo, pero sólo en sus costumbres inadecuadas y en su espanto
ante las nuevas situaciones. En ningún momento la obra cuestionaba el
problema fundamental, es decir, el hecho de que Okinawa estaba ocupada

y que el coronel era el jefe de las fuerzas de ocupación. Subliminalmente, la obra intentaba convencer de que es posible convivir pacíficamente con los invasores norteamericanos. Si nosotros admitimos la ocupación de nuestros países, nos permitirán que hagamos bromas sobre ellos, nos dejarán incluso tirarles de la barba. Son tan buenitos esos ocupantes yanquis que casi no incomodan. *La casa de té . . ."* puede parecer un ejemplo de liberalismo pero, en realidad, es una propaganda subliminal, un arma política.

Criticar las apariencias evitando los temas realmente fundamentales. Esta es la técnica más peligrosa. Obras de este tipo, cuyo contenido reaccionario es a menudo difícil de percibir, pululan en TV y en los medios escénicos oficiales. Un ejemplo lo constituye *El demonio familiar,* del escritor brasileño José de Alencar, cuyo protagonista es un esclavo que despierta la simpatía del espectador con sus infinitas trampas, sus astucias, su inteligencia. Al mismo tiempo muestra el gran afecto que siente hacia sus señores y el cariño con que éstos lo tratan; cuando se lo castiga, sólo se busca "corregirlo." Pero junto al castigo, ¡cuánto afecto! El castigo sirve para tornarlo mejor. ¿Mejor qué? Mejor esclavo... Ah, sí, la obra se olvida de cuestionar la esclavitud...

Los norteamericanos son maestros en este tipo de teatro político, y nos inundan con obras como *Born Yesterday,* en la cual aparece un senador corrompido (entre centenas de otros que no lo son); o *The Best Man,* cuya historia trata de dos candidatos a la presidencia de la república que inician una campaña difamatoria, el uno contra el otro, desnudando todos los mecanismos podridos del sistema de candidatura y nominación; el autor se encarga, sin embargo, de señalar que ninguno de los dos logra ser elegido: *The best man* es un tercero, y éste sí, de óptima reputación.

En mi infancia vi una película que me dio mucha rabia, aunque estaba bien hecha: *Gunda Din.* Era la historia de un "nativo" hindú que soñaba con ser cornetero de Su Majestad, la Reina (de Inglaterra, no de la India). Las fuerzas de liberación nacional aparecen en la película como "hordas de fanáticos y bárbaros," "con sed de sangre." Impulsado por su sueño y su dedicación a la Patria ajena, Gunda Din denuncia la presencia de los soldados de la liberación, tocando su corneta y llamando la atención de los soldados ingleses sobre el golpe mortal que se les avecinaba. Gunda Din es muerto y condecorado pos-mortem. Mayor ejemplo de sí mismo es difícil de encontrar en cualquier cine: condecorar a un traidor y ofrecerlo como ejemplo. Yo era chico cuando vi esa película y hasta hoy la recuerdo con rabia.

El cine, más aún que el teatro, está lleno de ejemplos "nativos" presentados con mucho "charme," con mucho encanto, especialmente en sus características de subdesarrollados. Zorba, el griego, tan cómico y tan estúpido, intenta resolver el problema del transporte de madera, pero fracasa. Por suerte, allí está el "know-how" imperialista para enseñarle qué debe hacerse (y cómo pagarle royalties).

Es fácilmente explicable el hecho de que en el cine sea mucho más intensa la propaganda ideológica subliminal, porque la producción de películas— como necesita mayores capitales—es más industrial que el teatro, en tanto que este último puede encontrar productores con poca plata y producir espectáculos de bajo costo. Cuanto más costosa es la producción, mayor será la imposición ideológica del capitalista.

Georges Sadoul cuenta en uno de sus libros que cierta vez los industriales de Hollywood decidieron recomendar y exigir a sus escritores tres tipos fundamentales de películas:

(1) género "self made man." Se basa en el principio de la iniciativa privada, según la cual todos pueden alcanzar el más alto puesto aun partiendo de la más baja condición: Abraham Lincoln, leñador, llegó a presidente de la República. Este modelo instituye la excepción como regla, intentando afirmar que todos los leñadores pueden ser presidentes: un caso único es presentado como ejemplo.

(2) género "mi tipo inolvidable." En él se busca convencer a todos los leñadores que no lograron la presidencia, que el hecho de alcanzarla no es lo más importante, pues, la felicidad verdadera y auténtica puede ser encontrada en las cosas más simples. Todos los "personajes inolvidables" son, en general, gente muy pobre pero feliz, a pesar del hambre y la miseria, siempre dispuesta a dar lo poco que tiene a los que todavía tienen menos. Dice la canción norteamericana que "the best things in life are free" (las mejores cosas de la vida son gratis), su consejo, por lo tanto, es que no se debe desear la riqueza, puesto que ella no trae la felicidad.

También a este género pertenece la historia de un campesino que vivía cerca del río y trabajaba de sol a sol, alimentándose solamente con una manzana que el río le traía todos los días, por orden de Dios. Un día protestó y Dios le mandó un ángel como emisario. El ángel bajó con él por el río y le mostró a otro campesino que, como él, trabajaba de sol a sol y en cambio sólo comía las cáscaras que él tiraba y que el tío le llevaba todas las tardes. O sea que el ángel le explicaba que no debemos protestar porque siempre existe alguien que está peor. Después de dar la gran lección, el ángel navegó río arriba (esta vez solo) y—aunque, no lo cuenta la fábula, es necesario agregarlo—se reunió con todos los demás ángeles y terratenientes desde cuya mesa harta de manjares, caía cada mañana una manzana al río; más arriba que los ángeles estaba Dios, de cuya mesa caían banquetes...

(3) finalmente, y para todos aquellos que aún dudaban, Hollywood recomendaba películas sobre la High-life, en las que había piscinas y mujeres hermosas y también tedio... Cuanto más rico es el personaje, ¡más infeliz! Para que nadie quiera ser rico. Este género de filmes hizo famosa a Grace Kelly, que es actualmente—si creemos en las películas que hacía—muy infeliz, pues es dueña de la mitad del principado de Mónaco y heredera de la otra mitad. ¡Vaya infelicidad!...

3

Esquema General del Método de Trabajo Colectivo del Teatro Experimental de Cali

ENRIQUE BUENAVENTURA Y EL TEATRO EXPERIMENTAL DE CALI

In Latin America today there is practically no experimental theater group that has not at least tried the collective method of producing plays. The main reason cited for the development of this approach is the dearth of theater pieces which suit the group's needs, which usually are to be understood both in artistic and political terms, and within a national or Latin American context. The importance of this new approach—new not so much for the concept itself, but for its popularity—cannot be overemphasized, as it is such a radical departure from the conventional text-director-performers process. If the method is indeed an authentic response to a real problem, and its use becomes increasingly widespread, then the Latin American stage is bound to change rapidly and drastically, even more so than it has in the last decade.

The so-called method of collective creation, usually known as the Buenaventura method, is highly regarded among experimental groups throughout Latin America. It has been described in several journals and, like many creations of the Teatro Experimental de Cali (TEC), it has been subject to constant revisions. The text presented here has been updated as of August 1975; although the basic ideas remain the same, much of the material is entirely new in relation to earlier versions and is enhanced with semeiological concepts.

The TEC warns that its method is the result of the group's experiences during the past fifteen years and that it is directly

Una versión de este ensayo se publicó en la revista *La Bufanda del Sol*, 3-4 (nov 1972), 65-90, y aparece aquí con modificaciones editoriales y con la debida autorización.

connected to the specific circumstances of the group; consequently, it cannot be generalized and converted into a formula
applicable in all circumstances. The TEC is also aware, nevertheless, that the main principles of the method can be useful to
many groups. This chapter is essentially a description of the
method followed by the TEC (founded in 1955) in its theater
practice. The principal stages of the method are an elaborate
analysis of the text of the play (written collectively), called the
"discourse of the text," and the staging of that text, called the
"discourse of the *mise en scène.*" In the first phase great importance is given to the manifest and latent conflict, its implications
and its motivation; in the second stage, improvisation by analogy
is emphasized. In an improvisation by analogy, a hypothetical
conflict analogous to the one in the text is acted out to shed more
light on the text and thus to better orient the staging. Part of the
discourse of the *mise en scène* is the *foro* or confrontation, after
a performance, with the audience—which is not just any audience, but a specific audience with which the group feels related
because of its ethical and ideological objectives. Several concepts
utilized in the "discourse of the text" are illustrated with references to a short play by Enrique Buenaventura, *La maestra,*
which is appended here in its entirety. Of the two supplements
to the text, only the first is included.

El "método" es la condición necesaria del trabajo colectivo, como quien
dice su herramienta, en este momento del desarrollo de nuestro trabajo
teatral.

Es una herramienta que estamos haciendo en grupo y cuya historia es
la historia de las obras que montamos. Se fue forjando en el mismo trabajo.
Durante mucho tiempo aparecía como una herramienta propia del director.
Hoy en día es consciente, en cada actor, la necesidad de conocer el método,
de hacerlo suyo. Sólo si el método es conocido y manejado por todos los
integrantes del grupo y aplicado de modo colectivo, se garantiza una verdadera creación colectiva.

Trabajo y método

En el proceso de trabajo y sobre todo en base al análisis de los errores y
fracasos, nos dimos cuenta de que la aspiración a una verdadera creación
colectiva, es decir, a una participación creadora igual por parte de todos los
integrantes, cambiaba radicalmente las relaciones de trabajo y la manera de
encarar este trabajo. Planteaba la necesidad de un método. Durante mucho

tiempo habíamos trabajado a la manera tradicional, es decir, el director concebía el montaje y los actores lo realizaban. Se aceptaban discusiones, es cierto, pero, en última instancia, lo determinante era la autoridad del director. Este criterio de autoridad fue lo primero que se entró a cuestionar. Se empezó con improvisaciones que el director debía tener en cuenta para el montaje. La primera etapa del método no desterró la concepción del director sino que permitió una mayor participación de los actores en el proceso de transformación de la concepción del director en los signos del espectáculo.

En trabajos posteriores esta participación se fue ampliando y finalmente entró en franca contradicción con la concepción previa del director. La improvisación se impuso como el punto de partida del montaje. Es decir, que el director dejaba de ser un intermediario entre el texto y el grupo. La relación texto-grupo se volvía, así, una relación directa. El método no podía consistir ya solamente en la improvisación y el aprovechamiento de ésta para "completar" la concepción previa del director. Debía llenar el vacío dejado por dicha concepción previa. Así nació la etapa analítica del método y se fue configurando, en trabajos sucesivos, como una manera más *objetiva,* es decir, más colectiva y metódica de analizar el texto.

¿Teatro con texto o teatro sin texto?

Para poder atacar este problema es necesario preguntarnos qué entendemos por texto teatral. Algunas personas entienden por texto teatral únicamente "las obras de teatro," pero en la historia del teatro ha habido textos que se asemejan más al "guión" cinematográfico que a una "obra de teatro": los textos de "la commedia dell'arte", por ejemplo, o los de la pantomima romana, que eran sencillos esquemas de conflicto, servían de base a los actores para improvisar, en el primer caso con palabras y en el segundo sin palabras.

Un texto teatral puede ser, pues, un esquema de conflicto con un cierto orden que incluso se represente sin palabras.[1]

Ahora bien, sin un esquema de conflicto ordenado de una cierta manera no hay estructura y el espectáculo no es más que un amontonamiento de "números," tal como el "show de variedades." Concebido el texto en esta amplitud, es decir, desde un esquema de conflicto hasta una "obra de teatro," tenemos que convenir que no hay teatro, propiamente dicho, sin texto.

El método, pues, tenía que comenzar por un análisis del texto. El texto puede ser elaborado por el grupo y—con todas las desventajas que esto pueda tener desde el punto de vista de la estructura literaria y de la elaboración del

[1]En el teatro contemporáneo ha habido "resurrecciones" de este tipo de texto, tales como *Acto sin palabras,* de Beckett.

nivel verbal—se trata de una ruptura muy importante con la forma tradicional de producir espectáculos. Antes de la Creación Colectiva no se solía pensar en esa posibilidad y esto limitaba a los grupos en la expresión de sus preocupaciones y en la relación directa con su público. Las adaptaciones proporcionaban una solución, es cierto, pero también estaban restringidas por el axioma del "respeto al texto" planteado en un plano normativo y no en un plano profundo, en el de transformación de una estructura con toda la responsabilidad que ello implica.

Cuando el grupo elabora su propio texto, hay, en general, dos alternativas:

(1) Partiendo de un esquema de conflicto muy primario se procede a las improvisaciones de los "acontecimientos" fundamentales que lo forman. Para ello es necesario haber hecho una selección previa de dichos acontecimientos. Las improvisaciones, basándose en esos acontecimientos "virtuales," proponen varias alternativas de los mismos, proponen transformaciones, eliminaciones y adiciones, así como la sustitución de algunos acontecimientos, etc. Todo este material conduce a un nuevo texto.

(2) Si hay un dramaturgo en el grupo, deberá cambiar sus hábitos de trabajo, deberá estar dispuesto a trabajar con una Comisión de Texto que analiza la propuesta del dramaturgo desde el punto de vista de las preocupaciones del grupo, de sus experiencias y de la relación con el público al cual el grupo necesita dirigirse primordialmente y cuyas aspiraciones y objetivos procura tener en cuenta. Elaborado un primer texto por el dramaturgo y la Comisión, es discutido tan minuciosamente como sea posible por el grupo, sin pretender agotar—en esta primera etapa—esa discusión. Hay que tener en cuenta que, en arte y en ciencia, los desacuerdos son más fecundos que las unanimidades y aun que las mayorías. Es mucho mejor un desacuerdo de fondo que un acuerdo superficial. Por experiencia sabemos que este cambio en los hábitos de trabajo del dramaturgo no produce de inmediato óptimos resultados. Probablemente los resultados son—en un principio—peores que el trabajo solitario habitual. Sólo cuando el dramaturgo y el grupo empiezan a encontrar las ventajas del cambio, éste comienza a dar frutos. Pero el proceso no es fácil.

Elaborado el texto con el cual se ha decidido empezar a trabajar, comienza la etapa de análisis del mismo. Pero . . . ¿no estaba analizado ya? ¿No se lo había discutido tan minuciosamente como era posible antes de aceptarlo? Sí, tan minuciosamente como era posible en una primera etapa, de un modo general, bastante intuitivo. Se lo había enfrentado a las preocupaciones ideológicas del grupo, en una palabra se había argumentado sobre el texto, pero no se lo había analizado, es decir, se lo había visto como un todo, no se lo había desmontado, no se habían visto sus elementos constitutivos. Para esto es necesario olvidarse del todo e ir a las partes.

El análisis de un texto desde un punto de vista científico es una pretensión muy justa de nuestra "era científica," y si es verdad que los métodos de análisis contemporáneos—con la ayuda de la Semiología—no se pueden vanagloriar de un estatus científico propiamente dicho, si es verdad que no existe—todavía, que nosotros sepamos—una ciencia de la literatura, también es verdad que en este campo se ha avanzado mucho.

Ahora bien, el objetivo de nuestro análisis del texto no es—no puede ser—un análisis literario exhaustivo. No es una descripción de su estructura que conduzca a juicio de valor sobre su significación, en otras palabras no es el análisis en sí lo que nos interesa. El resultado que buscamos no es un discurso científico sino el montaje del texto, el "discurso de montaje," o sea un discurso artístico. Este objetivo determina, necesariamente, nuestro método. No podemos pretender agotar todas las significaciones del texto sabiendo que el discurso de montaje le va a agregar significaciones. No podemos convertir el discurso de montaje en una mera ilustración o demostración de las significaciones halladas por el análisis, porque así le quitaríamos a este discurso toda autonomía significativa. Incluso si nos lo propusiéramos no lo lograríamos, porque el discurso de montaje no está hecho de conceptos sino de imágenes.

Entendido esto, podemos y debemos valernos de muchas categorías del análisis científico o cuasi-científico de las estructuras artísticas, pero debemos escoger aquel aspecto del texto que importa desmenuzar para ir al montaje. Nuestra práctica nos llevó así a escoger el conflicto. Construir un esquema de las relaciones de conflicto que tenga una rigurosa coherencia interna, es decir, que establezca las relaciones entre los conflictos menores y mayores y en este proceso sitúe claramente el conflicto central, se convirtió en el objetivo a lograr para la etapa analítica.

La trama y el argumento

Para definir estas dos categorías hemos usado las notas de Boris Tomachevski: "Llamamos trama al conjunto de acontecimientos vinculados entre ellos. La trama podría exponerse de una manera pragmática, siguiendo el orden natural, o sea el orden cronológico y causal de los acontecimientos, independientemente del modo como han sido dispuestos en el texto."[2]

Siguiendo las mismas notas, llamamos a estos acontecimientos asociados o solidarios, toda vez que el cambio, la omisión de uno de ellos, orientaría el relato en otro sentido.

Este orden causal no es, por supuesto, rígido. Es necesario tener en cuenta que un acontecimiento asociado engendra otro acontecimiento asociado, pero hubiera podido engendrar un tercero, un cuarto, etc. Aunque

[2]Boris Tomachevski, *Teoría de la literatura de los formalistas rusos* (Buenos Aires: Signos, 1970).

parezca un hecho sin importancia, esta posibilidad es muy significativa y digna de tenerse en cuenta, pues las "alternativas muertas," las que no se dieron en el relato pero hubieran podido darse, impiden que el orden causal sea visto como orden fatal.[3] Brecht insiste en que esto debe tenerse en cuenta no sólo en el montaje sino en la actuación y lo señala como uno de los elementos principales del "distanciamiento." Los "acontecimientos asociados" son, pues, a manera de "pivotes" o "encrucijadas." A partir de cualquiera de ellos el relato hubiera podido tomar otro rumbo, pero tomó el rumbo que lleva al siguiente acontecimiento asociado, y el hecho de que hubiera tomado ese camino y no otro debe quedar claro en el montaje.

La primera tarea a cumplir, pues, en el análisis consiste en aislar los acontecimientos asociados y colocarlos, verticalmente (uno sobre otro) en el orden cronológico y causal. A manera de ejemplo veamos cómo puede hacerse esto con el texto de *La maestra,* texto que hemos escogido para ejemplificar el Método, sobre todo teniendo en cuenta su brevedad.[4]

Orden crónológico y causal de los acontecimientos
asociados o solidarios

1. Fundación y nombre del pueblo.
2. Distribución de parcelas y viviendas.
3. El padre es nombrado corregidor.
4. Nombramiento de la madre como "maestra"; la hija le sucede en el cargo.
5. Cambio de gobierno. El nuevo gobierno desata el terror en el país para poner en práctica una nueva política administrativa y una nueva distribución de tierras.
6. Llegada del Sargento y de la tropa al pueblo. El Sargento trae una lista negra donde figura Peregrino Pasambú. Interrogatorio de Peregrino.
7. El Sargento y la tropa fusilan a Peregrino y violan a la Maestra.
8. La Maestra se niega a comer y beber a pesar de los ruegos de sus familiares y allegados, y de esta manera se suicida.
9. Entierro de la Maestra.

Notemos cómo aparece, al hacer este trabajo, el contexto histórico social en el cual la obra se inscribe.

Estos parecen ser los acontecimientos cuyo cambio u omisión orientarían el relato en otra dirección (usamos el término "relato" porque lo que aislamos con la trama es justamente la urdimbre de la "historia," de lo que se

[3]A diferencia del orden estricto propuesto por V. I. Propp en su análisis del cuento maravilloso.
[4]Para facilitar la lectura del "Método," incluimos al final el texto completo de *La maestra,* de Enrique Buenaventura. [Nota del Editor.]

cuenta en la pieza). Realizada esta tarea, pasamos a elaborar la fábula cronológica, a relatar el "cuento" tan sucinta y sencillamente como sea posible.
Todos los integrantes del grupo deben hacerlo, pues en esta etapa y a este
nivel todos trabajan como autores. Los "cuentos" elaborados por los actores
no serán reducidos a un "cuento" modelo, no se eliminarán las diferencias
sino que se las tendrá en cuenta a fin de ver el "enfoque" de cada uno. El
objetivo es que todos y cada uno tengan una visión de conjunto de la
"trama" de la obra.

Este ha sido un viaje de las partes al todo a nivel de la trama.

A modo de ejemplo damos aquí una fábula cronológica: Una comunidad
de colonos funda un pueblo en la selva. Uno de ellos, Peregrino Pasambú,
le pone el nombre: "La Esperanza." Se distribuyen las tierras. Peregrino
Pasambú es nombrado Corregidor por el gobierno y su mujer se convierte en
la primera maestra del pueblo; cuando ella muere, su hija pasa a ocupar el
cargo de Maestra. Hay un cambio de gobierno; el nuevo gobierno desata el
terror en el país para poner en práctica una nueva política administrativa
y una nueva distribución de tierras. Llega un Sargento y la tropa al pueblo,
con una lista en donde figura Peregrino Pasambú y algunos jefes y gamonales
del gobierno anterior, con la orden de eliminarlos para "organizar las
elecciones."

El Sargento interroga a Peregrino Pasambú, éste se niega a contestar el
interrogatorio. El Sargento y la tropa lo fusilan y luego violan a la Maestra.
Por lo anterior la Maestra se niega a enseñar, a comer y a beber a pesar de
los ruegos de sus familiares y allegados, y de esta manera se suicida. La
Maestra es enterrada en el cementerio del pueblo. La vida continúa en el
pueblo.

Para la otra categoría, o sea la categoría de "el argumento," seguimos
también (con cierta libertad) a Tomachevski: El argumento está compuesto
no sólo por los mismos acontecimientos de la trama, sino también por otros,
aparentemente menos decisivos, que llamaremos libres o auxiliares. Estos
acontecimientos dependen más de los personajes. Tienen que ver, sobre
todo, con la manera como los personajes realizan la trama, es decir, están
constituidos por la elección de los personajes.[5] Otro elemento distintivo fundamental del argumento que lo diferencia de la trama es que sigue el orden
temporal establecido por el relato y no el cronológico. El argumento pone,
pues, de relieve por qué el relato eligió un orden temporal aparentemente
arbitrario (en el caso de *La maestra* se comienza, por ejemplo, por el final,
por el entierro, y se destaca un acontecimiento que pertenece al ámbito del
personaje: La Maestra habla estando muerta).

Veamos ahora los acontecimientos del argumento:

---

[5]La elección que hacen los personajes frente a los acontecimientos. Por ejemplo, *la manera*
como la Maestra narra su suicidio, etc.

1. La Maestra habla muerta (notemos que no ha sido registrado por la trama, pues no pertenece, de una manera estricta, a la historia que ella misma—como narradora y evocadora—cuenta).
2. "Dice" que nació "allí," en ese pueblo, y "describe" detalladamente el pueblo, el camino, el cementerio, así como el trabajo de la gente y las estaciones. (Estos "acontecimientos" no están en la trama.)
3. "Evoca" a sus familiares y amigos haciéndolos "aparecer" y "poniéndolos a discutir" con ella, "recuerda" el acontecimiento asociado número 8 de la trama, como un acontecimiento presente.
4. Este "acontecimiento" incluye una acotación:

VIEJA ASUNCIÓN: Y mientras estuvieron aquí los asesinos . . . *(Los acompañantes del cortejo miran en derredor con terror. La vieja sigue su llanto mudo mientras habla la Maestra.)*

Luego sigue la afirmación, "Tienen miedo" y la "historia" de ese miedo hasta: "un día se desgarró el nubarrón y el rayo cayó sobre nosotros." (Incluyendo la acotación.) Este acontecimiento tampoco tiene cabida en la trama.

5. Este coincide con el sexto de la trama: "Interrogatorio de Peregrino Pasambú," pero, a nivel del argumento, tiene una característica que la trama no recoge: la Maestra "discute" con el Sargento después de muerta y habla a nombre de su padre y a nombre de todo el pueblo. En este quinto acontecimiento se condensan los acontecimientos 1, 2, 3, 4, 5, 6, 7, 8 y 9 de la trama, pero en el siguiente orden: 3, 1, 2, 4, 5, 6, 7, 8 y 9. Además hay otros acontecimientos "libres" o "auxiliares," como el nombre del pueblo, el hecho de que no fue con "política" como el padre consiguió la tierra, el silencio del padre, la "legitimidad" de los "dueños" de la tierra, la selva original, lo que enseñaba la Maestra y las dudas de ella sobre sus enseñanzas, etc. Vemos, pues, que el quinto acontecimiento, en el cual se enfrentan como "evocación" la Maestra y el Sargento, constituye la condensación de los conflictos, el momento en el cual se entrecruzan los hilos de la intriga, el "nudo," como decía la retórica clásica.

Tema central

El hecho de que la Maestra argumente después de muerta con sus familiares y amigos sobre las causas de su suicidio y con el Sargento sobre las causas de la violencia desatada por el nuevo gobierno, pertenece al argumento, pues—de acuerdo con la definición anterior—es la manera como el personaje realiza los acontecimientos "asociados" de la trama.

Hemos visto que la discusión de la Maestra con el Sargento condensa casi todos los acontecimientos de la trama y constituye el nudo de la obra. A través de esta discusión, los personajes Maestra y Sargento se revelan como protagonista y antagonista—respectivamente—, todo lo cual nos lleva a deducir que el conflicto Maestra ◄────► Sargento es el conflicto central.

Fuerzas en pugna generales.—Si nos preguntamos en nombre de quién habla cada uno de estos personajes, a quién representa en ese conflicto-nudo, tenemos lo siguiente: La Maestra habla en nombre del padre en primera instancia (a nivel de diálogo); a nivel de significación ella justifica su suicidio como una protesta contra la arbitrariedad y la violencia del nuevo gobierno, y defiende los intereses de toda la comunidad. El Sargento habla a nombre del "nuevo gobierno" y defiende los intereses de éste, justifica sus actos diciendo que son órdenes, es decir, disculpándose, como decíamos en el motivo número 6 del orden del texto.

Si las entidades representadas por el protagonista y el antagonista podemos tomarlas como fuerzas en pugna en última instancia, y dentro de un esquema general, las fuerzas en pugna generales serían las siguientes:

Comunidad de Colonos ◄────────► Nuevo Gobierno

Motivación general.—Ahora nos faltaría encontrar la razón por la cual, a nivel argumental, entran en conflicto estas dos fuerzas en pugna. Esta motivación debe ser tan general como las fuerzas mismas a fin de que el esquema sea muy amplio y condense todos los conflictos que se van a ir desarrollando a lo largo de la acción de la pieza. Habría que volver a las fuerzas en pugna que nos sirvieron de base y encontrar la motivación concreta por la cual se enfrentan:

Maestra ◄────────┬────────► Sargento
                 ?

Vemos que discuten sobre la legitimidad del cargo de corregidor de Peregrino Pasambú (número 3 del orden cronológico y número 5 del orden textual), luego sobre la repartición de la tierra (número 2 del orden cronológico y número 5 del orden textual), luego sobre el cargo de Maestra (número 4 del orden cronológico y número 5 del orden textual).

Observamos que ninguno de estos motivos podría ser la motivación general, que la motivación general tiene que ser la razón misma de la discusión o sea la justificación de la violencia del "nuevo gobierno." Esto es lo que la Maestra cuestiona, ya muerta, con argumentos, pues en vida sólo pudo cuestionarlo muriéndose. Mientras, el Sargento, incapaz de justificarlo, dice que son órdenes de las cuales "él no es responsable." La motivación general sería pues: Justificación de la violencia. Y el esquema quedaría así:

Comunidad de Colonos ◄────────┬────────► Nuevo Gobierno
                              Justificación
                              de la Violencia

Eso quiere decir que la Maestra está en contra de la justificación de la violencia, de la cual el Sargento es vocero. Es decir que la motivación general, así como las motivaciones particulares, no es aquello que desean las entidades o los personajes en conflicto, sino aquello por lo cual se enfrentan.

Hemos visto que la cadena cronológica de los acontecimientos asociados que constituyen la trama y que conducen a la fábula cronológica es enfrentada con los acontecimientos "libres" o "auxiliares" que constituyen el argumento, a fin de encontrar el conflicto central que nos llevará al hallazgo de las fuerzas en pugna generales y de la motivación general. En el ejemplo que estamos utilizando, este procedimiento para encontrar el esquema general de conflicto, es relativamente sencillo. Sabemos por experiencia que en obras más extensas y más complejas (en el sentido de trama y argumento) es más laborioso, pero en lo esencial es el mismo. De todas maneras el esquema de conflicto propuesto en esta etapa tiene todavía un carácter hipotético y es susceptible de corregirse en las etapas posteriores de división del texto.

División del texto

La secuencia.—Las fuerzas en pugna generales "Comunidad de Colonos"◄——►"Nuevo Gobierno" no son entidades monolíticas, sino que tienen contradicciones internas, de las cuales nos hemos podido dar cuenta a nivel de las primeras lecturas del texto, de la selección de los motivos "asociados" y de los "libres," y de la confrontación de unos con otros, es decir, a lo largo del trabajo realizado. En el proceso de desarrollo de la obra, estas contradicciones internas parecen irse desarrollando alternativamente hasta el momento en que se enfrentan de modo directo. Veámoslo.

La comunidad de colonos plantea la división entre la Maestra, de un lado, y sus familiares y amigos, del otro, enfrentados por el suicidio de la protagonista:

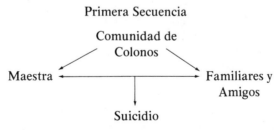

Primera Secuencia

Comunidad de Colonos

Maestra   Familiares y Amigos

Suicidio

Durante toda la discusión de la Maestra con Juana Pasambú, Pedro Pasambú, etc., se desarrolla esa contradicción que iría hasta:

LA MAESTRA. Tienen miedo, desde hace un tiempo el miedo llegó a este pueblo y se quedó suspendido sobre él como un inmenso nubarrón de tormenta. El aire huele a miedo, las voces se disuelven en la saliva amarga del miedo y las gentes se las tragan.

Vemos, pues, cómo la Maestra se "lleva" la motivación "suicidio," en la medida en que los que trataron de impedir ese suicidio no pudieron lograr su cometido.

Hasta aquí tendríamos la primera secuencia y el procedimiento para aislar una secuencia consistiría en determinar cuándo una de las fuerzas en pugna se "lleva" la motivación.

De acuerdo con lo dicho anteriormente, la segunda secuencia estaría constituida por el desarrollo de las contradicciones internas de la otra fuerza en pugna general: "nuevo gobierno."

Por experiencia sabemos que en obras más extensas y de mayor complejidad en los niveles de trama y argumento ello ocurre generalmente así; en esta obra la segunda secuencia parece coincidir con el "nudo," es decir con el enfrentamiento directo de las dos fuerzas en pugna generales, sin mediar un desarrollo completo de las contradicciones de la fuerza en pugna ("nuevo gobierno"), las cuales apenas están aludidas en el hecho de que el Sargento se declare instrumento del "nuevo gobierno" y no asuma la responsabilidad de sus actos. Ello indica la contradicción "Sargento←——→Nuevo Gobierno," que la obra no desarrolla—repetimos—y entonces no tendríamos más que dos secuencias.

Al estar constituida la segunda secuencia por el enfrentamiento de las dos fuerzas en pugna generales, el esquema de la misma sería el siguiente:

Segunda Secuencia

Maestra		Sargento
Peregrino Pasambú	←——————→	Nuevo Gobierno
Comunidad de Colonos		

Verdad de los Hechos

La situación.—Pasemos ahora a la segunda categoría de la división del texto que denominamos situación.

La situación es un estado de las fuerzas en pugna, es un "momento" de la correlación de fuerzas. Las fuerzas en pugna generales se van "encarnando" progresivamente en personajes y/o grupos de personajes; es necesario advertir que la situación no cambia necesariamente cuando cambian los personajes, sino cuando se transforma la correlación de fuerzas. Veámoslo.

En el conflicto de la Maestra con los familiares y colonos, la Maestra parece representar los intereses de la comunidad y defenderlos mediante su acto de protesta—el suicidio—sin entrar nosotros a calificar el grado de eficacia de esta protesta, en este momento del trabajo. El esquema de esta situación sería el siguiente:

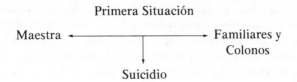

Primera Situación

Maestra ←——————————→ Familiares y
Colonos

Suicidio

Los familiares y amigos parecen en cambio someterse al "miedo," sin entrar nosotros tampoco a calificar moralmente este hecho; solamente tenemos en cuenta el texto de la Maestra:

LA MAESTRA. Tiene miedo, desde hace un tiempo el miedo llegó a este pueblo y se quedó suspendido sobre él como un inmenso nubarrón de tormenta. El aire huele a miedo, las voces se disuelven en la saliva amarga del miedo y las gentes se las tragan.

La motivación de esta situación sería el suicidio, y la correlación de fuerzas se transformaría en la llegada del Sargento, hecho que da origen a otra situación.

Vemos, pues, que nos coinciden secuencia y situación, pero sabemos por experiencia que esto puede ocurrir. Normalmente una secuencia está compuesta por varias situaciones, pero en una obra de tanta condensación como ésta, se superponen—digamos así—secuencias y situaciones. Debemos, pues, concluir que una secuencia puede estar constituida por una o más situaciones.

La acción.—Pasemos ahora a la tercera categoría de la división del texto que denominamos acción. Las acciones son las unidades básicas de conflicto, aunque no sean las menores. En una acción suele haber más de un conflicto, pero si los pequeños conflictos que la constituyen tienen la misma motivación, se los debe reunir en una misma acción. Ahora bien, ocurre que la motivación varíe momentáneamente y vuelva a aparecer luego. En este caso tenemos una sub-acción.

Una situación puede estar constituida por una o más acciones. Aquí vemos repetirse el fenómeno que acabamos de anotar en la relación secuencias–situaciones. Es decir, puede haber tal condensación de conflictos, que situación y acción se superponen y coexisten sin negarse la una a la otra.

Las acciones están determinadas por la motivación. Cada vez que cambia la motivación de la situación, tenemos una nueva acción. El procedimiento para aislar la acción es el mismo que existe para aislar la secuencia, o sea que la unidad mayor de conflicto y la menor se aíslan de la misma manera. En el ejemplo de *La maestra* tenemos que la motivación de la primera situación es suicidio. Si leemos el texto, vemos que en el prólogo (la descripción del pueblo, el cementerio, etc.) esta motivación no está explícita, aunque está implícita en el hecho de que la Maestra esté muerta. La motivación que parece estar explícita es algo como un anhelo de revivir, como una nostalgia de la vida. Es claro que se trata de una interpretación nuestra, en favor de la cual sólo podemos aducir que el texto dedicado a la descripción de los elementos dinámicos (camino, trabajo, etc.) es mucho mayor que las pocas líneas dedicadas a la descripción del cementerio. Si aceptamos esto, la motivación de la primera acción sería "revivir" y ésta estaría constituida por lo que hemos llamado el prólogo, que iría desde "estoy muerta" hasta "se despeña pueblo abajo."

El esquema sería así:

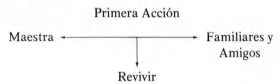

Hay que entender que no es que en esta acción ella esté en conflicto abierto con los familiares y amigos, sino que éstos significan la vida y en la medida en que ella opone la vida al cementerio, su anhelo de vivir a su condición de muerta, el esquema funcionaría en lo que hemos llamado el prólogo.

Al aparecer el cortejo fúnebre, las fuerzas en pugna no cambian, sino que se hacen más explícitas. Lo que cambia es la motivación, puesto que lo que enfrenta las fuerzas en pugna en este momento es el suicidio. Por esta razón tenemos aquí una segunda acción, cuyo esquema sería:

Esta iría hasta el parlamento de la vieja Asunción:

VIEJA ASUNCIÓN: ¡Ay, mujer, ay, niña! Yo que la traje a este mundo. ¡Ay, niña! ¿Por qué no recibió nada de mis manos? ¿Por qué escupió el caldo que le di? ¿Por qué mis manos que curaron a tantos, no pudieron curar sus carnes heridas?

Con la frase de la vieja Asunción, "Mientras estuvieron aquí los asesinos," se iniciaría una tercera acción que iría únicamente hasta el parlamento de la Maestra: "Tienen miedo. Desde hace un tiempo el miedo llegó a este pueblo y se quedó suspendido sobre él como un inmenso nubarrón de tormenta. El aire huele a miedo, las voces se disuelven en la saliva amarga del miedo y las gentes se las tragan."

En realidad esta acción es el desenlace de la primera situación y el "puente" a la segunda situación. Este carácter de "puente" se puede ver en el hecho de que este miedo pertenece a la vez a la escena del entierro y a una escena cronológicamente anterior, o sea a la llegada del miedo al pueblo —el miedo que antecedía al Sargento, quizás el rumor de matanzas en otros pueblos, dados con la imagen del nubarrón de tormenta, imagen que pertenece a la segunda situación. De este modo la tercera acción de la primera situación y la primera acción de la segunda situación contribuyen a formar el "puente." La motivación de la tercera y última acción de la primera situación sería el miedo.

El esquema quedaría así:

Aquí correspondería aislar la segunda situación con sus acciones, pero con lo ejemplificado ya pensamos que basta para conocer los procedimientos a seguir.

La improvisación

El conflicto sobre el cual se improvisa debe ser concreto. Por esta razón la elaboración del esquema conflictual debe anteceder a toda improvisación. La improvisación debe ser libre, pero si no tiene un objetivo concreto, la libertad se convierte en anarquía. La improvisación debe ser juego, pero un juego es más espontáneo, más rico y más realizable en la medida en que ha fijado sus límites y sus reglas. ¿Por qué dar tanta importancia a la libertad y al juego? Porque es lo que nos permite no convertir el montaje en ilustración de los conceptos e ideas que nos hemos formado sobre el texto, porque es lo que nos permite cuestionar nuestra propia visión ideológica del texto.

En este punto es bueno subrayar algunos principios generales que consideramos importantes.

El discurso de montaje es un discurso iconográfico, formado fundamentalmente por imágenes. La ideología del grupo, su compromiso estético-político con un público determinado, la acción del grupo sobre la sociedad, etc., todo lo que constituye la racionalidad del grupo, su pensamiento, orienta en una dirección el discurso de montaje, organiza la escritura y, por lo tanto, la lectura de las imágenes, en lo que se refiere a la selección y a la continuidad, pero las imágenes tienen una autonomía que no es reductible ni traducible a conceptos. Son necesariamente polisémicas y, por lo tanto, rechazan toda significación unívoca. En pocas palabras, la estructura iconográfica del discurso de montaje no puede existir independientemente de los propósitos ideológicos y de la acción social del grupo, so pena de convertirse en puro delirio, ensoñación o ritualidad vacía y caprichosa, pero cuando los propósitos ideológicos y la acción del grupo se modifican, la obra es suceptible de permanecer, justamente porque la materia de la misma no es la ideología sino las imágenes (visuales y sonoras) y la historia que ellas relatan.

Para aclarar esto hacen falta unos ejemplos y lo más lógico es que sean tomados de la historia de nuestro grupo. Hace unos doce años hicimos las primeras versiones de *A la diestra de Dios Padre*. Hoy enfrentamos ese cuento maravilloso, tomado de la tradición popular, de otra manera. Nuestra ideología, nuestro compromiso con un nuevo público—con los sectores populares—han variado, y el trabajo acumulado influye en todos estos cambios, pero las primeras versiones—publicadas, traducidas, montadas por muchos grupos—están allí, tienen su relativa permanencia, la cual reconocemos nosotros mismos, puesto que hemos hecho una nueva versión.

Lo que nos parece importante destacar aquí, a nivel metodológico, es que la ideología no puede verse como el "contenido," como "el mensaje," como lo determinante en el discurso de montaje, y las imágenes como lo ilustrativo, como lo secundario, como la "forma." Semejante concepción puramente ideológica de la práctica artística en general y teatral en particular—desgraciadamente muy extendida y a veces convertida en dogma en la actualidad—impide toda teorización de nuestro trabajo y, por lo tanto, se convierte en un obstáculo—a menudo insalvable—para la evolución del trabajo mismo, para la maduración y superación de la etapa en la cual nos encontramos. Una práctica sobre la cual no se reflexiona es una práctica ciega que no supera el nivel empírico.

El "contenido," el "mensaje"[6] de un espectáculo está constituido por todos los elementos que intervienen en él y por la combinación particular de los mismos. Ningún elemento aislado (la ideología o las imágenes, por ejemplo) es portador del contenido o del mensaje o determinante en este sentido. Somos conscientes de que al hacer estas generalizaciones—que consideramos indispensables—no hemos hecho otra cosa que plantear un problema. Muy lejos estamos de haberlo siquiera profundizado, pues esto sería materia de otro tipo de trabajos especializados, pero consideramos necesario que los grupos interesados en el método se lo planteen y lo profundicen a través de su propia práctica.

Las improvisaciones son las creadoras de las imágenes que conforman el discurso de montaje. Son, pues, el material con el cual se elabora el discurso de montaje.

---

[6]Usamos estos términos tal como se usan corrientemente en las polémicas sobre arte.

Improvisaciones por analogía.—Una vez elaborado el esquema conflictual que hemos denominado "división del texto," pasamos a la improvisación de las acciones. Para que la improvisación sea más libre, más rica y más eficaz, no la hacemos sobre el conflicto virtual, sobre el conflicto que hemos aislado en el texto, sino que los actores, por grupos, elaboran analogías.

La analogía es un elemento fundamental del discurso artístico en general. En la base de toda figura del lenguaje—metonimia, sinécdoque, metáfora, etc.—hay, siempre, una analogía.

Si hacemos la improvisación sobre la acción virtual, sobre la que está en el texto, tendremos muchas dificultades para separarla de su continuidad, sobre todo a nivel semántico. La analogía, en cambio, permite un distanciamiento.

Los actores, en grupos, proponen analogías, es decir, conflictos relacionados con el conflicto virtual y sacados de las vivencias, de las impresiones, en una palabra, de la imaginación de los actores. En esta etapa y a este nivel del trabajo los actores trabajan como autores. Crean pequeñas historias o juegos análogos, en cuanto a conflicto, a la historia y/o al juego de intereses, deseos, impulsos, etc., que está en el texto.

Si tomamos, por ejemplo, la primera acción de la primera situación que hemos aislado en la división, procederíamos así: Un grupo de actores lee la acción, relee el esquema de fuerzas en pugna y motivación y cada uno va proponiendo historias. Entre todos escogen una para improvisarla. Si encuentran que hay otra igualmente válida o si resultan tres igualmente interesantes, improvisan las dos o las tres. La decisión no se tomará jamás por mayoría ni requerirá unanimidad. Los que estén en desacuerdo deben actuar, porque lo que puede ser un desacuerdo a nivel racional y virtual, es susceptible de convertirse en acuerdo fecundo a través de la actuación. Repetimos que la actuación y las imágenes tienen una significación propia, independiente de lo que previamente hayamos racionalizado. Vale más la realización práctica de una escena que muchísimos razonamientos sobre ella. Es necesario que los actores desarrollen una gran confianza en la actuación, una gran desconfianza en las opiniones y argumentos, y una confianza prudente en el análisis concreto, hecho a niveles específicos y mediante el lenguaje adecuado.

¿Por qué una confianza prudente en el análisis? Porque no vamos a montar el esquema conflictual. Este es esquema y, por lo tanto, simplifica, empobrece, orienta en una sola dirección el conflicto. A menudo ocurre que un análisis "equivocado" conduce a una magnífica improvisación. ¿Cómo puede ser eso? Pues porque el análisis no puede evitar ciertos juicios de valor, ciertos juicios afectivos previos que la improvisación puede revelar como puros pre-juicios.

¿Entonces la improvisación debe tomarse como algo definitivo, como la

fuente de la significación y de la elaboración de la escena? Este procedimiento conduciría a resultados caóticos. La improvisación, justamente por
estar aislada del contexto, por haberse distanciado mediante una analogía,
cobra una importancia desconcertante; mientras mejor es, mientras más
rica y fecunda, parece más alejada del texto. Por esta razón es indispensable volver al análisis.

El acercamiento al texto.—Una vez realizada, la improvisación propone
uno o más "núcleos," es decir, uno o más aspectos concretos del conflicto.
Propone, además, soluciones espaciales, rítmicas, sonoras, soluciones esce-
nográficas y de manejo y/o transformación de los objetos, el vestuario, la
caracterización, etc.

Todo este conjunto de propuestas, que constituyen la alternativa ofrecida
por la improvisación, es algo que hay que examinar con respecto a la virtualidad textual.

¿Qué quiere decir esto? Que la significación y la realización de la escena
no están en la virtualidad ni en la improvisación, sino que depende de tres
elementos que se van combinando en la práctica:

1. La virtualidad (las ideas que nos sugiera la lectura del texto, su des-
   montaje mediante el análisis, en fin, el "trabajo de mesa").
2. La improvisación y el análisis de la misma con respecto a los elementos del punto 1.
3. La práctica del grupo, su relación con *su* público, su programa, su
   ideología.

¿Cómo se van combinando estos elementos? De la siguiente manera. En
primer lugar, una vez realizada la improvisación, no se la debe criticar, no
se debe decir si estuvo bien o mal hecha, porque no existe un modelo previo, no es sometible a ninguna normatividad. Como no es repetible, no es
corregible. Como no se hace para probar nada (su objetivo no es comprobar
lo que pensábamos o imaginábamos acerca de la escena), pues, sencillamente, no prueba nada. Ella es y hay que aceptarla como es, por rara o
desconcertante que nos parezca. No hay que criticarla, hay que descom-
ponerla en sus elementos y para ello se procede así: el director y los actores
que han visto la improvisación leen las notas que tomaron y que deben ser
tan descriptivas, tan objetivas, como sea posible. Deben evitar los juicios de
valor y las generalizaciones, pues no se ha llegado todavía a la etapa de la
significación global o total. Luego se coloca, en una columna del tablero o
de un papel grande que todos vean, la virtualidad, y en otra la alternativa,
y se van anotando las equivalencias, las semejanzas y las oposiciones. Por
ejemplo, tomemos la acción en la cual se enfrentan la Maestra y el Sargento.
En muchas improvisaciones que se hicieron apareció el pueblo y aparecieron
los soldados en las analogías. En la virtualidad sólo tienen parlamentos la
Maestra y el Sargento, pero las improvisaciones propusieron alternativas

con los campesinos y los soldados. Esto se anota entonces como oposición (previamente se han anotado las equivalencias, es decir, se ha visto qué personajes de la improvisación equivalen a la Maestra, a los campesinos, a los soldados, etc.).[7]

Hecho este análisis por todo el grupo, el director propone una improvisación de montaje.[8] Llamamos improvisación de montaje a aquella que tiene el carácter de una transacción entre las alternativas propuestas por las primeras improvisaciones, las conclusiones del análisis y las exigencias de la virtualidad, sobre todo con el eje de la continuidad o del contexto. La improvisación ha aislado la acción para que la alternativa que ofrezca sea más libre y más profunda, para que no esté pre-determinada por la continuidad; luego la improvisación de montaje recoge lo más rico de la improvisación primera y empieza a encadenarlo en la continuidad. Una vez más procedemos a desmontar esta improvisación, esta vez con los ojos puestos en la continuidad y poco a poco la llevamos a concatenarse en el discurso de montaje. Como vemos, es un desarrollo cuidadoso de la contradicción selección/ continuidad, contradicción propia de todo discurso.

Autonomía del discurso de montaje.—Debido al aislamiento de las acciones mediante la analogía y la improvisación, ocurren modificaciones de la situación del conflicto en todos los niveles.[9] Es común, por ejemplo, que una acción en la cual a nivel de la virtualidad entran dos o tres personajes, en el boceto de montaje elaborado entren muchos más (ya lo ejemplificamos en el caso de *La maestra*). Es posible también que la virtualidad señale un espacio determinado mediante acotaciones explícitas o implícitas y la improvisación determine un espacio distinto o uno indeterminado. Esto plantea problemas a la continuidad. ¿Qué hacer luego con esos personajes "agregados" o cómo ubicar esa acción con relación al espacio de la precedente y de la siguiente? ¿El "acercamiento al texto" no es el acercamiento a la continuidad? ¿No se debe eliminar los elementos "sobrantes" o las discrepancias espaciales muy notorias? Ante este dilema la experiencia nos ha enseñado que es necesario proceder mediante lo que llamamos "las dos vueltas."

La pimera vuelta la solemos llamar "la vuelta de la selección." En ella se elabora el boceto general del Discurso de Montaje. Los personajes "agregados," los espacios "descubiertos," las caracterizaciones, sonidos, desplazamientos, etc., propuestos por las alternativas improvisadas, se ajustan en lo posible a la virtualidad y a la continuidad textuales, pero aceptándolos como alternativas, es decir, como significaciones nuevas en todos los niveles. Es necesario arriesgarse con los personajes "agregados," con los espacios

---

[7] Ver el anexo.
[8] Puede haber improvisaciones "adicionales" antes de la de "montaje." (Ver anexo.)
[9] Usamos en este momento el término "situación" en su acepción común y no en el sentido de categoría de la división del texto que le hemos dado antes.

creados, en fin, con todos los signos engendrados por la improvisación. No se "ajusta" la alternativa a la continuidad textual mutilándola. Debe permitirse, en esta vuelta, una cierta autonomía al Discurso de Montaje, de modo que se desarrolle como un discurso—con su propia selección y continuidad—paralelo al Discurso Virtual del Texto.

¿Por qué? Porque de otro modo la concepción virtual (del grupo, del autor o autores y/o del director) se impone como una represión limitadora. Es permitiendo esta "libertad" del Discurso de Montaje como el espacio no es algo pre-determinado, ni lo son los otros signos: tonos, sonidos, música, vestuario, etc. Esta "libertad" del Discurso de Montaje cuestiona aún el texto. Es en esta etapa cuando se proponen las modificaciones del texto, sea éste elaborado por el grupo en un proceso de improvisaciones previas o sea elaborado por un autor integrado o no al grupo. (De todos modos debe haber alguien encargado del nivel textual en sus aspectos específicos: fonología, sintaxis, "estilo," prosodia, etc.) Ahora bien, hemos escrito "libertad" porque las alternativas que resultan de las improvisaciones no imponen su significación sino que la proponen y la defienden. Sólo permanecerá de esa significación aquello que el análisis de las imágenes acepte como esencial. Ocurre, sin embargo, que a veces el grupo tiene dudas. ¿Será provechoso el cambio de texto, será siquiera necesario? ¿Esos personajes "agregados" no obscurecerán la idea que tenemos de esta acción? ¿No serán, más adelante, un estorbo? ¿No atentarán todos los elementos "nuevos" contra la "claridad" semántica y contra la economía de signos? (Volveremos sobre esto.) De una manera exacta no es posible responder en esta etapa del trabajo a tales preguntas. Si hemos dicho antes que es preciso tener una confianza prudente en el análisis, debemos ser consecuentes con ello y no aceptar que el análisis diga la última palabra. Hay que repetir hasta la saciedad que el análisis, la argumentación ideológica, etc., son auxiliares indispensables del trabajo artístico, pero no lo determinan; lo determinante son las imágenes, con su polisemia, con su materia huidiza y ambigua. No olvidemos nunca que, por tratarse de dos códigos distintos, el uno no es reductible al otro. Las imágenes son frágiles y pueden ser destruidas con la argumentación ideológica. También esta argumentación las puede imponer, todo depende de la capacidad de convicción del que argumenta. ¿Qué hacer entonces? Es necesario entender que la acción, en esta vuelta, se monta como un boceto, como algo tentativo. Es un tanteo. En arte se camina siempre tanteando.

El Discurso de Montaje, desarrollando sus contradicciones con el Discurso Virtual, va transformando los signos de éste en múltiples bocetos de acciones que luego se reúnen para formar situaciones y, finalmente, para formar secuencias. En ese proceso se van elaborando el espacio (escenografía), los elementos (utilería), maquillajes, máscaras, vestuario, etc.

Las comisiones de montaje.—En el caso nuestro, cada especialidad está confiada a una comisión de actores que tiene facilidades para realizarlas o interés en ampliar su participación. Los miembros de esas comisiones van tomando apuntes, haciendo dibujos, etc. Los de la comisión de escenografía deben, además, elaborar "trastos" provisionales que permiten ir fijando muros, puertas, ventanas, entradas y salidas. No es fácil. Cuando las improvisaciones crean una solución especial, ocurre que nos apegamos a ella y, si más adelante, otras improvisaciones proponen cambios más o menos sustanciales, vienen las resistencias. Aprender a cambiar es difícil, el amor a los "hallazgos" es muy grande. Por eso decía Picasso que el arte verdadero es un cementerio de hallazgos. La Comisión de Texto anota las oposiciones entre el sub-texto de los bocetos de montaje y el texto, pues en esta vuelta se elabora también el boceto del texto del espectáculo con sus implicaciones fonológicas, "estilísticas," prosódicas, sintácticas, etc.

Hemos visto antes que el texto puede dividirse en trama y argumento. Que la trama puede verse como los acontecimientos encadenados de manera causal y el argumento como la realización de estos acontecimientos por los personajes, con las modificaciones de significación que de allí se desprenden. Pues bien, podríamos decir que en el Discurso del Espectáculo el texto pasa a convertirse en una especie de trama, y el Discurso de Montaje en una especie de argumento. Supongamos un montaje de *Hamlet* por nosotros. No cambiaríamos los acontecimientos fundamentales ni su orden de causalidad (no creemos en ese tipo de "adaptaciones" a-históricas), pero montaríamos, necesariamente, un *Hamlet* distinto a otros, porque nosotros, en nuestra circunstancia, realizaríamos esos acontecimientos, le daríamos a *Hamlet* un nuevo "argumento," aunque sin cambiar la trama.

Evidentemente con ello no procedemos de modo diferente a como se procede siempre. Aunque se pretenda una absoluta fidelidad al texto, el discurso de montaje tendrá una relativa autonomía. La diferencia es que, en el caso nuestro, llevamos esta autonomía hasta sus últimas consecuencias y no mediante algo pre-concebido, sino en el proceso del trabajo y de modo metodológico.

La segunda vuelta.—En esta "vuelta" trabajamos, ya, con la totalidad bocetada del discurso de montaje. Empiezan a usarse los textos exactos y a definirse los cambios de texto (si los hay). Se define también la significación resultante de los tres elementos señalados antes: la virtualidad; el discurso de montaje; la práctica y los objetivos del grupo.

La economía de signos.—Permitiendo que cada acción al bocetarse cuestione todos los presupuestos de montaje, ocurre que personajes muy insignificantes (con pocos "parlamentos" y poca acción) cobren, de pronto, dimensiones imprevistas; que escenas sin mucho relieve al nivel de la virtualidad se destaquen de modo sorpresivo. Ocurre también que hay una superabundancia de signos, debido a que el conflicto analógico desborda, casi siempre, al virtual. Se hace necesario entonces insistir en la economía de signos. La mayor expresividad con el menor número de signos puede ser un buen objetivo a lograr, sin volverlo regla o dogma.

Algunos procedimientos que hemos usado para esta "poda" de signos han probado ser eficaces.

1. Una persona lee los textos y los personajes realizan las acciones, desplazamientos, gestos, etc. Esto les permite distanciar la fonía de la gestualidad y "limpiar" esta última.

2. Leer los textos con las entonaciones, sonidos, elementos musicales, estando sentados y sin hacer gestos de ninguna clase, de modo que sea posible aislar las imágenes sonoras.

La confrontación con el público.—Después de las funciones solemos hacer debates o foros que luego serán analizados por el grupo. Hacemos también reuniones de evaluación con otros grupos. Todo esto plantea cambios en el espectáculo que pueden llevar y han llevado, a menudo, a segundas, terceras o más versiones del espectáculo. El teatro es una relación entre el grupo y su público, relación que engendra un lenguaje.

Actuantes y actores.—A modo de apéndice queremos resumir las etapas y los niveles de trabajo en forma un poco más sistemática:

1. Nivel de la práctica del grupo y de sus objetivos estético-sociales. Como el grupo, su estructura interna, su organización y su dinámica constituyen la célula fundamental de nuestro trabajo y de nuestra organización gremial, la práctica del grupo, su trabajo acumulado y el nivel de teorización de esa práctica constituyen un presupuesto básico fundamental. En este nivel se basa la primera etapa: la escogencia del texto. Puede escogerse un tema y/o una historia o puede escogerse un texto poético, narrativo o teatral. Cualquiera de estos elementos es el punto de partida para la elaboración del texto inicial.

2. Segunda etapa: discusión del primer texto elaborado por la Comisión de Texto. En esta etapa todos los miembros del grupo son críticos. Critican el texto como estructura y como virtualidad del espectáculo. La experiencia nos ha enseñado que debe elaborarse en esta etapa la totalidad del texto, tan cuidadosamente como sea posible, de modo que sea una propuesta clara y concreta para el grupo.

3. El nivel metodológico. Se empieza a aplicar el método dividiendo el texto en sus acontecimientos asociados de modo causal, tal como lo vimos antes, a fin de llegar a la fábula cronológica,[10] luego a las fuerzas en pugna y finalmente a la división. Esta no es sólo una suma de procedimientos sino una prueba del texto. El orden de los acontecimientos, los acontecimientos mismos, los personajes, etc., todo es discutido como estructura significante. Esta es la tercera etapa o etapa del análisis previo. En este nivel todos los miembros del grupo son dramaturgos y críticos. No todos escriben, es claro, pero todos pueden y deben (o deben poder) discutir la estructura.

[10]Acontecimientos libres, argumento, tema central.

4. Nivel de las improvisaciones. Cuarta etapa, etapa de la elaboración del Discurso de Montaje. En este nivel cada actor "se divide" en actuante y actor. El actor, como tal, participa en la elaboración de las analogías y luego como "actuante" las realiza. Posteriormente, como "actor," las somete al análisis. El actor debe aprender a "dividirse," a no mezclar una actitud con la otra, y para ello tenemos varios ejercicios de seminario o de taller, además de la práctica escénica. Esto quiere decir que, en tanto que actuante, no debe estar enjuiciando lo que hace. Debe obedecer sus estímulos sin pensar en lo que el director o los eventuales espectadores (del mismo grupo o de otros grupos) ven u oyen. Su objetivo es realizar la acción que le corresponde sin pensar en la significación. Cuando asume la actitud de "actor," puede discutir, opinar, evaluar, etc., pero no debe reemplazar la actuación con juicios, conceptos o ideas. Una buena educación en este sentido es fundamental para un actor de nuestro grupo. El grupo no debe—en lo posible—dividirse en "actores cerebrales" y "actores temperamentales, intuitivos o puramente sensibles"; esta división es nociva. Cada actor debe dividir artificialmente, conscientemente, los juicios y los pensamientos de la actuación, del "juego" libre, debe separarlos en "momentos" distintos del trabajo. Claro está que esta división no puede hacerse de manera absoluta, pero, por ello mismo, debe hacerse. Es bueno tener en cuenta el aforismo de Gaston Bachelard: "Los pensamientos no se imaginan, las imágenes no se piensan."

5. Nivel de la artificialidad. Las imágenes que han quedado como "boceto de montaje" son elaboradas, en este nivel, como algo objetivo. El actor se convierte en signo consciente que se relaciona con los otros signos del espectáculo (visuales y auditivos). Sus acciones, sus desplazamientos, sus gestos, sus actitudes, sus tonos, etc., etc., todo empieza a fijarse como una escritura. Signo entre otros signos y productor de signos, reúne en esta etapa —como una síntesis dialéctica—al actuante y al actor en los cuales se había dividido. Esta es la quinta etapa o etapa de la partitura del espectáculo.

6. Nivel de la relación con el público o de la comunicación. Emisor y receptor en este nivel y en esta etapa, el actor mide los signos elaborados. Es importantísimo—en esta etapa—que no ceda—durante su trabajo—ni a los halagos ni a los rechazos del público. Debe recibir las reacciones de éste y plantearlas en las evaluaciones del grupo. Los cambios, las modificaciones deben discutirse y ensayarse a fin de que la partitura no empiece a desdibujarse y el espectáculo no empiece a atomizarse.

Notas finales

Un método de trabajo teatral es, en primer lugar, la descripción de una práctica y, en segundo lugar, la teorización de los aspectos fundamentales de esa práctica. De aquí se desprende que el método de trabajo colectivo del TEC está ligado a la práctica específica del TEC, y aunque ha sido y está siendo útil a otros grupos que trabajan en circunstancias más o menos diferentes, sabemos que no puede ser generalizado y convertido en fórmulas aplicables en todas las circunstancias.

Por otra parte, la relación intrínseca método-práctica determina que el esquema general que hemos expuesto no sea entendible plenamente en el mero nivel teórico. Sólo se comprenderán sus propuestas si se lo liga a una práctica específica. Por eso consideramos que las discrepancias con el método o las modificaciones al mismo que sean producto de la práctica de un grupo constituyen un material invaluable para la transformación del método mismo.

Nos parece indispensable, por otra parte, aclarar ciertos aspectos prácticos y otros conceptuales o teóricos a modo de complementación, mediante textos anexos.[11]

ANEXO

Plano de la acción.—Este plano está contenido, implícito en las palabras, en el nivel verbal. Está en lo que dicen los personajes y en las acotaciones del texto. No es separable del nivel verbal sino por medio del análisis y del trabajo metodológico que relaciona análisis e improvisación.

Para la construcción colectiva de un texto se empieza por separar este nivel. En primer lugar se establece el Conflicto General que se quiere representar, con todas sus implicaciones ideológicas, etc. Este Conflicto General, que en esta etapa está a un nivel puramente virtual y aparece apenas como un proyecto, una intuición y un deseo, empezará a realizarse a través de una historia. A menudo ocurre que lo primero que encontramos es la historia, en la cual vemos, intuitivamente, una analogía con lo que necesitamos expresar (con el conflicto, el proyecto, el deseo, etc.).

Esta historia puede estar ya elaborada como texto narrativo y en ese caso procedemos a dramatizarla. Esta dramatización no es un simple cambio de género, como parece indicar el concepto de adaptación, sino un cambio en las formas y en los contenidos, sin importar la fidelidad o infidelidad de quien o quienes realizan el trabajo.

La historia puede ser sacada de documentos o tener otros orígenes. Lo primero que hacemos es dividir la historia en acontecimientos cuya sucesión organizamos según un principio de causalidad, es decir, según una necesidad intrínseca del acto de narrar y que luego organizamos según necesidades artísticas, es decir, según necesidades de la estructura del texto.

Para la reorganización de los acontecimientos suelen realizarse improvisaciones, como lo hicimos nosotros en el caso de *La denuncia*.

Tenemos, pues, que en el caso de la elaboración colectiva de un texto lo primero que se trabaja es el plano de la acción y se suceden—en general en este orden—las siguientes etapas:

    a. Proyecto general-conflicto central, todo lo cual puede llamarse tema o asunto.

    b. Historia a través de la cual se expresa ese conflicto, tema o asunto.

    c. Orden de los acontecimientos que conforman la historia causal, o sea lo que hemos llamado argumento.

[11]Aquí sólo incluimos el primero de los anexos, por razones de espacio. [Nota del Editor.]

En la reorganización de los acontecimientos, es decir, en la elaboración del argumento, entran ya los personajes con sus parlamentos. El plano de la acción se transforma en el plano verbal, quedando contenido, implícito en éste, como decíamos al comienzo.

Observemos que el proceso siguiente en el método—el análisis del texto—lo que hace es invertir este procedimiento, puesto que lo que busca es desmontar, desarmar el texto, a fin de "montarlo" y con el manifiesto propósito de cuestionarlo como estructura.

También este último proceso trabaja—en su etapa inicial—con el plano de la acción.

a. Aislar los acontecimientos "asociados" y colocarlos en orden cronológico (Elaboración de la trama—fábula cronológica).

b. Aislar los acontecimientos "libres" o "auxiliares" a fin de elaborar el esquema del argumento y, luego, enfrentar trama y argumento para descubrir el conflicto central, es decir, el nudo de la intriga.

c. Elaborar el esquema de Fuerzas en Pugna y Motivación General, o sea llegar a un esquema concreto de lo que—en el punto de partida—era un proyecto, una intuición, un deseo.

Por todas estas razones decimos que el plano de la acción es el plano fundamental para nosotros.

Plano de la gestualidad.—Si en el plano de la acción hemos puesto el acontecimiento como núcleo—es decir, las discontinuidades diferenciales a través de las cuales el conflicto se desarrolla y cuyo encadenamiento conduce de una introducción o iniciación (llamada también planteamiento), a un nudo o agudización extrema del conflicto y, finalmente, a un desenlace o final[1] —en el plano de la gestualidad el núcleo es el gesto.

Tomamos la definición de gesto de la semiología: "La gestualidad es una empresa global del cuerpo humano en la cual los gestos particulares de los agentes corporales (brazo, mano, cabeza, pie, pierna, etc.) están coordinados y/o subordinados a un proyecto de conjunto que se desarrolla simultáneamente."[2]

La gestualidad no tiene autonomía, depende del nivel verbal, aun en el caso de la pantomima, pues en este caso es expresión de un programa verbal que está implícito o tácito y debe ser "traducido" a un nivel verbal para ser "leída."

Este carácter de nivel complementario no quita a la gestualidad su importancia en la significación. El gesto complementa la palabra modificándola en relación con la acción. Los tres signos—acción-palabra-gesto—se combinan con los otros signos del espectáculo para elaborar la significación del mismo.

En la elaboración del texto colectivo el nivel gestual aparece en las improvisaciones que llevan de la trama al argumento y es decisivo para la elaboración de este último.

Cuando los "actuantes" están improvisando los "acontecimientos" de la trama, elaboran—sobre todo a nivel gestual—los personajes. Es con "gestos" como los personajes se van definiendo y empiezan a modificar la trama, construyendo, simultáneamente, el argumento.

En la elaboración del discurso de montaje, cuando se improvisan las acciones y las situaciones, el lenguaje gestual elabora también los personajes, los hace pasar de la virtualidad del texto a la realidad del montaje.

No hay que confundir el "gesto" con el "gestus" brechtiano. El primero es un signo auxiliar y complementario que modifica la significación; el segundo es algo más complejo: es un gesto (acompañado o no de palabras y actitudes) escogido y destacado de modo especial para

---

[1]A muchos puede parecer esto de la trama, el argumento, la introducción, el nudo, el desenlace, etc., algo viejo, la vieja retórica, la idea de tensión y relajación o suspenso. Por vieja que pueda parecer, esta estructura básica parece funcionar en todo discurso narrativo. En las obras de Brecht se encuentra también. Lo que ocurre es que Brecht, por ejemplo, plantea una manera de usarla distinta a la del teatro que él llamó "aristotélico."

[2]A. J. Greimas, "En torno al sentido," en *Ensayos semióticos* (Madrid: Fragua, 1973).

poner de relieve la complejidad de una situación, las contradicciones de un personaje, etc. Puede ser también una acción completa destacada de modo especial, por ejemplo, la marcha del primero de mayo en *La madre*.

Plano verbal.—Este plano está constituido por dos niveles: nivel textual (las palabras que están en el texto con su estructura propia) y nivel de la tonalidad, es decir, el nivel fonológico.

Este nivel es el último que se elabora en un texto de creación colectiva y también en el discurso de montaje. Está siempre sometido a cambios y retoques.

Antes hemos dicho que es el punto de partida para el discurso de montaje y que debe estar terminado antes de empezar el montaje, y ahora decimos que es el último. Pues bien, ocurren ambas cosas sin que haya contradicción entre ellas. Debe estar concluido antes de empezar el montaje, debe ofrecer una visión total del argumento, de los personajes, etc.; debe ser una propuesta clara y estructurada para el montaje, pero, a través del montaje, sufrirá, necesariamente, modificaciones. Es importante que la oposición "Virtualidad Textual ←——→ Discurso de Montaje" se desarrolle como tal, como oposición. Si partimos de un texto precariamente elaborado, éste no ofrecerá resistencia al aluvión de imágenes de las improvisaciones y se desarmará fácilmente volviendo confuso y caótico el trabajo de montaje. El texto debe ser la referencia del discurso de montaje a fin de que éste pueda cumplir a cabalidad su función referencial y no convierta el trabajo de montaje en una feria de discusiones y lucubraciones interminables.

Cali, agosto de 1975

APENDICE

La maestra

Enrique Buenaventura

(En primer plano una mujer joven, sentada en un banco. Detrás de ella o a un lado van a ocurrir algunas escenas. No debe haber ninguna relación directa entre ella y los personajes de esas escenas. Ella no los ve y ellos no la ven a ella.)

La maestra. Estoy muerta. Nací aquí, en este pueblo. En la casita de barro rojo con techo de paja que está al borde del camino, frente a la escuela. El camino es un río lento de barro rojo en el invierno y un remolino de polvo rojo en el verano. Cuando vienen las lluvias uno pierde las alpargatas en el barro y los caballos y las mulas se embarran las barrigas, las enjalmas y hasta las caras, y los sombreros de los jinetes son salpicados por el barro. Cuando llegan los meses de sol el polvo rojo cubre todo el pueblo. Las alpargatas suben llenas de polvo rojo y los pies y las piernas y las patas de los caballos y las narices resollantes de las mulas y los caballos y las crines y las enjalmas y las caras sudorosas y los sombreros, todo se impregna de polvo rojo. Nací de ese barro y de ese polvo rojo, y ahora he vuelto a ellos. Aquí, en el pequeño cementerio que vigila el pueblo desde lo alto, sembrado de hortensias, geranios, lirios y espeso pasto. Es un sitio tranquilo y perfumado. El olor acre del barro rojo se mezcla con el aroma dulce del pasto yaraguá y hasta llega, de tarde, el olor del monte, un olor fuerte que se despeña pueblo abajo. *(Pausa)* Me trajeron al anochecer. *(Cortejo, al fondo, con un ataúd)* Venía Juana Pasambú, mi tía.

Juana Pasambú. ¿Por qué no quisiste comer?

La maestra. Yo no quise comer. ¿Para qué cenar? Ya no tenía sentido comer. Se come para vivir, y yo no quería vivir. Ya no tenía sentido vivir. *(Pausa)* Venía Pedro Pasambú, mi tío.

Pedro Pasambú. Te gustaban los bananos manzanos y las mazorcas asadas y untadas de sal y de manteca.

La maestra. Me gustaban los bananos manzanos y las mazorcas, y sin embargo, no los quise comer. Apreté los dientes. *(Pausa)* Está Tobías el Tuerto, que hace años fue corregidor.

Tobías el Tuerto. Te traje agua de la vertiente, de la que tomabas cuando eras niña en un vaso hecho con hoja de rascadera, y no quisiste beber.

La maestra. No quise beber. Apreté los labios. ¿Fue maldad? Dios me perdone, pero llegué a pensar que la vertiente debía secarse. ¿Para qué seguía brotando agua de la vertiente? Me preguntaba. ¿Para qué? *(Pausa)* Estaba la vieja Asunción. La partera que me trajo al mundo.

Vieja Asunción. ¡Ay, mujer! ¡Ay niña! Yo, que la traje a este mundo. ¡Ay niña! ¿Por qué no recibió nada de mis manos? ¿Por qué escupió el caldo que le di? ¿Por qué mis manos, que curaron a tantos, no pudieron curar sus carnes heridas? Y mientras estuvieron aquí los asesinos . . . *(Los acompañantes del cortejo miran alrededor con terror. La vieja sigue su llanto mudo mientras habla la maestra.)*

La maestra. Tienen miedo. Desde hace un tiempo el miedo llegó a este pueblo y se quedó suspendido sobre él como un inmenso nubarrón de tormenta. El aire huele a miedo, las voces se disuelven en la saliva amarga del miedo y las gentes se las tragan. Ayer se desgarró el nubarrón y el rayo cayó sobre nosotros. *(El cortejo desaparece, se oye un violento redoble de tambor en la oscuridad. Al volver la luz, allí donde estaba el cortejo está un campesino viejo arrodillado y con las manos atadas a la espalda. Frente a él un sargento de policía.)*

Sargento. *(Mirando una lista)* ¿Vos respondés al nombre de Peregrino Pasambú? *(El viejo asiente)* Entonces vos sos el jefe político aquí. *(El viejo niega)*

La maestra. El padre había sido dos veces corregidor, nombrado por el gobierno. Pero entendía tan poco de política, que no se había dado cuenta de que el gobierno había cambiado.

Sargento. Con la política conseguiste esta tierra, ¿no es cierto?

La maestra. No era cierto. Mi padre fue fundador del pueblo. Y como fundador, le correspondió su casa a la orilla del camino y su finca. El le puso nombre al pueblo. Lo llamó "La Esperanza."

Sargento. ¿No hablás, no decís nada?

La maestra. Mi padre hablaba muy poco.

Sargento. Mal repartida está esta tierra. Se va a repartir de nuevo. Va a tener dueños legítimos, con títulos y todo.

La maestra. Cuando mi padre llegó aquí, todo era selva.

Sargento. Y también las posiciones están mal repartidas. Tu hija es la maestra de la escuela, ¿no?

La maestra. No era ninguna posición. Raras veces me pagaron el sueldo. Pero me gustaba ser maestra. Mi madre fue la primera maestra que tuvo el pueblo. Ella me enseñó y, cuando ella murió, yo pasé a ser la maestra.

Sargento. Quién sabe lo que enseña esa maestra.

La maestra. Enseñaba a leer y a escribir y enseñaba el catecismo y el amor a la patria y a la bandera. Cuando me negué a comer y a beber, pensé en los niños. Eran pocos, es cierto, pero, ¿quién les iba a enseñar? También pensé: ¿Para qué han de aprender el catecismo? ¿Para qué han de aprender el amor a la patria y a la bandera? Ya no tiene sentido la patria ni la bandera. Fue mal pensado, tal vez, pero eso fue lo que pensé.

Sargento. ¿Por qué no hablás? No es cosa mía. Yo no tengo nada que ver. No tengo la culpa. *(Grita)* ¿Ves esta lista? Aquí están todos los caciques y gamonales del gobierno anterior. Hay orden de eliminarlos a todos para organizar las elecciones. *(Desaparecen el sargento y el viejo.)*

La maestra. Y así fue. Lo pusieron contra la tapia de barro, detrás de la casa. El sargento dio la orden y los soldados dispararon. Luego el sargento y los soldados entraron en mi pieza y, uno tras otro, me violaron. Después no volví a comer, ni a beber, y me fui muriendo poco a poco. Poco a poco. *(Pausa)* Ya pronto lloverá y el polvo rojo se volverá barro. El camino será un río lento de barro rojo y volverán a subir las alpargatas y los pies cubiertos de barro y los caballos y las mulas con las barrigas llenas de barro y hasta las caras y los sombreros irán, camino arriba, salpicados de barro.

Parte II

Panoramas Nacionales

Part II

Panorama Saronicos

4

Education and Theater in Post-Revolutionary Cuba

EUGENE R. SKINNER

A continuación Eugene R. Skinner ofrece un panorama del desarrollo cultural y teatral de la Cuba revolucionaria durante la década del sesenta. Primero bosqueja cuatro etapas de la política cultural y más específicamente, de las relaciones entre los intelectuales y la Revolución, sobre la base de una división establecida por Lisandro Otero. El objetivo fundamental de la práctica artística es el establecimiento del socialismo en Cuba y la formación del Hombre Nuevo: persona dotada de conocimientos científicos y técnicos, de mentalidad humanista, para quien los intereses personales se identifican con los comunitarios, persona comprometida con los principios de igualdad y solidaridad, y que no necesita de incentivos materiales.

Luego delinea a grandes rasgos el proceso del teatro dentro de ese marco cultural. La Revolución significó un florecimiento de la actividad teatral, comprobable en la cantidad mucho mayor de funciones, el Festival Latinoamericano de Teatro, el fomento del teatro profesional y del aficionado, los numerosos festivales de aficionados a nivel nacional y regional, etc. Entre los grupos más importantes destaca el Teatro Escambray, cuyos miembros, antes de sus presentaciones, trabajan en el campo, en los talleres, con los moradores de las poblaciones que visitan en sus giras. Tal como en otros aspectos de la cultura en Cuba, se está operando la intelectualización de las masas y la proletarización de los intelectuales.

Complementa este trabajo una bibliografía del autor publicada con el título de "Research Guide to Post-Revolutionary Cuban

This paper was read at a symposium on "Theatre as an Instrument of Education in Latin America," held at the University of California, Los Angeles, June 1, 1973.

Drama," en *Latin American Theatre Review,* 7:2 (Spring 1974), 59–68.

Although reports on the achievements of postrevolutionary Cuban theater do not permit a comprehensive study at this time, from the materials available several stages of development are discernible. Lisandro Otero's four-part division of cultural development in the period 1959–1968 can be reduced to three stages and an updated fourth stage added.

First stage (1959–1960). —The period following the triumph of the revolution is characterized by an increased national consciousness, a united front among intellectuals, and the dissemination of bourgeois culture.

Second stage (1961–1965). —After the revolution is declared socialist, institutions are created to sustain cultural productivity. Fears of bureaucratic restraint being imposed upon artistic expression are voiced by some Cuban intellectuals. Castro responds in "Words to the Intellectuals" (1961) and defines the rights of the nonrevolutionary intellectual within the revolution. Later Guevara responds to similar apprehensions on the part of foreign intellectuals in *Socialism and Man in Cuba* (London: Stage 1, 1968).

Third stage (1966–1968) —This phase is characterized by an increased international consciousness and a strengthening of alignments with Third World countries, reflected in the Tricontinental Conference (1965) and the Cultural Congress of Havana (1968). It is clear from the First National Seminar on Theatre (1967) and in the "Declaration of Cienfuegos" (1968) that younger intellectuals who have matured within the Cuban Revolution define the role of the revolutionary intellectual as a contributor to the common struggle and not as a critical consciousness outside of the struggle.

Fourth stage (1969–1973). —On the international scene Cuba intensifies the struggle against cultural imperialism and pseudoleftists, maintains her alignments with Third World countries, and increases her cultural relations with the socialist countries, especially the Soviet Union. Within Cuba further effort is directed toward rationalizing cultural productivity and integrating it with the educational goals of the revolution. The First National Congress on Education and Culture (1971), the creation of the Education, Culture and Science Sector under Deputy Prime Minister B. Castilla Mas (1972), and the organization of the National Council of Culture (CNC) workers in the Arts and Entertainment Workers National Trade Union (SINTAE) in 1973 represent significant steps in this process of integration.[1]

[1]Lisandro Otero, "Notas sobre la funcionalidad de la cultura," *Casa de las Américas,* 68 (sep-oct 1971), 94.

Since 1968 the definition of the role of the intellectual has consistently stressed active commitment to and direct participation in the struggle toward the goals of the revolution. The fundamental goals are the creation of socialism in Cuba and the formation of the New Man. The New Man is "a person with scientific and technical knowledge—a humanist culture, and a mentality that identifies personal and community interest as one . . . a person fully committed to equality, brotherhood, and solidarity, devoid of selfishness and with no need for material incentives, a human being ready to sacrifice and constantly filled with heroism, abnegation, and enthusiasm."[2] The formation of the New Man is a common goal in which all sectors of society must actively participate. The intellectual is also a producer, a worker, a builder of socialism, and an educator of the New Man.

The concepts of the intellectual as a builder and of the importance of productive labor have been central to the educational policies of the revolution since early in the last decade. Basically, two directions have been followed in order to attenuate and then to eradicate the distinction between intellectual activity and productive labor: the intellectualization of the masses and the proletarianization of the intellectuals.[3] The literacy campaign of 1961 reduced the illiteracy rate to 3.9 percent and follow-up efforts through the Worker-Farmer Education Programs (elementary through university preparatory courses by 1964) significantly raised the intellectual preparation and political consciousness of the adult population in the provinces. In regard to the proletarianization of the intellectuals, voluntary manual labor and an active role in mass mobilization campaigns were expected of the revolutionary intellectual since the early 1960s. In 1964 productive labor became an integral part of the educational institution with the School to the Country Plan, which by 1968 involved the massive participation of both instructors and students from secondary, vocational, and university levels in a two-month period of work, classes, and cultural activities on state farms. Some university faculties such as engineering moved from the campus to the factories, farms, or construction projects; and in 1969 Castro pointed to the future creation of university classrooms in all work centers. The goal of the intellectualization of the masses and the proletarianization of the intellectuals is the formation of the integral New Man of the revolution through the eradication of traditional barriers between spheres of human endeavor.

A similar process is evident in the areas of professional and amateur drama in postrevolutionary Cuban theater. From the beginning the revolutionary government has supported the development of a national professional theater and its integration with the cultural goals of the revolution. Theater

[2]Nelson P. Valdés, "The Radical Transformation of Cuban Education," in Rolando E. Bonachea and Nelson P. Valdés, eds., *Cuba in Revolution* (Garden City, New York: Doubleday, 1972), p. 447.
[3]The following overview of educational goals and programs is based on information presented in ibid., pp. 422–455.

groups in Havana presented more than 24 new plays by Cuban authors in 1961[4] and 21 in 1962,[5] compared with a total of only 30 productions during the period 1954-1958.[6] This initial period of exuberant activity included, aside from the original Cuban dramas mentioned, contemporary U.S. and Latin American theater, a revival of nineteenth-century Cuban *teatro bufo*, and works by such modern European playwrights as Brecht, Lorca, Chekhov, and others. In 1961 the National Council of Culture, through its theater section, began to organize the institutions necessary to sustain and channel this creativity. In addition to the formation of institutions to foster domestic productivity, the revolutionary government, through *Casa de las Américas*, established in 1960 the annual Latin American Literary Prize and a Festival of Latin American Theater which made Havana a literary center of international importance. Since 1963 the CNC has reduced the budget of the theater section, and it is generally agreed that activity has declined in Havana in comparison with the period 1959-1963.[7] Nevertheless, as late as the summer of 1969, Tunberg reported that there were 30 professional theater groups in the capital compared with 6 professional groups in 1958.[8]

The most important groups performing in Havana at the end of the last decade were the Teatro Musical (formed in 1962) which concentrates on musicals and musical adaptations of plays and the Teatro Estudio, the oldest and most famous group, whose avowed purpose is the creation of national theater through a search for classical roots in Spanish Golden Age theater.[9]

Several groups formed since the First National Seminar on Theatre in 1967 exemplify innovative approaches to fulfilling the cultural goals of the revolution. Grupo Doce, organized in early 1969 and headed by Vicente Revuelta, is a laboratory theater experiment devoted to taking theater to the workers and farmers. The group opened in late 1969 with an adaptation of Ibsen's *Peer Gynt*. Joven Teatro is a collective led by Paúl Macías. Before becoming a professional group in 1969, they completed two years of theatrical tours in rural areas.

Tercer Mundo,[10] formed in 1969 by René de la Cruz, has the explicitly

[4]Clavert Casey, "Teatro/61," *Casa de las Américas*, 9 (nov-dic 1961), 105-111.
[5]Rine Leal, "Seis meses de teatro," *Casa de las Américas*, 11-12 (mar-jun 1962), 46-50; and Ada Abdo, "Seis meses de teatro habanero," *Casa de las Américas*, 17-18 (mar-jun 1963), 89-92.
[6]Rine Leal, *En primera persona* (La Habana: Instituto del Libro, 1967), p. 170.
[7]Ibid., p. 334; and Mario Benedetti, "Present Status of Cuban Culture," in Bonachea and Valdés, *Cuba in Revolution*, p. 514.
[8]Karl A. Tunberg, "The New Cuban Theatre: A Report," *The Drama Review*, 14:2 (Winter 1970), 46.
[9]The description of Cuban theater groups active in 1969 is based on ibid., pp. 43-55.
[10]In addition to Tunberg's article, see Raúl Valdés Vivó, "Conversatorio: 'Naranjas en Saigón,'" *Conjunto*, 11-12 (ene-abr 1972), 19-25; and José Antonio González, "Writers and Artists in the Sierra Maestra," *Granma* (5 Mar. 1972), 9.

declared purpose of taking political theater to the people. The group only performs dramas with a revolutionary theme related to the international socialist revolution. Also, in order to become a member of the group, one must be not only a good actor but an exemplary revolutionary with a consistent record of voluntary labor and good moral character. Initial difficulty was experienced in obtaining scripts expressing the chosen theme; but in 1969 the group performed Jesús Díaz's *Unos hombres y otros* and *Relatos de campaña*, and Hiber Conteris's *El asesinato de Malcolm X*. The repertoire in 1972 included four plays, two of which were written by the Cuban author Valdés Vivó, *Naranjas en Saigón* and *Los negros ciegos*. In addition to these activities, members of the group have participated in projects such as the Sierra Maestra Brigade of Writers and Artists (1972). The Tercer Mundo group was still performing as of April 1973.

Perhaps the most innovative of these recently formed groups is Teatro Escambray[11] directed by Sergio Corrieri. The group is dedicated to making theater an instrument for the direct transformation of social reality, and it evaluates its work by measuring the extent to which it succeeds in influencing society. Before performing, they seek to create an identification between the people and themselves by participating in the same tasks, in the fields and in the work centers. Also, they attempt to define the specific social problems of the area in which they are to perform. For example, from November to December 1968 they conducted a sociological survey within the twelve municipalities of Escambray. Their methods are varied and adapted to the specific situation, but often they spend a week in each location, starting with a one-act play, having open rehearsals and discussions for five days, and ending with a different one-act play. Every three months they complete the circuit and are able to evaluate the social and cultural progress of the area. Their repertoire comes from many sources, from medieval French farce to Brecht's *Los fusiles de la madre Carrar*. In 1970 they employed Jesús Díaz's *Unos hombres y otros* with great success, and they have created their own works such as *La vitrina,* itself the result of a twenty-day investigation of the Plan Lechero of northern Escambray.

Parallel with supporting professional theater groups dedicated to taking theater to the people, the revolutionary government has created the institutions necessary for the development of mass participation in the amateur movements. A five-year course of study in the schools for art instructors trains the staff for the arts vocation centers throughout the country. These centers serve to disseminate culture and to harness the artistic talent of the masses. Also, professional artists provide a stimulus and offer technical advice to mass organizations. Competitions and festivals are sponsored by national and provincial Councils of Culture and by mass organizations at

[11]In addition to Tunberg's article, see Sergio Corrieri, "Al pie de la letra," *Casa de los Américas,* 68 (sep–oct 1971), 189–192.

the national, provincial, and local levels. Some of the more important national competitions have been the Festival of Worker-Farmer Theater (1961)
organized by the Cultural Extension Department of the National Theater of
Cuba, the National Amateur Festival (1962) with the participation of seven
different mass organizations, and the VIII National Amateur Festival of
the Armed Forces (FAR, 1971), including both military and civilian participation. At the First National Congress on Education and Culture (1971),
Castro again stressed the importance of the amateur movement, proposing a
cultural movement in which, from day care center to factory, the entire
people would become creators of culture.[12]

In conclusion, it is evident that a policy similar to the intellectualization
of the masses and the proletarianization of the intellectuals in the field of
education is operative in the area of culture. Here the goal is the eradication
of the distinction between creator and consumer of art. Although the reports
and materials available do not permit a comprehensive evaluation at this
time, the policies and institutions of the revolutionary government do represent a continuing, coherent, and innovative effort toward the formation of
the New Man.

[12]Fidel Castro, "Speech at Closing of First National Congress on Education and Culture,"
Granma (9 May 1971), 8-9.

5

Visión Rápida del Teatro en Puerto Rico y México

JOSÉ MONLEÓN

More than ever before, a large number of Latin Americans are trying to cope with the cultural colonialism affecting their daily lives. This has led many of them automatically to reject anything European or North American, thus creating a difficult situation, for instance, for those individuals who, despite coming from Europe, have much in common with the oppressed of Latin America. The relationship with Spaniards is particularly one of conflict because the existing cultural ties are not enough to overcome a hidden resentment felt by many Latin Americans toward the descendants of the old oppressors.

With this prelude, the Spanish author José Monleón offers his impressions of the status of the theater in Puerto Rico and Mexico. The theatrical scene of the island is viewed, within the context of its peculiar political and economic conditions, in terms of the country's resistance to foreign domination—and here the Spanish language plays an important role. The report also makes a brief reference to the 1973 international festival—or Muestra—of San Juan, in which theater groups from Uganda, Spain, the United States, and Latin America participated. Similar events had taken place in Manizales and Bogotá a few weeks earlier. As for the Mexican stage, Monleón stresses the activity of the Social Security Theater and the Mexican Popular Theater which were more concerned with bureaucratic matters and with a "quality" repertory reflecting the traditional preferences of the bourgeoisie than with the real problems of the popular strata of Mexican society. Representing another aspect of the theater is a

El presente informe forma parte de un artículo titulado "Cuatro países de América Latina," publicado en *Primer Acto,* 168 (mayo 1974), 42-49, y se reproduce en este volumen con la debida autorización.

young movement, composed mostly of university students, with a strong political orientation and with aesthetic values of its own. Groups belonging to the Free Center for Artistic and Theatrical Experimentation (CLETA), such as the well-known group Mascarones, are characteristic of this movement.

Europa y América

Todos sabemos lo que es el colonialismo cultural. Su rechazo constituye uno de los componentes de la afirmación de América Latina. Ahora bien, una cosa es el rechazo sistemático, idealista de lo "europeo" y lo "yanqui," y otra, distinta y razonable, la exigencia de construir un arte derivado de la propia realidad. El problema ha de ser planteado en términos generales. Si la Independencia fue administrada por una oligarquía criolla, cuyo "modelo de vida" y cuyos intereses dependían de Europa o de los Estados Unidos, es lógico que el arte en general, y el teatro como parte de él, se subordinase al magisterio de las culturas tácitamente metropolitanas. Si ahora, dentro del proceso económico-político de América Latina, se reclama la participación de los sectores populares, con la consiguiente transformación de la estructura social, de esa nueva realidad se deriva un nuevo concepto de cultura, una potenciación y aceptación de los valores estéticos de esas clases populares, subestimadas o desconocidas por el viejo grupo dominante. Sabido es, en fin, que en la determinación del valor estético juega la historia un importante papel.

El antieuropeismo de algunos sectores latinoamericanos, especialmente entre universitarios falsamente radicalizados, es un simple moralismo, una mezcla de suicidio e invitación a la ignorancia. Mucho más sensata y dialéctica me parece la lucha por la propia identidad en la vida política y económica de cada día, dejando que la realidad proponga sus medios artísticos de expresión. Seleccionar "a priori," atendiendo a su "europeismo," lo que vale o no para América Latina, es aberrante. Primero, porque también dentro de las sociedades europeas hay colonizados y colonizadores, es decir, explotados y explotadores. Segundo, porque la experiencia de las luchas populares de Europa o de cualquier lugar constituye un material que los pueblos latinoamericanos deben asumir. Tercero, porque no tiene sentido rechazar a "Europa" en bloque, empleando un idioma europeo, citando economistas europeos, y testimoniando, en suma, una situación histórico-cultural cuya conformación sólo puede explicarse con la intervención de Europa.

Creo que el brasileño Augusto Boal ponía, cuando se planteaba este tema, un ejemplo muy interesante: el de los soldados del Vietcong, muy atentos, cada vez que derribaban un avión norteamericano, a ver dónde caía para aprovechar al máximo su fuselaje. Lo que, en el aire, cargado de bombas americanas, constituía un grave peligro, se convertía en material útil una vez el avión derribado. La conclusión que Boal sacaba de la metáfora estaba clara. La cultura europea era enemiga cuando era impuesta por gobiernos y oligarquías, asfixiando la cultura latinoamericana; pero contenía muchos elementos útiles cuando el pueblo de América Latina podía analizarla y asumir, directa o indirectamente, aquello que le sirviese. Parecerá ésta, quizá, una cuestión ingenua. Pero en América Latina, eterna colonia, primero de España y Portugal, ahora de la economía de los Estados Unidos, es un tema siempre candente, sobre todo entre la gente joven.

España y América

Sucede, además, que la idea de "Europa" resume, entre los más superficiales, dos conceptos igualmente regresivos. De un lado, es el "mundo de los colonizadores," opuesto a las culturas americanas devastadas por la Conquista. Del otro, es el "mundo de las oligarquías latinoamericanas," a menudo formadas en universidades europeas, expresión de un "gusto" supuestamente refinado y superior al popular. El hecho de ser españoles tiene, ante la juventud latinoamericana, aspectos particulares respecto de otros países europeos. Nuestra relación es, en principio, más conflictiva, por cuanto, de una parte somos "herederos" de los antiguos opresores; de otra, representamos una cultura a la que los pueblos latinoamericanos se encuentran fuertemente vinculadas. Alguna vez sentí que pesaba más el primer aspecto que el segundo; pero, en general, sobre todo en los medios intelectuales, el juicio definitivo se supedita a saber "qué clase de españoles" éramos. Abandonado por nuestra parte—y digo nuestra, porque aquí entran todos los compañeros de "La Cuadra" [de Sevilla]—cualquier asomo de paternalismo o de soberbia, era muy fácil ser aceptados como un grupo más de Latinoamérica. El hecho de que capitales europeas de otros países— París, en primer lugar—, o los Estados Unidos, estuvieran muy por delante de España en la devoción teatral de las oligarquías del Continente, era, para nosotros, un elemento favorable. Estaba muy claro para la inmensa mayoría de latinoamericanos que el teatro español contemporáneo tiene poco que ofrecer. Lo que nos confiere una humildad de gran valor para contrarrestar la imagen grandilocuente que dejó nuestro pasado.

El problema último está, como antes apuntábamos, en no hacer de lo "europeo," ni, por tanto, de lo "español," una jerarquía. Todo ha de ser creado de nuevo en el marco de la realidad de América Latina.

Puerto Rico: teatro e independencia

De los países que visitamos, uno, Puerto Rico, soporta la ambigüedad del "status político" autodefinido como Estado Libre Asociado. Sabido es que son tres las fuerzas fundamentales en torno a la cuestión. Está el Partido Nuevo Progresista, cuya ambición es la anexión de Puerto Rico a USA, convertido en un Estado más de la Unión. Están los del Partido Independista (PIP) y del Partido Socialista (PSP), para los cuales es fundamental que Puerto Rico alcance su plena soberanía. En el centro, supeditados a las necesidades de los Estados Unidos, autónomos en todo lo que esta subordinación permita, está el Partido Popular Democrático (PPD), ahora en el poder y creador del Estado Libre Asociado.

El problema es bastante más complejo de lo que sugiere una aproximación puramente emocional. Se trata de una cuestión no sólo política, sino, como es lógico, económica. El "desarrollo" material de Puerto Rico se basa en la exención de los impuestos federales para las inversiones de capital norteamericano. Si la anexión del país a los Estados Unidos significaría la pérdida de esa ventaja, es obvio que la independencia supondría así mismo, por otras razones, la retirada de ese capital. El Estado Libre Asociado aparece, ante el dilema, como una especie de componenda: Puerto Rico no es uno más de los Estados Unidos, no es estrictamente una colonia, ni tampoco un país independiente. Goza de autonomía en lo que puede, se beneficia de la inversión americana y tiene que ceder parte de sus tierras para bases militares del Pentágono, entre otras igualmente graves dependencias. Para el PPD ésa es la solución correcta a la posición geográfica, a la extensión y a los recursos naturales de Puerto Rico. Para el movimiento independista se trata, simplemente, de un colonialismo enmascarado, dada la subordinación de la soberanía del país a las necesidades de los Estados Unidos. Incluso el "desarrollo económico," presentado por el PPD como evidencia del acierto de su política, sería fuertemente cuestionado por los independistas convencidos de que—aparte de beneficiar sólo a un sector— es un precio que traumatiza a buena parte de la población puertorriqueña, privada de dignidades irrenunciables y sometida a penosas tutelas.

Las relaciones establecidas entre colonialismo y explotación económica dentro de la sociedad de Puerto Rico constituirían la última aportación fundamental al debate. De ahí la creciente importancia del Partido Socialista Portorriqueño. La dependencia de los Estados Unidos estaría íntimamente ligada a una estructura económica altamente capitalista, con amplios sectores en la miseria o forzados al exilio. En la tutela de los Estados Unidos se vería la raíz de una general enajenación, la renuncia del país al derecho de gobernarse a sí mismo.

En el contexto de esta problemática—donde hay posiciones de muy diversos matices—, el "idioma" ha ocupado y ocupa un destacado puesto de lucha. En efecto, a la hora de afirmar la identidad puertorriqueña frente a la penetración norteamericana, el español ha sido trinchera ante el inglés. Y, por tanto, los dramaturgos—que escriben todos en español—parte de la vanguardia. Diversos concursos y ediciones, sostenidos por entidades culturales, han sido y son la manifestación persistente de una resistencia. Es decir, la expresión de una cultura que conserva su conciencia de latinoamericanidad y de singularidad frente a los intentos que, por ejemplo, supuso la un día vigente y ya derogada necesidad de aplicar el inglés a la enseñanza.

Testigo de una Muestra teatral [1973] en la que dominaban las representaciones en castellano—ya fuera de grupos españoles, latinoamericanos o del mismo Puerto Rico—, verifiqué hasta qué punto dicha Muestra reafirmaba una serie de aspectos esenciales de la personalidad puertorriqueña. No sólo por el idioma empleado, sino, sobre todo, por el debate que motivaban, ligado a menudo a las conexiones, interesadamente desvirtuadas tantas veces, entre todos los pueblos de lengua española. Conexiones que no se limitan al pasado sino que poseen una clara vigencia en orden a las necesidades, problemas y luchas del presente.

Repasar la función que cumplían las distintas compañías en relación con la afirmación de Puerto Rico, puede ser interesante:

1. *Grupos latinoamericanos.* Ratificaban la existencia de una comunidad supranacional, a la que Puerto Rico pertenece, aunque los intereses de los Estados Unidos hayan intentado segregarlo.

2. *Grupos españoles.* Subrayaban el vigor de una de las raíces del país. Raíz importante en la lucha contra el colonialismo cultural norteamericano.

3. *Grupo africano.* El Teatro Nacional de Uganda conectó inmediatamente con el elemento negro y africano que impregnó a Puerto Rico desde la masiva llegada de esclavos.

4. *Grupo norteamericano.* Aunque buena parte del público entendía el inglés, se leyó antes de comenzar la representación una sinopsis del argumento, procurando evidenciar en todo instante que se trataba de una "compañía y de un idioma extranjeros." Y eso no sólo en el teatro, sino en las conversaciones y debates paralelos a las representaciones.

5. *Grupos puertorriqueños.* Fue clara la tensión entre los que intentaban, simplemente, un teatro "bueno," consagrado por la crítica internacional—Dürrenmatt, pongamos por caso—y los que querían denunciar la realidad puertorriqueña. El hecho de que las gentes del PSP inspiraran dos de los espectáculos puertorriqueños de la Muestra, *La descomposición*, de César Sánchez, y *Línea viva*, y que viéramos en la salita Anamú algunas obras asentadas en la misma perspectiva ideológica, revela cuál es la actual situación del problema. Teatro crítico, independentista y, a la vez, socialista.

Por cierto que una de las obras vistas en la minúscula sala Anamú me puso ante el hecho del "spanglish," mezcla de inglés y español. La obra se titula *Pipo Subway no sabe reír*, es de Jaime Carrero y recoge algunos aspectos de la patética realidad del Harlem puertorriqueño de Nueva York. El "spanglish" aparece como un idioma deforme, como la imagen exacta de una cultura invadida. No hay enriquecimiento sino la sumisión del puertorriqueño—de la cultura de su idioma—a un idioma que comporta otra visión del mundo.

Es un fenómeno importante, que traduce, al simple nivel de crisis idiomática, el peligro de absorción o destrucción que pesa sobre la identidad puertorriqueña.

México

Cuando llegó a México el exilio español, a principios de los cuarenta, se encontró con un teatro de escasa actividad. Desde entonces hasta hoy han sucedido, sin embargo, muchas cosas. Los nuevos edificios de la Seguridad Social incluyeron excelentes salas teatrales, donde se realizaron buenas temporadas. Concedidos en régimen económico muy favorable a compañías de cierto crédito artístico, los escenarios de la Seguridad Social constituyen, en la capital y en otras ciudades del país, un instrumento primordial de la vida teatral mexicana. Durante las tres últimas décadas aparecieron—con Rodolfo Usigli como nombre capital—numerosos autores nacionales, multiplicándose los grupos y subiendo tanto el nivel artístico como los índices de frecuentación de los espectadores.

Sin embargo, bien sea porque esta línea ascendente prometiera resultados últimamente no alcanzados, bien porque realmente se entrara en una etapa de estancamiento o regresión—ahogada la cartelera por vodeviles, encueramientos y otros reclamos puramente comerciales—, lo cierto es que se consolidó una fuerte actitud crítica frente al curso del teatro nacional. Se atacaron muchos de sus aspectos formales, temáticos y socioeconómicos; se le consideró pequeño burgués, esteticista, separado de los sectores populares que, en cambio, sí acuden a ver las variedades del teatro Blanquita o las revistas musicales.

Respondiendo a esta presión se creó el Teatro Popular Mexicano, que comprende hasta diez y seis compañías nacionales, con actuación rotativa en otras tantas salas de la capital. De hecho, la inmensa mayoría de los buenos actores mexicanos están hoy en el Teatro Popular, cuya programación combina la atención fundamental a los autores nacionales con la hospitalidad a algún "clásico"—por ejemplo, Strindberg—o joven autor contemporáneo extranjeros. Las entradas son muy baratas y buena parte de ellas se reparten gratuitamente. La iniciativa está llena de aspectos positivos, aunque son muchos los que consideran que corre el riesgo de ahogarse en el formulismo oficial. Muchas de las obras programadas, pese a su prestigio literario, estarían fuera de las necesidades y niveles del pueblo mexicano, ajeno a la tradición teatral que las determina. También en parte de los intérpretes y animadores del Teatro Popular pesaría ese ánimo burocrático que empequeñece el trabajo de tantas compañías nacionales. El resultado sería la presencia de un tono culturalista, próximo a lo rutinario, bien distinto del que correspondería a un empeño como éste.

Dejando a un lado a quienes, por estar políticamente en contra del actual Presidente Luis Echeverría, han de estarlo también contra su política teatral, el hecho cierto es que el Teatro Popular Mexicano—cuya área de trabajo quiere ampliarse a todo el país, superada su actual enclaustración en México D.F.—no ha conseguido hasta ahora atraer a los públicos para los que fue creado. Muchas de sus representaciones se efectúan ante un número escaso de espectadores y su vida discurre dentro de esa tonalidad "burocrática" que, por un concepto puramente mecanicista de su función (la protección salarial y tantas otras protecciones que no entran en el fondo sociocultural del teatro), imponen al teatro sindicatos y organismos mexicanos. En el caso del Teatro Popular, ello se traduce en la creación de una institución más culturalista que popular, más atenta a justificarse por "la calidad" de sus títulos y de sus objetivos que por su proyección real sobre las clases trabajadoras mexicanas. Problema éste, por lo demás, que también se entronca en la concepción escasamente combativa y socialmente poco creadora de opinión que en México se tiene del teatro.

Basta, en efecto, considerar la generalidad de las obras propuestas en la totalidad de los escenarios mexicanos, para descubrir en seguida la ausencia de dramas que incidan sobre la presente realidad del país, que muestren sus conflictos, que descubran sus problemas. Impera una falsa disyuntiva entre la representación "culturalmente" seria, entre los títulos más o menos sacralizados por la crítica, y el teatro ínfimo e intrascendente. La propuesta de un teatro mexicano vivo y actual rara vez se da, viniendo así a reflejar el Teatro Popular un mal de carácter general. Si a ello añadimos la profunda diferencia de clases que existe en toda América Latina—y también, por tanto, en México—y el hecho de que el teatro haya estado siempre vinculado a la burguesía, comprenderemos la dificultad de interesar a los sectores populares. Es el valor de una poética teatral determinada, de una concepción literaria del drama, de una idea pobre y arqueológica sobre la función social del escenario, lo que, quizá, la ausencia de público en las salas del Teatro Popular pone de manifiesto. Y, por ende, la necesidad de crear un repertorio, un lenguaje, una dramaturgia, asentados en la realidad popular, y opuestos tanto a ese "subteatro" enajenador generalmente propuesto en carpas y salas de variedades como a la representación simplemente culturalista.

Mientras esto no se consiga, al Teatro Popular de México le va a pasar un poco lo que a nuestros Festivales de España: presentar ante audiencias populares—o, al menos, pretenderlo—obras arraigadas en la tradición cultural burguesa. Lo que supone la existencia de una serie de disonancias inevitables, que la "buena intención" del Teatro Popular no puede salvar en absoluto. La cuestión está, llegados a ese punto, en saber si el teatro puede, "desde arriba" y por disposición oficial, resolver un problema que nace del status socioeconómico del país. O, dicho con otras palabras, si el paternalismo y el aire de justificación de lós gobernantes no son inevitables cuando el teatro pretende modificar una imagen cultural sin denunciar—como parte de un proceso general de transformación—las raíces de su condición clasista y de su marginalidad social.

Justamente en función de lo que acabamos de decir debe ser contemplada la existencia de un movimiento teatral, con amplia participación universitaria, fuertemente politizado, con poética de guerrilla y dispuesto a alzarse en cualquier lugar. Es el teatro que se ofrece en la Casa del Lago, en el auditorio del Parque de Chapultepec, en el Foro Isabelino, o en otros lugares acogidos a la autonomía universitaria. Aunque tampoco desdeña el ir a mercados, fábricas y sitios de emergencia. Se trata de un teatro sin censura, de inspiración frecuentemente colectiva, donde el texto suele mezclarse a otros medios de expresión—desde el corrido mexicano a la imagen visual—más comunicativos para el gran público. Sus temas sí inciden sobre la realidad mexicana, pues tales piezas—"Actos," al modo del Teatro Campesino—hablan de huelgas concretas, de la matanza de Tlatelolco [1968], de la traición a los ideales revolucionarios propugnados por Zapata, o de la complicidad entre los militares chilenos y el siempre temido y esquematizado "capitalismo yanqui."

Sus planteamientos son radicales, en busca de un público popular y del teatro que corresponde a ese público. Las respuestas estéticas concretas no son siempre buenas, aunque, llegados a este punto, habría que repetir muchas de las consideraciones que sugiere, pongamos por caso, el trabajo de La Candelaria, de Bogotá. Estamos ante valores estéticos distintos a los que ha codificado el arte burgués, sin que ello justifique el confundir la propuesta de una poética teatral popular con un teatro, simplemente, de buena intención política y mal hecho. La parcelación, las distancias, son evidentes y acusan en el teatro la situación de la sociedad mexicana. Es decir, el abismo que existe entre la burguesía—liberal o reaccionaria—, nacionalista, con cierta cultura, poseída de un obscuro complejo machista de superioridad sobre los países latinoamericanos del área del Caribe, y el mexicano llano, pobre, marginal, encuadrado en parámetros culturales diferentes e impregnados de elementos no importados de Europa.

Es ese abismo el que con los inevitables riesgos de caer en el vacío, unos pocos tratan ahora de salvar. Empeño que traduce al campo teatral las exigencias de transformación social abanderadas por un sector del país.

6

La Situación Teatral en Uruguay, Paraguay y Colombia: Tres Entrevistas

JOSÉ MONLEÓN, ANGEL FACIO Y
MOISÉS PÉREZ COTERILLO

In these interviews three authors and directors from Uruguay, Paraguay, and Colombia speak about the theater in their respective countries. Antonio Larreta, one of the most prominent theater figures of Uruguay, formed an independent group in the 1960s called Teatro de la Ciudad de Montevideo. His recent play, *Juan Palmieri,* is a testimonial piece about the impact of the Tupamaro uprising on the middle class. In this interview, taped in Madrid in the spring of 1973, he canvases the close connection between the ethnic and political aspects of Uruguay and its theater. He discusses the independent theater movement, the distinguished group "El Galpón," the increasing politization of theater, which reached a high point in the election year of 1971, and the repressive political climate of recent times and its effect on the theater. He also touches briefly on his own work.

Antonio Carmona and Carlos José Reyes were interviewed in Manizales, Colombia, where they were attending the V Festival of Latin American Theater in August 1973; the festival serves as a background for their conversations. Carmona, author and director associated with the group "Tiempoovillo" of Paraguay, relates succinctly the indigenous, linguistic, mythical, and sociological elements of the scant theater activity in his country. Carlos José Reyes is one of the foremost constituents of the new Colombian theater. Affiliated with the group "La Candelaria" of

Estas entrevistas han sido extractadas de los siguientes artículos: "Entrevista con Taco Larreta," *Primer Acto,* 157 (jun 1973), 44–50, y "10 críticos hablan para *Primer Acto.*" *Primer Acto,* 161 (oct 1973), 30–40. Las reproducimos aquí con la debida autorización.

Bogotá, he is a director, playwright, and critic. As author, he
became known internationally for his *Soldados*, a dramatic
adaptation of a novel, which for several years has constituted
part of the repertoire of Buenaventura's Teatro Experimental de
Cali; Reyes has also written theater for children. In this interview,
he analyzes how in Colombia and in Latin America the theater is
in the process of breaking away from a dependent cultural tradition, and he discusses the reasons for the violence and dogmatism associated with that process.

Con Antonio Larreta, de Uruguay

José Monleón y Angel Facio, por *Primer Acto*
Madrid, primavera de 1973

P.A. Sería interesante, para situar la personalidad de Larreta y su obra, que
él mismo nos proporcionase los datos de la actual situación teatral
uruguaya, abarcando el período que él considere necesario para explicar las fuerzas que en estos momentos la definen. Naturalmente, dicha
situación está de algún modo afectada por un proceso político relativamente reciente. Entonces, Taco, sería interesante que nos contases algo
sobre la realidad teatral uruguaya anterior al colapso político del país,
y luego, en qué medida este colapso ha afectado al teatro uruguayo.
Como es evidente que el proceso hacia la derecha en el Uruguay abarca
bastantes años, querríamos también saber en qué aspectos el teatro ha
participado en el mismo, reflejando las diversas etapas que han conducido a la actual situación.

A.L. El teatro uruguayo no puede excluirse de la situación general de grave
crisis y de deterioro que sufre el país. Hasta qué punto esa crisis ha
incidido en la marcha del teatro, es algo que aún no podemos definir
con precisión por carecer de la suficiente perspectiva. De cualquier
manera, es evidente que la citada crisis ha afectado al teatro, dañándolo
muy gravemente. El teatro uruguayo, como teatro autónomo, es un
fenómeno bastante joven, ya que hasta hace un cuarto de siglo depen-
díamos de otros centros teatrales, especialmente de Buenos Aires e
incluso de España. Pues bien, cuando ese teatro empezaba a afianzarse
en el plano económico, el deterioro del país lo ha afectado muy seriamente, hasta el punto de que en estos momentos, si hacemos la excep-

ción de la zona muy restringida que goza de apoyo oficial, concretamente la Comedia Nacional, la actividad teatral en Montevideo es altamente deficitaria. Ha habido que cerrar teatros, se han disuelto grupos,
y muchísima gente valiosa se ha ido del país, porque el teatro, que
nunca fue un medio de vida brillante en Montevideo, ha dejado de serlo
en absoluto. Esta ha sido la manifestación inmediata y más visible de
una situación que resulta, sin embargo, mucho más compleja. El proceso político, que como tú muy bien dices, no ocurrió de la noche a la
mañana, fue detectado por algunos, por los más lúcidos, preparándose
para afrontarlo cuando aún era tiempo. Con todo, este proceso ha sido
bastante vertiginoso en su desarrollo. La transformación del Uruguay
tradicional, un país profunda y reputadamente liberal, en un régimen
que ya podemos calificar de fascista sin riesgo de error, se ha operado
en un espacio no superior a diez años. Las estructuras económicas del
país, que eran totalmente obsoletas y que se mantenían en pie gracias a
algunas inyecciones artificiales, como fue por ejemplo la última prosperidad uruguaya que supuso la guerra de Corea, al quedar al descubierto la triste realidad económica del país, se han venido abajo, produciéndose un descenso vertiginoso del nivel de vida. La iniciación de
este deterioro, que podemos situar entre los años 60 y 62, significa el
descalabro de ese liberalismo que se sostenía sobre una base económica,
además de injusta, artificial. El país no ha sabido evolucionar en el
sentido de hacer rentables sus medios de producción y, siendo un país
que podría alcanzar un nivel de vida bastante alto, al tener una riqueza,
suficiente para los pocos habitantes que somos, se ha precipitado en
una aguda crisis económica y política. El teatro, que hasta estos momentos, salvo raras excepciones, no había tenido un carácter político
muy definido, ante tal situación se ve impulsado a tomar posición frente
al endurecimiento del poder político. El mundo del teatro asume, pues,
su responsabilidad de una manera bastante notable, y se embandera,
aun admitiendo diversos matices de táctica política, en la lucha contra
el advenimiento de la reacción. No menos del 99 por ciento de los
actores uruguayos se ubican políticamente en este sentido de una
manera muy clara. Esto implica, por un lado, una distorsión de la actividad teatral, es decir que el teatro se politiza de una manera agu-
dísima, y al mismo tiempo y por esa misma razón, se ve obligado a
postergar otro tipo de preocupaciones, lo que de algún modo empieza
a debilitarlo. La confluencia, pues, de la crisis económica y del compromiso político hace que en los últimos cinco o seis años el teatro
uruguayo empiece a postergar de una manera sumamente peligrosa
su avance en el terreno de la técnica, en el terreno estrictamente artístico, en el terreno de la elaboración de un lenguaje. De dos a tres años

a esta parte podemos decir, de una manera taxativa, que la política invade al teatro. Sólo cabría hacer la excepción de la Comedia Nacional que, al ser un teatro oficial, empieza a convertirse paulatinamente en un teatro conservador. Baste decir que en este momento se ha incluido en su repertorio, por primera vez en 25 años, una obra de Benavente, y, que como máximo exponente de teatro actual, está dando *La cantante calva* de Ionesco. Dirigida por políticos de los partidos del gobierno, la Comedia Nacional se convierte inevitablemente en una especie de zona muerta de la cultura.

P.A. Oye, y un grupo como "El Galpón," que tenía tanto prestigio, y una persona como Atahualpa del Cioppo, ¿cómo han afrontado esta situación?

A.L. "El Galpón" ha conseguido mantener su poderío de una manera muy notable. A pesar de verse tremendamente afectado, estrenó una espléndida sala hace cuatro o cinco años y va manteniéndola a base de terribles esfuerzos. A pesar de que su labor es cada vez más difícil, sigue ofreciendo alto nivel de calidad, sin renunciar nunca a su compromiso político, del que fueron en cierta medida los pioneros en el teatro uruguayo.[1]

P.A. ¿Incide mucho la censura sobre el teatro en la actual situación?

A.L. No. Es decir, incide por vías muy indirectas. Hasta ahora no ha habido ataques directos a un espectáculo, ni se ha prohibido un texto, ni se ha cerrado un teatro, ni se ha impedido una representación.

P.A. ¿No existe censura previa?

A.L. Se intentó aplicar curiosamente con motivo de unas adaptaciones de textos clásicos. Fue el caso de una *Fuenteovejuna* que yo dirigí en "El Galpón" hace cuatro años, y de una *Antígona* que hizo otro grupo independiente. Salió un decreto, según el cual se pretendía someter a censura previa todas las adaptaciones de los clásicos, pero lo cierto es que aquel decreto no llegó a aplicarse nunca. Nuestra tradición liberal hace que haya sido muy difícil llegar a aplicar cierto tipo de censura. Sin embargo, la reacción ha atacado al teatro por vías indirectas, y se ha apuntado notables triunfos. Por lo pronto, casi toda la prensa nacional, que ha ido paulatinamente entregándose en los brazos de la oligarquía, ha terminado por boicotear prácticamente toda la actividad independiente del teatro uruguayo. Por otra parte, se ha realizado una campaña de desprestigio a nivel de gran difusión, ya que la reacción tiene en su poder, no sólo los grandes diarios, sino todos los canales de radio y televisión, en los que se ha tratado de mostrar el teatro como

---

[1]En 1976 un decreto presidencial disolvió "El Galpón," clausuró sus locales e incautó sus bienes. [Nota del editor.]

un foco de subversión y de agitación, con todos los lugares comunes de la propaganda anti-marxista. En el momento más crítico de todos estos últimos años, que fue el ajusticiamiento de Mitrione por los tupamaros, en los discursos pronunciados por radio y televisión a cargo de importantes personajes políticos del país, el teatro aparecía como uno de los primeros acusados por el devenir de la situación revolucionaria, lo cual en realidad era un inmerecido honor para el teatro.

P.A. Dices que la mayor parte de los grupos independientes han desaparecido. Nosotros te vimos, aquí en Madrid, con la Compañía de la Ciudad de Montevideo, que había participado en el Teatro de las Naciones y que aquí presentó cuatro espectáculos: un Florencio Sánchez, un Molnar, un Lorca y una cosa de Lope. Háblanos un poco de ese grupo. Podríamos ponerlo de prototipo, ya que se trata de hablar contigo y de tu trabajo.

A.L. El Teatro de la Ciudad de Montevideo, cuando vinimos a Madrid, sólo tenía dos años de vida. Se creó en el gran momento de apogeo, al menos aparente, del teatro uruguayo y de sus perspectivas de afianzamiento en el terreno económico. Este grupo como tal, desarrollando una actividad permanente y estable, duró tres o cuatro años más. En aquellos años, 65 ó 66, el teatro se vio seriamente afectado por la competencia de la televisión, que hizo su aparición en el Uruguay, y por el vertiginoso aumento de los costos unidos a la necesidad de congelar el precio de las entradas, ya que de otra forma el uruguayo medio no podría asistir al teatro. Todo esto produjo necesariamente la dispersión de un grupo que intentaba conciliar el profesionalismo con una total independencia de los empresarios y del Estado. De cualquier manera, temo que este grupo no refleje de la mejor manera posible el proceso indicado, ya que, como te dije, es un grupo que surgió en la última etapa del proceso positivo de nuestro teatro, y desapareció prácticamente antes de que la crisis alcanzase su momento más bajo. Creo que es mucho más significativo lo que ha venido ocurriendo con los teatros independientes, los teatros que se crearon hace 20 ó 25 años, y que en la década del 50 alcanzaron una gran fuerza. Eran 10 ó 12 grupos que desarrollaban una actividad permanente, que contaban con equipos muy numerosos de actores y técnicos y que, paulatinamente con el paso de los años, empezaron a disolverse hasta el punto que, salvo "El Galpón" y dos o tres grupos más, los demás han desaparecido. Los supervivientes, por su parte, mantienen con grandes dificultades aquella actividad que hace quince años era riquísima y que convertía la cartelera de una ciudad relativamente pequeña como Montevideo, en un fenómeno extraordinario de vitalidad artística. Ahora se hacen muchos menos espectáculos, y la nueva situación ha obligado al teatro a un replanteo total de su actividad. Por una parte, y aun asumiendo su responsabilidad política, el teatro uruguayo debe preguntarse si está bien preparado para asumirla en todos los sentidos. Por otra, hay que considerar que ese compromiso político puede haber incidido en el desarrollo propiamente artístico. Además, existe otro factor sumamente importante, y es que, aunque no haya una censura, sí hay una guerra declarada, y eso empieza a generar las más variadas formas de autocensura que en otras partes del mundo se conocen muy bien, pero que para nosotros constituyen un fenómeno totalmente nuevo. Nos encontramos bastante desarmados ante esta situación. Hasta hace uno o dos años, siempre habíamos podido hacer lo que queríamos, pero ha llegado un punto en que el clima político es tan áspero, tan agresivo, que hacer determinadas cosas se puede convertir muy fácilmente en un acto delictivo. El criterio de delito va haciéndose cada vez más laxo, más discrecional. En este momento, incluso hay un proyecto de ley llamado de "estado peligroso," que crea una figura delictiva apenas sin antecedentes en la legislación mundial, superando las invenciones más macabras del nacismo. No necesita uno haber cometido un delito para poder ser detenido, sumariado y puesto a disposición de la justicia sin ninguna clase de garantías; la presunción de que uno podría cometerlo, basta.

p.a. ¿Una ley de peligrosidad social?

a.l. Es posible. Esa ley de peligrosidad no ha sido todavía aprobada, pero está pendiente de aprobación y, como hasta el momento, la escalada de la reacción ha sido incontenible, es muy probable que llegue también a aprobarse. En ese clima de absoluta falta de garantías, el teatro, como toda actividad cultural, se retrae necesariamente. Yo señalaría el punto culminante del compromiso político de nuestro teatro en el año 71, el año de las elecciones, en el que prácticamente todo él se puso al servicio de un movimiento político. Declaradamente y de tal modo, que los partidos del centro y de la derecha no están dispuestos ni a perdonar ni a olvidar. Hay resultados muy visibles; por ejemplo, desde hace dos años la Comedia Nacional no llama a dirigir a ningún director de cierto nivel, porque todos ellos se han pronunciado políticamente. Esta es una manifestación menor, pero significativa, ¿no?

p.a. Tú eres actor, director y autor, pero como en este número publicamos una obra tuya, convendría que nos hablases un poco en concreto de la participación del autor en todo este proceso, es decir de la presencia o ausencia de unos textos uruguayos que hayan tomado partido. En la primera vez que viniste a España, ninguno de los espectáculos que presentaste era de autor uruguayo. En cambio, tú apareces ahora como un autor del momento. Entonces, puesto que éste será el camino que nos lleve al *Juan Palmieri,* yo querría un poco que nos hablases de qué textos, qué autores, qué literatura dramática hay, que de algún modo refleje este proceso cuya incidencia en los grupos independientes ya nos has explicado.

A.L. Uno de los grandes replanteos que ha tenido que hacerse nuestro teatro ha sido justamente a nivel de textos y de expresión de una problemática y de una coyuntura cultural propias. A la vista del proceso de todos estos años, a la vista sobre todo del impacto fenomenal de la revolución cubana y de los acontecimientos posteriores, nuestro teatro se ha visto abocado a una autocrítica y a un análisis de su arraigo en nuestras reales fuentes de cultura. La cultura uruguaya ha sido tradicionalmente una cultura refleja. Por una serie de razones ligadas a las influencias que hemos recibido, o a nuestras peculiares características sociales, el Uruguay es el país de América Latina más uniformemente europeizado. En muchos otros países importantes, como la Argentina o el Brasil, la europeización está muy concentrada en tres o cuatro grandes ciudades, mientras que en el Uruguay es un fenómeno prácticamente total. Esa cultura refleja ha hecho que nuestro teatro, en el momento de hacer su examen de conciencia, haya comprendido que lo que habíamos estado haciendo durante veinte años, y que tanto nos enorgullecía, no había sido otra cosa que repetir los modelos europeos que admirábamos. En esos veinte años se absorbió y se plasmó toda la historia europea del teatro que abarca prácticamente todo el siglo. Desde Stanislawsky hasta Brecht y Artaud, las corrientes europeas impregnaron toda nuestra actividad, sin que hubiera paralelamente ningún intento de investigación de formas de expresión propias. Por esa razón, el autor uruguayo quedó muy desplazado, teniendo muy pocas oportunidades de desarrollo durante esos años. En el momento que nos vimos enfrentados a la necesidad de expresar los problemas que el Uruguay está viviendo, y que no lo podíamos hacer en base a textos importantes, en el momento que se hizo imposible seguir trabajando con Chejov, O'Neill o el propio Brecht, entonces surgió la exigencia de textos propios, lo que trajo como consecuencia, por un lado, esas adaptaciones muy libres de textos clásicos que se han estado haciendo últimamente y que han provocado el gran escándalo de los académicos y los censores vocacionales, y por otro, la aparición y la fortificación del autor uruguayo. Surgen autores nuevos, y se afianzan otros que hasta el momento habían estrenado muy poca cosa. En la actualidad, se están haciendo decididamente más textos nacionales, casi diría unánimemente comprometidos con la realidad actual, lo cual determina que sea en cierto sentido un teatro de circunstancias, un teatro muy testimonial, ya que todavía no existe la perspectiva suficiente para interpretar determinadas hechos, y sí la necesidad de denunciar y exponer los sucesos que el país está viviendo.

P.A. Háblanos del *Palmieri* y de tus obras anteriores. Yo creo, además, que, al hablarnos de teatro testimonial, levantas dos temas de gran interés. Uno, de índole general, se refiere a la relación entre tus textos y la realidad uruguaya. Otro, más específico, y que nosotros no hemos tenido ocasión de plantearnos, apunta a cierta contradicción a la hora de elegir un lenguaje. El teatro español no ha trabajado ni sobre Stanislawsky, ni sobre Brecht, ni sobre Artaud. Entonces, cuando se ha planteado el problema de un teatro testimonial, hemos llegado a una especie de naturalismo crítico que, en cierto modo, era la otra cara, ideológicamente hablando, del naturalismo convencional pequeño-burgués que podría significar el teatro de Benavente, la comedia de los Quintero, o el sainete más o menos apañado que aquí se ha hecho. Vuestro caso es muy distinto. Después de una etapa de una cierta riqueza formal, en función justamente de haber trabajado sobre lenguajes formales importados, al llegar el momento de plantear un teatro testimonial, os encontraríais probablemente con un problema muy serio, al imponerse ese testimonio en cierto modo a través de un teatro-documento, de un teatro de circunstancias que siempre suele tener un tono, como muy naturalista. Yo no veo tan sólo en este punto un conflicto, aparentemente superable, entre un teatro ideológicamente ajeno y la construcción de un teatro ideológicamente propio, sino también y sobre todo, el enfrentamiento entre una experiencia realizada sobre una base estética, y la necesidad de referirnos a una realidad inmediata, lo que probablemente, a la hora de crear el documento, entraría en conflicto con las experiencias anteriores. Sería como recurrir al naturalismo desde una postura de superación del naturalismo. ¿Qué opinas?

A.L. Has tocado un punto particularmente crítico y delicado. En efecto, experimentamos una especie de ruptura, de pronto nos encontramos con que las técnicas no eran las adecuadas. Este fenómeno, en mi opinión, no es específicamente uruguayo, ya que en Chile, donde trabajé hace dos años, lo encontré reproducido casi exactamente. El teatro chileno, que tuvo un desarrollo muy interesante, en este momento se encuentra enfrentado a una grave crisis, acuciado por la necesidad de encontrar unas vías de expresión que correspondan al momento político que está viviendo Chile. Volviendo atrás te diré que sí, que se crea esa ruptura. Por otra parte es inevitable que, por inercia, sigamos tratando de absorber lo que nos puede venir de los grandes centros culturales que siempre han sido nuestros modelos. Es muy significativo, por ejemplo, lo que está ocurriendo con el fenómeno Grotowsky. Yo diría que el fenómeno Grotowsky llega al Uruguay en un momento en que ya no puede ser absorbido, a pesar de su gran interés, y de que hay todo un sector de nuestro teatro que se apasiona con semejante forma de expresión. Nuestros lazos con el exterior están deteriorados por razones muy precisas. El teatro uruguayo ya no puede viajar, no puede conocer el teatro extranjero en sus fuentes; los teatros extranjeros, por su parte, tampoco se detienen en el Uruguay; Montevideo es una ciudad que se sobrevuela—la moneda ha bajado tanto que ya no rinde una visita, por muchas subvenciones que se otorguen—, de manera que empezamos a quedar un poco marginados de la posibilidad de ese contacto real y directo que podíamos tener antes a través de los viajes de nuestros actores, o de las visitas de las compañías extranjeras a Montevideo. Así, el contacto que puede establecerse con un Grotowsky es de orden puramente libresco, y sus aplicaciones serán totalmente remotas e imprecisas, hasta el extremo de no constituir ni siquiera simples aproximaciones. Por otra parte, también se da la clara sensación de que Grotowsky, aunque estéticamente pueda ser un camino sumamente interesante y fermental, parece ya no corresponder en absoluto a nuestra necesidad de expresión. De esta manera se convierte en una posibilidad que aborta apenas apuntada.

En lo que respecta a mi obra, me cuesta un poco ligarla a todo esto, porque con ella no pretendo más que dar un testimonio, es una obra escrita por la necesidad de testimoniar un momento determinado. Presenta un enfoque quizá un poco particular en la medida en que he intentado traducir la resonancia de un proceso revolucionario en lo que podría ser el uruguayo medio, tradicionalmente liberal, pequeñoburgués, y que se siente muy condicionado por la nostalgia del Uruguay que fue, ese Uruguay próspero, ese Uruguay pacífico, ese Uruguay que en el auge de su liberalismo se proclamó como modelo de legislación social y que de pronto hemos visto cómo se nos deshacía entre las manos. Mi obra sólo pretende eso, testimoniar ese reflejo, esa sorpresa, ese asombro y esa difícil acomodación del uruguayo medio a una situación revolucionaria que se instaura en el país de la noche a la mañana, inesperadamente para la gran mayoría de la población.

P.A. ¿Qué habías escrito antes del *Palmieri*?

A.L. Bueno, hacía muchos años que no escribía nada. Estrené tres o cuatro obras hace unos veinte años, luego estuve unos diez sin hacer nada, y después escribí una especie de comedia musical, que era una evocación del Montevideo de la Colonia Cisplatina, es decir del Montevideo bajo el dominio del imperio portugués. Esta comedia de algún modo ofrecía una serie de equivalencias, de posibilidades de comparación con la situación que en aquellos años 60 estaba viviendo el Uruguay. Evidentemente, en la pieza se trataba de otro imperio, era otra oligarquía que se ponía al servicio de ese imperio, pero la situación del patriciado montevideano, en el momento de instaurarse la Cisplatina, era bastante aprovechable para hacer lo que hice entonces, que fue simplemente un espectáculo de humor crítico, y que no tiene nada que ver con lo que he escrito ahora en el *Palmieri*. Debo decir que el *Palmieri*, tal como yo lo siento, no lo he visto representado nunca hasta ahora, aunque se prevé su estreno inmediato en Buenos Aires; es una experiencia bastante solitaria, bastante aislada, que me siento absolutamente incapaz de apreciar por el momento.

P.A. Decía que tu obra es un poco teatro de circunstancias, no en el sentido de un teatro efímero, circunstancial, que muere enseguida, sino en el sentido testimonial, de que es un teatro muy para operar en un momento dado. Según eso, lo lógico habría sido que tu obra se hubiese podido dar en el Uruguay. Explícanos por qué...

A.L. Yo escribí la obra para que se diera en el Uruguay, y para que se diera en el momento que acabé de escribirla. La terminé en diciembre de 1971, y la puse en ensayos el 1 de abril del 72. El 14 de abril se produjeron una serie de sucesos en Montevideo que implicaron la declaración del estado de guerra y la aparición de un clima en el que la obra era absolutamente irrepresentable. Con las fuerzas paramilitares y parapoliciales desatadas en la ciudad, el descalcinamiento de todas las garantías con el clima de terrible agresividad que se vivía, estrenar en aquel momento se habría convertido en un acto gratuito y suicida. Pero la obra no fue prohibida, como se ha afirmado erróneamente.

P.A. Y después, ¿no ha habido ningún otro momento propicio? ¿Persiste la misma situación en el Uruguay?

A.L. La situación persiste. Con alguna variante, ha conseguido consolidarse por medio de un golpe militar que, aunque no se ha reflejado oficialmente en un cambio de autoridades, de hecho se ha dado. Continúa, pues, la persecución de todas las fuerzas progresistas del país, ya sean estudiantiles o sindicales, para no hablar de las fuerzas empeñadas en una acción revolucionaria concreta.

Con Antonio Carmona, de Paraguay

José Monleón y Moisés Pérez Coterillo, por *Primer Acto*
Manizales, Colombia, agosto de 1973

P.A. ¿Cuál es la singularidad del teatro de Paraguay respecto a lo que en el Festival de Manizales aparece como teatro latinoamericano?

A.C. En el caso de Paraguay el problema me parece doblemente difícil. Primero, porque el Paraguay es completamente desconocido fuera de sus fronteras y, segundo, porque en el interior del país, para todo el que quiera quedarse allí a conocerlo, existe una realidad terriblemente contradictoria y difícil de ahondar. La representatividad del teatro paraguayo la hemos visto este año en una muestra que hicimos para seleccionar el grupo que debía venir a Manizales. Esta muestra, en la que participamos los escasos grupos independientes del país, logró prolongarse durante varios meses, trasladándose directores, actores y críticos al interior del país, para hablar a la gente, apoyarles y dar incluso cierto asesoramiento técnico, mientras se preparaban obras para que la confrontación fuese lo más representativa posible. Ahí hemos visto no muy diferentes formas de teatro que responden a las tres líneas que empiezan a ser representativas.

La primera sale del teatro nacional, deformador, tradicional, burdo y absurdo, dentro del contexto paraguayo, donde comenzaron a plantearse, en la misma sala y con los mismos grupos, un teatro a un nivel distinto. Acá en Manizales hemos tenido a González del Valle, de quien se representaron tres obras en esta muestra paraguaya por tres grupos de la capital y del interior. Esta es la respuesta a un teatro de búsqueda, a un teatro que no se podría llamar experimental, pero ya comienza a responder a las características concretas de la realidad y, en cierta medida, empieza a nutrirse del único elemento común que yo encontraría entre todos los teatros que se han presentado allá: el mito, el pensamiento mitológico que todavía tiene el pueblo paraguayo y que creo va a seguir teniéndolo, porque es un pueblo al que el mito sirve para la investigación y el enfrentamiento con la realidad que tiene.

El segundo tipo de teatro se enraíza también en este problema, adentrándose en un plano más concreto: el de la existencia real; es el único teatro en guaraní que hasta el momento en el Paraguay ha tenido validez. Es un caso desastroso que solamente un autor haya respondido con cierta capacidad y soltura a un 70 u 80 % de la creación del País, que es fundamentalmente guaranítica. Este autor es Julio Correa, que surge en el proceso de la guerra del Chaco y que desarrolla el trabajo con una compañía que se mueve por el interior del país. La característica fundamental de este teatro son sus personajes, verdaderamente representativos del carácter paraguayo. Este tipo de teatro yo lo había visto representar por grupos universitarios y profesionales, y al confrontar este trabajo con su verdadera fuente, con gente popular que representaba tal vez los papeles que estaban realizando en su vida, me ha llegado a asombrar, hasta el punto de decir que es la primera vez que he visto teatro popular. El teatro ha tenido a la vez la posibilidad de transmisión y explicación inclusive para los invitados de afuera que no entendían ni siquiera un poco del lenguaje guaraní.

En tercer lugar, hay un teatro independiente, joven, de búsqueda, que investiga también dentro de este proceso paraguayo y que está respondiendo en forma distinta. Es un tipo de teatro sociológico que plantea las características de la realidad social del medio. Es un teatro que de ninguna manera puede ahondar tanto, ni puede llegar tan lejos en las implicaciones de sus planteamientos como el que se está desarrollando en otros países latinoamericanos que hemos podido ver acá; sobre todo el teatro colombiano, que quizás es el más dedicado a este sentido. Este teatro de grupos independientes está trabajando también en otra línea que se ocupa de las condiciones míticas del pueblo paraguayo. Elementos de enorme riqueza poética y cultural que es el legado presente de los indios en el país y que se está empleando de doble forma, una, como el Tiempoovillo que trata de traer la mitología y la problemática del grupo indígena. La otra, un grupo que está trabajando en una línea similar, que trató de integrar la mitología recogida por los poetas paraguayos a un nivel de análisis histórico. Estos trabajos responden a la realidad paraguaya en el sentido formal y en el sentido problemático. La problemática indígena, lingüística, mítica... son elementos muy presentes dentro de nuestra realidad. Por otra parte, yo estoy muy en desacuerdo con los compañeros que han citado las experiencias grotowskianas muy negativamente. Yo no creo que Grotowsky sea europeo. Se nutre del teatro asiático, del teatro balinés, y del teatro precolombino latinoamericano. Yo he tenido la posibilidad, con otros compañeros paraguayos, de estudiar la literatura indígena, de ver este tipo de teatro en las representaciones que el pueblo paraguayo realiza en guaraní con la ocasión de un entierro, verdadera representación teatral, o de otras formas que existen en la vida del pueblo.

En resumen, en estos últimos años en el teatro paraguayo se están poniendo las bases de un teatro nacional, la búsqueda de formas y de un lenguaje teatral y hablado, y la búsqueda de una temática que responde con mucha precisión y profundidad investigadora dentro de los procesos sociales y políticos del país.

Con Carlos José Reyes, de Colombia

José Monleón y Moisés Pérez Coterillo, por *Primer Acto*
Manizales, Colombia, agosto de 1973

P.A. ¿Puede hablarse de un teatro latinoamericano?

C.J.R. En tres aspectos fundamentales se puede hablar de Teatro Latinoamericano. Primero, como una perspectiva, segundo, como un proceso de ruptura y, tercero, como una exploración sobre una forma nueva de discurso.

Como perspectiva, el teatro latinoamericano no es un movimiento elaborado y hecho que ya podamos situar históricamente; en este sentido no podemos hacer la evaluación de un proceso cumplido ni demarcar una etapa de la historia del teatro, sino, simplemente, ver un brote, una especie de dinámica. En primera medida, la ausencia de una tradición teatral entre nosotros no quiere decir una ausencia de tradición en todos los niveles. El teatro ha tomado una tradición cultural no específicamente dramática, elementos de la narrativa, de la literatura, incorporándoles al discurso teatral muchas veces de manera artificial. Por otra parte, podemos decir que la tradición para Latinoamérica, de alguna manera—y críticamente, si se quiere—, está inscrita dentro de la tradición occidental, en una mezcla con los países que nos colonizaron. Nosotros no estamos, pues, lejos de la tradición europea, ni de la tradición española. De ahí que existe todo un proceso de apropiación que hace que se pueda montar, por ejemplo, un trágico griego, como hace años en Colombia, con la *Orestíada* de Esquilo, y que la visión que se tenga de este trágico griego sea una visión totalmente nueva, es decir que en ella se esté reflejando la perspectiva de que hablaba al principio. El segundo aspecto es la reciente agudización de los conflictos sociales y políticos que repercute en que la imagen de apropiación haya crecido y se esté debatiendo en forma crítica. En toda Latinoamérica se debate hoy el problema del neocolonialismo cultural, de las formas de dependencia que no sólo se expresan a través de la economía, sino también a través de la cultura. Por eso el proceso de creación de un teatro latinoamericano está ligado indisolublemente a la crítica de la cultura y el nuevo elemento sería la exploración sobre el lenguaje. En este sentido podemos decir que la narrativa latinoamericana actual ya ha planteado una serie de brotes, por ejemplo, en la literatura de García Márquez—aparte de la explosión publicitaria que hay alrededor de ella —esta narrativa aporta una manera de hablar, un cierto giro que es progresivamente tomado por el teatro.

En cuanto al proceso de ruptura, creo que en Latinoamérica habían existido salas como los teatros Colón de muchas ciudades, en donde se establecía la relación tradicional de teatro "a la italiana," "adonde venían compañías comerciales de los países que tenían un teatro comercial más desarrollado, como Argentina, México y España, a pasar largas temporadas. Los nuevos movimientos están poniendo también en tela de juicio esta relación con el espacio escénico. El teatro "a la italiana" ya no es suficiente y la ceremonia misma del espectador que asiste a ese tipo de salas se está rompiendo. Por eso hemos visto en el caso colombiano que se han abierto una gran cantidad de salas en garajes grandes, en especie de hangares, en lugares amplios que permitan la exploración

de nuevas relaciones con el espectador, que se puedan producir tipos
de teatro directo, de comunicación inmediata con el espectador. Esta
búsqueda del espacio ha sido también acelerada por la realidad. En el
caso colombiano, nosotros no podemos limitarnos a hacer representaciones en las salas de cada grupo ni siquiera a tener una rotación por
distintos escenarios de diferentes ciudades, sino que las exigencias de
la realidad llevan a que los grupos tengan que desplazarse a barrios
populares, a comunidades campesinas, a sindicatos... a veces en las
condiciones mínimas para la producción teatral. Esto obliga en la realidad a producir formas teatrales que puedan ser permeables a todos
esos espacios y que tengan una rápida adecuación a estos nuevos lugares, a veces al aire libre. Por otra parte, la relación con el público
también ha roto la tradicional relación del espectador de consumo, porque, en primera medida, después de la función se realizan foros, debates amplios, prolongados. Por otra parte, muchos sectores sociales están
buscando en el teatro una vinculación con sus problemas y con sus
prácticas. Esto ha producido un primer grado de exploración aún limitado. Por ejemplo, un sindicato se encuentra en una huelga en un
momento determinado y pide la colaboración de la gente de teatro para
hacer una serie de esqueches rápidos, lo que podíamos llamar una
especie de teatro de coyuntura. Ese teatro está inscrito ya en todo lo
que acabo de decir—espacio, relaciones con el público, etc.—entonces
está produciendo un fenómeno para-teatral que se ha ido elaborando
un poco más en la medida que ha sido realizado por grupos que tienen
una prolongada y coherente práctica. Pongo el caso del TEC. Ustedes
están viendo *La denuncia* ahora como un teatro completamente elaborado, pero al mismo tiempo el TEC ha realizado una serie de pequeñas escenas rápidas, basándose en la estructura de un poema, hace
año y medio, con ocasión de una matanza de estudiantes ocurrida en
Cali y de un movimiento estudiantil muy fuerte. Ante este acontecimiento el TEC colaboró con el Comité de Huelga del movimiento y presentó una serie de escenas basadas en poemas de François Villón, "La
balada de los ahorcados."

El tercer elemento a señalar sería la exploración de un nuevo discurso
de teatro. Por una parte, la historiografía latinoamericana, y muy concretamente la colombiana, estaba en manos de las clases dominantes
con una concepción de la historia muy familiar (los herederos y
sucesores de los padres de la patria escribían la historia sobre sus abue-
los y tatarabuelos); ésta era la historia de los prohombres que habían
creado los grandes hechos de la historia de Latinoamérica. No había
una historia económica ni una visión sociológica de la historia. Este
tipo de discurso y la inmensa verborragia de los políticos lleva a que

se esté llegando a poner en tela de juicio este tipo de discurso. De ahí que es casi imposible pensar una obra colombiana hoy día que no tenga documento, inserción mecánica de discursos políticos, noticias de prensa, intromisión de una serie de materiales tal como los ofrece la realidad. Estamos en una etapa en que la dinámica lleva a que todo este discurso tanto histórico como periodístico o político, se esté comenzando a poner en tela de juicio. De manera que uno podría ver como perspectiva hacia el futuro una verdadera apropiación por el discurso teatral de estos elementos. (Como ocurría con el teatro Shakespeariano, en que su autor tomaba todos los elementos del discurso de su época y los traducía a un lenguaje teatral.) Aquí podíamos decir que, si a veces no hay un teatro latinoamericano existente, es porque el movimiento de toda esta amplia perspectiva no se ha logrado realizar aún del todo, pero se está, por lo menos, desbaratando toda esta cantidad de discursos formales, políticos, sociológicos y periodísticos.

P.A. ¿Cuál es la singularidad del teatro colombiano respecto a lo que en Manizales aparece como teatro latinoamericano? ¿Y qué puede aportarse a los debates sobre la creación colectiva y el teatro popular?

C.J.R. En relación con el tema de la creación colectiva y del teatro popular, quisiera hacer las observaciones siguientes. Los invitados al festival pueden tener una imagen ilusoria tanto del teatro colombiano, como de la situación que atraviesa y de sus problemas. Esta ilusión se debe a que Manizales moviliza una cantidad de opinión, prensa y gente que no actúa en la vida cotidiana del teatro colombiano cuyas condiciones de trabajo habituales no tienen este entusiasmo ni esta movilidad.

Respecto a los foros y al problema del dogmatismo, hay que decir que algunos grupos utilizan la creación colectiva después de largos años y de haber encontrado un método de trabajo, como es el caso del TEC. Por otra parte, hay una especie de terrorismo cultural. La aparición violenta de una serie de grupos, generalmente de la pequeña burguesía, que quiere establecer unas recetas de cocina de cómo debe hacerse el teatro... y que define con esquemas las obras que se hacen; así pasó con *La denuncia,* calificada de "democrática y anti-imperialista," como si esto fuera una definición política de envergadura y no una verdadera simpleza. Este es el fenómeno que caracteriza hoy día el teatro en Colombia. Hay una enorme cantidad de grupos en formación, de tipo escolar y universitario, de estudiantes muy jóvenes que han tenido como base para el teatro ciertas recetas que solucionan su falta de experiencia y que quieren entrar a exigirle al movimiento teatral colombiano, que venía teniendo un determinado desarrollo, tomar unas posiciones políticas, a través del teatro, de una manera esquemática. Este problema se ha visto sobre todo a través de los foros. Podemos decir que hoy día hay foristas profesionales y que en el foro hay unos modelos de crítica que son mecánicos y que se aplican a todas las obras sin discriminación. Por ejemplo, en este festival (el pasado fue peor aún), se exigía que el tipo de beligerancia política y de expresión directa lo tuvieran igualmente los grupos colombianos que los de Paraguay, aunque los fenómenos sociales y políticos fueran completamente distintos y sin contar para nada con la existencia de un contexto político específico. Hoy hay una imagen ilusoria que da al festival de Manizales una beligerancia política muy grande, como si no hubiera otra actividad política. En realidad lo que ocurre es que hay un viraje de estos grupos y se está comenzando a ceder un poco en ese dogmatismo, conscientes de que sólo una experimentación muy grande de cada grupo, a través de formas totalmente distintas, podría dar lugar a unos movimientos teatrales fuertes y sólidos. Yo me siento totalmente identificado con esta posición.

La esquematización y el dogmatismo surgen de un proceso que sería interesante señalar: el de la universidad colombiana. La Universidad Nacional ha sido en parte desbaratada, se han cerrado facultades enteras, el movimiento estudiantil ha tenido, de manera un tanto espontaneísta, una participación en el proceso político de Colombia de los últimos años como señalamiento de la intervención norteamericana, etc., muy primaria, pero que ha salido a las calles, ha aportado muertos...; ha habido luego una serie de problemas en el aspecto económico de las universidades. Por eso, la importancia de la universidad privada frente a la oficial; después de un estudio que hizo Hernán Rama, un uruguayo, sobre la participación popular en la universidad colombiana, se descubrió que no existe prácticamente ninguna participación popular; que es de la pequeña y alta burguesía para arriba donde están los estratos sociales que conforman la universidad. De manera que se trata de un movimiento radical de izquierda que pertenece de la pequeña burguesía hacia arriba. Es decir, que esto no tiene nada que ver con un movimiento auténticamente popular. A continuación estaba el problema de la organización sindical en Colombia. Existen diversos sindicatos en el país, muchos de ellos oficiales y gubernamentales, en última instancia antipopulares (UTC, CTC, por ejemplo) y al tiempo, sólo una mínima parte de la clase obrera colombiana está sindicalizada. Ahora, algunos movimientos de organización campesina muy recientes —realizados desde el gobierno de Carlos Lleras Restrepo— han tratado de crear una conciencia y unas organizaciones campesinas. Con esto quiero decir que este movimiento tan de izquierda no corresponde a los procesos populares, y en segundo lugar, que es ideológico, no real. Y como toda irrupción de un movimiento ideologizante, de preconciencia, es muy aparente y dogmático. Otro aspecto, es el ascenso de unas formas de organización popular en búsqueda de una "unidad popular" que se está reflejando también en el viraje de una serie de grupos y de sectores de la cultura colombiana. De esta forma se intenta también dirigir el teatro a nuevos sectores, pero este proceso es a duras apenas un proceso de los intelectuales, de la pequeña burguesía, que proyectan al pueblo sus trabajos y que tienen esa tremenda violencia de quien inicia el proceso de dejar su clase social para adoptar la ideología que favorezca la lucha popular. Lo demás es una enorme ilusión ideológica de un país donde se gritan mucho las consignas de izquierda pero en el que el proceso real se encuentra, apenas, en vías de organización.

7

La Experimentación Teatral Chilena: Ayer, Hoy, Mañana

SERGIO VODÁNOVIC

Written in 1971, during the administration of Chilean president Salvador Allende, the following article compares the theatrical and political climate of the 1940s with that of the 1970s and draws some conclusions for the future. The Experimental Theater of the University of Chile was founded in 1941 and the Teatro Ensayo of the Catholic University two years later. Thus began the well-known university theater movement in Chile, a response to the cultural and sociopolitical milieu of the time characterized by a languishing professional theater undermined by the movies, the role of the universities as promoters of culture in lieu of the state, the advent to power—with the Popular Front in 1938—of a reformist middle class craving to feed on a culture of European style. A fundamental change in the theater is necessary in the 1970s for two main reasons: television—the TV-theater— is threatening to replace legitimate theater, and the coming of the working class to power with the Popular Unity Party in 1970 demands a new life style. What is the response of the theater to these new circumstances? Vodánovic believes that there is a need for a new kind of experimentation, not like that of thirty years before, when the university theaters "experimented" by having very definite models in mind, but rather by trying to find authentic forms that fit the new national reality.

Vodánovic then analyzes some possible areas of experimentation, such as the popular theater (popular, not "populist"), the collective creation, scenic space, and scenic language, and contemplates the function that the state and the universities would

Este ensayo está tomado, con la debida autorización, de la revista *EAC*, 1 (ene 1972), 8–16.

have for the development of a new theater, particularly in view of the ongoing university reform at the time.

Ayer

En 1941 se funda el Teatro Experimental de la Universidad de Chile. Dos años más tarde, el Teatro de Ensayo de la Universidad Católica.

Para analizar este hecho, detengámonos en la fecha, en el nombre de los teatros y en la institución patrocinadora.

Fecha.—Diez años antes de la fundación del Teatro Experimental de la Universidad de Chile, el cine parlante había llegado a Chile y, como sucediera en todas partes, este hecho diezmó al teatro profesional. Limitado como él era, el teatro profesional chileno llevó durante el decenio de los 30 una vida agonizante. Sobrevivieron los actores más populares, que continuaron realizando su oficio con las mismas técnicas y el mismo repertorio, como si nada hubiese sucedido en el mundo de los espectáculos. Pero el público fue cada día más esquivo, no por el abandono del ya existente, sino porque nuevas promociones no se integraron a él.

En otras latitudes, Europa y los Estados Unidos principalmente, la popularidad del cine sonoro si bien afectó el número de espectadores teatrales tuvo, en cambio, la virtud de renovar a la actividad escénica. Se adoptaron nuevas técnicas que antes habían pertenecido al dominio de la mera teoría y un nuevo concepto del teatro se impuso, que en definitiva significó dejar de lado el lastre del melodrama del que, por lo demás, se había apropiado con presteza el cine sonoro.

En Chile, en cambio, se siguió haciendo el mismo teatro y la historia posterior se encargó de mostrar el fracaso de esta pasiva actitud de los hombres de teatro de la época.

Otros aspectos importantes que hay que considerar en relación a la fecha del nacimiento de los teatros universitarios, es el que dice relación con la situación política y social entonces imperante.

Tres años antes que se fundara el Teatro Experimental de la Universidad de Chile, había culminado un largo proceso político que significó el 25 de octubre de 1938, la ascensión del Frente Popular al poder, Frente integrado por una coalición política dirigida por el Partido Radical que identificaba sus posiciones con la clase media chilena, cuya vanguardia, a su vez, estaba formada por profesionales universitarios.

Con el Gobierno del Frente Popular se inicia un proceso de transformación político y social que, en lo general, tendía a la modernización del país, a

industrializarlo, y a una gestión más ágil y decisiva del Estado en las actividades económicas. Su modelo fue el gobierno de las socialdemocracias
europeas.

Estas características, trasladadas a lo cultural y, específicamente, al teatro, significaron la necesidad que sintió la nueva clase en el poder de "alimentarse" culturalmente en forma semejante a la de sus modelos europeos.
Un teatro moderno, que permitiera la representación de la vanguardia teatral entonces vigente y de los clásicos largo tiempo ausentes de nuestros
escenarios, con la propiedad y las nuevas técnicas que se empleaban en los
teatros europeos y norteamericanos, fue una necesidad reclamada por la
renovadora y progresista clase gobernante. Ella sería satisfecha con la creación de los teatros universitarios.

Nombre.—No fue por un azar que los teatros universitarios se llamaran
"Experimental" el de la Universidad de Chile y "de Ensayo" el de la Universidad Católica. Habían nacido como una consecuencia de una demanda
justificada por hechos históricos, pero sus integrantes—jóvenes e impetuosos—no conocían las técnicas del para nosotros nuevo teatro que se les solicitaba. Debían, pues, necesariamente "experimentar," tendrían forzosamente
que "ensayar," del mismo modo que políticos y economistas experimentaban
y ensayaban en nuevos modelos institucionales, como eran la creación de
una Corporación de Fomento a la par de un Ministerio de Fomento, iniciativas éstas tan revolucionarias en su época que la instauración de la primera
implicó un largo debate público y sólo pudo convertirse en realidad por
sólo un voto de mayoría en el Parlamento, perteneciente a un político de
oposición.

¿Cuáles fueron los experimentos y los ensayos de los teatros universitarios?
Algunos, tendientes a establecer formas de creación teatral que, en nuestros
días, nos parecen absolutamente obvias.

En primer término, la presencia de un director en el montaje escénico,
en quien recaía la responsabilidad, no sólo de la coordinación general del
espectáculo, sino de la unidad y calidad artística de él. Luego, el uso de
una escenografía e iluminación diversificada, y el consecuente uso de los
nuevos adelantos técnicos en esta materia. La supresión de "la estrella" del
espectáculo y la debida importancia a todos los papeles que requería la
representación, por pequeños que ellos fueran, la supresión del apuntador
con el consecuente adminículo de su "concha." No puede, igualmente, silenciarse en este somero e incompleto recuento de los experimentos y ensayos
que se propusieron los teatros universitarios, la representación de un teatro
clásico usando de estilizaciones tanto en los trajes como en los decorados.

Es cierto que esta experimentación y estos ensayos tenían la característica común a nuestras experimentaciones y ensayos científicos, esto es, que
se experimentaba y ensayaba sólo para dominar una técnica ya creada en
otros países y no se tenía la pretensión de aportar una contribución original

al movimiento teatral. Pero esa es una crítica carente de validez trasladada a la época en que esa experimentación se realizó. El movimiento político y social que engendró a los teatros universitarios no pretendía originalidad en su actividad reformista, sino aceleración en el proceso desarrollo que los pusiera en condiciones de aceptable comparación con otros países industrializados.

Habría que recordar, en este capítulo de nuestra reflexión, las reacciones que el naciente movimiento teatral universitario provocó en los círculos profesionales del teatro: escándalo, burla, acusación de teorizantes, calificativos de "snobs." De más está recordar que los teatros universitarios no tuvieron éxito de inmediato, tanto porque ellos mismos no ofrecieron en sus primeras representaciones trabajos acordes con sus aspiraciones teóricas, como porque el público teatral de la época los rechazó y su público natural fue el de los jóvenes universitarios, público que los siguió, creció con los teatros y, también, los abandonó parcialmente cuando nada nuevo tuvieron que ofrecer.

Universidad.—Si nada tuvo de original la experimentación de los teatros, sí fue original la estructura administrativa de ellos, en lo que se refería a su ubicación dentro del organigrama de nuestra administración. La Universidad no tuvo aparente inconveniente en prohijar estos movimientos teatrales ni tampoco le pareció ajeno a su actividad cuando éstos lograron una de sus más caras aspiraciones: el profesionalismo.

Dentro de un cuadro teórico, pareciera contradictorio acuñar como adjetivos de un teatro los de "universitarios" y "profesional." No obstante, esta situación que en forma singular se dio en Chile, también tiene su explicación dentro de nuestra organización política y administrativa.

Nunca hemos tenido nosotros un Ministerio de la Cultura, ni órgano administrativo estatal a cualquier nivel que instrumentalice la promoción y difusión de las actividades culturales chilenas. Las Universidades han tomado de hecho—y también de derecho en lo que a la Universidad de Chile se refiere—este papel. Nada más lógico entonces que la renovación del teatro chileno, necesaria por las circunstancias que ya hemos comentado, haya sido una responsabilidad que asumieran las Universidades y que, ante la ausencia de un teatro profesional, ellas lo hayan prohijado.

No obstante, hay que acotar que estos teatros universitarios, desde su creación sirvieron, no obstante su profesión de fe populista, a una élite generalmente, también, de extracción universitaria. Se repetía lógicamente así, en el campo teatral, la función que la Universidad realizara en todos sus campos y que sólo alcanzaba a una minoría intelectual, hecho histórico que sirvió de fundamento principal a la acción de la Reforma Universitaria, aún en proceso.

De este análisis somero, debemos llegar a la conclusión que hace treinta años, impulsados por avances tecnológicos en el mundo del arte escénico (cine sonoro) y por el movimiento político social vigente (Frente Popular encabezado por un Partido de clase media) nacen los teatros universitarios que realizaron, como su nombre lo indica, una labor de experimentación y de ensayo en el campo de la actividad teatral, que dio por fruto un teatro profesional renovado con las características actuales sobradamente conocidas. Este movimiento renovador logra cristalizarse gracias a la acción de las Universidades que actúan como sustitutos del Estado en la promoción de la actividad cultural nacional.

Hoy

Si bien es relativamente fácil relacionar los hechos del pasado inmediato para insertar en ellos el movimiento teatral chileno, es difícil, en cambio, plantearse este mismo método para determinar cuál ha de ser, como resultante de una necesidad histórica, la actividad teatral de hoy. Los hechos los estamos viviendo día a día y carecemos de la suficiente perspectiva para ponderarlos sin caer en el riesgo de confundir lo sustancial con lo superfluo.

No obstante, trataremos de interpretar, en grandes rasgos, el cuadro social y político que vivimos en la actualidad para tratar de determinar cuál ha de ser la respuesta que hoy debe dar la actividad teatral a esa realidad, como en la década del 40 hubo una respuesta de acuerdo a las exigencias de su tiempo.

Creemos que estamos viviendo un proceso histórico con situaciones paralelas a las vividas hace treinta años y pensamos que este proceso tenderá a acentuarse en los años venideros, de tal modo que si los que ahora son responsables de la política teatral chilena no adecúan las estructuras y la actividad del teatro a esta realidad, en los próximos años se verán sobrepasados por los hechos.

Veamos en qué consiste este paralelismo.

Tecnología.—Ayer se llamó cine. Hoy se llama televisión. No podemos imaginar que se pueda seguir trabajando en teatro, haciendo caso omiso de la revolución tecnológica y social que ha significado la televisión. Hace sólo 13 años que está entre nosotros y, sin embargo, ha cambiado formas de comportamiento social, ha producido impacto económico en todos los otros medios tradicionales de comunicación social y ha influido en nuestra vida política en forma determinante.

La televisión sin necesidad de un pago extra, sin necesidad de movilizarse de un lugar a otro, sin que nos exija separarnos de nuestra familia, sin obligar a revisar o cambiar nuestro vestuario, nos ofrece en el living o en los dormitorios de nuestras casas, telecine o teleteatro. Y no sólo el nacional. También el internacional. Y no sólo un teleteatro que de alguna manera pudiera emparentarse con el pobre y llorado "radio-teatro," sino a los grandes autores universales. En los últimos meses en las pantallas de la TV se han visto con frecuencia teleteatros con obras de Shakespeare y de los autores clásicos españoles. El año pasado el ICTUS dio todo su repertorio teatral por la Televisión Nacional.

Y aún más. Ya se realiza en los países desarrollados la televisión-casette que permite arrendar videotapes con el espectáculo que nos interesa para pasarlo a la hora que queramos y cuantas veces deseamos en nuestro doméstico receptor de televisión. ¿Cuánto tardará en llegar este nuevo avance tecnológico a nosotros?

Ahora bien, si de acuerdo a la forma en uso de hacer teatro la actitud del espectador teatral es la misma del telespectador, esto es, simples "mirones" en que la imaginaria "cuarta pared" del escenario teatral realiza las mismas funciones que la pantalla del televisor ¿a qué alguien irá al teatro si lo mismo puede obtener sin pago, con más comodidad y sin salir de su casa?

Sabemos que para esta pregunta hay varias respuestas, pero sabemos, también, que ellas son sutiles, que pueden alcanzar y satisfacer a una selecta minoría no lo suficientemente numerosa como para sostener a un movimiento teatral.

Y ahora una segunda pregunta. Si los temas tratados por nuestro teatro—como hoy sucede—son los mismos que nos puede brindar el teleteatro ¿para qué un autor habrá de servirse de un medio limitado en cuanto al número de espectadores y a sus recursos técnicos, si puede emplear la más amplia gama de posibilidades expresivas que le da la televisión y, con eso, llegar a un número de receptores que el teatro jamás podrá alcanzar?

De estas dos preguntas parecería desprenderse que estimamos que el teatro no tiene cabida en el mundo que vivimos. Adelantémonos a aclarar que no es ese nuestro pensamiento. Estimamos, en cambio, que el teatro tiene singularidades como medio de expresión y de comunicación en las que será necesario ahondar y magnificar para que el arte escénico tenga relevancia en un futuro cada vez más inmediato. A estas singularidades nos referiremos más adelante.

Política.—Ayer se llamó Frente Popular, hoy es Unidad Popular. Y si bien ambos son eslabones de un proceso de cambios políticos y sociales de nuestro país, entre ellos hay diferencias notorias. En 1938, el líder de la coalición triunfante fue un partido burgués. En 1970, los partidos marxistas. En un caso, fue la clase media la que ascendió al poder, en el otro es la clase trabajadora. Ayer se trataba de un movimiento reformista acelerado; hoy de una revolución. Con el Frente Popular se trataba de acercarse a los moldes socialdemócratas europeos. Con la Unidad Popular, de marchar hacia el socialismo por una vía original "a la chilena," donde, según las palabras del Presidente Allende, no nos sirven los moldes soviéticos, cubanos ni yugoslavos. En 1941, con la fundación del Teatro Experimental nace el movimiento de los teatros universitarios profesionales chilenos. ¿Qué deberá nacer en el campo teatral en 1972 ó 1973 que concuerde con la revolución política y social que se inicia en 1970?

Afirmamos, pues, que al igual que en 1940, hoy existen dos circunstancias que determinan un cambio fundamental en el quehacer teatral. Una, de orden tecnológico que es común a todo el mundo; otra, de orden político que nos es particular. Y si pensamos que el teatro debe dar una respuesta a estas dos circunstancias es porque creemos que el teatro es un arte eminentemente social por el hecho que, para existir, requiere la presencia de un público congregado siendo de su esencia recoger en su forma y en su fondo los rasgos sociales que le son contemporáneos.

Para afrontar el desafío que significa la circunstancia tecnológica, podemos—y es lícito hacerlo ya que no debemos pretender inventar o descubrir lo ya inventado o descubierto—hacer uso de los cauces experimentales que en otros países han surgido como resultante de la expansión de los medios de telecomunicación, a condición, ciertamente, que esos cauces experimentales los adecuemos a nuestra realidad.

En cambio, para afrontar el desafío que significa la circunstancia política que vivimos, no podemos mirar más allá de nuestras fronteras para encontrar el modelo al que adecuar nuestra respuesta como hombres de teatro. Simplemente no lo hay, como no existe, tampoco, modelo para un proceso político que camina al socialismo con respeto a la tradición y a la idiosincrasia del pueblo chileno. La audacia y originalidad del experimento político chileno, nos obliga a estar en la misma altura de audacia y originalidad en la respuesta que el teatro debe dar a esta circunstancia histórica.

Nace aquí la necesidad de la experimentación, no en los términos que hace treinta años lo hiciera el teatro "experimental" o de "ensayo," que se limitaron a copiar experiencias y ensayos que tendían a alcanzar un modelo conocido, sino a la verdadera experimentación que implica la búsqueda—con sus logros y yerros—de un lenguaje teatral propio y que pueda servir de medios apropiados de expresión a las grandes masas que recién ahora acceden al poder político y económico trayendo consigo un bagaje cultural aún inexpresado.

Teatro y cultura

No estamos hablando aquí de teatro por una adhesión subjetiva a una manifestación artística. Creemos que el teatro, por características que le son privativas, es el medio más adecuado para la expresión cultural de un pueblo.

Ciertamente que esta afirmación es desmentida por el rol que en Chile y, en general, en Latinoamérica, ha tenido el teatro. Hasta ahora, en sus connotaciones culturales, el teatro ha sido un vehículo de "cultura," significando esta palabra un conjunto de valores a los que accedían cierto grupo de gente que, por ello, se llamaba culta. Cuando en la primera parte de esta exposición, al explicarnos la génesis de los teatros universitarios, dijimos que ellos nacieron ante la necesidad de la nueva clase en el poder de "alimentarse" culturalmente en forma semejante a la de sus modelos europeos, no usamos al azar la forma verbal "alimentarse." El papel que el teatro ha jugado en estos últimos treinta años en Chile, entra de lleno en el de nuestra incipiente sociedad de consumo. Hemos consumido "cultura." A través del teatro, hemos consumido a los clásicos y a los autores modernos y, dadivosamente, hemos querido hacer partícipe de este manjar cultural al mayor número de personas a través de la "extensión cultural" patrocinada por las Universidades. Nuestros autores han medio digerido este alimento cultural y nos han entregado obras, enmarcadas en la epidermis chilena, a lo Ibsen ("Deja que los perros ladren," de Vodánovic), a lo Ionesco ("El velero en la botella," de Díaz), a lo Brecht ("Los papeleros," de Aguirre) y ha sido su principal galardón que algunas de sus obras hayan sido traducidas o hayan sido representadas con éxito en el extranjero. La meta parecía ser entrar al mercado común de la cultura del mundo desarrollado. Igualmente cuando se asegura, por ejemplo, que la versión chilena de "¿Quién le tiene miedo al lobo?," de Albee, nada tiene que envidiar a la producción original norteamericana, nos inflamos de orgullo; al igual que cuando se nos dice que algunos de nuestros casimires producidos en Tomé nada tienen que envidiar a los mejores ingleses. Estamos produciendo y consumiendo artículos de primera clase.

Si los objetivos culturales del teatro fueran ésos—como hasta ahora lo han sido en nuestro movimiento teatral—, todo llamado a la experimentación, a la búsqueda de una respuesta original al desafío que imponen las circunstancias tecnológicas y políticas que vivimos, estaría de más. Bastaría continuar como recientemente se ha hecho, copiando más o menos bien, más o menos mal, los experimentos que en otras partes se hacen.

En cambio, si a la palabra cultura le damos una acepción más amplia, aquella que, por ejemplo, da David Benavente en su trabajo "Algunas proposiciones para la reformulación de la Vicerrectoría de Comunicaciones de la U. C." al expresar que "Cuando hablamos de cultura lo queremos hacer en su connotación antropológica más amplia; como aquella totalidad de relaciones relativamente estructuradas conforme a ciertos valores y, en consecuencia, en proceso de transformación. En otras palabras, como aquel conjunto de valores encarnados en comportamientos, en términos de los cuales se orienta y organiza parte de la acción social de los hombres y que de alguna manera importa un sentido y una finalidad," comprendemos cómo el teatro chileno puede y debe servir para la expresión y liberación de ese conjunto de valores que los chilenos encarnamos en comportamientos y que de alguna manera importan un sentido y una finalidad.

Pero para que ello sea posible es necesario encontrar el lenguaje adecuado. Bien sabemos—y este es un punto sobre el que no creemos que se pueda insistir sin caer en la majadería—que el lenguaje determina en gran medida el mensaje y que no podemos expresar en teatro nuestra cultura, si usamos un lenguaje teatral foráneo.

Rutas de la experimentación

Si nuestra meta ha de ser, por un lado, encontrar un equivalente en el campo teatral a las estructuras sociales y políticas que se construyen para un futuro del país, del tal modo que unas se relacionen con las otras influyéndose recíprocamente y, por otra, responder al desafío tecnológico que imponen la divulgación y popularización de los medios de telecomunicación, será necesario fijar ciertas rutas de experimentación.

He aquí algunas de ellas, limitándonos a su enunciación esquemática, ya que el profundizar implicaría sendos trabajos de mayor envergadura para cada una de ellas.

Teatro popular.—Hay que hacer un esfuerzo por redefinir esta expresión. La simple extensión del teatro que se hace para las clases "cultas" a las que no se les asigna este carácter, no parece ser la respuesta por razones ya esbozadas. El número multitudinario de espectadores no parece ser, en la hora actual, la característica más descollante de un teatro popular. No hay sala, gimnasio o estadio que pueda competir con la multitudinaria popularidad del público de un programa de televisión.

Parecería que un concepto de teatro popular enmarcado en la hora presente, debería caracterizarse por el hecho de ser realizado en la base de nuestra organización social y expresando sus propias vivencias, inquietudes y anhelos. En otras palabras, el teatro popular debería ser aquel que exprese a los sectores populares y fuera hecho por ellos, encauzando así la capacidad creadora de nuestro pueblo.

Creación colectiva.—Tras esta expresión que nos ha llegado desde fuera, se encubren no pocos equívocos y abundantes falacias. No obstante, ella corresponde a características que son propias del teatro por la cantidad de personas que han de intervenir en el proceso de su creación. Corresponde investigar y experimentar en diversas formas de creación colectiva, delimitando sus márgenes y refiriéndolos a nuestras posibilidades de expresión. Implica, además, un reacondicionamiento del rol tradicional que en la producción escénica han jugado dramaturgo, director, actores y aun, público.

Espacio escénico.—Considerada la capacidad económica del país, lo actualmente edificado, el déficit habitacional, etc., es absurdo pensar en un movimiento teatral que se encuentre nucleado en una sala teatral con el equipo que hoy requerimos. Por otra parte, el auge de la televisión que asigna al telespectador la misma tarea de mirón que le asigna al espectador teatral la sala a la italiana, obliga a experimentar cómo hacer teatro en espacios no tradicionales, en forma que no signifiquen una "adaptación" a esos espacios, de producciones hechas en forma tradicional, sino de realizar las producciones de modo tal que se aproveche para el fin dramático las características propias del nuevo espacio escénico.

Consecuencialmente, ello ha de implicar un teatro que no requiera esencialmente ni escenario, ni escenografía, ni efectos luminotécnicos y en el que el hecho dramático se resuelva especialmente en la relación actor-espectador.

Esto, a su vez, exigirá un nuevo tipo de actor como también tenderá a crear un nuevo tipo de espectador.

Lenguaje teatral.—Tradicionalmente el lenguaje teatral se ha fundamentado en la palabra y en el espectáculo. Sin prescindir de estos elementos, es necesario experimentar en el enriquecimiento del lenguaje teatral que tienda a acentuar la singularidad del teatro de ser un medio de comunicación relativamente masivo fundamentado en la presencia humana. En los sucesos de mayo, en París, en el Teatro Odeón se escribió: "Viva la Comunicación. Abajo la Telecomunicación." Consecuente con este lema la experimentación del lenguaje teatral debería estar destinado a la incorporación de todos los sentidos en la comunicación teatral, llegándose a un teatro más sensorial; debería experimentarse en el uso de la expresión corporal como forma de suplir la ausencia de decorados y el empleo de costosos medios mecánicos en las referencias ambientales y sociales y sería imperativo dar relevancia a la improvisación tanto como forma de expresión como de comunicación con el público subrayando la calidad de un "acontecer vivo" del teatro en contraposición del arte "enlatado" del cine y de la televisión.

Participación.—Cuando en el campo institucional se busca la participación activa de las grandes mayorías en la gestión política, social y económica del Estado, cuando el cine y la televisión implican medios de comunicación de una vía en que el espectador carece de toda posibilidad de réplica y está obligado a asumir un papel pasivo, la gente de teatro tiene la obligación de experimentar buscando los cauces por los que el público teatral pueda intervenir en el espectáculo, integrándose también, en su medida, al proceso creador y de expresión popular.

Espontaneidad.—También es necesario experimentar con la espontaneidad en la creación teatral, desprendiéndose del lastre academicista que, en busca de una ideal perfección estética, esteriliza la creación espontánea, retarda el proceso de expansión teatral y rinde culto a "lo artístico," en desmedro de la expresión y la comunicación.

Es ésta sólo una somera y superficial enumeración de los cauces de experimentación y, por supuesto, no los hemos agotado. Su enunciación es a vía de ejemplo e implica una provocación a replantearse la actividad teatral para hacerla concordante con el momento histórico que vivimos.

Mañana

Cada vez que se plantea una posición teórica sobre cualquiera materia que implique la formulación de una política, la pregunta que viene siempre aparejada es: ¿Quién podrá realizar esa política?

En el asunto que nos interesa la pregunta es especialmente pertinente, por cuanto la política experimental, cuya necesidad creemos haber fundamentado y cuya urgencia nos parece obvia, implica un concepto del teatro y una forma de ejercerlo totalmente diferente a la que durante 30 años se ha practicado en Chile.

Si para respondernos esta pregunta nos remitimos al campo institucional, debemos distinguir la existencia de las tres áreas tradicionales: el área estatal, el área universitaria y el área privada o particular.

Estado.—Anteriormente hemos reconocido una realidad. En Chile, el Estado no ha intervenido en la promoción y difusión de la actividad cultural, no ha habido una política cultural estatal y ésta, en el hecho, ha sido delegada en las Universidades.

Hay razones ciertas para pensar que esta situación variará. No es concebible un Estado de inspiración socialista que se despreocupe de la actividad cultural.

En lo que al teatro se refiere y concordante al esquema anteriormente trazado, estimamos que corresponderá al Estado la promoción e implementación de la actividad teatral a nivel popular. Debe corresponder, igualmente, al Estado la difusión de teatro a escala profesional que implique un costo de producción que no pueda ser absorbido por las compañías profesionales particulares.

Y durante un período de transición, mientras no se formen los organismos que pongan en marcha una política cultural estatal, esta misión recaerá en las Universidades que cumplirán, así, el rol supletorio que hasta ahora han tenido.

De hecho, la Universidad Católica a través de su Vicerrectoría de Comunicaciones y el Departamento de Teatro de la Universidad de Chile en su convenio con la Central Unica de Trabajadores, han estado realizando una labor de promoción e implementación del teatro en la base popular de nuestra sociedad.

Universidad.—El concepto de Universidad ha sido revisado últimamente y ya no es válido el que la presidía hace treinta años cuando engendraron los teatros universitarios. Del proceso de reforma universitaria ha emergido una Universidad consciente que su posición ha de ser comprometida con la realidad y la historia de Chile, crítica y democrática. Estas características la obligan a adoptar un papel activo en el proceso de transformación del teatro chileno. Su posición comprometida determina que su quehacer teatral tenderá a dar una respuesta al proceso histórico que vive Chile; su condición de Universidad crítica la obliga a realizar con la mayor seriedad y profundidad la reflexión sobre el fenómeno teatral y realizar la investigación y la experimentación que sea necesaria para adecuar al teatro chileno a una nueva realidad. Por último, su condición de democrática la habrá de llevar a que su reflexión e investigación y su respuesta final sean tales que conviertan al teatro en una forma de expresión y de comunicación que sirvan a las grandes mayorías.

Creemos, pues, que hoy, al igual que hace treinta años, la experimentación teatral es deber de la Universidad. No podrá haber un movimiento teatral de expresión popular si la Universidad, centro de reflexión del país, no provee de los nuevos modelos expresivos en que ha de desarrollarse un nuevo teatro en Chile. El teatro universitario, cualquiera que sea su organización, ha de erguirse en paradigma de lo que debe hacerse en teatro. Si la Universidad no realiza su función reflexiva y de experimentación no habrá renovación teatral en Chile. La Universidad en esto, como en todos los otros campos de la ciencia y del arte, es el motor.

Pero si particularizamos más en esta función esencial de la Universidad en el campo de la renovación teatral, nuevamente ha de surgirnos la pregunta de quién dentro de ella puede realizar esta labor de experimentación.

No es posible pedírselo a la generación de 1941 ni a quienes tomaron sus banderas profundizando en los cauces que ellos abrieron. Si en la actualidad la expresión "experimentación teatral" se encuentra parcialmente desprestigiada es porque lo que se ha hecho bajo ese rótulo ha sido una mera copia de la experimentación que en otras partes se hace. En esto, la gente del teatro universitario no ha hecho otra cosa que ser consecuente con la forma de "experimentación" que iniciaron hace treinta años—válida entonces como históricamente se ha comprobado—y que consistió en adoptar moldes foráneos.

No es posible, tampoco, pedir que quienes detentan principios estéticos definidos, que tras mucho estudio y esfuerzo han logrado dominar cierto conjunto de técnicas escénicas, se desprendan de ellos para correr el azar de una experimentación que ha de significar poner en tela de juicio esos principios y esas técnicas, en procura de otros aún por definirse.

Al igual que en 1941, la experimentación teatral universitaria ha de ser de responsabilidad de gente joven que sienta la urgencia de la respuesta que el teatro debe dar al momento político y social que vivimos y que tenga la audacia de buscar nuevos rumbos, de negar verdades que ahora parecen obvias y que pueden equivocarse sin que por ello tengan que poner en juego un prestigio ya adquirido.

Esto, a su vez, implica una conducta consecuente de las autoridades universitarias con los planteamientos de la Reforma. Toda labor experimental que inicien los teatros universitarios implicará, necesariamente, una disminución del standard artístico hasta ahora alcanzado. Cuando en 1941 en el Teatro Imperio los jóvenes del Teatro Experimental presentaron "La Guarda Cuidadosa," ni los más entusiastas habrán podido decir que el resultado fue mejor al del teatro profesional entonces existente. Los que observaban más allá de sus propias narices, sí habrán captado que allí se insinuaba un camino que daría sus frutos no el día, ni el año siguiente, pero sí en un futuro cercano.

Si el proceso de la Reforma Universitaria fue hondo, radical y serio, el teatro que debe engendrar una Universidad reformada ha de ser necesariamente en sus planteamientos, razón de ser, técnicas y perspectivas, diametralmente diferente al que prohijó la Universidad tradicional. De lo contrario, el teatro universitario denunciaría una reforma "gatopardesca" en que documentos, discursos y variación de denominaciones, esconderían sólo un mezquino ánimo modernizador.

Particular.—Del contexto de nuestra exposición, podría creerse que está en nuestro pensamiento el declarar obsoleto al teatro profesional sea universitario o particular que actualmente se hace en Chile y que estamos pronto a lanzarlo a él y a sus integrantes al desván de las cosas inservibles.

Nada más ajeno a nuestro ánimo. No creemos que la historia marque hitos demarcatorios tajantes y sí, por el contrario, que etapas de transición como las que vivimos traslapan por prolongados períodos distintas estructuras.

La situación del teatro profesional particular de hoy es diferente a la que existía en 1941. Desgajados de los teatros universitarios, se han constituido compañías que han servido a un público restringido en relación a la generalidad de la población, pero cuya importancia no se puede desconocer. "La Compañía de los Cuatro" y el "Teatro del Angel," cuyos componentes provienen principalmente del teatro de la Universidad de Chile; el "ICTUS" que se formó originariamente de una escisión del teatro de la Universidad Católica; la actividad circunstancial de compañías profesionales como las que dirigen Luis Poirot y Domingo Tessier, ambos provenientes de la Universidad de Chile; la compañía de Américo Vargas que, sin tener ancestro universitario, supo adecuar oportunamente sus técnicas al patrón estético y técnico de aquéllos; la presencia en nuestros teatros profesionales de actores formados en el Teatro de la Universidad de Concepción, implica la existencia de un teatro profesional chileno respetable. Más aún, de atenerse a datos recientes, los que actualmente están funcionando en Santiago, lo hacen con un número satisfactorio de espectadores.

Todo en ello indica que en lo que al teatro profesional particular se refiere, no existe una crisis en nada semejante a la que existía en 1941. ¿Destruye esto nuestra tesis? Creemos que no; por el contrario, ella la reafirma. Los teatros universitarios ya han logrado su propósito inicial más importante. Se ha creado un ambiente teatral, existe un teatro profesional y existen espectadores regulares de teatro.

Corresponderá a ese teatro entregarnos las obras extranjeras que impliquen el conocimiento de las inquietudes culturales de otras latitudes; será el teatro profesional chileno el que represente las obras de autores nacionales que busquen comunicarse con un público selectivo para ofrecernos su visión de la realidad chilena. Será este teatro profesional, en suma, el que mantenga nuestra tradición teatral y vaya incorporando a su lenguaje los logros que vaya alcanzando la experimentación universitaria.

Porque, en suma, la experimentación teatral que realicen las Universidades no puede ser un fin en sí misma, sino una forma de alimentar sea a un naciente teatro popular aficionado o a un creciente teatro profesional particular o estatal.

8

Cómo Es el Teatro en la Argentina

JULIO MAURICIO

Julio Mauricio is a weli-known Argentine dramatist, who grew up in a *conventillo* or tenement house and who began writing plays at the age of forty-four. Among his works are *La valija* [The Valise] and *Un despido corriente* [An Ordinary Dismissal]. In this interview conducted by Francisco Garzón Céspedes, Mauricio offers a capsule review of the overall situation of the Argentine theater. Points touched on include the impresario system, the *independiente* theaters, theater festivals and conventions in the interior of Argentina, the theater of the left, whether there is a theater of the right, whether the theater is in decadence, the significance of the theater of the absurd and of the theater of cruelty, the promotion of national authors through the National Endowment for the Arts, and the attack on the bourgeoisie as a constant motif of Mauricio's plays.

Los grupos argentinos de teatro

Cuando se habla de teatro en la Argentina, se habla de Buenos Aires fundamentalmente, que es donde hay armado un circuito teatral. Nuestros críticos con mucho orgullo dicen que Buenos Aires tiene más o menos cincuenta salas en actividad. Y que es la tercera o cuarta en el mundo entero en cantidad de teatros. Lo que no se señala bien es que el 95 por ciento de la po-

Este escrito constituye la mayor parte de la entrevista a Julio Mauricio realizada por Francisco Garzón Céspedes y publicada originalmente en la revista *Conjunto*, 20 (abr-jun 1974), 13-20, con el título "En América Latina el teatro le ha sido expropiado al pueblo"; se reproduce aquí con breves cambios editoriales y con la debida autorización.

blación no va al teatro y que gran parte de esas 50 salas está dedicada a un teatro comercial, burdo y de pasatiempo, basado principalmente en la presentación de actores de televisión, conocidos por los radioteatros o los teleteatros.

Hay también, en menor escala, equipos de teatro formados por actores que se reúnen en cooperativas; de esos mismos actores que trabajan en televisión generalmente—todo el mundo allí trata de ganarse el sueldo en TV, porque el teatro no da para vivir, salvo el comercial—y que quieren hacer un trabajo más serio, elegir obras importantes, de autores aprobados por la crítica y por los espectadores en distintos lugares del mundo.

Se agrupan en cooperativas, eligen una obra, la ponen, contratan una sala—que están en manos de los empresarios—, y si funciona la obra, la llevan hasta las últimas consecuencias; mientras haya público, se mantiene. Si la puesta fracasa, se funde esa cooperativa y se desarma, no soporta el esfuerzo económico, el sacrificio de sostenerse de cualquier manera. No hay continuidad en las acciones. La cosa marcha si va bien, si va cómoda. Ese trabajo se hace sin una planificación, no hay una programación clara.

Lo mismo pasa con los teatros oficiales. Hay una Comedia Nacional y hay un Teatro San Martín. El director de la Comedia depende de la Dirección Nacional de Cultura, y el director del Teatro San Martín depende del secretario de cultura de la municipalidad, pues es un teatro municipal. Y también esos directores hacen un plan de obras de acuerdo a sus gustos y a sus ideas. Siempre esas obras son una especie de compartimento, de estanco, una cosa en sí, algo que no está en relación de continuidad con vista a un objetivo.

Además, están los empresarios de salas que por su lado buscan obras. Y se dividen en teatro netamente comercial o en los empresarios que quieren hacer algo más serio, darle a la sala otra categoría, y tratan de elegir un tipo de obra que pueda ser aprobada por la crítica para especular con una corriente de público más o menos culta. Y la obra puede ser nacional o extranjera. No hay tampoco planes. La cuestión es que se elige esa obra pensando en la eficacia comercial del producto. Esa es otra de las vertientes del teatro.

Y después están los grupos independientes, por lo regular de estudiantes de teatro. Son muchachos que se acercan al teatro, estudian con profesores particulares y al mismo tiempo van formando equipos, y casi todos ellos están altamente politizados, a tal punto que es muy difícil encontrar muchachos que estén en el teatro que sean de derecha. No encaja esa posibilidad.

En Buenos Aires surge en el año 32 ó 33 un movimiento de teatro independiente. El fundador: Leónidas Barletta, que creó el Teatro del Pueblo, que subsiste todavía. Y su aparición significó una especie de emulación entre los diferentes grupos que surgieron. La intención era dignificar el teatro, hacerlo con seriedad, con asistencia técnica, y salirle al paso al otro burdo que se venía haciendo desde principios de siglo, de cómicos, llenos de vicios, de intuición. Ellos introducen a Stanislawsky y van desarrollando así un trabajo bastante serio que se extiende por casi 30 años. Se disgregan a partir del 50. Empiezan a flaquear los grupos independientes y a desaparecer. Coincide más o menos con la época de la televisión.

Aparece la televisión, y aparece trabajo para muchos de esos actores, que no sólo olvidan su teatro independiente, sino que también olvidan sus impulsos revolucionarios. Y quedan los más heroicos y los más firmes.

Y actualmente están los grupos que hacen teatro de creación colectiva. En los primeros momentos este tipo de teatro causó impacto en el público porque era una cosa novedosa, ágil, con frescura, pero la reiteración de procedimientos, la escasa diferencia de resultado que ha habido hasta ahora entre un espectáculo de creación colectiva y el siguiente, ha hecho que el público de la capital haya perdido parte del interés hacia el teatro colectivo. A ello se suma la dificultad con las salas, por lo que realizan muchas giras al interior en busca de un público más popular. Y ése es más o menos el panorama dentro de la capital, y repito, con una asistencia del 5 por ciento de la población.

Volviendo a los grupos independientes. Sus directores estudiaban ellos a Stanislawsky y después lo enseñaron a sus alumnos. De esos alumnos, los más adelantados, los más inteligentes, son los que ahora dan clases de teatro en Buenos Aires a estos actores, a estos muchachos estudiantes de teatro que forman los grupos de creación colectiva. Ocurre que, así como el teatro independiente arranca contra ese pasado que había convertido el teatro en mero pasatiempo burdo, y salen a dignificar el teatro, de pronto se llegó al otro extremo, al de ir a los recursos formales, a buscar el preciosismo teatral, y hay muchos de esos profesores—que conocen de Stanislawsky, a Brecht, pero que ofrecen su propia versión—, que están enseñando el teatro a nivel de improvisado laboratorio. Y entonces estos muchachos, a pesar de que quieren hacer un teatro ideológico de creación colectiva, en el fondo lo que obtienen como resultado es el espectáculo teatral, y lo más importante que ofrecen es lo secundario del teatro: los elementos formales.

El teatro en general está bastante despistado en este momento en Buenos Aires. Por otro lado, y esto existe hace años, creo que desde el año 36 ó 38, funciona una Escuela de Arte Dramático con planes de enseñanza muy tradicionales, muy envejecidos. Recién ahora, en este último año, han llegado allí dos o tres profesores más o menos competentes, de los que estamos esperando los frutos, porque su técnica es más moderna.

En el interior hay ciudades como Córdoba, como Mendoza, Tucumán, Santa Fe, que tienen algún movimiento teatral. Hay ciudades de 30.000 habitantes que pueden tener dos conjuntos teatrales, sin continuidad, siempre ayudados por un entusiasta del teatro, que lucha desesperadamente por mantenerlo, sin asistencia técnica, ni apoyo de las intendencias. Y hay otras ciudades, importantes en cuanto a población, que no tienen absolutamente nada, ni un teatro siquiera.

El teatro no está en decadencia

En los últimos años se han estado realizando una serie de congresos teatrales y festivales en el interior, con elenco de 8 ó 10 poblaciones, en una área por lo menos de 300 kilómetros. Se invitan paneles técnicos formados por teatristas de Buenos Aires, sobre todo, pero también de Córdoba, de Mendoza; se ponen las obras, y se establece el diálogo, la crítica, los debates; se hacen, además, seminarios, comisiones de estudio para analizar los problemas de los elencos de la zona y elaborar propuestas, planes de trabajo.

Yo he participado en este tipo de congreso porque me parece muy interesante la posibilidad de que ese teatro eche raíces, ya que a mi juicio el teatro es una arma de expresividad comunitaria de primera magnitud. Si no se usa no es porque el teatro esté en decadencia, sino porque el teatro en América Latina ha sido expropiado al pueblo. Yo he llevado a obreros a ver mis obras, he ido a talleres a invitarlos y han venido 12, 15 ó 20 obreros con sus señoras a algunas de las funciones, y la mayoría de ellos no habían visto teatro en su vida, a pesar de estar viviendo en Buenos Aires. Y en el interior esto es aún más frecuente.

En estos congresos es donde los actores y directores jóvenes aprenden a conocer la significación verdadera del teatro. Y de pronto lo que es un pasatiempo, y a veces incluso la posibilidad de ir al escenario, hacer cosas y ser aplaudido, se transforma y van tomando conciencia de su verdadero significado.

El teatro de izquierda:
una propuesta de cambio

En la Argentina hay una cantidad bastante importante de autores nacionales, teniendo en cuenta que los dramaturgos no sobran en el mundo entero. Lo que ocurre es que no es fácil para el autor poner sus obras en escena, ésa es la cuestión, y esto es común para toda América Latina—a excepción de Cuba, por supuesto. Los autores son de izquierda generalmente. Casi toda la gente de teatro es de izquierda. Allí no se puede hablar de un teatro de derecha. El teatro de derecha es indefendible. La derecha no puede presentar un planteo dramático en el escenario. ¿Sobre qué bases? No puede, está invalidada en ese sentido. La derecha lo único que puede hacer es reprimir a la izquierda. El teatro de derecha es el teatro comercial en el sentido de que sirve como pasatiempo y oculta la verdad, mientras que nuestro pueblo tiene problemas muy serios a resolver.

Si habláramos de un teatro de derecha—que pretende ser de izquierda en cuanto a protesta—, es el teatro metafísico. Un teatro como *Esperando a Godot,* de Beckett. Dos personas que van a esperar a Godot, para que les dé un sentido a su vida porque la existencia es inútil. Están al borde del suicidio, van a esperar un día más por si llega Godot, a ver qué les puede decir, pero Godot no va a llegar nunca. Es inútil la existencia; para qué cambiar. Como diría Ionesco: El hombre es un ser para incomunicación. Es inútil lo que haga, el hombre no se va a comunicar con el otro hombre. Ninguno de estos autores sabe, o quiere decir, que están hablando del hombre burgués, no del hombre. Entonces, hacen una metafísica de los males del hombre, no viendo las penurias del ser humano como hechos históricos, sino como hechos irreversibles. Y ésta es una manera de estar con la derecha.

Ese tipo de teatro es puesto fácilmente en escena en la Argentina. Y es terrible. O el caso de Artaud y su retorno al ritual. El retorno al ritual no es más que el retorno al preteatro, el hombre pega un salto cualitativo cuando pasa del ritual al teatro, porque el ritual era un fenómeno en que todo el mundo convivía una situación orgiástica de relación con los dioses; pero cuando alguien se pone a hablar con otro en una de esas manifestaciones y los demás escuchan, aparece el espectador y a partir de ese momento nace el teatro; la presencia del espectador es pues fundamental. Cuando se quiere meter al espectador dentro del espectáculo se le convierte otra vez en parte integrante. Y si alguien queda afuera, todos los demás van a ser actores.

En toda época de decadencia en que la civilización se viene abajo, el teatro va acompañado con el ritual. Es decir, el teatro de la clase dominante, el teatro de la civilización que va muriendo, sus últimos productos culturales, siempre retornan al ritual, porque faltan ideas y se tratan de hacer metafísicos los males. Eso ocurre con el capitalismo.

A ello se enfrenta la propuesta de cambio. La propuesta de cambio es el teatro de izquierda. Cuando se compara a Ionesco con un autor marxista como Brecht, uno percibe inmediatamente la diferencia que hay entre las dos posturas.

Los autores nacionales

Retomando el tema de los autores nacionales, las obras se van poniendo pero con dificultades; por ejemplo, *Un despido corriente* [mención Casa de las Américas] no se estrenó aún en Buenos Aires. Subió a escena en Mar del Plata, donde la montó un grupo de teatro independiente y ya hace un año que la viene dando. La llevan al sindicato, a las facultades, y en su propia sala. También la hicieron en las calles y han recorrido con ella el país.

Ahora bien, el problema no es tanto saber qué pasará con los autores de izquierda, sino darse cuenta de que con la burguesía un fenómeno como el teatro no puede prosperar, aunque un autor logre esporádicamente estrenar una de sus obras.

Una prueba está en mi caso personal; soy un hombre que ya tengo puestas unas cuantas obras en cartel. Mis obras que se han puesto en Buenos Aires, se han puesto también todas en el interior y siempre han andado muy bien de público.

Tengo varias obras que se han dado en el exterior. He sido dos veces mención Casa de las Américas. Y todo mi teatro está editado, excepto *El tambor*. *La valija,* por ejemplo, es una obra que se ha dado en 12 países, y se ha traducido a tres idiomas, además se enseña en la cátedra de literatura argentina de la Facultad de Filosofía y Letras. Y no obstante todo lo anterior, yo no vivo del teatro. Trabajo como dibujante de proyectos. Casi todos los autores viven de otra cosa, no del teatro.

En la Argentina tenemos el Fondo Nacional de las Artes (FNA), ya con unos cuantos años de vida, y que fue siempre saqueado por los militares. El Fondo Nacional de las Artes maneja una cantidad de dinero anual que le entrega el Estado para promover actividades culturales. Aunque ellos no promueven directamente, no organizan. Si un elenco pone una obra de un autor nacional, se presenta al FNA y pide un subsidio, y el FNA se lo da, pero todavía es muy poco porque ellos tienen que repartir entre mucha gente y es muy poco a repartir. Con la Dirección de Cultura ocurre algo similar, de repente organiza algunos seminarios, o brinda alguna asistencia técnica a las provincias, pero sin un plan coherente y sostenido, en medio de trámites absolutamente burocráticos.

Lo que importa es esto. ¿De qué vale que pongan una obra más o una obra menos? En el capitalismo ésa no es la solución definitiva. No hay país en el mundo burgués que tenga un teatro válido. La lucha es esencialmente en el otro sentido, es la lucha política.

Uno no va a dormir la herramienta

¿Por qué yo escribo teatro? Porque la afirmación anterior no quiere decir que uno va a dormir la herramienta para que aparezca algún día crecida. No, yo pienso que de cualquier manera, por ejemplo, en el interior con estos grupos independientes que nosotros visitamos a través de los congresos, de los seminarios, de las representaciones, están haciendo una obra bastante importante de foco cultural y político. Porque el teatro puede ser también un poco punto de partida.

Soy de extracción proletaria y mi formación autodidacta. Viví hasta los 20 años en conventillos. Hace diez años comencé a escribir teatro, hoy tengo 54 de edad. Encontré que era una herramienta de gran fuerza expresiva. Yo el teatro prácticamente no lo conocía; antes de mi primera obra vi doce espectáculos teatrales en toda mi vida. Descubrí su impulso, su potencia, viendo una representación del grupo Nuevo Teatro—un conjunto independiente que se sostuvo hasta 1968—, que precisamente más tarde puso *La valija*. Yo había escrito mucho a nivel de ensayo, y tenía relación con grupos a los cuales redactaba las partes teóricas; y redactaba también volantes para gentes con las que estaba conectado, haciendo un trabajo de agitación política. Al teatro, que conocía en sus manifestaciones comerciales, nunca lo había tomado realmente en cuenta hasta entonces.

Motivos, mi primera obra, es el desalojo de un conventillo. Los dueños de ese terreno donde está el conventillo van a desalojarlo porque quieren construir. Hay una parte de los inquilinos que son impotentes, gente mayor y gente que viene del interior. Matrimonios jóvenes que no se saben defender y están muy asustados. Entonces hay un albañil soltero que vive allí y los acaudilla, y pide a cambio del desalojo un terreno, y los dueños le ofrecen un terreno en San Justo que es una localidad cercana a Buenos Aires, y ahí se van todos y construyen la casa. Y de pronto surge una pequeña sociedad comunitaria. Y por otro lado, como confrontación, hay un señor que se está construyendo la gran casa, el gran piso, con el gran living-comedor para reunir gente, establecer contactos que le faciliten sus negocios. Y la esposa de este hombre que se ha casado enamorada de él porque lo ve muy dinámico y activo, en contraposición con el padre de ella que era un proyector de negocios que fracasaba siempre, de repente descubre la invalidez de esa vida. Y cuando contacta con el grupo ése, comunitario, esta mujer se da cuenta que su vida burguesa no va a ningún lado. La obra es un rechazo a la burguesía.

Y ya se sabe que es muy difícil convencer a la burguesía de que la vida que está haciendo es totalmente inválida.

Hay una cierta constante en mis obras en ese sentido. En el detalle de calificar los valores burgueses, porque pienso que es uno de los puntos claves a atacar en la sociedad burguesa.

Y en el ataque a la sociedad burguesa, yo trato de mostrar al burgués; no pedir al burgués que haga la revolución porque eso es una fantasía. . . .

Mis obras además están dirigidas a toda la sociedad. Y la constante en mi trabajo teatral es precisamente llevar al hombre a elegir entre esa vida miserable que ofrece la burguesía y la vida de comunidad, de realización plena del hombre, que ofrece el socialismo.

Parte III

Teatro Folklórico
y Teatro para Niños

9

Concepto y Realidad del Teatro Folklórico Latinoamericano

PAULO DE CARVALHO-NETO

Among theater genres, perhaps none is more popular than folkloric theater, when it is understood as a cultural form characterized as an old, anonymous tradition, which is transmitted spontaneously, that is, noninstitutionally, and which reflects the "collective unconsciousness" of the people. Folkloric theater belongs to the popular strata of society; there is no folkloric theater of the rich, emphasizes Carvalho-Neto, although there are pseudoforms of folklore which are created and stimulated by the erudite and the rich for their own purposes.

Today the folkloric theater exists, often in fragmentary and implicit fashion, within another folkloric genre—festivities (such as Christmas and Epiphany). Frequently, only isolated elements of the complete folkloric theatrical representation survive. The narrative element, that is, the spoken story, is rapidly disappearing, so that in several regions only pantomimes (with music and dance) and visual images (adornments and costumes) constitute the folkloric theater.

In terms of its content, the folkloric theater is divided into three types: historical, religious, and totemic, which quite frequently merge in a single spectacle. A distinction is made between the *auto* or religious play and the dramatic dances that customarily preceded the staging of an *auto*. Father Anchieta's *autos*, in Brazil, are not considered here as examples of folkloric theater, but rather of missionary theater. Several examples of folkloric forms of theater from Paraguay, Brazil, and Ecuador are discussed. The chapter concludes with some reflections on the educational dimension of folkloric theater and a bibliography.

Reúno en este trabajo los variados datos que he utilizado a lo largo de los años y en diferentes ocasiones, sobre el tema. Anhelo en esta forma imprimir un nuevo paso a la comprensión del teatro folklórico latinoamericano. Sin duda, el hecho de que vaya este ensayo incluido en un tomo sobre el teatro popular en general, nos ayuda considerablemente a alcanzar nuestro objetivo.

Concepto de teatro folklórico

El concepto de teatro folklórico deriva en parte del concepto de folklore. "Folklore" es el hecho cultural de cualquier pueblo, caracterizado, principalmente, por ser anónimo y transmitirse espontáneamente, es decir, no institucionalizadamente; por lo general, él es, además, antiguo. Casi siempre aun es funcional o no tendría razón de existir. En muchos casos, es "prelógico" en el sentido levybruhliano de la palabra, o sea, los elementos que lo integran se relacionan más con el subconsciente del individuo y menos con su consciente, pareciendo, pues, a primera vista, ser algo absurdo, incoherente, inexplicable, fantástico. Teatro folklórico, por lo tanto, es un teatro de raíces profundas en el tiempo (antigüedad) y en el individuo (inconsciencia), trasmitiéndose sin enseñanzas organizadas (no-institucionalización), respondiendo a necesidades psicológicas (funcionalismo) del hombre de todas las partes del globo (universalismo). Es necesariamente en él donde lo regional y lo universal se funden. El tiende a proyectar la unidad del Hombre de todas las latitudes (espacio) y en todas las edades (tiempo). El principal eslabón de dicha unidad no se halla en el plano del Ego, sino en el plano del Id, razón por la cual Jung sostuvo su teoría del "inconsciente colectivo." En consecuencia, en el teatro folklórico no sólo se ve al *pueblo,* es decir, al ethos específico de una determinada área, sino también y aún más al *folk,* es decir, a un estado de mente que no está ligado necesariamente al área que se estudia. Folk-Lore en ningún momento es sinónimo de exclusividad nacionalista, pues folklore es un bien que comparte la humanidad entera, desde eras remotísimas, paleontológicas, hasta el presente, y que seguirá compartiéndose en el futuro, a pesar de los cambios. De la expresión "teatro folklórico latinoamericano" no debe extraerse, por lo tanto, la idea de un teatro "característico," "único," "original." Siendo folklórico nunca será característico, ni único, ni original, sino humano, universal, eterno. Aquel teatro tendrá, por cierto, colores locales, en este caso, "color latino," pero su raíz no es Latinoamérica, su raíz es el alma misma del hombre, independiente de las divisiones geográfico-políticas. La baraja es una sola y muchas son las maneras de barajar. Se baraja según el lugar y la época. El folklore es como una baraja, cuyas cartas cada pueblo las echa a su modo. Veamos cómo se echan esas cartas en América Latina. Folklore Latinoamericano.

Teatro y fiestas

El teatro folklórico es un género que se desarrolla dentro de otro género folklórico: las fiestas. Vaya el lector adonde haya fiestas y verá una manifestación de teatro, declarada como tal o inadvertida, ya completa en su totalidad o en fragmentos. Lo más común es que ese teatro ocurra fragmentariamente y sin autonombrarse "teatro"; razón por la cual, quien desee asistir a una muestra de teatro folklórico debe, de antemano, estar teóricamente preparado para ello, o ese teatro se desarrollará ante sus ojos sin que se dé cuenta.

Por definición, "fiestas" son un género lleno de géneros; no sólo presenta historias dramáticas, sino también música y danza, indumentaria, adornos y máscaras, juegos. Música y danza solas no forman una fiesta; tampoco indumentaria sola, o máscaras solas, o dramas solos, o juegos solos. Pero cuando una relativa proporción de esos géneros se reúne para manifestarse conjuntamente, entonces sí tenemos lo que se llama una fiesta folklórica. Son fiestas folklóricas en Latinoamérica: Reyes, San Isidro, Inocentes, Virgen de la Caridad, Carnaval, Semana Santa, Ramos, Fiesta de la Cruz, San Juan, San Pedro, San Pablo, Virgen del Carmen, Santiago, Virgen de las Nieves, San Lorenzo, Virgen del Cisne ¡y tantas y tantas! Los llamados Calendarios Folklóricos son listas de fiestas, valiosos puntos de partida para uso del curioso y del investigador.

No toda fiesta folklórica, por supuesto, trae teatro propiamente dicho, en el sentido estricto del término: historia representada, evocación escenificada. Además, muchas músicas y danzas no son teatro, sino simples movimientos sonoros y rítmicos. Hay trajes que tampoco dicen nada, sólo pretenden producir efectos estéticos. Muchos juegos tampoco "narran" cosa alguna; se limitan a exhibir destreza o a demostrar pruebas de ingenio. Sin embargo, donde hay una máscara ahí sí hay una "historia" por detrás, comedia o tragedia. Una máscara es siempre sinónimo de lágrimas o sonrisas. Y si ella se halla en función de un drama, tal historia resulta aún más clara, porque entonces uno sabe la razón por la cual se ríe o se llora. Y esta razón se hace más clara aún cuando a la máscara la acompañan música, danza e indumentaria.

Se asiste a una auténtica representación de teatro folklórico, por lo tanto, siempre que se observe una fusión perfecta, una interrelación armónica absoluta entre los referidos rasgos, produciendo la admirable ilusión (y esto es Arte) de que uno o dos o todos los enmascarados actúan en el escenario como si fueran seres vivos ajenos a la persona del actor. Y para que se muevan en los precisos instantes, sus movimientos están marcados por los sonidos de alguna composición melódica, la cual se identifica, en esencia, a la imagen de la máscara. No hay o no debe haber disonancia, porque lo que se quiere es contar una historia. Donde el arte de narrar discrepe, el efecto narrativo no se cumple. En el teatro folklórico, pues, todos esos elementos que lo integran se agrupan para producir un resultado. Resultado que se anhela alcanzar siempre, pese a todos los obstáculos, como el factor tiempo, por ejemplo. El tiempo ha sido un implacable enemigo del teatro folklórico, porque suele borrarle las palabras.

Es ésta una desgracia que no puede evitarse: la desaparición constante y progresiva de la "palabra" en el folklore. Aquellos géneros folklóricos cuyo relleno se constituye de palabras, están en crisis en los tiempos modernos. Los *folktales* o cuentos folklóricos, por ejemplo, están en pleno proceso de desaparición. Felizmente el teatro folklórico tiene menos posibilidad de desaparecer completamente, porque a más de palabras él está constituido por elementos plásticos o visuales.

En Latinoamérica son hoy cuantiosos los "dramas" que se narran ya sin palabras, no porque no las hayan tenido nunca, sino porque ellas se perdieron en la memoria de los informantes. De ellos restan únicamente expresiones mímicas (con música y danza) e imágenes plásticas (con indumentaria, adornos y máscaras). Hay dramas que sólo sobreviven gracias a esos elementos, elementos precarios por cierto. Sin embargo, el teatro folklórico es inmortal porque es inmanente en el hombre la necesidad de relatar historias; desgraciadamente los *folktales,* en cambio, un día sí se acabarán.

Máscaras, indumentaria y utilería

La comprensión de las máscaras se hace más asequible cuando les aplicamos la conocida clasificación: antropomórficas, ornitomórficas, zoomórficas, poiquilomórficas (o máscaras ligadas a cosas variadas). He aquí nuestra relación basada en enmascarados ecuatorianos:

Antropomórficos.—Abago, Aricuchicos (divididos en Guaraquíes y Tupigachis), Camisonas, Capariche, Capataz, Capitán, Caporales, Comandante, Corazas, Coronel, Cucurucho o Farricoco, Chola, Cholo, Chuchumecos, Danzante, Diablo, Doñas, Gigante, Giganta, Huamingas, Jívaro, Mama Negra, Moros, Negra, Negritos, Negro, Palla, Papá Noel, Payaso, Rucus, San Juanes, Teniente, Tiznados, Toro Capitán, Trasgueador, Vieja, Viuda, Yumbos.

Ornitomórficos.—Avecilla, Aves, Buitre, Curiquingue, Cuscungu, Guarro, Loro.

Zoomórficos.—Caballo, Chucurí, Gato, León, Mono, Oso, Perro, Puma, Sapo, Tigre.

Poiquilomórficos.—Alma Santa, Angel.

Conviene tener presente la diferencia entre enmascarados y disfrazados. Se llama máscara a una pieza suelta que se sobrepone a la cara del intérprete. El disfraz, en cambio, es un dibujo con tintas que se hace directamente sobre la cara, y que dura sólo el tiempo de la función. La Mama

Negra del folklore ecuatoriano es un indio que usa la máscara de una negra; los Lubolos del carnaval montevideano a veces son personas blancas que se pintan de negro. Sinónimo popular de máscara: careta.

Muchos intérpretes del teatro folklórico ecuatoriano no necesitan usar máscaras ni disfraces de cara para imprimir personalidad al personaje que representan; les basta el disfraz producido por la indumentaria. Sólo con indumentaria se pueden representar los siguientes papeles: Acompañantes, Alcaldes, Alférez, Alumbrantes, Belermo, Cantoras, Cazador, Cocinera, Cuatreros, Chaquí, Chigualero, China, Estrella, Gitano, Guagua, Guionera, Huashayo, Jesús, José, Judas, Ladrón, Loa, Llavero, Madrina, María, María Magdalena, Mayordomo, Mayores, Menores, Morlaca, Ñaupador, Ñuñu, Padrino, Pastora Perdida, Pastores, Pendonero, Prioste, Reina, Sahumadores, Segadores, Serrano, Vaqueros, Verdugo, Visitante.

La caracterización del personaje folklórico se vuelve aún más nítida cuando el teatro en cuestión cuenta con una expresiva utilería (implementos o accesorios), además de ciertos otros recursos (etapas, medios, procedimientos). He aquí la correspondiente utilería que hemos registrado en conexión con los mencionados enmascarados y disfrazados ecuatorianos: Acial, Agrado, Agua, Alfanje, Arbol de navidad, Arcos, Banderas, Bastón, Borrego crucificado, Buluhuai, Camamulas, Capillos, Caridacita, Castillos, Ceniza, Cera, Cerro, Cintas, Cola, Chamisa, Chigualós o Nacimientos, Chinganas, Daga, Escoba, Espada, Estandartes, Guión, Hoguera, Jochas, Linche, Luntis, Llauto, Nevada, Palacio, Paloma, Pampa, Paraguas, Penacho, Portada, Socorro, Tablado, Tajalí, Testamento.

Clasificación del teatro folklórico

La descripción objetiva de las máscaras y disfraces es un paso fundamental para la clasificación del teatro en cuestión. Se conocen tres grupos de teatro folklórico: el histórico, el religioso y el totémico. Una vez que se ubique la expresión teatral en su grupo correspondiente, se obtiene una llave más para penetrar en su meollo. Ejemplo de teatro histórico es "Carlo Magno y Los Doce Pares de Francia," aún plenamente vigente en la Sierra ecuatoriana, con estudios tan valiosos como el de Carlos Ramírez Salcedo.[1] Ejemplo de teatro religioso es el "Alma Santa" que investigamos en 1965 en San Buenaventura, Ecuador.[2] Ejemplo de totemismo representado: la Curiquinga de la Sierra y Costa ecuatorianas.[3] Esa Curiquinga de Burgay tiene un sombrero que simula el cuello de un pájaro y remata en "cabeza" y "pico"; este último, para ser rígido, está representado por un clavo. Sus

---

[1] Carlos Ramírez Salcedo, "Un día de fiesta del Patrón Santiago, en Gualaceo," *Revista del Instituto Azuayo de Folklore* (Cuenca), 1 (1968), 136–173.
[2] Paulo de Carvalho-Neto, "Fiesta de las Almas," en *Estudios de Folklore,* 3 (Quito: Editorial Universitaria, 1973), pp. 249–256.
[3] Paulo de Carvalho-Neto, "Enmascarados en la Hacienda San Galo, Burgay, Prov. de Cañar," en *Estudios de Folklore,* 3 (Quito: Editorial Universitaria, 1973), pp. 237–243.

"alas" están sujetas a los hombros y manos del danzante. Dichas alas son de cáñamo en su color natural y van armadas sobre tiras de carrizo en cuya superficie se pegan, con engrudo, tiras de papel de seda en colores vivos como rojo, verde, azul, amarillo, negro y blanco. El "espaldar" simula la cola del pájaro, colgando por detrás del danzante en forma de una L. Todo está hecho de "gangocho" o cáñamo, sobre una armazón de madera recubierta de franjas recortadas de papeles de color azul y rojo. Tiene además el danzante un pañuelo de colores en los lados de la cara, dejando descubierta la parte delantera del rostro. Otro pañuelo le cubre el cuello a manera de bufanda. A la espalda lleva un loro grande disecado, lo que parecía ser ocasional en la indumentaria corriente de la curiquinga. Las demás prendas de la curiquinga son de uso corriente: zapatos de cuero con cordones, pantalón de dril, de uso diario, casaca de algodón… todo comprado en las tiendas de Azogues.

La Huriquingue de la Costa difiere un poco de la serrana. Tiene alas muy anchas y largas, que van hasta abajo de las rodillas, al contrario de las alitas de sus homónimos de Burgay. La cabeza y el pico del ave quedaban bien alto sobre el público, colados a la punta de una especie de máscara con forma de embudo, la cual cubría totalmente la cara del danzante, apoyándose sobre sus hombros. Entre los Curiquingas del Cañar, este artefacto está puesto sobre la cabeza del danzante, a manera de corona, dejando a descubierto la cara del mismo, la cual va disfrazada, a veces, con pinturas. Lo curioso es cómo la representación de esta Huiriquingue costeña transcurre en combinación con la representación del Caballo Loco, otro personaje de teatro totémico, ampliamente popular en toda Latinoamérica. Ese Caballo Loco costeño ecuatoriano es la Vaca Loca serrana ecuatoriana, el Boi Bumbá del Nordeste brasileño, el Toro 'e Candela venezolano, el Toro Candil paraguayo, etc. El Caballo Loco de Engabao (Costa ecuatoriana), al que vimos en acción el día 4 de junio de 1966, estaba confeccionado en bambú y cartón, difiriendo de la Vaca Loca, entre otros pormenores, por no tener cuernos. Sobre su superficie había miles de papelitos multicolores, dándole vida y hermosura. El danzante, metido dentro de él por un hueco vertical, quedaba con las piernas libres para bailar y desplazarse, conduciendo aquel artefacto suspendido a la altura de su cintura. A cada rato lo tiraba de las riendas, elevándole la cabeza y bajándola para embestir contra los niños, curiosos y público en general. Por debajo del armazón del Caballo Loco sobresalían las piernas del danzante, con pantalones comunes y zapatos de caucho; y de la cintura para arriba, una simple camisa de manga corta y sombrero de paja. Sudaba abundantemente por el peso que cargaba y los movimientos que hacía.

A pocos pasos de esos Huriquingues y Caballos Locos de la Fiesta de la Virgen Dolorosa, en Engabao, un personaje religioso, el Diablico, representaba su parte. Vistiendo pantalones y chaleco del mismo color y tela, este último sobre una camisa roja de manga ancha y fruncida, el Diablico llevaba en la mano una lanza de tres puntas y tapándole la cara una máscara de cartón con bigotes y cejas blancas. Es esto muy corriente, que en una misma experiencia teatral se combinen personajes religiosos con personajes totémicos, cuando no inclusive con personajes históricos, dando lugar a teatros mixtos y muchas veces sincréticos, sumamente complejos. Esa conjunción de historicismo, religiosidad y totemismo en un solo teatro, indica su riqueza y vitalidad. El teatro folklórico latinoamericano todavía es así, muy mixto, lo que quiere decir: muy rico de expresiones y vida. En la fiesta de la Virgen de Nuestra Señora de las Mercedes (23–24 de septiembre en Latacunga, Ecuador) el Rey (personaje histórico) actúa con el Angel de la Estrella (personaje religioso), lo que *ipso facto* imprime a este teatro un tono de realismo mágico. (Véase lám. 1.) La acción transcurre entre elementos de la tierra y elementos del cielo, hechos objetivos y fantasia, consciente y subconsciente formando un todo único donde lo irreal no llega a ser mentiroso ni falso. Ese teatro, por lo tanto, proyecta una auténtica realidad artística. Acompañando al Rey van El Capitán, los Engastadores, El Abanderado y los Sargentos, militares todos ellos. Los médicos de esa compaña son los Huacos, brujos e "psíquicos" profesionales. (Véase lám. 2.) El Ashanga se encarga del banquete mientras Negros, Yumbos y Guiadores entonan versos y música, ensayando bailes. Esto es el Medioevo en pleno siglo XX.

Otras características del teatro folklórico

Más características del teatro folklórico latinoamericano están señaladas por Mário de Andrade en su estudio clásico, "As danças dramáticas do Brasil."[4] Cree Andrade que ese teatro consta de puros "autos" o historias representadas, pero que en muchas ocasiones, antes de verificarse la presentación del auto, hay una "danza" la cual no se relaciona completamente con la acción del auto. Intentando descubrir esa conjunción auto versus danza, Andrade llegó a la conclusión de que la danza es un elemento introducido posteriormente al auto, debido a la necesidad de entretener al público durante el trayecto que los actores deben recorrer desde su punto de encuentro hasta su lugar de acción o representación. La danza, por lo tanto, es una atracción sin historia o con historia, más llamativa que inteligente, más multicolor que problemática. A ese tipo de danza Andrade le dio el nombre de "danza dramática," aunque no sea dramática *per se,* sino que ha surgido en función de un auto. Con el transcurso de los siglos, muchos autos desaparecieron y quedaron sus danzas. Ese descubrimiento de Andrade, musicólogo profesional, lo llevó a interpretar con más seguridad muchas danzas del folklore brasileño, las cuales aparentemente no tenían explicación. Al señalarlas como atracciones de los cortejos de ida-y-vuelta al lugar del desarrollo dramático propiamente dicho, Andrade recompuso parte de un rompecabezas. Resta saber si ésta no ha sido la realidad en toda América

[4]Mário de Andrade, "As danças dramáticas do Brasil," *Boletim Latino-Americano de Música* (Rio de Janeiro), 6 (abr 1940), 49–97.

Lam. 1. "El Rey". Fiesta de la Mama Negra. Latacunga, Ecuador, 1965. (Foto: Paulo de Carvalho-Neto.)

LAM. 2. "Huacos" o brujos. Fiesta de la Mama Negra. Latacunga, Ecuador, 1965.
(Foto: Paulo de Carvalho-Neto.)

Latina. A lo mejor muchos de los innumerables bailados ya conocidos, pero no comprendidos, podrían explicarse como "danzas dramáticas."

Para Andrade, las principales características de los autos y danzas dramáticas latinoamericanas (en otros términos: teatro folklórico) son las siguientes: lucha del Bien contra el Mal y vice versa; muerte y resurrección; escenario abstracto.

La lucha del Bien contra el Mal tiene raíces cristianas. En ella el héroe lucha contra el infiel (el traidor o el invasor), entre mil peligros y salvamentos. En las "cheganças" brasileñas, por ejemplo, "surgen los episodios de la tempestad, del piloto herido, del capitán que debe morir en la Nao Catarineta, del guardia-marina preso por contrabandista."

El complejo Muerte-Resurrección también arranca del Cristianismo. El héroe muere entre llantos de desesperación de sus compañeros; luego resucita entre las aclamaciones y el júbilo general. Pero eso no es solamente cristiano; ya existía en muchas antiguas filosofías místicas "primitivas," ligadas a cultos vegetales y animales; razón por la cual el estudioso debe cuidarse de no encontrar las huellas de Jesús por todas partes.

Por escenario abstracto, Andrade entiende la presencia de un "escenario" rico en sugestiones y pobre en valores materiales. Este escenario encierra "el uso inmemorial del proceso de aglomeración de lugares distintos." Tal particularidad, observa Andrade, ha desaparecido del teatro erudito europeo, pero subsiste en el teatro erudito hindú y en el chino. Una muestra de él en el folklore se ve en la "Chegança" brasileña, donde, sin desplazarse, los actores imprimen la ilusión de hallarse en el puerto de Lisboa, pero de súbito se van a altamar, sobre la cubierta de la nao, para descender, momentos después, a una playa desierta. En realidad, no se han movido del tablado, o del frente de la casa del prioste, o del patio de la Iglesia, o de la cancha de fútbol, o de la sala de la Casa Grande del patrón, o de la plaza del pueblo. A cierta altura, el espectador "ve" a lo lejos la fortaleza de Diú y un "barco" aproximándose a ella. En los Congos, pasan alternativamente del salón del trono al campo de batalla. Cree Andrade que el escenario abstracto folklórico tiene su origen en "el proceso medieval de concepción del montaje," usado por el drama litúrgico y por los Misterios. Hubo Misterios en la civilización cristiana del siglo XV cuyo escenario presuponía setenta lugares distintos.

Las "comedias" y los autos sacramentales

En el Ecuador, en pleno siglo XVII, este género de representaciones entraba en la categoría general de "comedias," tal como se desprende del texto de una resolución del Cabildo, en la sesión del 13 de mayo de 1616, en que se ordenaba a los Comisionados "previniesen las Comedias y lugares para ellas," durante las celebraciones del Corpus.[5]

[5]Fray José María Vargas, *El arte ecuatoriano* (Quito: Biblioteca Ecuatoriana Mínima, 1960).

El 27 de febrero de 1631, en homenaje al nacimiento del Príncipe de España, Don Baltazar, elevado al trono en 1666 con el nombre de Don Carlos II, hijo de Don Felipe V, se realizaron en Quito numerosas fiestas y "representaciones de algunos sucesos relativos a la historia de este país." Una de dichas representaciones fue "la conquista de Huainacapac y el castigo de los rebeldes en Quijos." Según documentos de la época, recopilados por Don Pablo Herrera, se llevó a cabo con la siguiente secuencia:

> Entraron en la plaza los ejércitos de la última Reina de Quito y del Inca. Los de la primera estaban compuestos por compañías de las ocho naciones llamadas Quillai-Singas, Jíbaros, Cojanes, Litas, Quijos, Gungas, Niguas y Mangais. Todos componían un número de más de cuatro mil hombres armados con las armas propias de los indios, a saber: hondas, flechas, porras, hachuelas, chiquis, macanas, etc. y los instrumentos que usaban, como pífanos, guayllacos, angaras, atambores, etc. El Inca traía consigo cuarenta mujeres con sus orejeras *llautos* y patenas de plata y brazaletes. Al fin traían un carro en el que estaba un monte espeso artificiosamente compuesto con mucha caza de todos animales, y en seguida otro carro donde se representaba el castigo que se dio a los caciques Pende y Jumande que se sublevaron en la provincia de los Quijos. Ambos ejércitos marchaban con sus bagajes de chicha, ají, coca, etc., que venían en una multitud de llamas. Los Jefes o Capitanes estaban con los rostros *embijados* y ostentando un lujo extraordinario. Las camisetas del ejército eran de lana y oro, y los sombreros o morriones adornados de vistosas y brillantes plumas. En la plaza representaron el combate al son de sus instrumentos bélicos y de la algazara con tanta realidad que representaban fielmente los que se acostumbraban dar en tiempo de los Incas. Terminó la escena con la muerte de la reina de Cochasqui y el remedo del modo con que los indios cantaban la victoria.[6]

No difiere mucho de la realidad ecuatoriana, la historia del teatro folklórico de los demás países latinoamericanos. Hay que tener cuidado, sin embargo, para no confundir el teatro folklórico con los autos sacramentales escritos por los jesuitas, en idiomas nativos de Iberoamérica, para uso de los indios en proceso de conversión. El teatro de Anchieta, por ejemplo, elaborado para catequizar a los indígenas de Brasil, nunca podrá llamarse "teatro folklórico," ni siquiera "teatro de proyección folklórica." Ese es teatro europeo y cristiano, plenamente imperialista para aquella época. Los Diablos que aparecían en dichos autos, bebían, fumaban, mataban, comían

---

[6]Pablo Herrera, "Apuntamientos . . .," en Eliecer Enríquez B., ed., *Quito a través de los siglos,* tomo 2, 2a parte (Quito: Editorial Artes Gráficas, 1942).

carne humana, se amancebaban, cometían adulterios y miles de "vicios."
Uno de esos Diablos, por nombre Guaixará, declama lo siguiente en el auto
de San Lorenzo:

> Mbaé eté kaú guasú
> kaui mojebyjebyra.
> Aipó sausukatupyra.
> Aipó añé jamombeú,
> aipó imomorangimbyra!

En otras palabras:

> Buena cosa es beber
> hasta vomitar cauím.
> Eso es apreciadísimo.
> Eso se recomienda,
> ¡eso es admirable!

Y prosigue:

> Serapoa ko mosakára
> ikauinguasúbae.
> Kaui mboapyareté,
> aé maramoñangára,
> marána potá memé.

O sea:

> Aquí son conceptuados los *moçacaras*
> borrachines.
> Quien bebe hasta que el cauím se agote,
> ése es valiente,
> ansioso por luchar.

Mientras los Santos y Angeles, por otra parte, exhortaban a los oyentes
a "amar a vuestro Creador, engrandecer al Señor Jesús, cuya ley virtuo-
sísima, el patrono de vuestra tierra, San Lorenzo, cumplió":

> Pesausú pe moñangára,
> peimoeté paí "Iesu,"
> sekó angaturangatú
> pe retáma rerekoára,
> "São Lourenco," añé oipurú.

Ese auto termina con el coro "¡Quaixará vete para el Infierno! Vete para
el Infierno! ¡Vete para el Infierno!"

> Guaixará, Aimbiré, Sarauái
> tosó tatápe...

Que se vayan al Infierno los tres: Guaixará y sus compañeros Aimbiré y Saravaia, todos Diablos.

Este teatro no es folklórico. Muchas de las referidas "comedias" hispano-americanas tampoco lo fueron en un ciento por ciento, siempre que se note en ellas la "interferencia" de la clase dominante. Lo que quiere decir que bajo el término "comedias" se presentaba teatro folklórico auténtico y teatro no auténtico o dirigido.

Más ejemplos de teatro folklórico

Innumerables serían los ejemplos de teatro folklórico latinoamericano, además de los ya referidos, en que aparecen el Alma Santa, la Curiquinga, el Caballo Loco, el Diablico, el Rey, el Angel de la Estrella, la Mama Negra y otros personajes. Un volumen completo se haría si fuéramos a consignar todas las manifestaciones dramáticas tradicionales que Iberoamérica ofrece. Dentro de los límites de un simple artículo, bástanos hacer mención a otros dos eventos, a título de ilustración.

El primero es la llamada "Rua" paraguaya, cuyo primer registro fue hecho por el viajero Juan Francisco Aguirre, en 1795. Alcanzamos a presenciar fragmentos de dicho auto en 1951, en Asunción. En 1938 solía desarrollarse con la siguiente secuencia, ante los ojos observadores de León Cadogan, cuya descripción sintetizamos en esta forma:

Los jugadores están en la plazoleta, alrededor de una fogata, dando vivas cristianas a San Juan:

"¡Viva San Juan!
¡Viva Señor San Juan!"

Entonces, con el propósito de dispersarlos, invaden la plazoleta los Kamba ra'anga, armados con vejigas infladas, con varillas o con *bola tanimbú,* que son bolsas de lienzo o muselina cargadas de cenizas y que, al golpear contra algo, levantan nubes de polvo. Con las varillas apagan las antorchas de los jugadores y con las vejigas y las *bola tanimbú* les pegan.[7] Las palabras que pronuncian son piropos a las chicas o críticas a los defectos físicos de los jugadores. Mientras tanto "ejecutan ridículos pases de bailes..." Al intentar besar a las chicas, éstas se defienden con sus antorchas.

Esta es la primera parte del auto. Los invasores acaban desistiendo de sus intentos y huyen. Pero al rato retornan al combate,

---

[7]Recuerdan mucho a los Mateus y al Palhaço del Reisado alagoano (Brasil), quienes, al frente del cortejo, con un chicote de cebolla, corren tras los niños para dispersarlos. Théo Brandão, "O Reisado Alagoano." Separata da *Revista do Arquivo* (São Paulo), 155 (1953).

ahora con un aliado, el toro candil, que va precedido de sus toreros disfrazados. Las cornadas de astas llameantes producen gritos, caídas, correrías. Mas al fin el pueblo vuelve a tomar la plazoleta.

Al poco rato, se produce una invasión de Guaicuru. Son ellos un terror para las mujeres (cristianas), pues quieren raptarlas, intentando apagar la fogata para cometer sus fechorías en la oscuridad.

Luego, en favor de los Guaicuru vienen el Ñandu guasu, el Teju y la Lechiguana. Estos aliados bromean entre ellos mismos. Así, por ejemplo, los Guaicuru gritan al Teju:

"Kóina ápe lechiguana, compale teju."
(Aquí hay lechiguana, compadre teju.)

Y el Teju asesta un latigazo a la Lechiguana, volviendo a alejarse, corriendo y lamiendo su látigo, como si hubiera logrado embadurnarlo de miel.

Pero enseguida los Guaicuru descubren en la multitud alguna persona gorda, con posaderas grandes, y llaman al Lagarto. Puede preverse el alboroto que resultará. Mientras tanto el Avestruz distribuye picotazos.[8] Como están todos locos por miel, atacan a unas pobres avispas Kavichu'í, robándoles la suya.

El pueblo sigue resistiendo. El último gran ataque enemigo, a la plazoleta, es emprendido por hombres de verdad, en el papel de Cazadores. Como aquellos terribles animales, estos Cazadores también van en busca de miel. Son los llamados E' íra jo'á ha.

Se gritan unos a los otros, amenazando pícaramente:

---

[8]Mário de Andrade publica la foto de un Reisado del folklore nordestino brasileño donde aparecen, también juntos, el Buey y el Avestruz. Mário de Andrade, "As danças dramáticas do Brasil," *Boletim Latino-Americano de Música* (Rio de Janeiro), 6 (apr 1940). Y Théo Brandão, ya citado, da noticia de un *entremeio* do Reisado de Alagoas, donde el Ñandú, como personaje principal, también "persigue a picotazos a niños y caboclos, siendo finalmente barrido del escenario por los Mateus." Agrega Brandão que dicho *entremeio* es muy antiguo y que su desaparición progresiva se debe tal vez a la dificultad de la ejecución técnica del personaje. Pues éste exige que el bailarín esté en cuclillas bajo el caparazón de tela pintada que representa al Ñandú. De este armazón sale el pescuezo del bicho, largo, flexible y en forma de anzuelo, que se mueve maniobrando un piolín o alambre tirado desde adentro por el bailarín. Mientras éste luce sus habilidades, el Reisado canta:
Mestre: Oia o passo da ema (Mira el Ñandú)
Coro: Penêro é,
Mestre: Lá do meu sertão (De mi sertón)
Coro: Penêro é,
Mestre: Todo o passo avôa (Todo pájaro vuela)
Coro: Penêro é,
Mestre: Só a ema não. (Sólo el Ñandú no)
Coro: Penêre é.

"¿Mamópa ja johúne e'íra, compale?"
(¿Dónde encontraremos miel, compadre?)

Se detienen, prestan atención. Acercándose a una muchacha bonita, uno de ellos grita:

"Aquí vuelan abejas, compale. En
este hermoso árbol tiene que haber una colmena, compale."

Todos se acercan a la víctima, hacen de cuenta que la revisan y uno grita:

"I kua jovái, compale."
(Tiene dos orificios, compadre.)

A continuación, intenta levantar la pollera del "árbol" para revisar la "cavidad" u "orificio" de la "colmena":

"¿Cuál de ellos excavaremos primero?"

Pero la chica huye, gritando y corriendo, despavorida. En este momento contratacan los Jugadores y logran, al fin, la victoria, retirándose los Invasores. Finaliza el auto.[9]

El famoso auto del "Buey" en Brasil, presenta una secuencia temática aún más clara: (1) baila un grupo de personajes, preparando la entrada en escena del buey; (2) entra el buey, conducido por dos o tres nuevos personajes; (3) el buey se muere, cansado de bailar, o uno de los personajes principales le pega y él cae al suelo, muerto; (4) grandes lamentaciones; (5) viene el doctor para curarlo; (6) empieza el anuncio de la comida del buey, en que todas sus partes son distribuidas entre los espectadores; (7) él resucita ante el aplauso general, ya sea por los efectos de la intervención médica, ya por los efectos de las coplas que lo dividen para la comida. Y así concluye el auto. El grupo de bailarines se retira satisfecho, contando el dinero recibido en la casa donde fue invitado a representar.[10]

Lo que no es teatro folklórico

Se hace indispensable insistir en lo que es folklore y en lo que no lo es, tratándose de teatro, pues se ha llegado a abusar de la expresión "teatro folklórico" fuera de su acepción científica. En dicha acepción corriente y distorsionada, "teatro folklórico" es un grupo de actores eruditos que reinterpreta, a su modo, el teatro folklórico auténtico. Esa reinterpretación, sin

---

[9]Paulo de Carvalho-Neto, "La Rúa, una danza dramática de moros y cristianos," en *Estudios de Folklore*, 1 (Quito: Editorial Universitaria, 1968), pp. 377–416.
[10]Paulo de Carvalho-Neto, *Folklore y psicoanálisis* (México: Editorial Joaquín Mortiz, 1968).

embargo, ya no es auténtica, pues ella acarrea en su seno un cambio de portadores, un cambio de motivación, un cambio de función, un cambio de formas, y un cambio de aprendizaje o transmisión del hecho. El tema es suficientemente explícito por sí mismo y lo hemos estudiado en nuestro libro *Concepto de folklore*. Augusto Raúl Cortazar coincidió con nosotros al plantearlo de la siguiente forma, refiriéndose a danzas:

> Los alumnos de una escuela oficial de danzas folklóricas o un conjunto artístico cualquiera interpretan en un escenario, para recreación del público asistente, bailes criollos. ¿Son folklóricas esas representaciones? No, por diversas razones: 1) No las realizan, espontáneamente, gente del pueblo. 2) Son el resultado de una enseñanza sistemática, sometida a principios y objetivos ya pedagógicos, ya estéticos, y no el fruto de un aprendizaje libre y empírico. 3) Tales bailes no aparecen como la expresión funcional de un fenómeno integrante de un conglomerado folklórico geográficamente circunscrito. 4) Los bailarines y ejecutantes no recibieron las danzas y la música como un legado anónimo de sus antepasados, como un bien tradicional y colectivizado en su ambiente, sino como enseñanza disciplinada que se suministra en forma metódica. 5) Pueden considerarse como proyecciones o estilizaciones inspiradas en el folklore propiamente dicho, con el cual no se las puede confundir.[11]

Teatro folklórico y educación

Finalmente, y para mejor unir este ensayo al tema central del libro, me permito preguntar ahora ¿cuál es el papel que el teatro folklórico juega frente a la educación? Para contestar, conviene recordar que la educación, en cuanto al educador puede ser dirigida o natural; y en cuanto a los recursos empleados puede ser de información o de formación, es decir, simplemente ilustra, acumulando conocimientos, o contribuye para integrar la personalidad. Pues bien, el teatro folklórico ejerce una actividad educativa natural; no hay teatro folklórico dirigido, aunque sí, muchas manifestaciones teatrales de "aprovechamiento folklórico" son necesariamente dirigidas, es decir, reflejan el pensamiento y la actitud de la clase dominante sobre la clase dominada. El teatro folklórico, en cambio, es una planta silvestre, savia orgánica del pueblo, respuesta a las condiciones de opresión en que vive el hombre pobre. No hay teatro folklórico de las clases ricas, porque estas tienen su teatro erudito y sofisticado, el cual, sea dicho de paso, es frecuentemente falso y casi siempre europeoide. Ese teatro erudito suele ser el producto de un esfuerzo cerebral de gabinete, para regocijo de las

---

[11]Augusto Raúl Cortazar, "El folklore y su caracterización," *Folklore Americano* (Lima), 2:2 (1954).

pequeñas burguesías. No así el teatro folklórico, el cual brota del alma colectiva como la lava de los volcanes en erupción. Por esta razón el teatro folklórico es siempre una protesta, inconsciente la mayoría de las veces. El pueblo ríe o llora con él porque se identifica con el drama que ve y oye, aunque no racionalice el mensaje. Es en este sentido que el teatro folklórico es un teatro educativo natural y de formación. Responde a la necesidad vital e intrínseca de educarse uno a sí mismo, necesidad que hay en cada ser humano. El hombre es un animal hambriento de cultura, sediento de saber. El teatro folklórico responde a dicha imperiosa necesidad. El es la prueba más elocuente de que al pueblo se le pueden quitar los privilegios educativos de las clases dominantes, pero aun así el pueblo se educa. No lo educan, sino que se educa. Los Estados humanistas favorecen el desarrollo de esa autoeducación popular—el teatro folklórico—porque no temen al pueblo. Esto ocurre cuando Estado y Pueblo son sinónimos. Pero los Estados que viven en función de una clase, protegiendo sus intereses y privilegios y siendo por ellos protegidos, esos Estados menosprecian y combaten el teatro folklórico, arrestando a sus artistas por variados motivos, imponiéndoles tasas a sus espectáculos públicos, quitándoles sus instrumentos musicales, destruyéndoles sus tablados. Esos Estados opresores, sin embargo, ayudan descaradamente al teatro erudito de inspiración folklórica, porque a éste no lo teme mientras distorsione su mensaje y se presente vendido. El teatro folklórico jamás se vende. No he visto en mi vida ninguna muestra de teatro folklórico vendido.

BIBLIOGRAFIA SUMARIA

Como expresé al comienzo, traté de reunir en este ensayo, resumidamente, datos que he manipulado en diferentes obras mías, tales como:

Folklore y educación. Quito: Casa de la Cultura Ecuatoriana, 1961. Pp. 260-262.

Diccionario del folklore ecuatoriano. Quito: Casa de la Cultura Ecuatoriana, 1964. Pp. 43-44.

Concepto de folklore. México: Editorial Pormaca, 1965. Pp. 125-127.

El Carnaval de Montevideo. Sevilla: Universidad de Sevilla, 1967.

Estudios de folklore. Quito: Editorial Universitaria. Tomo 1 (1968), pp. 377-416; tomo 3 (1973), pp. 129-194, 239-246, 251-258, 281-292.

Folklore y psicoanálisis. México: Editorial Joaquín Mortiz, 1968. Pp. 162-169.

Historia del folklore iberoamericano. Santiago de Chile: Editorial Universitaria, 1969. Pp. 75-78, 165-167, 200-201.

Folclore sergipano. Porto: Junta Distrital do Porto, Museu de Etnografia e História, 1970. Pp. 73-77.

El tema es de los que más han sido estudiados por los folkloristas. Basta referirnos a las siguientes otras fuentes:

Brasil

Almeida, Renato. *Tablado folclórico.* São Paulo: Ricordi Brasileira, 1961.

Andrade, Mário de. "As danças dramáticas do Brasil." *Boletim Latino-Americano de Música* (Rio de Janeiro), 6 (abr 1940), 49-97.

Borges Ribeiro, Maria de Lourdes. *A dança do Moçambique*. São Paulo: Ricordi Brasileira, 1959.
Brandão, Théo. "O fandango." Separata da *Revista do Instituto Histórico de Alagoas* (Maceió, Alagoas), 1957.
Maciel de Castro, Zaide y Aracy do Prado Couto. *Folias de Reis*. Rio de Janeiro: Secretaria de Estado e Cultura do Estado da Guanabara, 1961.
Maynard Araújo, Alceu. *Poranduba paulista. I: Festas*. São Paulo: Escola de Sociologia e Política, 1957.
Menezes, Bruno de. *Boi Bumbá: auto popular*. Belém, 1958.
Pinto de Aguiar. *Bailes pastoris na Bahia*. Salvador: Livraria Progresso Editôra, 1957.

El Salvador

González Sol, Rafael. *Fiestas cívicas, religiosas y exhibiciones populares de El Salvador*. 2a ed. San Salvador: Talleres Gráficos Cisneros, 1947.

México

Robe, Stanley L., ed. *Los Pastores: coloquios de pastores from Jalisco, Mexico*. Berkeley: University of California Press, 1954.

Paraguay

Carvalho-Neto, Paulo de. *Folklore del Paraguay*. Quito: Editorial Universitaria, 1961.

Como fuentes complementarias, indicaría las siguientes:

Brasil

Almeida, Renato. "As pastorinhas de S. João, da Tijuca." *Correio Folclórico* (São Paulo), abr 1950.
Amaral, Amadeu (Júnior). "Reisado, bumba-meu-boi e pastoris." *Revista do Arquivo Municipal* (São Paulo), 6:64 (fev 1940), 273–284.
Andrade, Mário de. "Pastoris de Natal." *Illustração Musical* (Rio de Janeiro), 1:5 (dez 1950).
Brandão, A. Adelino. "Bois-bumbás da Amazônia." *Letras da Provincia* (São Paulo), 4:38.
Brandão, Théo. "O auto dos cabocolinhos." *Revista do Instituto Histórico de Alagoas* (Maceió, Alagoas), 26 (1952), 113–175.
———. "Mouros e cristãos nas Alagoas." *Revista de Dialectología y Tradiciones Populares* (Madrid), 16:4 (1960), 443–476.
Carneiro, Edison. "Festas tradicionais." *Revista do Livro* (Rio Janeiro), 2:8 (dez 1957).
Chiarini, João. "Cururu." *Revista do Arquivo Municipal* (São Paulo), 13:115 (jul-ago-set 1947), 81–198.
Correa de Azevedo, Luis Heitor. *Autos tradicionais no Ceará*. Rio de Janeiro: Escola Nacional de Música, Centro de Pesquisas Folclóricas, 1953.
Diégues Júnior, Manuel. "Folguedos popularas nas Alagoas." *Boletim do Instituto Joaquim Nabuco de Pesquisas Sociais* (Recife), 7 (1958), 37–50.
Galvão, Eduardo. "Boi Bumbá, uma versão do Baixo Amazonas." *Anhembi* (São Paulo), 3:8 (1951), 276–291.
Guerra Peixe. *Maracatus do Recife*. São Paulo: Ricordi, s/f.
Maynard Araújo, Alceu. "*A congada nasceu em Roncesvales.*" Separata da *Revista do Arquivo* (São Paulo), 163 (1959).
Osmar Gomes, Antonio. *A chegança. Contribuição folclórica do Baixo São Francisco*. Rio de Janeiro: Livraria Civilização Brasileira, 1941.
Sette, Mário. *Maxambombas e Maracatus*. 3a ed. Rio de Janeiro: Casa do Estudante do Brasil, 1958.
Tavares de Lima, Rossini. *Folguedos populares do Brasil*. São Paulo: Ricordi, 1963.

Chile

Lavín, Carlos. La "tirana," fiesta ritual del norte de Chile. Santiago: Instituto de Investigaciones Musicales, Universidad de Chile, 1950.

Uribe Echevarría, Juan. "La tirana de Tarapacá." Apartado de la revista Mapocho (Santiago), 2 (1963), 83–112.

Guatemala

Correa, Gustavo y Calvin Canon. La loa en Guatemala. Contribución al estudio del teatro popular hispano-americano. New Orleans: Middle American Research Institute, Tulane University, 1961.

México

Dávalos Hurtado, Eusebio. Una interpretación de los danzantes de Monte Albán. México, Homenaje al Dr. Alfonso Caso, 1951.

10

Teatro Anónimo Identificador: Una Posibilidad Educativa

MANUEL ZAPATA OLIVELLA

The Colombian Foundation of Folkloric Research, under the direction of Manuel Zapata Olivella, has undertaken a novel theater experiment involving adaptations of anonymous folktales gathered directly from the oral tradition of the *campesinos,* heretofore unknown to the literary tradition of the country, and reputedly reflecting the racial and cultural hybridism of the people of the region. The theater presentation is the culmination of a long and methodic investigation by a team of anthropologists, sociologists, economists, film makers, folklorologists, and theater people. The project, still very young, is called Teatro Anónimo Identificador because it aims, through the theater, to identify the traditional cultural patterns of the different regions of Colombia. One of its objectives is to assess the social-cultural impact of the folktale-play on the people and the degree to which the people relate to it. The reaction of the audience has apparently been very impressive.

The project staged its first folktale-play, called *Rambao,* in March 1975 in the coastal towns of Lorica and Montería. Naturally, the actors and dancers were all people of the region: farm workers, fishermen, seamstresses; they were trained in the basics of acting for three months and participated in the dramatic adaptation and the staging of the story. The show took place in a baseball stadium. Afterward, it moved on to Bogotá, where it was presented in a plaza, a university auditorium, and in barrios,

Con la debida autorización, este trabajo está tomado de *Letras Nacionales* (Bogotá), 27 (sep-oct 1975), 12-22. Una versión muy semejante se publicó en *Latin American Theatre Review,* 9:1 (Fall 1975), 55-62. Complementa este ensayo un informe de Fernando González Cajiao, titulado "Experimento teatral in Colombia," publicado en *Letras Nacionales,* 27 (sep-oct 1975), 5-11, y en *Latin American Theatre Review,* 9:1 (Fall 1975), 63-69.

and was filmed for television and broadcast for the entire country in October 1975. This chapter on the Teatro Anónimo Identificador includes a summary of the *Rambao* event.

Most of this essay constitutes a theoretical foundation for *Rambao*. The Teatro Anónimo Identificador is proposed as an alternative to the usual methods of doing "popular theater." Zapata Olivella underscores the need for further social-anthropological research on the folkloric theater, which may be the authentic popular national theater, and analyzes the educational potential of this kind of theater.

Los estudiosos del teatro popular están de acuerdo en el papel educador de esta actividad cultural. Sin embargo, son muchas las ideas que orientan la acción que debe seguirse para su mayor aprovechamiento. Es claro que estas distintas actitudes obedecen a los diferentes intereses de grupo, los cuales buscan capitalizar su acción en pro de determinadas consignas. Así se habla de un teatro de "vanguardia," "político," "social," "popular," etc.

Sin negar los sanos propósitos que puedan inspirar estas distintas corrientes, creemos que el enfoque correcto que debe darse a una acción educativa a través del teatro, debe partir esencialmente de las expresiones dramáticas del mismo pueblo a quien se quiere educar, y no, como es lo usual en estos movimientos teatrales, concebir una ideología o una política que se estima conveniente para el pueblo, pero que se gesta a sus espaldas.

Tendiente a recoger nuevas experiencias y a enriquecer otras que se han tenido en las investigaciones folclóricas, proponemos el presente proyecto encauzado a desarrollar un "Teatro Popular Identificador" de las fuerzas creativas y dramáticas del propio pueblo.

La investigación socioantropológica del teatro

En Colombia y en Latino América, siempre ha existido una denuncia social en la literatura y el teatro como tendencia populista. Pero sólo ahora con el desarrollo de la antropología cultural, cuando se plantea el conocimiento del hombre en su raíz esencial de productor de bienes culturales determinado por un vasto complejo de condiciones ecológicas, sociales, económicas y tecnológicas, se puede dilucidar correctamente lo popular de lo que ha sido noble y sincero idealismo romántico.

Circunscribiéndose a nuestra historia, desde los primeros cronistas y poetas del Descubrimiento y la Conquista, al pueblo indígena, mestizo y negro, se le tomó en tutoría y fueron otros los que hablaron y se hicieron pasar por él. El Padre Las Casas y Ercilla, honestamente convencidos de que encarnaban al indio, lo idealizaron y crearon el mito que ocultaba el verdadero hombre. Los novelistas y dramaturgos de la Colonia, los Concolorcorvos y los Fernández Lizardi, así como los Alarcón y los Fernández Madrid entendían, sin entenderlo, que este mestizo debía ser protegido y defendido. El indigenismo en todas sus formas fue otro intento noble de salvar al desconocido hombre de América. Y los novelistas, dramaturgos, actores y directores de teatro contemporáneo, fieles a la tradición humanista y humanitaria, retoman el pueblo sin acercarse a él, sin entenderlo. En vez de llevarle lo que creen que les falta—el mensaje—sería más importante que esos intelectuales descubrieran en sí mismos lo que han venido a ser a fuerza de negarse y de sentirse extraños en su propia cultura.

Bien pueden los creadores imaginarse que el arte es sólo la intención y que puede asumirse la vocería del hombre americano proclamando los símbolos que creen representarlos. Ignoran o se quieren engañar a sí mismos, cuando niegan que el mito fue siempre la creación anónima de los pueblos en lucha infatigable por darse la imagen más poética y justa de lo que son en verdad.

Los poetas, dramaturgos y novelistas que se creen depositarios de la verdad del pueblo, conocedores de sus necesidades, voceros de sus gritos, vienen siendo desmentidos por la antropología cultural. Esta ciencia demuestra a diario que sólo el arte popular y tradicional, que sólo la creación anónima de las masas, son los únicos y auténticos voceros de sentimientos, anhelos y luchas del pueblo.

Toda creación literaria escénica que quiera apersonarse de esta representación debe desnudarse de preconceptos, teoría, tendencias que no sean inspiradas en el quehacer de los pueblos y que éstos, aunque estén ahí al alcance del primer fabulador, del demagogo, del gobernante, no se dejan quitar ni corromper su verdad, una verdad que cambia todos los días de acuerdo con las realidades y necesidades sociales, en nada estática y estereotipada.

Sólo quienes se acerquen al pueblo con criterio desprevenido, ansioso de aprender y de exaltar las representaciones tradicionales del pueblo en sus danzas, cantos, ceremonias y vestidos, máscaras, cuentos y leyendas, podrán en un momento dado expresar ese oculto pero vivo sentimiento de rebeldía, liberación y conquista que bulle en su cultura.

La antropología cultural al servicio del arte del pueblo puede servir de mucho para encontrar esa verdad que sirva de inspiración al dramaturgo, al novelista y poeta, pero hay que tener cuidado porque la antropología cultural como ciencia también puede servir y está sirviendo para mejor conocer y encadenar al hombre. La antropología cultural, para que sea útil al pueblo, debe ser una ciencia en poder del pueblo mismo, al servicio del arte creado por las propias masas.

Necesidad de mayores investigaciones

La investigación de los patrones de conducta contenidos en la literatura oral y tradicional de Colombia nos permiten deducir algunas conclusiones del espíritu que anima los cuentos, los refranes, la copla, las danzas y otros géneros expresivos y representativos de la creación popular, pero sería muy prematuro decir que se ha llegado a conclusiones definitivas.

Creemos que sería deshonesto tomar como "verdades" los primeros resultados de nuestra búsqueda. Se hace necesario una mejor indagación de nuevos patrones de conducta; explorar otras zonas del país y verificar confrontaciones que permitan desentrañar actitudes y conflictos apenas visualizados hasta el momento.

Sobre estas premisas y basados en la individualización de 17 patrones tradicionales estudiados por nosotros—amorosos, defensivos, ofensivos, mágico-religiosos, empiromágicos, sexuales, utilitaristas, conformistas, catológicos, pornográficos, apreciadores del trabajo y de las generaciones, etc.—, podría visualizarse el espíritu que anima los cuentos y las danzas, expresiones íntimamente ligadas a lo que podría considerarse complejo teatral popular: mímica, baile, recitación, música y vestuario.

Para ello se hace necesario una investigación más sistematizada de las formas folclóricas que conllevan elementos teatrales:

(*a*) Expresividad material: pintura, cerámica, orfebrería, talla, tejidos, máscaras, vestidos, adornos, bastones, calzado, sombreros, etc.

Expresividad representativa: danzas, bailes, juegos, mojigangas, teatro callejero, disfraces, representaciones, etc.

Expresividad emocional: canto, música y baile.

Expresividad oral: poesía, relato, refranes, mitos, cuentos, leyenda, adivinanza, etc.

(*b*) Escenarios: calles, plazas, patios, playas, salas, tablados, atrios, etc.

(*c*) Ceremonias: corralejas, carreras de caballos, entierros, matrimonios, bautizos, procesiones, competencia, festividades, etc.

(*d*) Dinámica y sentido del teatro tradicional: formas expresivas campesinas y urbanas. Contenido mágico-religioso, profano, educativo, festivo, etc.

(*e*) Argumento y temática: enfrentamiento del hombre a la naturaleza, la sociedad y el destino. El amor, la vida, las clases, el vicio, el pecado, la enfermedad, la muerte, el matrimonio, etc., contenidos en textos tradicionales, cuentos, leyendas, historias, etc.

(*f*) Sentido y funcionalidad de los bailes tradicionales colombianos: cumbia, bambuco, joropo, galerón, bunde, torbellino, currulao, contradanza, chichamaya, etc.

(*g*) Danzas de carnaval: sentido y expresividad. Gallinazos, diablitos y cucambas, caimán, indios, garbato, negros, cabildo, blancos y negros, moros y cristianos, paloteo, etc. Disfraces, teatro callejero, personajes, argumentos, vestuario, coreografía.

(*h*) Características del teatro folclórico: identidad, fatalismo, sentido mágico-religioso, sátira, denuncia, optimismo, moralizante.

(*i*) Personajes tradicionales en las formas narradas y representativas: Tío Conejo, Tío Tigre, etc. El diablo, el mohán, la patasola, etc. Juan Bobo, el Putas, Pedro Urdimalas, etc.

Para destacar la rica tradición folclórica colombiana de donde podrían extraerse las formas auténticas de un teatro nacional, señalaremos algunas de estas manifestaciones.

Comparsas y teatro callejero

Los carnavales en Colombia, igual que en todas partes, cumplen una necesidad de expresión colectiva. Las ataduras que impone la vida social a los instintos y deseos, que llegan a veces a convertirse en verdaderas frustraciones, encuentran en los carnavales un pretexto de realizaciones. Para el pueblo, especialmente el costeño, las mascaradas no son una simple batahola de alegría incontenida, sino que conllevan expresiones puras de arte teatral, en la que saben apelmazar la comedia, el drama, la tragedia, la sátira, la danza, la copla y la música. Si bien es cierto que para muchos el carnaval con el disfraz improvisado—un antifaz y un manchón de harina en la cara—, para una parte muy sustantiva del pueblo, las fiestas requieren un proceso de elaboración muy largo, en el cual se estudia y practica la coreografía, el baile, las interpretaciones, el vestuario, la intención y otros tantos matices de comparasas y disfraces individuales.

Hay familias que por tradición se encargan de que una comparsa no desaparezca ni pierda méritos con los años. Una de las más famosas tradiciones del carnaval de Barranquilla es la "Danza del Torito," fundada a mediados del siglo pasado. Y como ella hay otras, que si bien no han tenido la misma continuidad familiar, al menos han conservado sus nombres, su coreografía y sus personajes. Tal es el caso del "Congo Grande," "El Burrito," la "Danza de los Negritos," la "Danza del Paloteo" y otras muchas más.

Estas comparsas tienen sus respectivos jefes o capitanes, extraordinarios directores de escena, sobre quienes recae la escogencia de los actores que han de representar a este o aquel personaje.

Cada intérprete debe tener un mínimum de facultades múltiples que le permita acomodarse a su papel. En la "Danza de los Gallinazos," por ejemplo, quien caracteriza el Perro ha de tener un gran sentido de la mímica, para representar las actitudes comunes de este animal. Cómo rascarse el rabo, cómo utilizar las orejas, qué acento dar a los ladridos según que ataque, aúlle de hambre o se acobarde. Otro tanto puede decirse del Burro, del Cazador, del Rey de los Gallinazos, del Pichón y otras tantas representaciones de la comparsa. Si el intérprete personifica su papel con gran autenticidad, se le encomendará su representación por años y años.

La improvisación teatral

El genio del pueblo se pone de presente en su gran capacidad de improvisación de acuerdo con las circunstancias. Así como se requieren muchos meses de ensayos para dominar la coreografía de una danza, también se dispone de la libertad interpretativa de cada personaje. Esto quiere decir que por ningún motivo el actor ha de ceñirse estrictamente a un diálogo o monólogo, sino que guardando las características propias del personaje interpretado, puede, según el público ocasional que observe, introducir parlamentos, cambiar de actitudes, en una palabra, improvisar la escena para darle mayor realce a la presentación individual y colectiva. Para salir airoso de esta prueba se requiere que los otros componentes tengan igualmente mucho talento de improvisación, sin lo cual los personajes quedarían en ridículo, enfrascados en un argumento sin aparente sentido.

Deseamos dar un ejemplo de este difícil arte creativo. Muy comunes son las comparsas compuestas por el marido, la mujer embarazada, que da a luz en mitad de la calle, y la suegra. En resumen, el argumento consiste en que la parturienta no tiene cómo atender el trance del parto; o una vez nacido el niño, cómo alimentarlo, ya que el marido es un haragán. La suegra es, desde luego, el fiscal acusador de la conducta malsana del yerno. Así las cosas, entran en una casa y, si los dueños son marido y mujer, rápidamente los actores disponen su argumento de acuerdo con la expresión, la edad y el talento de los visitados. Si el dueño de la casa es joven, la embarazada le hará reproches por haberle engendrado un hijo y abandonado luego. Lloriquea el varón que hace de mujer, reclamando su antiguo amor y la responsabilidad de ayudarla en aquel trance. Acto seguido, se acuesta en una estera y espectacularmente, en medio de gritos y revoltijos, nace la criatura. La suegra en este caso hace su aparición encarándose al amante infiel. Y quien habitualmente hace el papel de marido haragán, comprendiendo la escena, se trueca en abuelo de la criatura, sumándose a los reclamos de la suegra. El sainete, en tal forma, se adapta a todas las circunstancias, a todos los públicos, derivando siempre una escena cómica, dramática y productiva, pues el desenlace feliz ha de consistir en que alguien pague económicamente la paternidad del hijo.

Lo satírico, lo cómico y lo dramático

No siempre el carnaval es un escape a la alegría. Para muchos temperamentos satíricos, la máscara es un instrumento de crítica social. Aparte de los disfraces individuales con los que se ridiculiza a personajes de la política nacional o lugareña, hay una intención más aguda de satirizar ciertos hechos sociales que han dado mucho que decir entre el pueblo. En más de una ocasión, una trama finamente urdida para lesionar la conducta de algún político o señorón, ha terminado con muertes o batallas entre actores y familiares lesionados. En este sentido la farsa callejera adquiere el verdadero genio de la comedia griega, asumiendo los caracteres de una acusación formal a las costumbres y desmanes de ciertos funcionarios.

Lo dramático se pone de presente en las comparsas funerales, en las que se explota el sepelio de un difunto. Llantos estentóreos, trajes negros, velas y hasta el imprescindible sacerdote, encabezan las letanías que son la parte insidiosa de la farsa. Las letanías, compuestas por inspirados trovadores, van denunciando las causas ominosas de orden social para las cuales el difunto ha entregado su vida. La mala administración de un alcalde, el alto costo de los víveres, las ínfimas condiciones higiénicas, la escasez de agua en el pueblo por falta de un acueducto, o las epidemias por no taparse una alcantarilla. Los que responden al sacerdote, según el caso, encomiendan al Señor el alma de los culpables o dan gracias al diablo para que se encargue de ellos en los infiernos.

Otro aspecto dramático es ostensible en las representaciones de la muerte. No falta en ningún carnaval la comparsa de la "Danza del Garabato" que, acompañada de innumerables socios, médicos, sepultureros, droguistas, carpinteros de ataúdes, y otros cómplices, andurrea por las calles en busca de víctimas propiciatorias. Nadie, así lo exige el destino y el carácter de la farsa, ha de escapar de la muerte. Claro está, se entiende que ésta es una Muerte viva, que toma trago y necesita de centavos para proseguir el carnaval, de tal manera que todo se reduce a un simple anticipo por unos cuantos días más de vida. En Barranquilla, la fiesta finaliza con el entierro de Joselito Carnaval, en medio de plañideras y aguardentosos que han dejado para la hora del llanto sus tremendos guayabos.

Raíces para un teatro nacional popular

La diversidad de elementos teatrales existentes en las farsas carnavalescas de la Costa Atlántica y otras regiones del país—Blancos y Negros en Pasto y Tumaco; Moros y Cristianos en el Meta; Corralejas de Toros en Sincelejo;

San Pedro y San Pablo en el Tolima—constituyen un riquísimo venero folclórico para el desarrollo de un auténtico teatro popular nacional. La acción combinada de directores, actores, dramaturgos, escenógrafos, coreógrafos, asesorados por entidades oficiales culturales—televisión, universidades, oficinas de divulgación cultural, teatros, institutos de antropología, Corporación de Teatro, etc.—concentrados estos esfuerzos en una dirección responsable y entusiasta, podrían encauzar un verdadero movimiento teatral enraizado con el pueblo, nutrido de sus más ricas expresiones dramáticas, capaz de señalar un firme derrotero al teatro americano y universal.

Los conflictos culturales y la educación de un pueblo

En la aplicación de los planes de desarrollo con frecuencia suelen aparecer ciertos conflictos que obedecen a una incorrecta aplicación de las relaciones existentes entre los cambios materiales que se requiere introducir y las repercusiones que éstos ocasionan en la mentalidad tradicional de la comunidad. Unas veces, pese a que se estimen lo suficiente, se cae en el error de valorarlos en forma unilateral desde el punto de vista del planificador, sin dar mayor importancia al enfoque con que la comunidad los recibe. Aun cuando sepamos que el planificador, en razón de sus estudios técnicos, está en mejores condiciones para juzgar la conveniencia del proyecto, ni que decir tiene que en tal contraposición resulta esencial la actitud que asume la comunidad.

Este planteamiento, de fácil formulación teórica, representa complicadas situaciones al llevarse a la práctica. Ante todo, se hace necesario claridad, por parte del planificador, de las ideas que hoy orientan al socio-antropólogo sobre los conceptos de cultura, comunidad, psicología étnica, clase, grupo, etc. Pero tal vez lo decisivo sea compenetrarse con la dinámica de los cambios culturales, y en especial, con aquellos que se originan en la mente de quienes se ven expuestos en forma casi coercitiva a abandonar sus patrones culturales tradicionales para adaptarse a otros, nuevos y desconocidos.

Problemas de la educación y desarrollo de las comunidades latinoamericanas

Habitualmente, cuando se plantea la necesidad de educar a la comunidad latinoamericana, se parte del supuesto de que ésta es homogénea y que obedece a un mismo patrón cultural. De aquí se deriva una tendencia a generalizar los conceptos, las actitudes, y a valorar problemas con criterios preformados y unitarios. Nada más contraproducente y nefasto para los planes de desarrollo comunal.

Sin entrar a considerar los factores geográficos, ecológicos, étnicos e históricos insoslayables en la constitución de cualquier grupo social, señalemos algunos aspectos que hablan en contra de una pretendida homogeneidad:

1. Las comunidades latinoamericanas intercambian permanentemente algunos valores culturales, lo que no significa que se hallen en proceso acelerado de desarrollo. Los intercambios a los que nos referimos se verifican entre personas y grupos procedentes de regiones vecinas o conectadas por intereses de producción (explotación petrolífera, zonas agrícolas, tecnificadas, etc.) pero que no se ven obligados a modificar sus propios hábitos culturales. Por el contrario, procuran conservarlos e imponerlos dentro de las nuevas comunidades a donde llegan.

2. Los diferentes grados de instrucción de los individuos y capas sociales presentan una variedad de conocimientos que van del analfabeto, el semiletrado, hasta el universitario. La gran masa, desde luego, es la de analfabetos y semiletrados, pero no es de extrañar que muchos ex-universitarios graduados al retornar a las zonas rurales, vuelven a adaptarse a las condiciones culturales nativas. Desde luego, la mayoría se convierte en ejemplo al practicar nuevos hábitos desconocidos para la comunidad.

3. Las constantes migraciones de elementos jóvenes o de adultos, solos o con familia, hacia los centros urbanos en donde constituyen otros grupos de inestabilidad y diversificación comunitaria.

4. El choque permanente entre dos o más formas culturales distintas. La base de estos intercambios es la cultura popular o folclórica, heredera de estructuras coloniales y feudales. Sin embargo, no es correcto hablar de un tipo general, sometido a los moldes teóricos de tales marcos, pues en la realidad hay una trabazón derivada de los patrones tradicionales influidos o modificados tengencialmente por rasgos de sociedades precapitalistas o capitalistas desarrolladas, como acontece con el uso de energía eléctrica al lado de la energía muscular; la presencia del automóvil y la radio, convivencia entre las formas básicamente folclóricas y las influencias técnicas, complementándose y no excluyéndose mutuamente. Estructuras fabriles o de explotación de recursos naturales que aglutinan a grandes masas de trabajadores y a sus familias con hábitos distintos a los del resto de la comunidad.

En nuestra experiencia como médico y educador sanitario, hemos podido descubrir la diferencia que existe entre los principios teóricos de la psicología y la dinámica que rige la conducta mental de la comunidad. Aquéllos sirven para el enfoque teórico del comportamiento individual y éstos para comprender a la persona situada en su medio social y cultural. Y si pasamos del individuo a la comunidad, hallaremos que sus pautas de conducta se hacen complejas y amorfas, intrínsecamente contradictorias, y sin embargo, unidas, para rechazar o aprobar la aceptación de lo extraño, según el momento, el lugar de las circunstancias. Este cúmulo imprevisible de hechos, no obstante, podría ser influido y modificado favorablemente si para ello se aplicaran los mismos procedimientos tradicionales que han servido al pueblo en su gradual avance en el desarrollo histórico.

Teatro anónimo identificador:
una posibilidad educativa

Del análisis de los problemas de la cultura y la educación del pueblo colombiano deducimos que el teatro podría constituir un medio muy adecuado para acelerar los cambios revolucionarios en la mentalidad tradicional popular. El aprovechamiento de las formas folklóricas—danza, baile, canto, música, mímica, etc.—, conjugadas en piezas teatrales, no necesariamente teatro "puro," podría constituir un poderoso aliado para estimular las fuerzas creativas del pueblo. Cuando éste se vea a sí mismo actuando como personaje dentro de su propia situación social, identificará sus valores positivos y negativos, y en consecuencia, tratará de superarlos.

La experiencia ganada en la formación de grupos folclóricos de danza, baile y teatro, así como las investigaciones de los patrones tradicionales de conducta contenidos en la literatura oral tradicional—cuentos, coplas, leyendas, mitos, etc.—, nos animan a formar grupos de teatro conformados por los propios actores populares, como el mejor medio de encauzar su creatividad en la lucha por obtener mejores niveles de bienestar social.

El objetivo de estos grupos de teatro no sería el de proporcionar simple recreación, sino el más trascendente de crear un conflicto de ideas entre las pautas de conducta actuales y otras nuevas que pudieran suscitar a partir de la propia realidad comunitaria.

Se parte del criterio de que toda comunidad, mientras más antigua, mejor, lucha consciente o inconscientemente por adaptarse a las nuevas circunstancias cambiantes.

La utilización de las formas dramáticas tradicionales la consideramos como el instrumento ideal debido a que se ajusta a las nociones científicas de la antropología cultural acerca del comportamiento de los pueblos—comunicación mediante la vista, la audición, el tacto y la expresión mímica—sobre todo de las vastas capas analfabetas y semiletradas.

Confrontación y evaluación

Para utilizar el complejo cultural de las formas tradicionales en la expresión teatral, se hace necesario realizar una investigación a fondo de los patrones de conducta, mentalidad, creatividad y etnia que rigen la dinámica social. Si no se pone suficiente atención en comprender y respetar las tradiciones, aun a sabiendas de que son el producto de un proceso colonial aliendor, se asumirá la actitud común del manipulador que, subestimando el pensamiento de la comunidad o rechazándolo de plano, trata por todos los medios de imponer los suyos propios. Los resultados son conocidos; en estos casos no se trata de entender y aprender de la cultura tradicional, sino de destruirla y colonizarla.

Para asumir una actitud consecuente, se debe escuchar a los voceros más representativos del grupo. En el caso que nos anima de formar un teatro anónimo identificador, conviene penetrar en la interpretación que den los bailarines, los directores de danza, los constructores de máscaras, los narradores de historias, acerca de su arte y de su tradición.

Por esto creemos que sea indispensable que, una vez localizados los grupos de danza, comparsa de disfraces o conjuntos musicales, se proceda a realizar diálogos con ellos y con la comunidad a la que pertenece, para escuchar sus conceptos acerca de lo que representan sus artes, qué intenciones tienen, qué denuncian, qué reclaman.

En una etapa más avanzada, cuando se hayan creado los grupos de teatro identificador, realizar representaciones en sus propias áreas para verificar si la adaptación a escena no ha borrada la intención primitiva, si la mano de los organizadores no ha distorsionado el criterio de las representaciones tradicionales.

Este tipo de evaluación que descansa en la permanente consulta del criterio tradicional de la comunidad, representa el elemento esencial en la dinámica del teatro identificador que nos propusimos realizar. Y constituye, a la vez, la nueva actitud revolucionaria, en contraposición a los métodos practicados hasta ahora en los cuales lo importante es el criterio de quienes se creen dueños de la verdad que conviene al pueblo, aun cuando sus intenciones, por muy sanas que sean, distorsionen las reales aspiraciones populares.

Rambao: *realidad y proyecciones*

Las ideas anteriormente expuestas sirvieron de orientación general para el montaje de *Rambao,* en el cual participaron campesinos de ambos litorales. (Véanse láms. 3 y 4.) El proceso de organización del grupo—más de 60 personas—significó una serie de trabajos previos en el cual intervino un equipo de sociólogos, directores de teatro y cine, coreógrafos, antropólogos y novelistas, Raúl y Gregorio Clavijo, Fernando González Cajiao, Alvaro González, Delia y Manuel Zapata Olivella, Fernando Velásquez, Mónica Silva, Celmira Yepes, Roger Serpa y numerosos encuestadores en la recolección y transcripción de materiales etnográficos, quienes se impusieron la tarea de poner sus conocimientos técnicos al servicio de las expresiones teatrales tradicionales. Se trataba, en todo momento, de asegurar que la creatividad anónima tradicional aflorara en su mayor autenticidad.

El primer paso consistió en recopilar un archivo lo más completo posible de la cultura tradicional colombiana. Para ello contamos con los recursos proporcionados por la Interamerican Foundation y la adquisición, por parte de la Biblioteca Luis Angel Arango, de la tradición oral recogida entre los campesinos y estratos populares urbanos. De este modo, tras de ocho meses

LAM. 3. Una escena de *Rambao*. Teatro Anónimo Identificador. Bogotá, 1975.
(Foto: Nereo, Bogotá.)

de investigaciones en todo el país, se obtuvieron 10.000 diapositivas sobre
la cultura material; 11.000 pies de filmes sobre costumbres, bailes, alimen-
tación, vestidos, etc.; 1.000 horas de grabaciones magnetofónicas de in-
formes recibidos de analfabetos y semiletrados sobre sus oficios, cantos,
ideas mágicas, danzas, costumbres y demás aspectos de su cultura material
y mental.

Lám. 4. La Muerte y Rambao, en una escena de *Rambao*. Teatro Anónimo Identificador. Bogotá, 1975. (Foto: Nereo, Bogotá.)

Todo este material fue procesado y evaluado, determinando en cada caso los patrones tradicionales más significativos; aquellos en proceso de desaparición y otros que surgen de las nuevas realidades sociales y culturales del país. Este acervo nos proporcionó el argumento teatral que necesitábamos para el montaje de una obra en la que aparecieron los caracteres identificadores del pensamiento y la conducta tradicionales de los pueblos de nuestras costas: el cuento anónimo con dos versiones recogidas en ambos litorales: *Rambao*.

Los actores se seleccionaron entre los propios campesinos a través de concursos de comparsas y representaciones teatrales. Se designaron algunos informantes, músicos y bailarines ya detectados, pero se indagó sobre otros nuevos. En esta forma fue surgiendo el elenco, desechándose unos y procurándose otros: Filiberto Díaz, campesino de San Antero; María Luisa Banguera y Stalin Ortiz, de Buenaventura; Alfonso Mosquera, de Puerto Tejada; Madolia de Diego y Nefalia Moreno, de Quibdó; los hermanos Alvear, de Cartagena; José Ramón Manjarrés, de Tolú, entre otros.

Actores y técnicos se concentraron por tres meses en Lorica. El período de montaje constituyó una fase experimental para apreciación de las reacciones de la comunidad ante la obra. Adultos y niños, permanentes asistentes a los ensayos, nos ayudaban a reconocer los aciertos y errores. Las propias representaciones hechas en Lorica y Montería, a las cuales concurrieron miles de personas nos auguraron la acogida que tuvo la obra durante sus presentaciones en Bogotá en la plaza de Bolívar, del Barrio Olaya y el 20 de Julio, ante públicos de más de 10.000 personas, hecho sin precedente en la historia del teatro en Colombia: el pueblo se identifica plenamente con sus actores.

Sin embargo, los resultados de esta confrontación entre el pueblo y su cultura tradicional no deben juzgarse sólo en el fenómeno actor-público, sino en las repercusiones de la obra en las comunidades campesinas y entre los intelectuales, maestros y estudiantes, quienes impactados por la capacidad creadora de nuestro pueblo, no podrán olvidar la existencia del acervo cultural tradicional. Cualesquiera que sean sus acciones en la lucha para una mayor autenticidad nacional.

11

Folklore in Chicano Theater and Chicano Theater as Folklore

NICOLÁS KANELLOS

El movimiento norteamericano de Teatro Chicano, iniciado en 1965 con la fundación del conjunto Teatro Campesino por Luis Valdez, ha adquirido una magnitud considerable. Existe más de un centenar de grupos teatrales distribuidos principalmente en el suroeste y en menor medida también en la zona central de Estados Unidos. A ellos se añaden, por la semejanza de su actividad teatral, algunos grupos puertorriqueños que se concentran en la región de Nueva York y Nueva Jersey. El presente estudio ofrece, en primer lugar, una visión panorámica de este movimiento dando especial atención a la temática que los grupos tratan en sus representaciones, así como a su relación con la comunidad. Destácase la evolución del Teatro Campesino, su contribución (en especial el género llamado "acto" y la incorporación del tradicional corrido mexicano) y su labor de liderazgo en el movimiento. Hácese también una rápida reseña de la actividad de otros grupos folklóricos, tanto chicanos como puertorriqueños.

A continuación se estudian los diversos elementos propiamente folklóricos de este movimiento teatral: la adaptación del corrido al contexto específico de cada barrio o localidad, y la recreación de cuentos, leyendas y tipos populares provenientes casi todos de la cultura mexicana. Finalmente se analiza el complejo problema del bilingüismo y la tendencia de cierto sector del movimiento hacia la profesionalización o sea, por así decir, hacia la desfolklorización.

Reprinted from the *Journal of the Folklore Institute,* 15:1 (1978).

The Teatro Campesino
and the Teatro Chicano Movement

The eleven years that have passed since Luis Valdez gathered together a group of striking farm workers in Delano, California, in 1965, to create a farm workers' theater in support of the historic grape boycott and strike have seen the emergence of numerous Chicano theaters in the Southwest and Midwest and Puerto Rican theaters in the East. The exact number of Chicano and Puerto Rican theater groups is not known, but certainly must exceed one hundred.[1] These groups have developed from and serve such diverse communities as tomato pickers in New Jersey, factory workers in New York, Chicago, and Los Angeles, assembly line workers in Detroit, steelworkers in northwest Indiana, cannery workers in San Jose, California, and farm workers throughout the Southwest, Midwest, and Northwest. Many of the *teatros* are short-lived and are barely aware of the existence of the majority of their counterparts. Some do not hold regular rehearsals and performances, but meet together occasionally when an important community or Chicano movement issue needs to be dramatized. Only a few groups have achieved stability and have managed to operate for as long as five or six years.

Most of the teatros share similarities in theme and purpose, but their styles and levels of sophistication vary from the unpolished and homespun of groups like Teatro de la Sierra of rural New Mexico to the agitprop,[2] Marxist-Leninist aesthetic of Los Angeles's Teatro Movimiento Primavera, to the highly artistic, university-related Teatro de la Esperanza of Santa Barbara, California. Regardless of their level of sophistication, all of these groups incorporate folkloric material, some consciously and others quite naturally and without any artistic, anthropological, or ideological criteria for doing so. In fact, the majority of Chicano theaters in the Southwest and Midwest, and to some extent the Puerto Rican theaters in the East, are folk theaters. They unselfconsciously reflect the life, mores, and customs of the grassroots communities from which they have sprung and they perform mainly for those communities. These theaters not only represent the world view of their pueblo, but often carry on traditional forms of acting, singing, and performing. And many times they exhibit the vestiges of various types of folk drama practiced historically by Chicanos and Puerto Ricans.

[1] For a partial list of Chicano theaters and their addresses, see "TENAZ Directory," *Chicano Theatre Three* (1974), 50–54.

[2] According to R. G. Davis, agitprop "is agitational propaganda. Agitprop theater is made up of skits performed by people who, like their audience, are directly engaged in the content of the skit. For example, Teatro Campesino, when performing in Delano, California, in 1965–1967, presented agitational propaganda for the members of the United Farm Workers association (UFW). Their songs and *actos* . . . were designed to inform the workers of union negotiations, grievances, and programs. The performers were engaged in organizing work and their *actos* were extensions of that work." *The San Francisco Mime Troupe: The First Ten Years* (Palo Alto: Rampart Press, 1975), p. 166.

Some theater groups, instead of being responsive to the issues of their local barrio or region, serve a more specialized constituency, for example, Latino high school and college students of a given area or chapters of a specific Latino political organization like C.A.S.A., Hermandad General de Trabajadores, or the Raza Unida Party. When such is the case, these theater groups direct their energies to dramatizing the specific issues of the organizations to which they belong. They may explain the finer points of ideology or philosophy which their respective organizations represent. The Teatro Luis Jr. Martínez serves Denver's Crusade for Justice in this manner. The Teatro Movimiento Primavera in Los Angeles is the propagandistic and cultural arm of C.A.S.A. Theater groups of this nature owe less to Chicano and Puerto Rican folk tradition, but relate more directly to a regional, national, or sometimes international political movement.

The first and only Chicano theater to become a professional company is the Teatro Campesino that also operates a commune and cultural center in San Juan Bautista, California. The Teatro Campesino left the exclusive service of the farm workers' struggle in 1967 to address broader issues and further develop teatro as a Chicano cultural and artistic form.[3] But even through its professionalism, its national and international tours, and its winning of Broadway's highest awards, the Teatro Campesino is still nourished by the folk culture which it represents, although its use of the Folklore is now very astute, scientific, and purposeful. That is, as the Teatro Campesino has become more artistically sophisticated, it has very carefully selected and elaborated Mexican folk motifs to (1) enlighten its audiences as to the basic elements of Chicano culture, (2) please these audiences by providing material that is not only familiar but cherished, and (3) purposefully create a type of theater that is consistent with Mexican American tradition. For example, the Teatro Campesino has fully explored the Mexican attitude toward death and its symbolic representation in Mexican folklore and popular culture. Consequently, they created the character, Death, who is ever-present in such works as *La gran carpa de la familia rasquachi* and fatefully manipulates the action. Heavily inspired by folk customs revolving around the *Día de los muertos,* as well as by the works of the Mexican engraver and illustrator of corrido broadsides, José Guadalupe Posada, Teatro Campesino has not only created this dramatic figure, but also attired its musical ensemble, La Banda Calavera (The Skull Band), in death masks and skeleton costumes, and has illustrated its publications and posters with copies of Posada's work. Also, El Teatro Campesino's experiments with the corrido as a dramatic form as a result of this artistic elaboration of folklore. In these and other experiments with Mexican and Mexican American folk

---

[3]For a detailed history of the Teatro Campesino, see Françoise Kourilsky, "Approaching Quetzalcoatl: The Evolution of El Teatro Campesino," *Performance,* 7 (1973), 37–46.

arts and culture, Teatro Campesino has influenced the other Latino theaters in the United States as well as in Mexico. In the eleven years of its existence, El Teatro Campesino has risen from the leadership of a limited and rather unknown group of folk theaters to become one of the leaders of experimental theater arts in the Western world. And today one can truly join the name of its director and mentor, Luis Valdez, with those of Peter Brook, Jerzy Grotowski, Richard Schechter, Enrique Buenaventura, and Augusto Boal.[4]

The early Teatro Campesino functioned in two manners: (1) it promoted solidarity among striking farm workers and attempted to proselytize strike-breakers; (2) it served as a propaganda organism for the grape boycott among non-farm workers. The majority of its actors at that time were farm workers who created their material through improvisations based on their personal and group experiences as farm workers. And their main audience was constituted of farm workers like themselves. Thus their *actos*, like *La quinta temporada*,[5] demonstrated the seasonal nature of their work and the need for unionization. The desired effects of the grape boycott were projected in their *Las dos caras del patroncito*. From the beginning Teatro Campesino incorporated the singing of traditional songs into their performances and began changing the words to reflect the reality of the strike. "Se va el caimán" became their "El Picket Sign,"[6] whose infectious tune and lyrics have been sung by thousands of striking farm workers and sympathizers. New songs like "Viva huelga en general" were soon composed to document the progress of the strike and boycott. Later some songs and corridos would even become the basis for dramatic material.[7]

The Teatro Campesino's most important contribution to the fast-spreading teatro movement, however, was the acto. The acto, which is highly indebted to agitprop theater and to *commedia dell'arte*[8] was introduced by Luis Valdez to the farm workers who subsequently made it their own. The

[4]Sylvie Drake compares Luis Valdez to Jean-Louis Barrault and François Rabelais in "El Teatro Campesino: Keeping the Revolution on Stage," *Performing Arts* (Sept. 1970), 56. R. G. Davis compares at length the work of Luis Valdez with that of the five other radical theater directors: Joe Chaiken, Richard Schecter, Julian Beck, Peter Schumann, and himself.
[5]*La quinta temporada* as well as *Las dos caras del patroncito*, *Los vendidos*, and *Huelguistas*, mentioned below, were published in *Actos by Luis Valdez y El Teatro Campesino* (Fresno: Cucaracha Press, 1971).
[6]Most people are unaware that the lyrics to "El Picket Sign" and "Viva huelga en general" were composed by Luis Valdez. They are included in a Teatro Campesino songbook published in mimeograph circa 1967–1971, *Cancionero de la raza* (Fresno: Teatro Campesino, n.d.). They have also circulated anonymously hundreds of songsheets and songbooks distributed free or sold by *teatros* throughout the country.
[7]See "Huelguistas," *Actos*, pp. 99–103.
[8]Prior to founding El Teatro Campesino, Luis Valdez worked with the San Francisco Mime Troupe, where he learned some of the agitprop techniques that he would later apply in *teatro*. He also performed in the Troup's presentation in the *commedia* style of Lope de Rueda's sixteenth-century *paso* (the Spanish version of the *commedia*), *Las aceitunas*. See Jorge Huerta, "Concerning Teatro Chicano," *Latin American Theatre Review*, 6 (Spring 1973), 15.

acto is basically a short, flexible, dramatic sketch that communicates directly through the language and culture of the Chicanos in order to present a clear and concise social or political message. Humor, often slapstick, is of the essence, as the opposition is satirized. According to Luis Valdez, actos are supposed to accomplish the following: "Inspire the audience to social action. Illuminate specific points about social problems. Satirize the opposition. Show or hint at solution. Express what people are feeling."[9] The acto is usually improvised by the teatro collectively and then reworked into final form. It thus arises from the members' common experiences and reflects in an uncontrived fashion their participation in the culture and folklore of their communities.

Because of the acto's flexibility and its introduction as a grass-roots Chicano theatrical form, it soon became the dramatic vehicle for the varied experiences of Mexican Americans not only in the fields of the Southwest, but also in factories and steel mills, on college campuses, and even on the welfare rolls, as shall be seen below. Also aiding in the fast growth of the teatro movement was the Teatro Campesino's leadership in founding in 1971 the Teatro Nacional de Aztlán (TENAZ),[10] the national organization of teatros, and the publication of its collection of *Actos*. But it must be emphasized that much of teatro is learned and transmitted orally and visually without the use of scripts or notes. Very few of the community groups ever use scripts, preferring to collectively improvise their material and then to memorize the parts. It is an effective means, quite suited to teatro's spontaneity and its objective of remaining up-to-date and tailoring performances to specific audiences. But of course this procedure also makes for an ephemeral and easily lost body of dramatic work. It is easy to see that for most of these groups, creating a lasting dramatic statement is the farthest thing from their minds. Nor are most of the groups mindful of the need to circulate their works so that other teatros may adopt them. Much of the material developed by Teatro Campesino and other theaters has been imitated or adapted only in oral form. I remember how, as a member of the Teatro Chicano de Austin, I learned my first role in *Los vendidos,* an acto "borrowed" from Teatro Campesino. We called it the "Tex-Mex Curio Shop." I learned my role only by copying the enactment by the director, without the benefit of a script or notes or ever having seen the Teatro Campesino. It was not uncommon in those days—and this is still true for many teatros—for one member of our group to teach us an acto from memory that he had seen performed by another teatro. And this was how other teatros adapted some of our own original material. In fact, I was surprised to find material

[9]"The Actos," *Actos,* p. 6.
[10]TENAZ was founded at the first conference of Chicano theater directors held in Fresno, California, in 1971 and sponsored by El Teatro Campesino.

that our group had created in Texas being performed by other teatros as far away as Seattle.

Theater members seem to be highly mobile and the theaters themselves suffer from a continuous turnover in personnel. Thus, the directors have the additional responsibility of teaching new members the roles that have been vacated. Often members who leave a theater for one reason or another establish new theaters of their own or become members of another theater group. In most cases they bring material from their former group to share with the new one. This was my case when I moved from Texas to Indiana. In my theater baggage I brought three or four actos which I taught orally to the Teatro Desengaño del Pueblo in Gary.

The oral nature of teatro transmission is also apparent in the way community groups, not teatros, adopt an acto to perform on their own. For example, the Teatro Chicano de Austin had developed various actos to support the national boycott of lettuce for the United Farm Workers Organizing Committee. The local UFWOC workers, after seeing the actos performed at a rally, learned the material and began performing the skits on picket lines in front of supermarkets. This also occurs, of course, with the corridos that teatros compose and sing. In fact, many teatros provide sheets of lyrics to assist audiences in singing along.

Other Chicano and Latino Folk Theaters

While many teatros began by performing Teatro Campesino material, the groups that were most closely tied to their own communities soon developed their own material by adapting Teatro Campesino's style and the acto to their own sociopolitical reality, a reality that was more often than not an urban one. Such was the case with groups like El Teatro Chicano de Austin, Gary's Teatro Desengaño del Pueblo, Chicago's Teatro Trucha, Denver's Su Teatro and Teatro la Causa de los Pobres, Los Angeles' Teatro Urbano, New Mexico's Teatro de la Sierra, and New Jersey's Teatro Alma Latina.

El Teatro Chicano de Austin was founded and directed by Juan Chavira in 1969 after he had worked with a farm worker theater in the Rio Grande Valley of Texas. The group combined University of Texas students and high school students from East Austin. While continuing to perform works relevant to the farm worker struggle and life in South Texas, the group gradually developed material that was more oriented to East Austin. Much of the new material propagandized the need for bilingual education and the teaching of Chicano history and culture in the schools. This was accomplished through the short, satirical schoolroom scenes of *Escuela, High School,* and *Brainwash.* Discrimination in local hospital emergency services was attacked in *Hospital,* while *Juan Pistolas* satirized police treatment of Chicanos. The group also supported local Mexican American candidates for election to the city council and became heavily involved in voter registration drives. The burlesque of the politician and his campaign practices in one acto and the demonstration of the need for Chicano poll watchers in another became so well known that during election time the group was called to perform not only throughout East Austin, but in neighboring towns and cities whose Chicano citizens were beginning to organize for political representation. Like many other teatros, El Teatro Chicano was ready to improvise actos on issues that emerged overnight, such as the police killing of an unarmed teen-ager in East Austin, racist incidents at a local Catholic church, a local furniture workers' strike, a rally against the practices of the federal government's Housing and Urban Development program (in San Antonio), and various protest marches. While the group's main sphere of activity was Austin, it was often called to perform in neighboring towns and as far away as San Antonio, Dallas, and Houston. Once the group made the long trip to perform in Eagle Pass, Texas, and on another occasion traveled to Washington, D.C., where it had been invited to perform at the American Folklife Festival held by the Smithsonian Institution. Today the members that were formerly high school students have inherited the group and converted it into a theater that serves mainly the needs of Chicano students at the University of Texas at Austin.

El Teatro Desengaño del Pueblo was founded in Gary, Indiana, in 1972 by me and a number of Indiana University Northwest students and non-students from the surrounding community. Over the past four years, Desengaño has lost most of its student membership and is presently made up of community people ranging in age from five to forty. But even when the group was dominated by students, they were nontraditional students who were often full-time steelworkers besides being registered students at the urban, nonresidential campus. And from the outset the group created material not on student life but on life in Gary and East Chicago as seen by the Mexican, Chicano, and Puerto Rican residents. Desengaño dramatized community issues like Chicano and Puerto Rican unity in *Frijol y habichuela*, discrimination in employment in *The Employment Office*, the need for bilingual-bicultural education in *Escuela* and *Brainwash*, drugs in *Juan Bobo*, local politics in *La política* and *El alcalde*, dehumanizing work in the steel mills in *Burundanga*. Other material was designed to provide a sense of history, culture, and identity through teatro: *Papá México, El grito de Lares, Identity*, and *Baile*. Like El Teatro Chicano de Austin, Desengaño performs extensively throughout the community at rallies, holiday celebrations, schools, churches, and parks. But the group has also traveled throughout the Midwest performing for the little Mexican colonies in Ohio and Wisconsin and at universities in Indiana, Illinois, Wisconsin, and Michigan. A long, protracted struggle in which the group has been involved is the battle for the establishment of bilingual-bicultural education in northwest Indiana. Over the past four years the group has performed for teachers, the P.T.A., conferences, and rallies in an effort to sensitize the people and the public institutions to the educational needs of Latinos. Desengaño has also been a faithful member of TENAZ and has attended festivals as far away as Mexico City, Los Angeles, San Antonio, and Seattle.[11]

Founded in 1973, Compañía Trucha of Chicago's Eighteenth Street barrio began as a very earthy and raucous satirical group that was associated with the Casa Aztlán Community Center. Hard-hitting but humorous satire through a style that is as unsophisticated as it is relevant and direct to the people of the barrio is Trucha's stock in trade. The ills of urban life, monotonous and dangerous factory work, and dramatizations of actual events fill their actos. In one of their pieces, a local Mexican entrepreneur's exploitation of illegal Mexican labor and of community radio and television is satirized in such a direct and outrageously funny manner that the barrio audience's instant recognition and delight fulfills the highest expectations of direct and concrete relevance of this type of theater. In another acto, *El león y los crickets,* the people's struggle as a minority within the United States is allegorized through a timeless folktale. *El hospital de San Lucas* is the result of their work with a community organization that is making demands on St. Luke's Presbyterian Hospital to serve the needs of the barrio in which it is located. Compañía Trucha is one of the local theaters that has weathered the storm of leftist organizations and protest theaters that have tried to transform such grass-roots theaters into more sophisticated "cultural arms" of the international class struggle. While at one point swayed to produce more ideological drama, Trucha has returned to its original role in the community and its authentic style.

Two theaters in Denver, Su Teatro and Teatro la Causa de los Pobres, work extensively within their own communities. Su Teatro, while originating as a student group that applied Aztec and Maya mythology to contemporary issues, has gradually redirected its efforts toward the dramatization of community issues. Its latest work, *El corrido de Auraria,* relives the tragedy of the destruction of some of its own members' former neighborhood, Auraria, to make way for the building of a college. Ironically, one street of the barrio was preserved in the middle of the new campus to serve as faculty offices and a "living monument to historic Denver." La Causa de los Pobres, on the other hand, is made up of welfare mothers and their children. It began as an expression of Denver's Chicano Welfare Rights Organization and continues to dramatize the injustices of the welfare system that the poor mothers—there are no men in the group—continue to experience in their daily lives. The group's natural concern, of course, is with its children and

---

[11]During the last two years El Teatro Desengaño del Pueblo has become increasingly more professionalized and sophisticated. Its recent production, *Silent Partners,* was written entirely by its director rather than by the group as a whole.

their development. La Causa de los Pobres, therefore, criticizes not only the welfare system but the schools and the police as well. Drawn from life are their outlandish and biting parodies of such people as the superintendent of schools, Chief of Police Dill (South Pickle), and a school board member, "Mrs. Bratfart."

More rurally oriented than the others are New Mexico's Teatro de la Sierra and South Jersey's Teatro Alma Latina. Sierra is made up mostly of high school students along with a few other people ranging in age from five to thirty. Once again in a *rascuachi*[12] (down to earth and unsophisticated) but direct manner, this group addresses issues relevant to Mexican Americans in New Mexico's Tierra Amarilla region. Its current acto, *Narangutang,* is an exposure of a corrupt, caudillo-type sheriff and of the lack of community services like paved streets. El Teatro Alma Latina, on the other hand, serves Puerto Rican agricultural workers in South Jersey. Their *El emigrao* demonstrates why Puerto Ricans leave their island to work in the tomato fields of New Jersey and shows their exploitation by agribusiness. Their other actos dramatize poor working conditions, unemployment, and abuses by the State Employment Service. Their most imaginative and comical satire is expressed in their exposure of the *espiritistas* (spiritualists or mediums) that take advantage of the Puerto Rican laborers, especially around payday.

Folkloric Elements in Teatro

Each of these groups, as well as the more experienced and professionalized theaters, has in one way or another used various types of folklore in communicating their sociopolitical messages. By far the most popular and effective folkloric media adapted by teatros are the corrido and the *cuento.* In addition, teatros emulate popular language patterns, diction, dialects, and enrich their theatrical language with popular phrases, sayings, and proverbs. Teatros also make use of folkloric artifacts like masks, costumes, and musical instruments.

The Corrido

From the beginning, Chicano theaters have infused singing into their dramatic presentations, whether to warm up the audience in preparation for the actos, to create variety, or to reinforce the themes presented in the actos themselves. The usual reason given for the incorporation of corridos was that the barrio audience liked them and, if copies of the songs were handed out

[12]The term *rascuache* is defined by Francisco J. Santamaría, *Diccionario de mejicanismos* (Mexico City: Editorial Porrúa, 1974), as an adjective meaning "miserable, ruin, pobre." Thus the *teatros* often apply it to mean the poor people of the *barrios,* or their poor, earthy or unsophisticated life style. Many *teatros* have preferred to spell the word *rasquachi* either in deference to its Aztec derivation or because of the influence of English orthography. Its termination in *i,* instead of *e,* in my text and in *teatro* usage is related to the word's common pronunciation.

to the audience, people would sing along. The corridos, especially the border ballads and those that deal with historical themes, also coincided in spirit and impact with a great deal of teatro material. A few teatros, moreover, were fortunate enough to have as members *corridistas* or composers of corridos. They, in turn, had in teatro a great means of distributing their compositions which at times gained for them a minor following and the opportunity to have their songs recorded. The most famous of the teatro composers are Agustín Lira and Daniel Valdez[13] of Teatro Campesino, Ramón Moroyoqui Sánchez (Chunky)[14] formerly of Teatro Mestizo, and Rumel Fuentes[15] formerly of Teatro Chicano de Austin.

The corrido in Chicano theater became so important that in 1971 TENAZ sponsored a workshop on the corrido and the ways of incorporating it into teatro performances. In truth, many teatros had already been experimenting with the incorporation of the corrido into the actos themselves. Some, like Seattle's Teatro del Piojo, had presented tableaux of the Mexican Revolution through the dramatization and singing of the most famous corridos from the Revolution. Others, like the teatro of the Colegio Jacinto Treviño in Texas, created abstract mimic routines to corridos like "Valentín de la Sierra." The Teatro Chicano de Austin indicted the power of Texas ranchers and their use of the Texas Rangers to subdue Mexican Americans whose ancestors once owned the ranchers' lands. The teatro turned the tables on the ranchers and the rangers by bringing to life the hero of the "Corrido de Jacinto Treviño," who was treated as an historical personage. The acto would begin with the singing of the "Corrido de Jacinto Treviño," followed by a monologue in which a rancher gloated over his lands, power, and wealth. The rancher would then train two dumb, doglike Texas Rangers to attack Chicanos and blacks. When the rangers attacked picketing farmworkers, from backstage would be heard the following verse of the corrido:

Entrenle, rinches cobardes.	(Come on, you cowardly rangers.
El pleito no es con un niño,	You're not dealing with a child.
Qué bien conocen su padre.	Come and meet your father.
Yo soy Jacinto Treviño.	I am Jacinto Treviño.)

[13]Songs by Agustín Lira and Daniel Valdez are included in the *Cancionero de la raza* cited above. An album of Valdez's songs, *Mestizo,* (CAM Records Sp-3622) was recorded in 1974 and is sold at *teatro* performances.
[14]A few *corridos* by Chunky were published anonymously in Teatro Mestizo's songbook, *Cantos rebeldes de América* (San Diego: Toltecas en Aztlán, 1974). The lyrics to his "La guitarra campesina" and "El corrido rasquachi" were published in *Revista Chicano-Riqueña,* 2 (Summer 1974), 4-5.
[15]The words and music to a few of Rumel Fuentes's *corridos* were published in *El Grito,* 6 (Spring 1973), 3-40. His "Soy Chicano" and "Corrido de César Chávez" were recorded by Arhoolie (45-529B) in 1975. In 1970 the Teatro Chicano de Austin recorded his "Yo soy tu hermano" and "Mexico-Americano" to be sold at *teatro* performances. The five hundred copies were all sold and never re-recorded by them. Arhoolie, however, recorded "Mexico-Americano" in its album, *Music of La Raza, Vol. 1* (3002).

As this verse is sung, Jacinto Treviño himself comes on stage with guns-a-blazing and, after being confronted by the rangers who grab him by the lapels (as in the corrido), he shoots them dead. The corrido is once again sung, this time with the audience joining in.

It was the Teatro Campesino, however, that pioneered the corrido as a dramatic form and demonstrated its artistic and cultural possibilities in one of its finest works, *La gran carpa de la familia rasquachi.* [16] The *Gran carpa* is a very fast-paced collage of scenes that follow three generations of an archetypal Chicano family. A series of corridos provide the narration to the action and create the rhythm and mood to which the actors execute their mime and dance. The *Gran carpa* has been performed throughout the nation and abroad and has been strongly influential in popularizing the corrido dramatic technique. Another work by El Teatro Campesino, *El corrido,* has also had great impact, owing primarily to its nationwide television broadcast.

The *Gran carpa* is not, however, the best example of the corrido as a dramatic form; it is too extensive and disperse. El Teatro de la Gente's *Corrido de Juan Endrogado,* written by Director Adrián Vargas, is the finest illustration of the corrido's formalistic qualities. It is a light, dramatic piece whose performance consists of constant mimic and dance movement to the beat of the corridos and other songs which supply the narration. The actors wear exaggerated makeup, as the corrido is designed to depart from realism; for the corrido is lyrical, satirical, lightly philosophical, and somewhat reminiscent of ballet. As the corrido concentrates on themes already familiar to the barrio, it can help to coalesce the public's opinion on the matters at hand, but it is in no way comparable to the directness of the agitprop acto. The corrido wins over the audience with the use of familiar songs, aesthetically attractive costumes and acting style, and the creation of easily recognizable scenes and situations. As in the acto, there is no scenery, and props are minimal.

El corrido de Juan Endrogado accomplishes these objectives delightfully and still manages to deal with the important theme of Mexican American addiction to the ever-elusive American Dream. *Juan Endrogado* takes as its musical theme the well-known and very popular "Corrido de Juan Charrasqueado," a ballad which recounts the life and death of a hard-drinking, hard-loving gambler. Vargas changed the lyrics to tell the story of Juan Endrogado (John Drugged), a poor man who becomes addicted to the pursuit of the American Dream with its enticing material symbols and sexual fantasies: high-paying jobs, beautiful cars, fast women. Juan, after failing to attain these, achieves his dreams only in the stupor of drugs. But along with the addict's highs come the waking nightmares of withdrawal, theft to finance the habit, hunger, and ultimately death.

[16] A detailed review of *La gran carpa* is included in Kourilsky, pp. 44–46.

Throughout the piece, which is interspersed with only sparse dialogue, the thematic music returns with the narrative line. *Juan Endrogado* opens with the singing of these lines which can be compared to the original "Corrido de Juan Charrasqueado":

Juan Endrogado

Voy a cantarles un corrido de mi pueblo
lo que ha pasdo muchas veces por acá,
la triste historia de un hermano endrogado
que por poquito con las drogas se mataba.

(I'm going to sing you a corrido of my people,
about something that happens often out here,
the story of a dope-addicted brother,
who little by little was killing himself with drugs.)

Juan Charrasqueado

Voy a cantarles un corrido muy mentado,
lo que ha pasado en la hacienda de la Flor,
la triste historia de un ranchero enamorado
que fue borracho, parrandero y jugador.

(I'm going to sing a corrido that's quite famous,
about what happened at the Hacienda de la Flor,
the sad tale of an enamored rancher
who was a drinker, a good-time Charlie and a gambler.)

As the play progresses the new corrido becomes less and less like its model, and other types of songs are introduced to correspond in theme and mood with the action. At times the music is very somber and elegiac; other times it is fast and happy and the actors must keep pace by almost doing a two-step or a polka. Included in the repertory of songs used and transformed in the play are these very popular numbers: "Cuánto sufro en esta vida" (*ranchera*), "El muchacho alegre" (corrido), "Creí" (bolero), "Put On Your Red Dress (rock and roll), and the melody to a Chevrolet television and radio commercial.

All of the lyrics, tunes, and actions are perfectly synchronized. At times, a song's original lyrics are not transformed per se but are used to create stage irony. This is so with "A medias de la noche." It is sung to a scene where Juan is seized with hunger pains and the song's original lyrics take on a new, ironic meaning. It is no longer a loved one that is embracing Juan, as in the song, but Hunger herself:

A medias de la noche te soñaba.
Te soñaba abrazándote conmigo,
pero ¡ay qué angustia
me ha dejado esta mujer!

(Around midnight I was dreaming of you.
I dreamed that you were embracing me,
but oh what anguish
this woman has caused me!)

Thus, the corrido is a dramatic piece that brings the audience and actors close together. The barrio audiences have lived with these songs and love them. Both the actors and the audience through the performance are joined in a type of poetic union that arises spontaneously from the shared values and experiences. The corrido as a dramatic form is an innovation in Chicano theater, but hardly a departure from tradition.

As yet the Puerto Rican popular theaters have not drawn this type of format from Puerto Rican folk or popular music. The theaters are at a point, however, where *plenas* are incorporated into the actos to illustrate the main themes. Teatro Alma Latina of Camden, New Jersey, in its *El emigrao*, includes a plena as background narration for the play's action. This is the first of four stanzas that they have composed:

Esta es la historia, señores,	(This is the story, folks,
de un jíbaro borincano	of a Puerto Rican hillbilly
que salió pa los nuyores	who departed for New York
con un bolsito en la mano.	with but a little sack in his hands.)

The Teatro Guazábara that works out of Livingston College in New Jersey also incorporates plenas into such works as *Los obreros migrantes*. The following plena-like song serves as narrative background and lends an epic dimension to the scene which depicts the exodus of migrant workers at the San Juan airport:

Ya se van, ya se van, ya se van.	(There they go, there they go, there they go.
Los boricuas engañados ya se van.	There go those deceived Puerto Ricans.
(Stanza is repeated.)	
Por las necesidades	Because of the poverty
que reinan en sus hogares	that reigns in the homes
se emigran a los tomatales	they emigrate to the tomato fields
donde reina la injusticia	where reigns the injustice
del Farmer dictatorial.	of the dictatorial Farmer.)

Ya se van, etc.

Folktales, Legends, and Personal Experience Narratives

Teatros throughout the country use several types of folk narrative techniques and structures in their works because their audiences are familiar with traditional types of oral communication. In Mexican folk culture, the cuento or tale has often been used to illustrate a normal or practical lesson. It is quite natural that Chicano theaters appropriate the cuento as a means of furthering the didactic purposes of the acto.

At a rally in Austin, César Chávez illustrated the need for unity among Chicanos by telling the tales of "Las avispas." The Teatro Chicano de Austin, immediately impressed by the lesson and the form that it took, soon thereafter transformed the tale into a dramatic piece.[17] This tale, which deals with the skill of an expert whip handler who tyrannizes all the animals of the forest except the wasps (not White Anglo-Saxon Protestant) who are organized, was also adopted by Mexico's Teatro Mascarones quite independently of César Chávez and Chicano theater. Los Mascarones used the tale to demonstrate the need for unity and organization to campesinos in southern Mexico. Under similar circumstances, the Compañía Trucha heard Reies Tijerina use the tale of "El león y los crickets." As mentioned above, Trucha gave the lion the identity of the dominant society in the United States, and the poor, powerless, little crickets became the Chicanos.

Many of the teatros have dramatized legends or helped to further elaborate them. The best known and most dramatized legend is that of La Llorona, the Crying Lady. Legendary figures like Emiliano Zapata, Pancho Villa, and now Che Guevara continue to appear or be invoked in actos from coast to coast. Beyond the legend, religious figures taken directly from the miracle plays and *pastorelas* have also made their way into teatro. San Antonio's Teatro de Artes Chicanas used to perform an allegory of a Poor Man, God, Death, and the Devil (complete with the devil's mask and costume from the pastorela). The Teatro Campesino and a few other groups annually produce the Virgin of Guadalupe miracle play for their local parishes on the Mexican patron saint's day.

Teatros have not only re-created and adapted certain folktales and legends, but also appropriated various folk figures like Pantaleón, Juan Pistolas, el Pelado, and Juan Bobo, and placed them in new, urban surroundings. The teatros have also helped to solidify the characters of various other popular stereotypes like the Pachuco, the Vendido, the Coyote, and the Militante that have appeared in contemporary times. El Teatro Chicano de Austin characterized Pantaleón Manso as an unsuspecting, gullible Chicano that falls prey to the scheme of the ghetto used car, electrical appliance, and real estate salesmen. El Teatro Campesino based its *Carpa cantinflesca* and its *La gran carpa de la familia rasquachi* on the poverty-stricken, luckless character known in Mexico as *el pelado* ("the naked one") and made famous by the well-known comedian, Cantinflas. The Teatro Desengaño made use of Puerto Rico's most famous picaresque figure, Juan Bobo, in an acto designed to show teen-agers that taking drugs is dumb.

Certain popular stereotypes have been forming in the course of the development of Chicano culture in the United States and they have steadily made their way into Chicano theater scenes. First and foremost of these popular

[17]Teatro Chicano de Austin, "Las avispas," *Revista Chicano–Riqueña,* 2 (Summer 1974), 8–10.

figures is the Pachuco or zoot-suiter, the teen-age rebel who developed his own subculture in the 1940s and '50s. Almost every teatro has at one time or another paraded this swaggering, marijuana-smoking, *caló*-speaking hipster on its stage.[18] Another character that was ubiquitous in early Chicano theater was the Vendido or Sell-Out, sometimes referred to as Tío Taco. He was the Mexican American that was bought by the System to deal with his own kind or to serve as token minority representation. The Coyote, of long tradition in the corridos that deal with Mexican labor in the United States, is the despicable labor contractor who exploits his own brothers on both sides of the border with his illegal gambit. The Militante is, of course, a parody of young Chicano militants who are seen as being very loud and menacing but assimilated into the dominant culture and thus rendered ineffective. Many of these character types are represented in Teatro Campesino's *Los vendidos* as robots for sale to the governor of California who is in need of someone to get him the Mexican American vote. Also included in this acto is Frito Bandito, Frito-Lay's corn chip bandit who has served as a gross stereotype of Mexicans in the mass media.

Chicano and Puerto Rican theaters have also taken the personal experience narrative as a basis for some of their work. New York's Teatro Calle 4 conducted a series of interviews of Puerto Ricans on the Lower East Side in preparing their *¿Qué encontraste en Nueva York?* The result is a work that follows the misfortunes of a newly arrived *jíbaro,* a country bumpkin, who gets a rude awakening as an introduction to life in the New York ghettos. He is duped, robbed, beaten, and finally becomes disillusioned. He resembles the protagonists of many a joke or tale about the transition from the Caribbean "paradise" to the urban jungle.

El Teatro de la Gente's *El cuento de la migra* is the story of an illegal immigrant from Mexico and his misfortunes at the hands of the border patrol, the labor contractor, the factory owner, and the Immigration and Naturalization Service. The acto beings with the following corrido stanza as historical background:

Año de mil novecientos	(In the year eighteen hundred
cuarenta y ocho corría	and forty-eight
firmaron dos gobernantes	two rulers signed a contract
y a mi pueblo dividían	and divided my people.)

This is followed by a monologue which is effected in the style and speech patterns of an old-timer relating his personal experiences:

[18]The most accepted term for the Mexican American dialect of Spanish is *caló*. See George R. Alvarez, "Caló: The 'Other Spanish,' " *ETC: A Review of General Semantics,* 34 (March 1967), 7–13.

. . . y desde ese entonces ha existido esa frontera por allí por el sur. Sí, pero una frontera muy caprichosa, no reconocida por el pueblo mexicano trabajador. Y si a mí me dicen que soy espalda mojada porque crucé un río asina de ancho, bien se sabrá el super-espalda mojada quién cruzó ese marezote. Sí, señor, porque a estas tierras yo he venido. También de estas tierras yo he nacido. Por eso les vengo a contar este cuento, el cuento de la migra. Sí, señor, esa víbora, ese animal que en estos días les está dando en la madre a nuestra madre. El cuento comienza en mil novecientos setenta cuando de repente. ¡Ahí viene la migra![19]

This example of the personal experience style and the other examples of narrative techniques used by teatros illustrate popular theater's attempts to communicate in the vernacular and to employ performance techniques that are familiar to Latino communities throughout the United States.

Language and Language Usage

The context in which a teatro uses English or Spanish is an extremely complex matter and depends on many variables, including the Spanish-English language dominance of the community and the dialects in use, the Spanish-English language dominance of the theater members, the social context of the acto and the type of character that is speaking. In general, teatros use the language of their audiences, unless typing a character through dialect and other speech patterns. Various degrees of dominance of Spanish and English are represented in the communities and can depend on such factors as the length of time the individual community members have resided in the United States, their age and amount of schooling, or simply their language preference. The Puerto Rican teatros in New York and New Jersey almost exclusively use Spanish. Most of the Chicano theaters perform bilingually and have devised various strategies to deal with community language diversity. As always, teatro performances are flexible and subject to improvisation on the spot. Thus accommodations in language as well as content are often made during performances.

However complex the problem of bilingualism may be, teatros exhibit a gusto for oral expression that manifests itself not only in a richness of popular sayings, phrases, and proverbs but also in experimentation with different dialects and bilingual word play. The heterogeneous makeup of Latino

[19]". . . and from that time on that border just south of us has existed. Sure, but its a very capricious border, not recognized by Mexican workers. And if somebody has the nerve to call me a wetback just because I crossed a little river just so wide, he better find out who's the super-wetback who crossed that great ocean to get here. Yes, sir, because I came to this land. But I was also born in this land. That's why I've come to tell you this story, the story about the *migra* [the Immigration and Naturalization Service]. Yes, sir, that snake, that animal that's putting it to our mother [literally, Mexico]. The story begins in 1970 when all of a sudden: Watch out, here comes the *migra*!"

communities is often reflected in teatro dialogue. The caló of Chicano youth and particularly of the Pachuco, the sing-song accent of immigrants from rural Mexico, the English-Spanish switching of many Southwesterners in particular, the lisping of the Spaniards, the rapid fire dialect of the Puerto Ricans, the hip language of the New York Ricans, all can be found in the *actos*. El Teatro Desengaño del Pueblo depicts in linguistic form the conflict that has existed between Mexicans and Puerto Ricans in northwest Indiana in their *Frijol y habichuela*. What is a bean to a Mexican *(frijol)* is not a bean to a Puerto Rican *(habichuela)*. The acto goes from this initial lexical difference to differences in accent, culture, and race, as the two characters, both of whom are identical beans, fight over their authenticity. After calling each other a series of names which have double meanings within the context of the acto, the beans unite and decide that their differences are not great enough to divide them.

Teatros explore all of the possibilities that bilingualism offers for creating humor, irony, and dramatic conflict. A standard bilingual ploy is the translating of the characters' names from Spanish to English. Such names as Juan Paniaguas, María Dolores de la Barriga, and Casimiro Flores are names that approach the ordinary in Spanish. But in English they become John Bread and Water, Mary Stomach Pains, and I Almost See Flowers. An unsympathetic character or a sellout may be named Ben Dejo *(pendejo* means stupid or naïve) or Ben Dido *(vendido* or sellout). As far as dialogue is concerned, one can imagine the many misunderstandings between Anglos and Latinos that are depicted on stage as consequences of misunderstanding each other's language.

Professionalism and Sophistication

Since the founding of the national Chicano theater organization (TENAZ) in 1971, a continuous effort has been made to professionalize teatros. The primary focus of the organization and its leadership, a coordinating council of regional representatives, has been on assisting theaters in developing acting and staging techniques and in creating more esthetically and politically sophisticated material. TENAZ has reached at one time or another probably as many as one hundred theater groups through its annual festivals, regional festivals, and workshops, In the course of its existence it has exposed many groups of novices at least to introductory training in body movement, diction, voice, staging, music, puppeteering, and mask-making. It has also sponsored seminars, forums, and lectures on such diverse topics as Mayan philosophy, Marxist esthetics, cultural nationalism, illegal Mexican immigration, New Mexican land grants, political repression in Latin America, and many others. TENAZ has at times also undertaken such projects as video taping teatros, arranging performances for touring Latin American theater companies, and publishing a Chicano theater magazine.

A good many teatros have taken advantage of some of the TENAZ offerings and have even passed on some of the training to other teatros with which they are in contact. Nevertheless, there is also a large number of groups that have looked upon these efforts at professionalization suspiciously and have considered them to be too fancy, too removed from their everyday reality and their issue-oriented theaters. The members of these groups have formed teatros not because they consider themselves actors, performers, or artists, but because teatro is a means of serving their communities in their struggle for civil rights and human dignity. Of the teatros studied above, El Teatro Campesino, El Teatro de la Gente, Su Teatro, and El Teatro Desengaño have been heavily involved in the TENAZ effort. Groups like the old El Teatro Chicano de Austin, El Teatro Alma Latina, El Teatro de la Sierra, El Teatro de Artes Chicanos de San Antonio, and El Teatro la Causa de los Pobres have remained outside of the influence of TENAZ up until recently. This past summer the Colorado and New Mexican groups attended their first TENAZ festival, which was held in Denver.[20] There they received their first exposure to more sophisticated theaters like El Teatro de la Gente, El Teatro Urbano, and El Teatro de los Niños from Pasadena, California, and to workshops on theater techniques and acting. TENAZ, on the other hand, sees only a naïve lack of discipline, commitment, and organization in those groups that fail to perform up to the level of their artistic potential. While there has always been an apparent respect in teatros for the rascuachi, TENAZ has had to impose standards of discipline that somewhat remove the organization from the groups that are probably closest to being folk theaters. El Teatro de Artes Chicanas de San Antonio, for example, was turned away from the TENAZ festival in Mexico City in 1975 because it had failed to register in advance. This has occurred quite often because many groups, through their lack of business planning or organization and because they are not professionals, do not spend time corresponding by mail, filling out questionnaires, establishing checking accounts, or even maintaining a permanent address. In many cases, their own performances are arranged strictly by word of mouth. If they decide to attend a festival or workshop, they often do so at the last minute possible and often with the idea that they are going basically to perform and to see what the other teatros are up to. In many cases improving their art or having a study session on radical politics is the farthest thing from their minds.

In spite of all of these efforts at professionalization, the only teatro that has succeeded in becoming a full-time, professional theater is the Teatro Campesino. El Teatro de la Esperanza, a theater group that was the outgrowth of a university program, and El Teatro Movimiento Primavera, the

---

[20]See my review of this festival, "Séptimo Festival de los Teatros," *Latin American Theatre Review*, 10:1 (Fall 1976), 72-76.

cultural arm of a Marxist organization, are two other groups that have highly developed their theatrical work. For Teatro Campesino, professionalism was a goal fostered and realized through the efforts of the university-trained playwright and director, Luis Valdez. It represented the only avenue to a full exploration of the aesthetic and cultural possibilities of the Mexican American teatrical form that Teatro Campesino had helped to invent. For Esperanza and Primavera, professionalization has involved a different process.

El Teatro de la Esperanza is one of the most widely known and respected Chicano theaters.[21] In its inception and growth it benefited from support from the Department of Drama at the University of California, Santa Barbara, in the form of classes, workshops, and a director who was a graduate assistant in drama working on his Ph.D. From the outset Esperanza was exposed to the most avant-garde dramatic theories and professional training. With these advantages and guidance, Esperanza has been able to take the basic Chicano theatrical form and fully explore its aesthetic and political possibilities. Esperanza has become a leader and innovator in Chicano theater, not because it has left behind the genuine, the folkloric, the intimate contact with the *pueblo,* but rather because the theater group has taken these elements and perfected them. *Guadalupe,* a documentary one-act play created by the group as a whole, is worthy of consideration as an important contribution to American drama. Today, its former director, Jorge Huerta, is a professor of drama at the University of California, San Diego, and Esperanza is faced with the dilemma of continuing to function as an avocational theater for its thoroughly developed actors or as a full-fledged professional theater. There is a definite need for professional Latino theaters and hopefully Esperanza will take the step to becoming one in the near future.

For Teatro Movimiento Primavera of Los Angeles, professionalization means attempting to reach the level of artistic control and political ideology exemplified in the works and writings of such models as Bertholt Brecht, Erwin Piscator, and Augusto Boal. The group's director, Guillermo Loo, rather than acknowledging the indigenous and folk roots of Chicano theater, emphasizes the influence of the international theater of protest: "We feel that our origins are in the history of scientific proletarian theater."[22] While it is assumed that the ultimate goal of such groups as Privamera is to serve as the cultural and propagandistic arm of a proletarian revolution, their theaters relate more directly to advanced political study groups than to the working classes in the barrios. In that they do not have this intimate relationship with the barrio and its culture, they find themselves often performing for audiences that are made up of people like themselves, politically

[21]For a brief history of El Teatro de la Esperanza, see Huerta, pp. 18–20.
[22]Guillermo Loo, "Editorial," *El Boletin Cultural de TENAZ,* 1 (1976), 102.

sophisticated students or graduates involved in radical political activism. Their purpose is therefore defeated as they fail to reach the real working class that is supposed to effect their desired Revolution. Groups like Primavera have merely become more specialized in the type of community that they serve. Where once they related to the entire barrio, now they serve one segment of the barrio, a segment that is probably in transition and in the process of leaving the barrio, the young Chicano leftists.

As Chicano and Puerto Rican theaters become more known and accepted, the demand for their performances and their presence within the academic community increases. Because of the solid, popular base that *teatros* have created over the last eleven years, today more and more Chicano and Puerto Rican playwrights are appearing on the contemporary scene, more Chicano and Puerto Rican drama classes are being taught at universities and high schools, and more plays by Latinos are being produced in theater houses on Broadway, off-Broadway, and at universities. The appearance of the playwright in teatro is an indication of professionalization in many cases. There is a conversion from collective creation to the specialization of services that is taking place in the most professionalized groups. Luis Valdez was a playwright even before founding the Teatro Campesino, but Campesino did not produce any of his plays before taking that great step to leave the service of the farm workers' union. Adrián Vargas, after his initial involvement in teatro, returned to the university to receive advanced training in playwriting. Groups officially supported by universities, like El Teatro de la Esperanza, El Teatro Aztlán of California State College, Northridge, the Bilingual Repertory Theater Company at Texas A & I University, and Teatro Libre of Indiana University at Bloomington, have customarily produced plays written by a single member of their group, a well-known Chicano author, or a professor at their school. Finally, the playwright without the theater group is also becoming a reality, as a more middle class and academic audience for Latino theater develops. But, of course, the works of these writers, which are destined to be performed for a heterogeneous theater-going public and by professional actors unknown to the author, have less and less folkloric content. Perhaps as the Latino middle class grows, the need for the type of grass-roots theater that has been examined here will diminish and instead Latino life will increasingly be reflected in the mass media, on Broadway, and on television. But for now, teatro is alive and well in the United States.

12

Los Niños y la Aventura del Teatro

KARLA BARRO

The director of the Teatro Nacional de Guiñol, of Cuba, offers a synthetic view of the philosophy, organization, activities, and aspirations of the theater organization. Among the main objectives of the institution is to contribute to the collectivist and humanistic formation of the Cuban child and adolescent, through a theater which is conceived both as entertaining and educational. The Teatro has an operational organization that encompasses the artistic, the technical, and the administrative. There is a supervisory unit called the Comisión de Calidad entrusted with the responsibility for ensuring the overall validity of the shows and assessing their effects on the audience. The program of activities is a result of the Primer Congreso de Educación y Cultura; the repertoire is characterized by cosmopolitanism in terms of the national origin of the plays. Some of the performances have been coproduced by the Teatro Nacional de Guiñol and foreign counterparts. There are different levels of presentations systematically graded according to the age of the audiences, which have included special groups like the mentally retarded and children's hospital patients. Associated with the main institution is a theater group called "Los Guiñolitos," made up entirely of children. It is intended that in the future the repertoire will be almost exclusively Cuban and Latin American plays.

Este artículo se publicó en la revista *Conjunto,* 24 (abr-jun 1975), 104–109, y se reproduce aquí con la debida autorización.

El pequeño telón se descorre y ante un público de lectores amigos aparecen los títeres, el retablo, los actores y el espíritu de trabajo del Teatro Guiñol de Cuba, especialmente dedicado a la creación de espectáculos para niños y jóvenes.

Indudablemente el teatro es el arte mediante el cual podemos exponer los sentimientos humanos más profundos, despertar la imaginación y la sensibilidad, formar las nociones de ética y estética, influir sobre el carácter, el intelecto y los sentimientos del espectador. Es un arte infinito en sus posibilidades, especialmente cuando estos espectadores son niños y jóvenes. El arte teatral desarrolla entonces la formación de buenos aficionados, de espectadores inteligentes y de ciudadanos conscientes de los principios que fundamentan esta expresión artística en una sociedad socialista. La mentalidad de los niños es bastante delicada y los adultos somos los máximos responsables de la influencia que la educación y todo tipo de manifestación artística pueda causar sobre su sensibilidad, su conciencia y su imaginación, especialmente cuando se trata de niños pequeños cuya personalidad y juicio crítico no están lo suficientemente desarrollados. Por esto, los objetivos fundamentales del teatro cubano profesional para los niños y los jóvenes, están ligados en estos momentos a un amplio y profundo desarrollo en todos los órdenes de esta especialidad, como ayudante potencial de la escuela y la familia en la educación de nuestra gente joven y asimismo, el cultivo del humanismo, siendo así esta una de las principales tareas del Consejo Nacional de Cultura dentro de sus metas ideológicas y artísticas y nuestra mayor y vital preocupación personal.

Nosotros, desde nuestro punto de vista, consideramos que el principio número uno de nuestro teatro para jóvenes espectadores, ha de ser la conquista por el pleno desarrollo de un teatro cubano pedagógico, acorde con las características e intereses de cada edad y percepciones, sin limitantes temáticas ni formales, sin convencionalismos, pero sí con determinados y positivos principios estéticos, morales e ideológicos ya establecidos, de acuerdo a nuestra concepción socialista sobre el desarrollo armónico del hombre.

Es tarea fundamental de nuestro Teatro el desarrollo de las mejores tradiciones culturales del pueblo cubano, de los demás pueblos de América Latina y del mundo, tratando de inculcarle al hombre del futuro desde su primera infancia, el amor al arte y estimular su evolución estética.

Necesitamos desarrollar en el país un espectador infantil inteligente que se convertirá de hecho en espectador crítico, por lo cual la calidad de los espectáculos será obligatoriamente ascendente. Es necesario ajustar el mundo del adulto al mundo de los niños, pues las ópticas son diferentes y mucho nos equivocamos al tratar de aplicarles nuestras convenciones y criterios. Es necesario también desarrollar paralelamente en nuestros espectadores la conciencia del colectivismo, rasgo característico de la moral socialista, producto de la estrecha vinculación entre los intereses del individuo y los de la sociedad y forjar también en ellos la conciencia de productores para hacerlos amar así nuestro primer deber social: el trabajo. Los adultos poseemos ya personalidades definidas, pero el niño está en la plenitud de su formación y su tendencia primaria es hacia la adaptación de patrones educativos sin tener aún un verdadero concepto de valores y lógica. Nuestro Teatro quiere ser recreativo y formador, manteniendo un equilibrio continuo entre ambos, para no atiborrar al niño con sabios consejos o "intelectualizar" el producto que se le entrega y que producirá en él aburrimiento. El niño aprende de todo y de todos, razón por la cual debemos luchar contra las viejas y caducas tradiciones que impidan que nazca una nueva vida, donde el hombre alcance su plenitud.

Nuestra línea de trabajo contempla como requisito principal el que nuestras obras en cuanto a tema, asunto y contenido, estén orientadas por los intereses y características del pequeño ciudadano en cada etapa de su desarrollo: Primeramente, vinculación al ámbito familiar, escolar, iniciación en el descubrimiento del mundo circundante, apoyados en el concepto martiano de "divertir enseñando," humano y optimista; obras de aventuras (ya para un segundo nivel), de viajes, ciencia-ficción, biografías célebres, lo heroico en niños de su propia edad y época, etc. Y para una tercera etapa, obras en que se plantee la lucha por las grandes causas, el espíritu heroico, combativo, militante, la acción, la aventura llevada hacia la investigación científica de tierra, aire y mar, el espacio cósmico, el despertar del sentimiento amoroso, los conflictos familiares y de relación social, y todo, en fin, cuanto atañe a los problemas de la adolescencia y la juventud. Las puestas en escena de estas obras deberán ser de fácil comprensión para las masas jóvenes, para ayudar a la valoración de lo que en sí es el arte teatral: entretenimiento y educación, tratando sobre todo de crear un teatro infantil y juvenil cubano, con autores nuestros, ambiente cubano, música, sabor, color y criollismo auténticos. Es necesario que nuestros autores trabajen con tenaz empeño para que el mundo mágico, lleno de candor y alegría de nuestros pequeños, se vea reflejado también en el escenario, ofreciéndoles espectáculos ricos en atmósfera, colorido, interés e imaginería, con los cuales les sea posible identificarse. Deben trabajar sobre lo conocido, pues las imágenes desconocidas confunden y debilitan el interés infantil, no así las ya familiares que estimularán sus inquietudes y siempre su imaginación las convertirá en un mundo nuevo. Las reiteraciones dentro de un espectáculo de este tipo entendemos que también son importantes y este público especial se regocija grandemente con estas repeticiones. Los niños disfrutan mucho más de las cosas que ya conocen, pues aún no les es fácil comprender rápidamente lo nuevo y sobre lo que no tienen experiencia alguna.

Creemos que el teatro debe ser parte normal en el desarrollo evolutivo del niño, pero un teatro flexible y orientador, que obtenga siempre el deseable resultado de la diversidad dentro de la unidad y que presente piezas de contenido humano. Esto es lo fundamental, lo básico en este género. Nada puede sustituirlo. Ni una buena música, ni una escenografía funcional y atractiva, ni una excelente actuación o una magnífica manipulación de títeres. El espectáculo estaría falto de savia y sería sólo un cascarón plástico. La humanidad en los personajes que se presenten ante el adulto en ciernes es lo principal, aún cuando representen animales, objetos o seres fantásticos. Los autores y directores de este género no deben perder en ningún momento de vista el sujeto al que va dirigido el espectáculo. Un sujeto cuya constante es el juego y disfrute de él en cualquier lugar y circunstancia. Por tanto, hay que lograr que nuestro espectador vea jugar o sienta en el escenario un ambiente de juego y así tendremos garantizado su total interés. El niño también necesita de lo maravilloso. Él mismo es ya maravilloso en su mundo interior y transforma con su imaginación el mundo exterior que se le presente. Lo que el niño hará a través de los espectáculos teatrales, ya sea de títeres o con hombres-actores, es el descubrimiento del mundo humano y de la vida moral y social. Descubrirán, por este medio, el mundo real en el cual viven y lo maravilloso que también hay en él. Lo que se desenvuelva en el escenario será para ellos un juego maravilloso en el cual pueden intervenir, ya sea con sus pensamientos, emociones (risas, gestos, gritos), o la participación activa y plena.

Nuestro Teatro trabaja con el asesoramiento de una sicóloga y una pedagoga que realizan la labor de intermediarias entre el teatro y los espectadores. Estudian la reacción del público durante una pieza, pudiendo organizar y conducir discusiones, conferencias, debates entre actores y público, etc. Estamos tratando de hacer un estudio científico con la ayuda de estas especialistas sobre la conducta sociológica de nuestro público, analizando sus percepciones en las funciones de acuerdo a las diferentes edades y niveles escolares. Hemos podido comprobar en algunos conversatorios efectuados con nuestro público infantil que los intereses, demandas y gustos de los niños y niñas son considerablemente diferentes, y que la mayoría de los adolescentes y jóvenes prefieren espectáculos teatrales musicales. Nuestro Teatro Nacional de Guiñol está dirigido por nosotros en la Dirección General, siendo asesorados por un Consejo de Dirección integrado por:

a) Un Responsable de la Sección Artística.
b) Un Responsable de la Sección Técnica.
c) Un Responsable de la Sección Administrativa.
d) La representación de dos actores.
e) El Productor.
f) El Secretario General de la Sección Sindical.

El Grupo se divide actualmente en tres Secciones:

a) La Sección Artística: que engloba los cargos de directores artísticos,

dramaturgos, profesores, asesores literarios, productor, asistentes de
dirección, jefe de escena, escenógrafos, actores, diseñadores, musicali-
zadores, bailarines, coreógrafos, músicos y otros especialistas artísticos.

b) La Sección Técnica: que engloba los cargos de tramoyistas, electricistas, utileros, sonidistas, vestuaristas, maquillistas, peluquería, incluyendo responsables y auxiliares de estos cargos.

c) La Sección Administrativa: que engloba los cargos de Administrador,
jefe de sala, auxiliares de oficina, taquillero, portero, acomodadores,
encargados de limpieza, etcétera.

El Teatro ha desarrollado todo un trabajo encaminado a cumplimentar
los acuerdos del Primer Congreso de Educación y Cultura, referentes a las
actividades dirigidas a la población infantil y juvenil. En el año 1974, se
pusieron en escena varios títulos de interés para el joven espectador. Hemos
tratado de representar obras provenientes de los cuentos de tradición universal, partiendo siempre de puntos de vista y razones sociales nuestras, es
decir, que tanto en el texto utilizado, como en la puesta en escena, se des-
tacan aquellos momentos que de un modo u otro llegan al pequeño espectador y lo ayudan a dirigir sus pasos en la construcción de su nueva sociedad.

El Teatro ha participado en varios seminarios con especialistas de teatro
para niños y jóvenes provenientes de los países socialistas, como por ejemplo,
los efectuados con polacos, búlgaros, soviéticos y húngaros, lo cual nos ha
permitido lograr nuevas calidades y ampliar nuestros horizontes artísticos
en cuanto a expresividad, técnica y creatividad. El grupo ha efectuado también intercambios de experiencias con teatristas checoslovacos, de la RDA y
latinoamericanos. A finales del año 1973 se produjo el estreno de *Los seis
pingüinitos,* obra búlgara, dirigida por el compañero Atanás Ilkov. Esta
puesta en escena marcó un momento de ascenso en el movimiento teatral
cubano actual, dedicado a la difícil especialidad de trabajar para niños. En
1974 el grupo tuvo delante de sí una amplia programación. Se estrenó la
obra *Tres a la vez,* donde con tres cuentos clásicos llevados al teatro se cas-
tigaba desde el escenario los malos hábitos y se demostraba la solidaridad
entre los hombres, en este caso, entre Gulliver y sus amigos, los muñecos
de Liliput. Estrenamos también *Minijuguetería,* un juguete musical a base
de canciones tradicionales infantiles de Latinoamérica, y una pieza breve
hecha con títeres planos: *Tingo Tilingo,* de fácil transportación para el
trabajo móvil que el grupo realiza a escuelas, hospitales infantiles, zonas
campesinas, etc. También tuvo lugar en el mes de julio de 1974 el estreno
de la obra cubana *El canto de la cigarra,* versión de un cuento del escritor
Onelio Jorge Cardoso en co-producción Polonia-Cuba, cuyo tema plantea
también la solidaridad. La acción de la obra se desarrolla en el mundo de
los insectos. Estos viven problemas semejantes a los humanos. Buscan un
lugar en la tierra donde podrían construir sus casas, vivir tranquilamente y

trabajar. Desean vivir en paz. El tiempo libre de trabajo quieren pasarlo en la alegría y el juego. Gracias al trabajo y la lucha mutua logran su objetivo y los acompaña en este, la música, el canto, el baile, o sea, el arte. En el montaje de esta obra se utilizaron exclusivamente materiales tomados de la naturaleza cubana, como semillas, yaguas, yute, henequén, cocos, vainas, etc., tanto en la escenografía como en la confección de los muñecos. La obra estuvo dirigida por Stanislaw Ochmansky, con escenografía y diseño de títeres de Mieczyslaw Karlicki. Con estas tres últimas obras el grupo participó en el Primer Encuentro de Teatro para Niños y Jóvenes que tuvo lugar en el Parque Lenin durante los días 5, 6 y 7 de julio de 1974. Un magnífico encuentro que sirvió a los teatristas de este género como confrontación técnica y artística, tanto en lo referente a temas como a puestas en escena, así como al logro de una mayor y mejor comunicación entre los grupos que se dedican a esta especialidad.

Recientemente estrenamos *El conejito descontento* de Freddy Artiles, obra premiada en el concurso literario La Edad de Oro de 1973, convocado por la Unión de Pioneros de Cuba y el Consejo Nacional de Cultura. Posteriormente tuvo lugar el estreno de una obra dedicada a los niños vietnamitas: *Juanito en el país de los bambúes* de Mónica Sorín, que ha tenido gran aceptación por parte de nuestro público habitual especialmente por la participación que el mismo mantiene durante todo el espectáculo con títeres y actores. Y para fines de 1974 una obra de ambiente típicamente campesino: *La guarandinga de Arroyo Blanco* de Rómulo Loredo. Con esta obra en especial estamos realizando un trabajo sicopedagógico en la aplicación del método de creación colectiva, utilizando un grupo de niños que diseñan plásticamente sus impresiones sobre la obra en sus distintos cuadros y escenas y participan de improvisaciones y conversatorios de una manera activa y espontánea, obteniendo hasta el momento resultados verdaderamente interesantes.

El repertorio de un teatro de este género es prácticamente ilimitado en cuanto a piezas y géneros se refiere. No estamos especializados en un sólo género o una sola línea artística. Aspiramos a tener un amplio programa en el que aparezcan piezas satíricas, folclóricas, cuentos de hadas, dramas románticos y tragedias, piezas históricas, sicológicas y biográficas, comedias musicales, aventuras, etcétera, contemplando preferentemente autores nacionales y latinoamericanos.

Proyectamos clasificar el repertorio por edades, considerando tres niveles de comprensión; de 6 a 12 años (con piezas también para preescolares), de 12 a 14 (considerado fundamental en la formación de la personalidad) y de 14 a 18. También se prepararán espectáculos para adultos, ya que entendemos que no se puede educar a los niños y jóvenes sin antes educar a sus educadores.

Con el desarrollo de los grandes planes socio-económicos de nuestra Revolución, los horizontes del arte teatral se amplían infinitamente. Por este motivo en el año 1975 tenemos la intención de comenzar las funciones nocturnas con obras y espectáculos adecuados al tercer nivel, que planteen la problemática e intereses que les conciernen y de esta manera coadyuvar a la canalización de los mismos dentro del marco de su vida social. No sólo se harán representaciones con títeres, sino obras dramáticas totalmente interpretadas por actores. Contemplamos para este año el trabajo en dos equipos: infantil (con funciones de tarde) y juvenil (funciones de noche). El equipo infantil estrenará la obra *La muñeca de trapo* y las que resulten premiadas en los concursos literarios de las FAR, UNEAC y Casa de las Américas del presente año, mientras el equipo juvenil presentará la *Cecilia Valdés* (un trabajo experimental con títeres de mimbre y escenografía de estilo colonial); *Aventuras de Don Quijote y Sancho; El caballito jorobado,* clásico de la literatura rusa, en co-producción URSS-Cuba; *La vuelta al mundo en 80 días* (trabajo experimental que proyectamos hacer en tres planos o dimensiones: con actores, títeres y objetos); *La ópera de 2 centavos* de Bertold Brecht, con títeres y actores; *Valentín y Valentina* de Kataiev (donde se plantea el conflicto amoroso y familiar entre dos jóvenes); y *El testamento de un perro* del autor brasileño Ariano Suassuna.

Entre los planes especiales de trabajo está el que desarrollamos con los hospitales infantiles cada sábado, fundamentalmente con el Hogar Médico-Sicopedagógico para Niños Impedidos "Franklin D. Roosevelt," trabajando en la aplicación de la sicoterapia con títeres, labor que facilita a los científicos la educación, investigación y tratamiento de muchos casos.

También la constitución de los Guiñolitos, grupo de teatro anexo con niños aficionados de diferentes edades, de los Comités de Defensa de la Revolución es otra de nuestras tareas absorbentes. Hemos formado con ellos un Taller de experimentación y análisis, para que nos ayuden a comunicarnos con ellos en su propio lenguaje y con sus propias formas. Trabajaremos conjuntamente con estos niños durante el proceso creativo de nuestras puestas en escena, aplicando la fantasía, ideas e imaginación que de ellos se desprende lógicamente, desarrollando los Teatro-Debates, para obtener una exacta valoración de nuestras obras y cuestionar cotidianamente nuestro trabajo con las opiniones de este equipo, que enriquecerá indudablemente nuestra creación teatral. Los niños pueden dibujar sus impresiones después de cada ensayo o función y así exploramos de una manera práctica y fructuosa el subconsciente infantil. Los Guiñolitos actuarán los lunes, que es el día de descanso del grupo. Actualmente iniciamos con ellos diferentes ensayos a base de canciones, juegos, poemas, pantomima y manejo de títeres. En fin, nuestros Guiñolitos harán la función de "catadores" e indudablemente resultarán nuestros mejores críticos y excelentes asesores. Este año nuestro Teatro Nacional de Guiñol desarrolló también una mayor labor con la masa pioneril de nuestro país y del extranjero, participando en el verano en las actividades del Campamento Internacional de Pioneros de Varadero.

El esfuerzo por la superación total del grupo también ha ido en aumento, al satisfacer todas sus inquietudes artísticas: Danza, Pantomima, Gimnasia, Voz, Canto, Actuación, Sicología, Pedagogía y Estudios Políticos. La Sicología en particular, nos ayuda a una mejor comprensión sobre la compleja cuestión de la conducta humana en las diferentes edades de la existencia. Nuestros conocimientos espontáneos adquiridos en la práctica cotidiana y en el trato continuo con los niños deben ser vanalizados convenientemente a través del estudio científico adecuado.

Junto al Grupo y al Teatro trabajan un sinnúmero de colaboradores especialistas. Estos son trabajadores del Taller Nacional de Muñecos, donde tiene lugar el proceso de creación de los muñecos y escenografías. En la construcción de un muñeco intervienen diferentes oficios, como son los atrezzistas, técnicos en mecanismo, peluquería, vestuario y pintura. Aquí se construyen diferentes tipos de muñecos y cada uno de ellos tiene una técnica diferente de manipulación. Aquí se confecciona igualmente un títere de guante, que un títere de varilla, una marioneta, una máscara o un esperpento.

Hemos constituido una Comisión de Calidad la cual trabaja perennemente con el objetivo de velar por la óptima realización de nuestras puestas en escena, con vistas a una mayor superación y en franca emulación socialista, ante y para nuestro pueblo. Esta Comisión analiza los valores de la obra que justifiquen su puesta en escena, la concepción de la dirección artística, los aspectos técnicos, la actuación y la manipulación de los muñecos, la actitud general de los trabajadores en el espectáculo y el resultado del mismo ante el público y ante la opinión de la propia Comisión.

Las experiencias adquiridas en nuestro reciente viaje por los países socialistas, en especial la URSS, RDA y Hungría, nos han ayudado de manera eficaz en la organización de nuestro Teatro, en la aplicación de nuevos métodos de trabajo y en la correcta selección y programación de un amplio y adecuado repertorio.

En el mundo artístico se habla a menudo de privilegios y privilegiados. Nosotros confirmamos que aún existe en nuestro país una clase privilegiada: los niños. Y los que trabajamos en el Teatro para niños y jóvenes somos trabajadores privilegiados, artistas afortunados satisfechos de su papel y conscientes de tal responsabilidad ante su público: un público inquieto, fantasioso, intolerante y crítico. Un público humano, inteligente y sensible, nada abúlico ni irresoluto, apasionado y poco contemplativo. Un público divertido y medroso, que no tolera engaños a pesar de amar la fantasía y lo inverosímil. Es él, nuestro principal protagonista y la razón de ser de nuestro Teatro Nacional de Guiñol, cuyo lema es: "Nada hay más importante que un niño."

Parte IV

Festivales

13

El IV Festival de Manizales, 1971

GERARDO LUZURIAGA

The bright side of Latin American theater is concomitant, to a great extent, with the ubiquitous festivals. These events have become a unifying force among noncommercial theater artists across national boundaries, a sounding board for new ideas and ideals that ultimately may transcend theater and art as such, and therefore also a nuisance to many a government.

Chronologically, the Havana Festival, begun in 1961 under the sponsorship of Casa de las Américas, was the first Latin American theater festival. In the beginning the Havana festivals were truly "seasons" of Latin American theater, presented by Cuban companies for Cuban audiences. It was not until 1964 that the festival became international with a colloquium of dramatists, directors, and actors from abroad organized on the occasion of the fourth meeting, and only in 1968 did non-Cuban groups take part. Undoubtedly the Havana Festival, together with the Casa de las Américas annual literary contest and its theater journal *Conjunto,* has affected the Latin American stage.

The influential Manizales Festival held its first convocation in 1968, following, not the Havana model, but that of Nancy, France, and other similar European gatherings. Naturally, Manizales subsequently went its own way, and eventually set the pattern for other festivals in Quito, San Francisco (California), San Juan, and Caracas. The 1971 Manizales festival, discussed here, broadened its scope from the university character of the earlier festivals. Typically, it was not only a week of theater performances throughout the mountaintop city of Manizales, Colombia, but also included a seminar for actors and directors,

Este artículo se publicó en *Latin American Theatre Review,* 5:1 (Fall 1971), 5–14, y se reproduce aquí con la debida autorización.

a symposium, film showings, and painting exhibits. This chapter describes the activities, focusing on the best groups and performances, the political tone of the debates, and the significance of the festival.

The Manizales Festival took place once again in 1973, when groups from Europe and Africa were invited. In 1975, only weeks before the opening of the sixth meeting, the sponsoring institutions carried out a previous threat and suddenly withdrew their financial support, thus suspending the Manizales Festival indefinitely. At the time of this writing, there were plans to move the festival to Bogotá.

Con una regularidad que ya sorprende, acaba de realizarse en Manizales por cuarto año consecutivo el Festival Latinoamericano de Teatro Universitario e Investigación Teatral. El evento se llevó a cabo en diversos sitios de la ciudad colombiana durante una apretada semana (del 11 al 19 de septiembre), en la que pudimos asistir, aparte de la veintena de representaciones teatrales, a una serie de actividades culturales organizadas como parte del certamen, tales como muestras de cine y pintura latinoamericanas, un coloquio acerca del tema "La expresión latinoamericana," un seminario para directores en el que se analizaban las obras representadas en el Teatro Los Fundadores, y un curso para actores dictado por el dramaturgo y director colombiano Enrique Buenaventura, amén de varios incidentes no programados.

Muchos de los que habíamos venido por primera vez a este festival nos preguntábamos por qué era esta ardua ciudad de difícil acceso y de una escasa tradición teatral, el lugar escogido para el efecto. Las razones que nos dieron: porque fueron Carlos Ariel Betancourt y otros intelectuales manizaleños quienes tuvieron la iniciativa, porque recibieron el apoyo de la municipalidad y de varias instituciones culturales, y porque Manizales contaba con el mejor teatro de Colombia y uno de los mejores del continente: el Teatro Los Fundadores, con capacidad para 1200 personas. Además, se pensaba, y con razón, que el festival podría incrementar el turismo a esta rica zona cafetera.

Los mejores grupos y sus obras

Probablemente, la representación que agradó más y que logró conciliar las dos tendencias del certamen—hacer un teatro de franca denuncia política, por un lado, y hacer un teatro de experimentación escénica, por otro—

LAM. 5. Escena de la "masacre de las bananeras", en *Soldados*, de Carlos José
Reyes, escenificación del Teatro Experimental de Cali. Festival de Manizales, 1971. (Foto: Festival de Manizales.)

fue *Soldados*, puesta en escena por el Teatro Experimental de Cali, bajo la
dirección de Enrique Buenaventura. (Véase lám. 5.) La primera versión de
esta obra participó en el último festival de Nancy, Francia, y la que se
presentó en Manizales—inaugurando el local conocido con el nombre de
"Teatro Popular de la Veinticinco"—era la tercera. El drama es una adaptación hecha por Carlos José Reyes de la novela *La casa grande*, de Alvaro
Cepeda Zamudio, y denuncia varios acontecimientos nacionales relacionados
con la infame "matanza de las bananeras" del año 1928. La realización de
Soldados mostró a las claras el gran dominio técnico, la notable calidad
artística, que el maestro Buenaventura ha conseguido impartir al TEC,
dentro, sin embargo, de un marco ejemplar de sobriedad en la actuación y
en la escenografía. No cabe duda de que este impresionante espectáculo
caló muy hondo especialmente en el público colombiano.

Los chilenos de la Universidad de Concepción, bajo el mando de Juan
Curilem, cerraron el festival con un espléndido trabajo colectivo, titulado
Contracción. (Véase lám. 6) El grupo demostró tener una notable preparación física y mucho conocimiento de los recursos escénicos, especialmente en
cuanto se refiere a la pantomima y a la expresión corporal. El espectáculo,
hilvanado en torno a una sentida evocación del Che Guevara, significó un
alegato en favor de la lucha del proletariado y una demanda al público por

LAM. 6. Cuchillo en mano, se aprestan a "agredir" al público los intérpretes de
Contracción, creación colectiva del Teatro de la Universidad de Concepción, Chile. Festival de Manizales, 1971. (Foto: Festival de Manizales.)

una definición en esa contienda política. Toda la obra en general fue impresionante, y causó especial impacto una escena relacionada con el tema del
hambre. Los actores incursionaron por dos ocasiones en la platea—en una
de ellas, cuchillo en mano—arbitrio que parecía estar orientado, no tanto
a envolver al público en la representación, cuanto a motivarlo para la acción
en la lucha de clases. La presentación chilena gustó muchísimo y, al igual
que *Soldados,* fue una feliz fusión de mensaje político directo y de técnica
escénica de alta calidad.

Causó muy buena impresión *El asesinato de X,* creación colectiva del
grupo "Libre Teatro Libre," de Córdoba, Argentina. Escenificada con inmensa austeridad en un recinto pequeño dispuesto en forma de teatro circular, la obra presentó los infaustos acontecimientos transcurridos en Córdoba
cuando el levantamiento armado que fue internacionalmente conocido como
el "Cordobazo." Este trabajo mostró el clima de terror, de violencia, de
vejación, a que fueron sometidos los obreros, los estudiantes, los disidentes
del gobierno militar. Por la fuerza y franqueza del contenido y por la refi-
nada sencillez de los medios de interpretación, esta obra fue considerada
como una de las mejores del festival, a pesar de que no llegó a ofrecerse en
el escenario "oficial" de Los Fundadores, quizás en razón de que el grupo
vino por su propia cuenta.

Otro de los espectáculos que mereció nutridos aplausos fue *Venezuela tuya,* texto de Luis Britto García, llevado a la escena por el grupo "Rajatabla" del Ateneo de Caracas, con la dirección de Carlos Giménez. Fue un "show" exuberante, de gran vistosidad, con elementos de humor, sátira y violencia, en el que no faltaron las canciones y una atmósfera de "music hall." Comenzó con el encuentro alucinante del "Paraíso" por parte de unos hombres vestidos de beisbolistas. Luego los mismos descubridores niegan el edén, y vemos entonces desfilar a los explotadores—negreros, banqueros, etc.—, y concluye la revista con la revelación de la Venezuela actual, alienada y dependiente, "caótica e interrogante." Esta obra ha tenido mucho éxito en Venezuela y mereció en 1970 el premio de la Casa de las Américas.

El conjunto "Rajatabla" presentó también la obra *Tu país está feliz,* basada en un poemario de Antonio Miranda, autor brasileño que reside en Venezuela, y realizada como un espectáculo juglaresco, con música de Xulio Formosa.

La Universidad Nacional, seccional de Manizales, se hizo presente con la magnífica obra de Enrique Buenaventura, *La orgía,* dirigida por Oscar Jurado. Montada con simplicidad escenográfica pero con alarde de actuación, *La orgía* de mendigos consistía en un ritual que hacía realidad las fantasías eróticas y de poder de La Vieja, la protagonista. La ceremonia alucinante era en esencia una bien estructurada alegoría de la decadente sociedad burguesa latinoamericana. Los mendigos de la bacanal "de los treinta" de cada mes, representaban, a su turno, la burocracia, el militarismo, la religión, mientras que La Vieja emblematizaba el gobierno acaparador y explotador. La obra fue muy bien recibida y constituyó uno de los mayores logros del festival.

Por primera vez tomó parte en el certamen un grupo del Paraguay, y lo hizo con mucha dignidad y altura. El Teatro Popular de Vanguardia, formado en 1964, ofreció un hermoso recital poético-musical titulado "Un puñado de tierra," bajo la dirección artística de Antonio Pecci. (Véase lám. 7.) El muestrario poético es obra de autores paraguayos, y da una visión del hombre de ese país, de su lucha contra la tierra indomable, contra el hambre, de sus mitos, de sus creencias religiosas, de la guerra, sus temores, su folclor y también a ratos sus desbordes de alegría. A pesar de la fuerza del mensaje y del sentido plástico de la escenificación, la atmósfera reinante fue más bien de tristeza y melancolía.

De los dos grupos ecuatorianos participantes—el de la Universidad Católica de Quito y el de la Casa de la Cultura Ecuatoriana de la misma ciudad— fue este último el que llamó la atención por su obra *Las tentaciones de San Antonio.* Se trataba de un trabajo colectivo, hecho con las técnicas de Jerzy Grotowsky, y basado en textos de Flaubert, de la Biblia y de Villiers de L'Isle-Adam, bajo la dirección de Pascal Monod, discípulo del director

LAM. 7. Escena del collage poético-musical *Un puñado de tierra*, representado por
el Teatro Popular de Vanguardia (Paraguay). Festival de Manizales, 1971.
(Foto: Festival de Manizales.)

polaco. El espectáculo se ofreció, como era de esperarse, en un espacio reducido (el escenario del teatro del Centro Colombo-Norteamericano), con
una distribución circular de los asientos para apenas 40 personas. Impre-
sionó el tratamiento de ritual obsesionante que se le dio a la obra, y a la
vez, el extraordinario dominio de la expresión corporal de los actores, fruto
de ocho meses de riguroso entrenamiento. Esta representación "grotowskia-
na" despertó sospechas y críticas en algunos círculos, pues el nombre de
Grotowsky (quien participó en el festival anterior) fue esta vez anatema para
un gran número de asistentes, quienes abogaban por un teatro popular, un
teatro de testimonio de la realidad inmediata, lejos de todo elitismo.

El Teatro Taller de la Universidad de Panamá, fundado en 1970 y dirigido por Roberto McKay, presentó *Segundo asalto,* del panameño José de
Jesús Martínez, que es un estudio de las relaciones matrimoniales a lo
Ionesco, y *El alto y el bajo,* drama de Agustín del Rosario, autor también
panameño. Los miembros del Teatro Taller demostraron una gran preparación escénica, en particular con *El alto y el bajo,* obra que versa sobre un
tema de sadismo y que fue llevada a las tablas con gran imaginación.

Incidentes y controversias

Para la noche de la inauguración del festival estaba programada la presentación de *Los funerales de la Mamá Grande,* trabajo colectivo en base al

cuento homónimo de Gabriel García Márquez, a cargo del grupo de teatro de la Universidad Nacional, seccional de Bogotá. Pero el conjunto bogotano, dirigido por Carlos Duplat, nos dio por liebre un gato muy felino y ofreció una "improvisación" en torno al "Cuarto aniversario de la Mamá Grande," que era una ridiculización de este IV Festival, al cual se tildó como evento circense manejado por la burguesía y destinado a complacer a un público también burgués. Después de la breve parodia, el grupo leyó un manifiesto de la Asociación Nacional de Teatros Universitarios (Asonatu) rechazando el festival y motejándolo de "colonialista y oligárquico,"de fomentador de "culturas extranjerizantes" y de "falsas vanguardias" que "con retórica izquierdizante y ropaje latinoamericanista no pasan de ser simples voceros de la opresión y la dependencia." Asimismo, censuró la anunciada presencia de Mario Vargas Llosa por su posición política. Al desconcierto causado por esta "asonada de la Asonatu," como se la llamó, sobrevino una acalorada discusión entre diversos espectadores, inclusive miembros de las delegaciones extranjeras que se sintieron ofendidos, a tal punto que el festival parecía tambalearse el día mismo de su apertura. Este incidente sentó el tono de confusión, de polémica y aun de agresividad de casi todo el certamen. El conjunto de Bogotá sí llegó a representar *Los funerales,* que era una interpretación crítica de diversos hechos de la realidad e historia colombianas, realizada con considerable imaginación y dominio del movimiento escénico.

Otro de los fiascos del festival tuvo lugar con ocasión de la representación de *El extraño viaje de Simón El Malo,* obra de José Ignacio Cabrujas, a cargo del conjunto de la Universidad de Los Andes (Mérida, Venezuela), bajo la dirección de Ildemaro Mujica. El montaje resultó un mediano esfuerzo hecho sobre un texto sumamente mediocre. El tratamiento "brechtiano" que se le intentó dar (con carteles, canciones, etc.) nos pareció postizo, vacuo. Este espectáculo hizo historia en el festival porque gran parte del público mostró su desagrado saliéndose después del primer Acto y otro sector impidió por fin la terminación de la obra con sus rechiflas y abucheos. Este incidente fue duramente criticado; y sin embargo, era la medida una vez más de los graves errores de este festival, atribuidos en gran medida a los métodos de selección de los grupos y de las obras por parte de los organizadores.

Hubo otros espectáculos de escasa o cuestionable calidad. Por ejemplo, *Las nupcias del señor presidente,* obra breve escrita y dirigida por Raúl Gómez, y representada por la Universidad Externado de Colombia. O *Requiem para un girasol,* pieza muy débil del chileno Jorge Díaz, que los loables esfuerzos escénicos del conjunto novato de la Universidad Católica de Quito, dirigido por José Ignacio Donoso, no pudieron mejorar. O *Antígona,* de Jean Anouilh, representada por el Grupo Estudiantil Universitario de Monterrey (México), elenco organizado en 1970. El caso del grupo mexicano merece mayor consideración.

A pesar de su reciente conformación, el grupo de Monterrey venía con muy buenas credenciales, pues fue considerado el mejor conjunto de los 28 que participaron el año pasado en el Primer Festival Nacional de Teatro Universitario de México. Por todo esto, se esperaba mucho más de su actuación. Según propias declaraciones del grupo, fue su intención adaptar la obra de Anouilh a los sucesos estudiantiles de 1968 ocurridos en México (Tlatelolco). Tal intención se mostró en el uso que hicieron durante la representación, de diapositivas y de cortos de película para proyectar ciertos documentos relativos a los hechos mencionados y otros de referencia más general. Al parecer de la crítica, este recurso no cuajó en la estructura del espectáculo y sólo se quedó en buenos deseos. El error fundamental de la representación fue su extremada fidelidad al texto de Anouilh, de por sí demasiado literario y lento. A esto se añaden las notas melodramáticas, debido a la excesiva importancia otorgada a los amores de Antígona y Emón y también en razón de los efectos patéticos de la música. En general, la puesta en escena de *Antígona* resultó sumamente convencional y académica, demorada y decorativa, y se ubicó al margen de la corriente mucho más austera, dinámica y polémica establecida por varios de los conjuntos, especialmente colombianos. Lamentablemente, tampoco ha gustado la participación mexicana en festivales anteriores, y por eso el público manizaleño comienza ya a preguntarse qué pasa con el teatro joven de México. El crítico Oscar Jurado informaba (*La Patria,* Manizales, 14 de septiembre de 1971) que "los grupos mexicanos que se han presentado en el Festival de Manizales se han caracterizado por el aferramiento a textos antiguos, a los que han tratado de darles validez a través de formas que en ningún momento ayudan a clarificar o a resaltar el contenido, la situación o los problemas planteados, sino que se quedan en el mero adorno, en la mera decoración, en la experimentación misma, en el formalismo, para decirlo de una vez." La presidenta del elenco de Monterrey explicó en uno de los foros, que en México no pueden todavía los grupos teatrales ser explícitos en sus mensajes, sino que tienen que velarlos de alguna manera, debido a la represión gubernamental, tema éste que, a juzgar por lo dicho en el seno de diversas delegaciones (Paraguay, Brasil, México, etc.), constituye un formidable obstáculo para los conjuntos teatrales jóvenes.

Esperando a Gabo(t)

Entre las promesas no cumplidas del festival estuvo la anunciada visita de Gabriel García Márquez, conocido en Colombia afectuosamete como "Gabo," quien debía venir como huésped de honor del festival. Mario Vargas Llosa, que era uno de los participantes en el Coloquio sobre la Expresión Latinoamericana, llegó tarde y se regresó después de asistir a sólo dos sesiones de las cinco del Coloquio. El rumor fue que los ataques verbales

de que fue objeto aun antes de su llegada, motivaron su intempestivo retorno. Asimismo, varios grupos teatrales, cuya participación se había anunciado, tampoco vinieron. Entre ellos, se contaban dos conjuntos brasileños y
el Teatro Estable de la Universidad de Córdoba, que había ocasionado justa
expectativa por el triunfo obtenido en el III Festival con la representación
de *Las criadas* de Genet. Tampoco se hizo presente el "Grupo 67," de
Argentina, el cual, según se llegó a saber, no pudo salir de su país por orden
del gobierno de Lanusse, a quien, en consecuencia, el Jurado del certamen
envió un telegrama de protesta. En cambio, tomaron parte numerosos conjuntos que llegaron por su cuenta y riesgo, algunos de los cuales se presentaron en barrios populares y otros llenaron en el programa oficial el vacío
dejado por los elencos ausentes.

El coloquio

Del 13 al 17 de septiembre se llevó a cabo en la Universidad de Caldas—
una de las instituciones patrocinadoras del certamen—el Coloquio sobre la
Expresión Latinoamericana, con la participación de Augusto Boal, autor y
director brasileño, el español José Monleón, director de la revista madrileña
Primer Acto, el escritor mexicano Emilio Carballido, Darío Ruiz Gómez,
joven escritor colombiano, y Mario Vargas Llosa. El coloquio se convirtió
en un foro de intervenciones destempladas, debates apasionados y agresivos,
por parte de elementos de la asamblea. Augusto Boal, con su personalidad
a la vez simpática y vigorosa, y con sus planteamientos serios, fue el único
que logró imponer cierto orden en aquello que estaba resultando un perfecto
caos. La presencia de Vargas Llosa exacerbó los ánimos de algunos jóvenes,
quienes le hicieron, como dijo pintorescamente la prensa local, un "consejo
revolucionario." El escritor peruano procuró orientar la discusión al campo
de la creación artística, pero sus antagonistas insistieron en el caso Padilla
y en las relaciones entre política y cultura. Boal tuvo intervenciones sólidas
acerca del teatro popular, respaldado en su propia experiencia en el Brasil
y la Argentina. Monleón se refirió constantemente al fenómeno que él conocía mejor, el europeo, y opinó cautamente acerca de la expresión latinoamericana. Carballido se vio abocado a hacer una defensa no muy feliz del
costumbrismo. En una sesión del Coloquio tomó también la palabra Oscar
Collazos, el intelectual colombiano que formara parte de la Redacción de la
Revista de la Casa de las Américas, para leer una muy interesante ponencia
acerca de las relaciones entre el escritor, el intelectual y el político. En
resumen, el coloquio se caracterizó por el predominio de las explosiones
emocionales y aun fanáticas, sobre la exposición racional y bien meditada,
por la ausencia general, o quizás mejor, por la imposibilidad ambiental
general para hacer planteamientos iluminadores y profundos en torno al
tema de la Expresión Latinoamericana.

Otras actividades

Además de las representaciones teatrales y del Coloquio, se llevó a efecto durante el festival un curso para actores dirigido por Enrique Buenaventura; un "seminario para directores" en el que debían analizarse las obras representadas, aunque, dicha sea la verdad, poco deseo de analizar las obras se manifestó en tal seminario; dos exposiciones de pintura, una colombiana reunida en la colección de la Biblioteca Luis Angel Arango del Banco de la República, y la otra argentina, a cargo del grupo bonaerense "GABA"; y una interesante muestra de cine latinoamericano, en su mayor parte revolucionario, mas exhibido en una sala con capacidad para 40 personas. Fueron siete los países representados en la muestra de cine: Argentina, con "La hora de los hornos" de Fernando Solanas y Octavio Getino; Colombia, con "¿Qué es la democracia?" y "Colombia 70" de Carlos Alvarez, "Un día yo pregunté" de Julia de Alvarez, y "Carvalho" de Alberto Mejía; Cuba, con "Cien años de lucha" de Bernabé Hernández, "Estampida" de estudiantes del Instituto Cubano de Arte e Industria Cinematográfica, y "79 primaveras," "LBJ" y "Despegue a las 18" de Santiago Alvarez; Chile, con "Nos tomamos la tierra" y "Caso o mierda" de Carlos Flórez; México, con "Cines informativos mexicanos"; Paraguay con "El pueblo" de Carlos Saguier; y Venezuela, con "TV Venezuela" de Jorge Solé y "Santa Teresa" de Alfredo Anzola.

Decisión del Jurado

El Jurado, constituido por Augusto Boal, Emilio Carballido y José Monleón, se pronunció desde el principio por la abolición del carácter competitivo del certamen, sentir que ya se hizo patente en el III Festival. Por tanto, ningún grupo, ningún actor, ningún montaje recibió galardón especial alguno. Asimismo, esto borraba la diferencia entre participación "oficial" y "no oficial" de los grupos. En el comunicado final, los jurados recomendaron la reorganización de la directiva del festival, de tal manera que ésta dé más cabida a representantes de las organizaciones universitarias de Colombia y a personas conocedoras de teatro en el ámbito continental; reafirmaron la importancia del festival para el desarrollo y la integración del teatro latinoamericano, dentro del proceso político de liberación del continente; recomendaron la utilización de textos preferentemente latinoamericanos para los próximos festivales; expresaron su solidaridad con las resoluciones del Primer Encuentro de Directores Latinoamericanos celebrado a principios de año en Buenos Aires, según las cuales el teatro debería tener una orientación eminentemente popular; y propusieron que el Festival de Manizales entre en relación con otros centros latinoamericanos de encuentros teatrales, como Brasil, Argentina, Chile y Cuba.

Significación del festival

La incuestionable significación del Festival de Manizales puede apreciarse si consideramos sus características generales. Ante todo, parece un hecho que el enfoque del certamen se ha ampliado y que ya no es exclusivamente universitario, pues participaron grupos como el Teatro Popular de Vanguardia del Paraguay, el Teatro de la Casa de la Cultura Ecuatoriana, el Libre Teatro Libre de Córdoba, etc., que no están enmarcados en el sistema universitario, aunque posiblemente varios de sus miembros son estudiantes de universidad. El festival fue, pues, en realidad un Festival de Teatro Joven Latinoamericano, y en esto se mostró consecuente con una de las resoluciones del tercer festival. Según se pudo palpar, esta joven gente de teatro está preocupada, por un lado, por dar expresión en la escena a la realidad nacional, a la realidad latinoamericana, en especial en lo que tiene que ver con su lucha por liberarse de las ataduras de la dependencia cultural, económica y política, y por otra parte, por buscar nuevas formas de expresión teatral, por investigar, por experimentar. Estas dos tendencias, que pudieran entenderse antagónicas, pueden perfectamente reconciliarse, como lo demostraron *Soldados* y *Contracción,* por ejemplo. La tendencia experimentalista, que logró en este festival realizaciones magníficas y muy originales, no es privativa del teatro latinoamericano, como bien sabemos, pero me parece que la corriente caracterizada por el uso de técnicas vanguardistas para la entrega de un contenido revolucionario, sí lo es, especialmente si tenemos en cuenta la manera tan vigorosa e insistente como se manifestó en este festival y que es buen indicio de lo que está ocurriendo a diario en diversas latitudes del continente. Dentro de esta línea de un teatro revolucionario, debe destacarse la conciencia de este festival de que debe hacerse un teatro popular, en el sentido no sólo de que debe llevarse el teatro a las masas, sino de que este teatro tiene que estar realizado desde el punto de vista del pueblo vejado y oprimido. Varios de los espectáculos presentados se orientaron en esta dirección. Además, hubo un conato de llevar el teatro al pueblo, pues algunos elencos se presentaron espontáneamente en barrios pobres de la ciudad, y la directiva del festival programó varios espectáculos en locales "populares," aunque hay que confesar que a esos lugares asistían generalmente la misma gente de teatro—hirsuta y moderna—que iba a las funciones del lujoso Teatro Los Fundadores. Una consecuencia lógica de este deseo de hacer teatro popular es la proliferación de "creaciones colectivas," hecho que no debe interpretarse como simple cosa de moda, sino como una respuesta práctica a la visión burguesa de la gran mayoría de nuestros escasos dramaturgos. Un miembro de una de las delegaciones se quejaba de que en su país no había buenos textos disponibles, y recibió esta categórica respuesta: "pues escríbanlos ustedes." Y es que el dinamismo y el optimismo de estos jóvenes actores y directores no se arredra ante nada, y si no hay buenos dramas, pues los crean ellos mismos colectivamente.

En lo que tiene que ver con la puesta en escena, se destacó sobre todo la austeridad de la escenografía y del vestuario, la sobriedad de la actuación —no excederse, parecía ser la norma en todo—en la mayoría de los conjuntos. El problema de vestuario se lo solucionó en muchos casos con el uso de sencillos uniformes para todo el grupo. Este aspecto de la moderna escena latinoamericana se aleja radicalmente del realismo convencional y requiere, a la vez, considerable imaginación por parte del espectador.

Hubo representaciones pobres, muy pobres, de las cuales prefiero no acordarme. Cosa inevitable, quizás, aunque podría minimizarse en el futuro si se optaran mejores métodos de selección de los grupos y de las obras. Este fue un sentir común en el certamen manizalita, y el jurado se hizo eco de él en sus declaraciones de clausura. También se notó—aunque esto no llame la atención—una falta clamorosa de una crítica calificada. La prensa local publicó unas pocas buenas reseñas teatrales, obra de una o dos personas bien conocidas; y eso fue todo; también en este aspecto tienen que mejorar los festivales futuros.

Y a pesar de todos los defectos, de todos los incidentes y escándalos, no cabe duda de que el Festival de Manizales es un evento de enorme importancia para el teatro de Latinoamérica, no sólo por ser el único festival con una tradición en el continente, sino por constituir un crisol—valga el manido vocablo—de inquietudes artísticas e ideológicas, un lugar donde es posible la fraternización y la amistad y la reafirmación de la conciencia latinoamericana. Por todo ello, pienso que Manizales es ya un hito en la historia del teatro de Iberoamérica.

Manizales, 21 de septiembre de 1971

14

El Festival de Quito, 1972

MARINA PIANCA

Theater festivals have become important cultural events, especially in countries with scant theatrical tradition, such as Ecuador, and may significantly alter the direction of theater activity in those countries. The Quito festival, held in the latter part of July 1972, is viewed in this chapter as the culmination of a developmental process begun in 1963 with the arrival in Ecuador of the director Fabio Pacchioni and as the beginning of a new stage in that process.

The role of the Quito festival, according to its director, is not related to a traditional notion of theater, namely entertainment, but rather to communication and conscientization within the economic, social, and political reality of Latin America. Some incidents recalled here, however marginal they may have been, cast doubt upon the purpose of communication.

The "steering jury," composed of Enrique Buenaventura from Colombia, Atahualpa del Cioppo from Uruguay, and Augusto Boal from Brazil, served an important function. The participation of the highly regarded Teatro Experimental de Cali and its director's role as one of the jurors and leader of a seminar for actors resulted in the other groups' being judged in comparison with the Cali ensemble. Consequently the theater organizations are divided into two categories here: those who deviated a little, a great deal, and too much from the example set by the Cali group, and those who approximated it. The participation of the Teatro Experimental de Cali and the attempt by a Venezuelan troupe to rebel against its leadership are then discussed.

Pianca offers an analytical description of the main aspects of the festival and hints at a characteristic not often mentioned, that is, the tendency toward institutionalization.

It should also be noted that the Quito festival of 1972 was to a great extent an expansion of the 1971 Manizales festival, just as that held in San Francisco in late 1972 was a follow-up on the festival at Quito. The same continuity can be seen in connection with the more cosmopolitan 1973 Manizales event, which was modeled on the festival at Nancy, France, of that year, and which in turn blossomed into other festivals in Bogotá, San Juan de Puerto Rico, and Caracas.

El Primer Festival Latinoamericano de Teatro de Quito no es un hecho aislado ni un producto de la casualidad; es un punto más de un proceso y la primera etapa de un nuevo desarrollo en la cultura teatral del país.

Hasta 1964, el teatro en Ecuador estuvo reducido a un pequeño número de entusiastas y aficionados que carecían de objetivos y planes concretos para hacer del teatro un verdadero elemento de cultura. Sin embargo, había una inquietud en la gente joven que había valorado sus deficiencias. Con el fin de canalizar esta inquietud y desarrollarla de manera productiva, la Casa de la Cultura Ecuatoriana de Quito hizo gestiones ante la UNESCO, en 1962, para que les proporcionara un técnico capaz de comprender la problemática teatral y social ecuatoriana, como así también de aplicar planes concretos en el medio. En 1963 llega Fabio Pacchioni, director italiano, con la misión de organizar un seminario de teatro para dar cauce e integrar un movimiento teatral en el país. No pudieron haber tenido mejor fortuna en la elección; en pocos años de arduo trabajo logra ese objetivo.

En enero de 1964 se inicia el Primer Seminario. Se inscriben ciento cuarenta alumnos. Gran parte del seminario se realiza en el escenario del Teatro Sucre y es allí donde años más tarde se llevará a cabo el Primer Festival Latinoamericano de Teatro.

Al finalizar el Primer Seminario, los mejores alumnos son seleccionados para conformar el conjunto que se denominará Teatro Ensayo y que realiza su primera presentación el 24 de agosto de 1964. Una nueva generación comienza su tarea, inquieta por ganar un público y trabajar por la educación y elevación artística de su medio. Desde entonces, otros grupos surgieron participando de estos mismos ideales. Están desarrollando su objetivo: llevar el resultado de su trabajo a los lugares más apartados. Es así como se inicia una intensa labor en comunidades urbanas y rurales presentando obras de autores nacionales y extranjeros, en barrios, pueblos y aldeas, muchas veces en escenarios improvisados al aire libre.

Otros seminarios de teatro dan instrucción a nuevos actores. Nueva gente se integra al movimiento. Sólo ocho años después del comienzo de esta tarea, Ecuador se integra al movimiento teatral latinoamericano a través del Primer Festival de Teatro que tuvo lugar en Quito del 18 de julio al 1 de agosto de 1972.

Este Primer Festival no tuvo una base competitiva oficial y no se otorgaron premios. Sin embargo, contó con la presencia de un "Jurado Orientador" integrado por Atahualpa del Cioppo (director del teatro El Galpón de Montevideo), Enrique Buenaventura (dramaturgo y director del Teatro Experimental de Cali, Colombia) y Augusto Boal (dramaturgo y director brasileño exilado en Argentina). Estos tres directores cumplieron una función crítica en los foros y reuniones, además de dictar seminarios para actores durante el transcurso del evento.

Ilonka Vargas, la joven directora del festival, señala las pautas y objetivos del mismo en sus líneas de introducción al Boletín Informativo del Festival:

> Era lógico que en esta América convulsionada, los artistas llegasen a reaccionar y a entender que el teatro tiene su razón de ser, que el teatro no es un elemento de diversión de la sociedad de consumo, sino que es un medio de enfrentar al público con los problemas existentes en el sistema capitalista, especialmente en nuestros países subdesarrollados. . . . El continente americano, que en el fondo y por sus raíces es uno mismo, ha tenido que admitir la imposición de fronteras que nos llevan a una incomunicación y casi diría yo a una falta de interés por lo que pasa a nuestro alrededor. Considero, pues, que toda reunión que realicen los intelectuales de cualquier rama, debe ser orientada a romper esa incomunicación ajena a nuestra voluntad, para establecer lazos de unión y medios de comunicación que nos permitan el conocimiento, no sólo del desarrollo cultural, sino también de los problemas económicos, sociales y políticos. Porque algún día tengamos una América libre y logremos hacer conciencia en los artistas de un teatro comprometido y por nuestra libertad.

El teatro latinoamericano es un hecho vivo, vibrante, que nos desafía a todo nivel. Como todo lo que tiene sabor a verdad, atrapa, conmueve y cambia lo que toca. Las deficiencias y errores no pueden faltar en un fenómeno marcado por la necesidad de expresión, denuncia y cambio, que va naciendo a borbatones, pero más allá de los errores se va creando un camino sólido y certero para aquellos que han tomado el teatro no sólo como una profesión sino como un compromiso, aceptando la responsabilidad y las huellas que deja el asumirlo como tal. El movimiento de festivales teatrales latinoamericanos surge como una necesidad y no como un hecho fortuito. El asumir un compromiso común implica enfrentarse a problemas comunes. El festival o encuentro teatral da respuesta creando la oportunidad para la comunicación, la confrontación de trabajos, el esclarecimiento ideológico y el aliento para seguir adelante. Es necesario remarcar que el festival crea la oportunidad, pero que desafortunadamente, no siempre se satisfacen cada una de esas necesidades. Las más de las veces, el exceso de celo crítico desplaza al aliento y a la comprensión, elementos necesarios para establecer un verdadero diálogo.

En el Primer Festival Latinoamericano de Quito, los foros fueron creciendo de tono y vocabulario en una atmósfera general de confusa controversia. Las representaciones causaron polémicas, denuncias y debates marcados por la agresividad y muy pocos veces esclarecedores de los trabajos presentados—era difícil precisar si se estaba discutiendo la obra o incidentes personales y anteriores.

La triple función de Enrique Buenaventura: como jurado, como director participante con su grupo, el Teatro Experimental de Cali (TEC), que oficialmente presentó tres obras en el festival (incluyendo *Los papeles del infierno* de la que es autor), y como maestro del seminario para actores, determinó una de las características básicas de este Primer Festival: la presencia de un jurado orientador que expone su método en un seminario y ejemplifica con su trabajo escénico. La ausencia de otro equipo de trabajo que tuviese la coherencia del TEC, determinó un sensible desequilibrio que se hizo evidente a medida que se desarrollaba el Festival: el TEC se convirtió en eje del evento.

Se crearon normas que llegaron a ser la regla por la cual se medía todo espectáculo presentado. Toda desviación era criticada, prácticamente anulada y demolida verbalmente. Aun cuando el contenido de las "normas" es intachable (teatro por y para el pueblo, *no* a la catarsis, *sí* a la praxis, *no* a los valores extranjeros, *sí* a la expresión propia, etc.), el asumirlas como reglas fijas para la crítica y la evaluación no permite sino la visualización de lo negativo en cada obra presentada sin lograr la dialéctica que requiere una crítica constructiva. En un evento en que hay más "náufragos" que "navegantes," es más la gente que se margina que la que se es capaz de integrar. Y buscamos la integración. Algunos se desviaron de la norma, otros lograron situarse aproximadamente y otros eran el ejemplo a seguir.

Los que se desviaron poco, mucho, demasiado

Entre los que se desviaron poco se encuentra el Teatro Experimental Ecuatoriano y el Club de Teatro de Montevideo. El primero, dirigido por Eduardo Almeida, presentó *El viejo líder,* una recopilación de textos de Jorge Icaza, César Dávila Andrade y Eduardo Almeida. Básicamente, es la historia de una rebelión, mitad indígena, mitad chola, contra el "patrón grande" que no permite que sus tierras produzcan. Se elige al más fuerte, al más santo, para asesinar al exponente de ese sistema de opresión. Con ayuda de la magia, el elegido logra destruirlo, pero se siente heredero del poder y comienza una nueva forma de opresión hasta ser destruido por sus compañeros de lucha. El planteo, relativamente sencillo, se ve complicado en la representación escénica por la duplicación, no siempre clara, de personajes, variaciones en la tonalidad de la voz, disonancias, introducción de fragmentos en lengua indígena, secuencias mágicas, esotéricas y folklóricas. La influencia de Grotowsky en el trabajo de los actores es evidente, y ésa fue la mayor crítica que tuvieron que afrontar, acusándoselos de dar mayor importancia al aspecto expresivo del actor que a la temática de la obra. Para quien no vio el espectáculo, sería difícil comprender la calidad y las posibilidades de estos actores. El nivel de su preparación técnica, aún incompleta, deja vislumbrar una fascinante fuerza expresiva.

El Club de Teatro de Montevideo presentó la obra de Milton Schinca, *Pepe el uruguayo,* dirigida por Jorge Denevi. Obra para un solo actor, en este caso Eduardo Vásquez, presenta, en una sucesión de "esqueches," varios personajes típicos uruguayos, desde la Colonia hasta nuestros días, delineando las pequeñas glorias y miserias del hombre medio y trazando, con fino sentido del humor, las características de la sociedad uruguaya. Aunque de planteo intencionalmente superficial, espectáculo más propio de café-concert, permitió al público encontrarse con la versatilidad de un verdadero actor; un soplo de aire fresco corrió por el escenario del teatro Sucre.

Entre los que se desviaron mucho estuvo el grupo Trotea de Argentina que presentó la obra *El carretón de Juan de la Cruz* escrita y dirigida por Hugo Herrera. La obra pretende dar una visión socio-política de las distintas dominaciones extranjeras en el continente.

En una visión épico-poética de los padecimientos y de las revoluciones, se intercalan música, danza y canciones originales. Es innegable la búsqueda de un lenguaje escénico, pero, como sucede en numerosos trabajos de esta índole, el material elegido choca con la forma, produciendo una contradicción que anula u oscurece la temática; la obra no concreta entonces su expresividad en ninguno de los elementos de interpretación o puesta en escena, que aparecen así como disgregados, separados de un todo que no alcanza en ningún momento a percibirse. Fue este grupo el que sufrió una de las más duras críticas en los foros posteriores a la representación; sin embargo, las expectativas del grupo en el sentido de entablar un diálogo sobre el problema del lenguaje, no se vieron satisfechas. Hecho lamentable, ya que fue una de las más serias aunque frustradas tentativas de incursionar sobre una forma de lenguaje.

Entre los que se desviaron demasiado se encuentran el teatro de la Universidad Católica de Quito y el Teatro del Instituto de Investigaciones Audiovisuales de la Universidad de Jalapa, México. Estos dos teatros universitarios recibieron una crítica adversa casi unánime por parte del jurado orientador, los grupos participantes y el público. El teatro de la Universidad Católica de Quito presentó la obra *Los unos versus los otros* del dramaturgo guayaquileño José Martínez Queirolo. Recibieron la crítica más acérrima del evento. No quedó un solo aspecto sin destrozar, desde la elección de la obra a la actuación.

Los mexicanos llegaron inesperadamente, casi al promediar el Festival, formando parte de una "embajada cultural" auspiciada por el gobierno de su país. El único motivo de su presentación en el Festival parece haber sido la fecha coincidente de su arribo. El programa oficial del Festival anunciaba como representación de México al grupo Teatro-Cine del Tercer Mundo, con la obra *Octubre terminó hace mucho tiempo,* que según los comentarios del mismo programa había sido prohibida en México. *Delirium tremens,* la obra presentada por el grupo del Taller de Investigaciones Audiovisuales de la Universidad de Jalapa, es un "collage" de textos de Calderón, T. S. Elliot, poetas norteamericanos, mexicanos y europeos, condimentados con música de los Beatles (retorcimientos tomados de la "cultura de la droga") y una proyección continua de slides de algo que podría llamarse "pintura abstracta." El espectáculo terminó en medio de una nutrida silbatina de desaprobación. El foro posterior al espectáculo, con la casi totalidad del público de pie en la sala, concluyó prácticamente cuando uno de los actores expresó: "No sabíamos que veníamos a un Festival."

Los que lograron aproximarse

El Taller de Teatro y Música Cuatrotablas de Perú y el Teatro Ensayo de la Casa de la Cultura Ecuatoriana de Quito, por distintos motivos y con muy desiguales espectáculos, lograron aproximarse a la norma que esbozamos al comienzo y por la cual se evaluaban los espectáculos del Festival.

Cuatrotablas presentó *Oye* basada en los mismos textos de Luis Brito de *Venezuela tuya* en una adaptación realizada por el grupo a la realidad peruana. Planteado para escenario circular, el collage épico-musical de Britos, aparece en la puesta de Cuatrotablas con una frescura y una ingenuidad cautivantes. Este grupo de jóvenes (entre 17 a 22 años) aportaron al Festival una de las enseñanzas más valiosas: lo que puede la comunicación directa, sin artificios. Sin teorizar, con tres guitarras, unas máscaras, un traje de mezclilla, recorrieron vecindades y fábricas, actuaron en plazas y en un estadio frente a ocho mil espectadores. Más allá de su escasa experiencia como actores, se impusieron con una actitud frontal, directa. A veces la ingenuidad resultaba infantil, a veces la falta de preparación de los actores entorpecía la comunicación. Un largo camino por recorrer, pero una dirección precisa, acertada.

El Teatro Ensayo de Casa de la Cultura Ecuatoriana presentó la obra *Huasipungo,* adaptación teatral de la novela homónima de Jorge Icaza.

Huasipungo narra las condiciones infrahumanas en que vive el indígena ecuatoriano, víctima de una explotación despiadada y atropellos inauditos. La transposición escénica adolece de las mismas limitaciones de la novela: los personajes son arquetipos a veces muy superficiales, cierta tendencia a romantizar la rebelión indígena. De todas maneras, la obra logra transmitir la denuncia y el deseo de justicia con extraordinaria fuerza gracias al nivel expresivo de los actores marcado por la veracidad.

Si con *Huasipungo* el Teatro Ensayo afrontó algunas críticas que no dejaban de señalar los aspectos positivos del trabajo, con la segunda obra que presentara durante el Festival—*Introducción al elefante y otras zoologías* de Jorge Díaz—recibió una crítica muy violenta y negativa por parte del Jurado Orientador. La obra de Díaz narra algunos episodios de la guerrilla latinoamericana; las figuras de Camilo Torres y de Ernesto "Che" Guevara entran en confrontación con su medio y principalmente con los que ideológicamente decían compartir sus ideas. La obra, que no desdeña la ironía y la violencia, mereció adjetivos muy categóricos y peyorativos por parte de algunos miembros del jurado; y no sólo la obra en cuestión sino la persona y la totalidad de la obra de Jorge Díaz. Aunque las moderadas palabras finales del foro suavizaron la golpiza, la actitud de los integrantes del Teatro Ensayo y las palabras del director Víctor Hugo Gallegos, nos dieron a entender que Jorge Díaz quedaba excluido, definitivamente, del repertorio del Teatro de la Casa de la Cultura Ecuatoriana.

El ejemplo a seguir

El Teatro Experimental de Cali presentó *Los papeles del infierno* de Enrique Buenaventura, *El canto del fantoche lusitano* de Peter Weiss y *Soldados* de Carlos José Reyes. *Los papeles del infierno* comprende *La maestra, La autopsia, La requisa* y *La orgía.* (Véase lám. 8.) Las cuatro obras breves nos muestran la realidad socio-política colombiana y latinoamericana.

El TEC es una excepción: coherencia ideológica, claro análisis y expresión del texto, un método de trabajo integral, riguroso, disciplinado, hallado a lo largo de años de trabajo y búsqueda. Un teatro político no propagandístico, no demagógico ni escolástico. La cuarta versión de *Soldados* es una clara muestra de búsqueda y evolución sobre un objetivo preciso, determinado. Es en esta última obra donde más claramente se percibe el método de trabajo colectivo con que trabaja el grupo. *Soldados* narra un episodio de la historia colombiana: la huelga de los campesinos contra la United Fruit Company en 1928, el desarrollo de la misma y su represión. La historia es vista a través de dos soldados que, paso a paso, mientras avanzan en ese viaje que los conducirá en última instancia a ser los ejecutantes de la masacre, a través de un diálogo esquemático, riguroso, seco, y de un código gestual preciso, revelador, desentrañan el motivo, desarman por el análisis

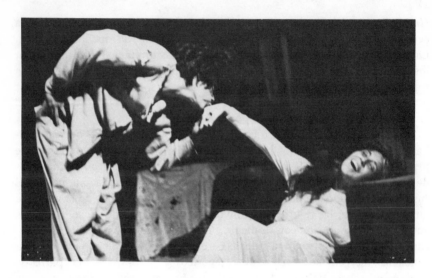

LAM. 8. Uno de los Mendigos se somete a los devaneos de La Vieja en *La Orgía*, episodio de *Los papeles del infierno*, de Enrique Buenaventura, en escenificación del Teatro Experimental de Cali. Festival de Quito, 1972. (Foto: Teatro Experimental de Cali.)

el engranaje último de la situación. Una síntesis sin concesiones. Un espectáculo racional pero no frío. Sólo algunas deficiencias de los actores, evidentes en el manejo de la voz, hablan de la perfectibilidad de la obra.

Los foros posteriores a las representaciones del Teatro Experimental de Cali fueron los menos agitados. Los participantes demostraban más interés en algunos aspectos del trabajo del grupo, lo cual permitió que los integrantes del TEC y el mismo director se explayaran sobre detalles complementarios de su método de trabajo que se estaba viendo de manera teórico-práctica paralelamente en el Seminario para actores. Por otra parte, la autoridad de Enrique Buenaventura había sido sentada ya en el Festival, lo cual, y como dijimos al comienzo, aunado a la ausencia de otro equipo semejante, permitió que muchos de los participantes pensaran que "el método de Buenaventura" era el único camino a seguir dentro del teatro latinoamericano. Evidentemente, es un camino sólido y excelente, pero no el único. El teatro latinoamericano se está creando a sí mismo cada día, y es una creación sorprendente por la variedad, la fuerza y la búsqueda de verdad y justicia.

La disidencia

Al promediar el Festival, la atención se había polarizado ante la presentación del grupo Rajatablas del Ateneo de Caracas. Existía una gran expectativa por la presentación de este grupo, tanto por el espectáculo *Venezuela*

LAM. 9. Escena del collage épico-musical *Venezuela tuya,* texto de Luis Brito García, llevado a la escena por el Grupo Rajatabla del Ateneo de Caracas. Festival de Quito, 1972. (Foto: Grupo Rajatabla.)

tuya de Luis Brito (precedido por el éxito obtenido en el Festival de Manizales en 1971) como por la presencia de su violento y contradictorio director: Juan Carlos Giménez. Mientras Giménez anunciaba en los periódicos de México y Costa Rica, donde estaba realizando una exitosa temporada, que iría a "clausurar" el Festival de Quito, la programación oficial del mismo anunciaba en su última fecha al Teatro Experimental de Cali con *Soldados,* obra con la que el TEC también había participado en el pasado Festival de Manizales. *Venezuela tuya* es un collage épico-musical que narra algunos aspectos de la dominación sufrida por el continente desde la conquista hasta nuestros días y de su lucha por la liberación. (Véase lám. 9.) Textos de los cronistas de la conquista, música y canciones se entrelazan con el texto de Brito en episodios restallantes y violentos. La influencia del nuevo musical norteamericano es evidente; sin embargo, el espectáculo adquiere un colorido propio, un innegable ritmo. Giménez es ecléctico. Es ecléctico en el sentido literario, político y artístico. Por ejemplo, políticamente su obra tiene una apariencia radical, pero es un radicalismo de lemas más que de pensamiento. Al final del espectáculo, el público, motivado, hasta agredido, respondió con el aplauso más cerrado y prolongado que se escuchara en el teatro Sucre. El foro posterior no se refirió al espectáculo. Entre integrantes del Teatro Experimental de Cali y el grupo Rajatablas se entabló una discusión que se refería a problemas relacionados con otros

lugares y circunstancias. Sin embargo, se tuvo la clara revelación de que no
por estar ausentes los premios un festival deja de ser competitivo.

"Hay que terminar con el mito de Buenaventura" era el título del artículo
que apareció en la prensa y en la cual el grupo Rajatablas exponía los motivos por los cuales se retiraba del Festival. La carta dirigida a la directora
del Festival decía entre otras cosas:

> Consideramos que la comunicación entre los grupos participantes
> y el desarrollo de los foros se ven obstaculizados por actitudes
> prepotentes y arbitrarias motivadas por intereses no claramente
> identificables que originan la desviación de lo que debe ser el
> análisis auténtico y objetivo del trabajo teatral.

La carta contiene dos puntos más, uno, manifestando el deseo de "no ser
cómplices de una engañosa situación de fraternidad latinoamericana que
intenta ocultar la desmoralización de la mayoría de los grupos que participan en este tipo de certámenes," y el otro expresando que "es más provechoso el encuentro y el diálogo con los movimientos de los países visitados
en nuestra I gira latinoamericana . . . en un marco desprovisto de sectarismo
ideológico. . . ."

Seminarios

Los tres directores que formaron el jurado Orientador, Atahualpa del
Cioppo, Augusto Boal y Enrique Buenaventura, dictaron seminarios para
actores durante el Festival.

El primer seminario estuvo a cargo de Atahualpa del Cioppo, autoridad
uruguaya del teatro brechtiano y su aplicación en el medio latinoamericano.
Su seminario estuvo basado en una aproximación a Brecht a través de sus
obras. Durante tres días se discutió y analizó el enfoque del autor y el seminario culminó con una improvisación de algunas escenas de *El círculo de
tiza caucasiano.*

El segundo seminario estuvo a cargo de Enrique Buenaventura y los integrantes del grupo que dirige: el Teatro Experimental de Cali. Fue un seminario teórico-práctico en el que se expuso el método de creación colectiva
desarrollado por este grupo, conjuntamente con una presentación de ejercicios de yoga, respiración, voz, acrobacia, etc., utilizados por ellos en la
preparación de una obra. Se presentaron los elementos estructurales del
método, una nueva aproximación al análisis de textos (basado en *La maestra,* de Enrique Buenaventura), y culminó con una serie de improvisaciones
realizada por todos los actores participantes del seminario.

El método de creación colectiva es uno de los aspectos más importantes
del movimiento teatral latinoamericano. Varios grupos, en países apartados
el uno del otro, están intentando romper el esquema clásico de la creación
teatral. Enrique Buenaventura lo expone con estas palabras:

En el proceso de trabajo y, sobre todo, en base al análisis de los errores y fracasos, nos dimos cuenta de que la aspiración a una verdadera creación colectiva, es decir, a una participación creadora igual por parte de todos los integrantes, cambiaba radicalmente las relaciones de trabajo y la manera de encarar este trabajo. Planteaba la necesidad de un método. Durante mucho tiempo habíamos trabajado a la manera tradicional, es decir, el director concebía el montaje y los actores lo realizaban. Se aceptaban discusiones, es cierto, pero en última instancia, lo determinante era la *autoridad* del director. Este criterio de autoridad fue lo primero que se entró a cuestionar. Se empezó con improvisaciones que el director debía tener en cuenta para el montaje. La primera etapa del método no desterró la concepción del director sino que permitió una mayor participación de los actores en el proceso de transformación de la concepción del director en los signos e imágenes del espectáculo. En trabajos posteriores esta participación se fue ampliando y finalmente entró en franca contradicción con la concepción del director. La improvisación se impuso como punto de partida del montaje. Es decir que el director dejaba de ser un intermediario entre el texto y el grupo. La relación texto-grupo se volvía, así, una relación directa. El método no podía consistir ya solamente en la improvisación y su conversión en imágenes teatrales. Debía llenar el vacío de la concepción del director. Así nació la etapa analítica del método y se fue configurando, en trabajos sucesivos, como una manera lo más *objetiva* posible, es decir, lo más colectiva posible, de *analizar* el texto.

Este seminario fue quizás el que más repercusión tuvo durante el Festival. El interés subrayó todos los encuentros que se realizaron con este grupo. Lo más interesante fue la posibilidad de ver sus obras durante el transcurso del Festival puesto que demostraban la evolución del grupo hacia su método de trabajo presente.

El tercer seminario estuvo a cargo de Augusto Boal, director brasileño que actualmente desarrolla su trabajo en Buenos Aires con el grupo "Teatro Independiente." El suyo fue un encuentro teórico basado en el teatro popular, sus varias categorías y manifestaciones: (1) teatro del pueblo y para el pueblo, (2) teatro del pueblo para otro destinatario, (3) teatro de la burguesía contra el pueblo, (4) teatro no popular, de la burguesía para sí misma, y (5) "teatro jornal": el pueblo se apropia de los medios de producción teatral. En las primeras categorías el pueblo recibe, consume, es pasivo; en el "teatro jornal," por primera vez, el pueblo es el creador y no sólo el inspirador o el consumidor. Produce teatro.

Los tres seminarios aportaron un material invaluable para su posible aplicación en los distintos medios de los grupos que participaron. Las ideas y planteamientos expresados durante su desarrollo podrían madurar en un nuevo acercamiento al fenómeno no solamente teatral, sino social, económico y político de los que estuvieron presentes y éstos, a su vez, serán portadores, de las ideas intercambiadas, a sus países de origen. Así se realizaría esa confrontación positiva de métodos de trabajo que es la misión primera de nuestros festivales latinoamericanos.

Agosto de 1972

15

Chicano and Latin American Alternative Theater

THEODORE SHANK

AND **ADELE EDLING SHANK**

A fines de junio y principios de julio de 1974, se celebró, primero en la capital de México y después en las pirámides de Teotihuacán y Tajín, un Festival de Teatro Chicano y Latinoamericano, del cual da cuenta este ensayo.

Las sesenta y tantas representaciones comprendieron danzas y ceremonias provenientes de las antiguas culturas de Mesoamérica, una recreación del *Baile de los gigantes*—ceremonia centenaria basada en el *Popol Vuh*—, trabajos recientes que incorporan mitos de los mayas y de los aztecas, así como piezas que tratan de problemas inmediatos que afectan directa o indirectamente la vida de los grupos que las representaron. El tema del evento fue: "Un continente, una cultura, por un teatro libre y por la liberación."

El festival se abrió con una misa especial en que participó un grupo indígena con danzas rituales y que dio ocasión para que afloraran las diferencias ideológicas de los diversos conjuntos. Al final del encuentro se elaboraron manifiestos y se formó la Confederación de Teatros de Nuestra América.

En el presente trabajo se destaca la actuación del Teatro Campesino, de California, que evidenció la marcada trayectoria que ha recorrido desde su nacimiento en 1965 como ala del movimiento de reivindicación de los campesinos del Suroeste de Estados Unidos. Una de sus creaciones, *La carpa de los rasquachis,* fue acremente criticada por proponer a la Virgen de Guadalupe

Parts of this essay were first published in *The Drama Review,* 18:4 (Dec 1974), 56–79, with the title "A Return to Aztec and Mayan Roots." © 1974 by *The Drama Review.* Reprinted by permission. All Rights Reserved.

como solución a una situación de orden político. Asimismo, se da aquí especial atención a algunos conjuntos que manifestaron una voluntad de tratar más directamente problemas socio-políticos y de designar a opresores y oprimidos: el Teatro de la Gente —también de California—, el Teatro La Candelaria—de Bogotá—, Los Ambulantes de Puebla—que representaron episodios de su propia dura experiencia como vendedores ambulantes—, el Teatro Experimental de Cali, y Los Mascarones—de México.

For two weeks in late June and early July 1974 Chicano and Latin American theater groups held a festival in Mexico City and at the pyramids of Teotihuacán and Tajín. The gathering was unique among international festivals, for unlike those at Avignon, Nancy, Spoleto, Dubrovnik, Edinburgh, and São Paulo, it was not sponsored by an agency of the "establishment" as a tourist attraction. Instead it was sponsored by two alternative theater organizations—the Chicano organization Teatro Nacional de Aztlán (TENAZ) and the Centro Libre de Experimentación Teatral y Artística (CLETA) of Mexico. The theme of the festival was "One Continent, One Culture, for a Free Theater and for Liberation." There is an assumption that the United States has divided America and has done so not merely by building the Panama Canal. The organizing committee hopes that the festival would unite all those who "fight for their liberation against Yankee imperialism—Chicanos, Indians, Mexicans, Latin Americans, Anglos." Mexico was an appropriate site because here the indigenous culture of the continents had been somewhat preserved. It was a place where, the participants hoped, they could find their common indigenous roots.

> We recognize our common cultural struggle as a people of this one continent. That is why as *trabajadores de la cultura* (cultural workers), we will unite in our effort to bring about social, political and spiritual liberation of "La Raza"[1] throughout the Americas. Therefore, emphasis of this festival will be on our common indigenous roots and traditions, as well as current political and social realities facing Chicanos and Latin Americans.

The political character of the festival was clearly socialist, but the groups varied from the pure Marxism of most of the South American representa-

[1]Literally "the race," referring to the people of part Indian ancestry.

tives and a few Chicanos to the collectivism of Teatro Campesino based upon the philosophy of the Maya. The festival made no attempt to select those who should receive invitations. Any theater group in the Americas sympathetic to the principles of the festival could participate, provided the group paid fifty dollars for each participating individual to cover food, lodging, and transportation within the Mexican borders. The seven hundred participants from at least twelve countries ranged from illiterate workers to university professors and authors with international reputations. The sixty or more performances included dances and ceremonies from ancient American cultures, a re-creation of an Indian dramatization of Maya myths, recent works incorporating Maya and Aztec myths, pieces performed by Indian workers acting out problems from their lives, and erudite documentary analyses detailing the struggle of the working class against exploitation and oppression by the United States. In addition to the three or four performances each evening and some afternoons, there were discussion sessions every morning and workshops in the afternoon when no performances were scheduled.

With only a few exceptions the pieces presented were collective creations by the groups presenting them. This method of developing a work from the ideas, beliefs, experience, and needs of the groups is in keeping with their economic and political philosophy and with the indigenous methods used by the ancient American cultures.

Indigenous Dance Theater

The first performance of the festival was a special Mass held for the participants on the morning of the first day; the strong ideological differences among the participants became evident. Some, especially those from South America and Mexico, felt that festival recognition of the Church was inappropriate since the Church had been one of the chief vehicles of oppression by imperialist Spain and continues to weaken the revolution by focusing on the hereafter rather than the present. Many of the Chicanos, on the other hand, feeling a close kinship with the United Farm Workers organization and the campesinos (farm workers) in the United States, who have strong Catholic ties, considered the Mass a meaningful recognition of the beliefs of the people whose cause they support. This particular Mass incorporated an unusual element which tended to mollify some of the less vociferous critics. It was celebrated at La Iglesia del Arbol de la Noche Triste (The Church of the Tree of the Sad Night) located near the cypress tree where Cortés stopped to weep on his flight from the inhabitants of Tenochtitlán (Mexico City) in 1520. Perhaps of greater importance, in view of the festival's focus on indigenous common roots, was the active participation in the Mass of a group of indigenous dancers and musicians called the Concheros. They shared the altar with the priest, danced, played drums, flutes, and aboriginal mandolins, and sang in Nahuatl, the indigenous language of the area. (See fig. 10.)

Since the Spanish defeated the Mexica Tenochcas (known as the Aztec) at Tenochtitlán, the mission of the Concheros, descendants of the inhabitants, has been to perpetuate the ritual dances and music from generation to generation. The group does not consider these performances to be entertainment or folkloric exhibitions, however; their purpose is to harmonize nature with man by moving certain natural forces. They can induce rain, for example, by performing a dance to Tláloc (He Who Makes Things Sprout). The dances, therefore, are performed only under special circumstances according to the rules and discipline passed down by ancestral captains including those who first migrated to Mexico from Aztlán in the north, and Moctezuma, grandfather of the Moctezuma who capitulated to Cortés. The dances are a religious, scientific, and cultural unity and are intended to unify man, the earth, and the cosmos to bring about complete harmony of all things. In the words of the dancers, "Light struggles against darkness, knowledge against ignorance, liberation against oppression, in order for power to realize its Cosmic Integration which is our eventual goal." No doubt they considered the festival an appropriate occasion for interpreting these objectives, for the Concheros danced not only at the Mass but again, later in the day at the first festival event, at the pyramids of Teotihuacán where neither they nor their ancestors had danced since the Conquest. They performed the rituals whose sounds and movements had been carefully designated by the ancestors to honor specific gods. As a reflection of the harmonizing of past and present, the indigenous religion and that of the conquerors, the performers of these Aztec rituals carried banners honoring St. John the Evangelist and commemorating the crucifixion of Christ. At the conclusion of the mass, almost as if reenacting history, the leader of the Concheros knelt to the priest and kissed his hand. One is left with the impression, however, that the indigenous religion has encompassed the new, that it is more universal, all-accepting, and more capable of bringing all into harmony than is the restrictive dogma of the Catholic Church.

Another rite, demonstrated by people of a different tribe, has a similar objective but focuses on bringing harmony to a marriage, unifying it with the cosmos, and perpetuating this aspect of the culture. A traditional courtship and wedding were enacted by natives of Tlaxcala (east of Mexico City) whose ancestors, having been defeated by Cortés, became allies of the Spaniards.

The ritual was performed in Nahuatl, the Aztec language still spoken by many of the peasants, and it was infused with a kind of rustic farce. It is divided into six parts and begins with "the declaration of love" (a young

Fig. 10. Los Concheros (Mexico) dancing the Ceremony of the Tortilla at the Pyramids of Teotihuacán. Festival of Mexico, 1974. (Photo: Theodore Shank.)

couple break a cup while flirting) and moves through the stages of the court-ship pattern. The father of the bride gives "the benediction," full of homely advice punctuated by his falling off his tiny chair. The bride is prepared for the wedding and the ceremony, and a dance and song incorporating Christian images are enacted. Her father gives the bride a *metate* (a stone used since ancient times to grind corn) because now she is a maker of tor-tillas. All participants celebrate with dancing and drinking. The perfor-mance ends with a song about the struggle of the campesinos followed by the singing of the Mexican national hymn in Nahuatl. The performers find no conflict in the presentation of the two songs.

The most unusual of the indigenous dances was presented at the end of the festival by the Voladores de Papantla at Tajín in the state of Veracruz where their ancestors, the Totonac, had built pyramids sometime before the ninth century. Although the performance has lost its original ritual signifi-cance and the ceremonial preparation has been abandoned, the outward form of the dance has been retained. At the top of a pole 60 to 90 feet high is a revolving platform approximately one foot in diameter. Suspended from this platform is a frame about three feet square. Four ropes are wound around the top of the pole and passed over the sides of the frame. Five dancers perform at the top of the pole, the one in the center dancing on the platform, beating a drum with his feet while playing a flute. The other four tie themselves to the ropes and as the music continues they dive off backward and "fly" around the pole with head down thirteen times before reaching the ground and inverting themselves to land on their feet. The thirteen revolutions correspond to the number of months in an Aztec year and when multiplied by the four fliers the result is the fifty-two-year-Aztec cycle at the end of which all fires were extinguished and household furnish-ings destroyed. They thought of the end of one cycle as the death of one life and the new cycle as the beginning of a new life.

It is not surprising that the Spanish conquerors were so impressed by this spectacle that they had a pole erected for performances in Mexico City on the site now occupied by the Supreme Court building. Thus began the ex-ploitation of the ceremony as entertainment and the demise of its ritual significance. Some villages in Veracruz, however, may still retain the old ritual practices which required that the *voladores,* accompanied by a sha-man, go into the mountains several days prior to the flying to select a tree. Throughout these preparations the musician played the drum and flute. Aguardiente (a drink distilled from sugar cane) was sprinkled on the tree and on the ground at the four cardinal points, the earth was asked to re-lease the tree, and it was cut down. Long ropes were attached and more than a hundred villagers dragged the tree over the mountains to the village. On the evening before the flying the shaman placed two lighted candles on the ground to indicate where the hole should be dug. While shifts of villagers dug the hole, others made the flying ropes from fibrous bark. More sprinkling of aguardiente and an incantation to the four winds, and a live male turkey was placed into the hole with an egg and a handful of tobacco. As the pole was raised, it slid into the hole crushing the turkey—thus absorbing new life and strength to support the *voladores*. The *voladores* themselves fasted before flying and refrained from sexual relations on the days of the ceremony. Now, however, the performance at Tajín has lost most, if not all, of its former ritual aspects. The exhibition takes place at the top of a metal pole set in concrete and is repeated whenever there are people to watch.

Teatro Campesino's New Direction

Teatro Campesino from San Juan Bautista, California, presented a new piece at the festival which reflects the changing philosophy within the group. From the beginning in 1965 the group has been associated with campesinos in the United States, especially with the United Farm Workers organization, and has been the uncontested leader among Chicano theater. Under the direction of Luis Valdez Teatro Campesino has received international attention, including that of Peter Brook who, in the summer of 1973, brought his group from the International Center of Theatre Research in London to work with them. Their recent work has combined *actos* (short pieces using stereotypes somewhat in the manner of the *commedia dell'arte*), corridos (traditional songs, often with new lyrics, to accompany the action of some pieces), and *mitos* (myths). At the Mexico City festival they presented a re-creation of a ceremony that the Chortí Indians of Yucatán have been performing for at least a thousand years. The Chortí piece, in turn, is based upon the mythology of the Maya sacred book the Popol Vuh. Before discussing the Teatro Campesino performance, it is necessary to say something about the Popol Vuh and the Chortí.

The Maya were the intellectuals of ancient America, developing glyph-writing and complex calendrics, and building in the jungles of Yucatán, Chiapas, Guatemala, and Honduras monumental ceremonial centers which were the earthly seats of their theocracy. Archaeological evidence dates the vague beginnings of their culture somewhere around 2000 B.C. The Popol Vuh (People's Book) is an account of the cosmogony, mythology, traditions, and history of the race. This Old Testament of the Maya may at one time have been recorded in glyphs from oral tradition, but the form in which Europeans came to know it is a version from the middle of the sixteenth century in the Quiché dialect of the Maya language using characters of the Latin script. While this text is apparently lost, Francisco Ximénez, a late seventeenth-century parish priest in the highlands of Guatemala, borrowed it from a Quiché parishoner long enough to make a copy.

The Chortí, who speak a different Maya dialect, did not have access to the Popol Vuh, but their mythology comes from a common root and parallels that of the Quiché book. Chortí rites dramatize in the course of each year all of the mythology from the creation of the world to the deification of the solar god. One of the rites in this cycle, El Baile de los Gigantes (The Dance of the Giants), is presented at noon on the twenty-fourth of June, near the summer solstice when the sun is at its zenith, as part of the Festival of the Protector at the town of Camotán. According to Rafael Girard, an anthropologist who has studied the Maya extensively, the performance is also called Historia (meaning both history and story).[2] Chortí theologians do not consider these dramatized events as myth but as truth expressing the knowledge which has its origin in divine revelation. The Chortí carry out the religious act in a precise, prescribed way because "this way the first men did it, and thus we must do it." Such performances tie the human group to the universe and maintain the continuity of a religious tradition which implies a cultural unity across the centuries.

Teatro Campesino has not seen a Chortí performance. Their piece, an adaptation based on a description by Girard, augmented by the Popol Vuh, Maya philosophy and science as understood by the Mexican philosopher Domingo Martínez Paredes, research into the ancient Maya ball game, and instinct, was presented at the pyramids of Teotihuacán at noon on June 24, the same day as it was presented by the Chortí.

According to its director Luis Valdez, Teatro Campesino is studying Maya philosophy and is attempting to put it into practice in its own communal life and theater work. The group believes that everything is solar energy. Man eats plants and he eats animals which have eaten plants and thus eats solar energy. But within man and nature in general there is also conscious energy which, for example, determines that a human embryo will develop into a human being. It also makes him want to become greater than he is in normal waking life by plugging into the conscious energy surrounding him. This requires that he be in harmony with other human beings and with nature; otherwise he may become brutal, violent, and cause psychic or physical harm to himself or others.

Valdez says the sun has tremendous effect on behavior. Concentrations of solar energy can make us sad, happy, or angry. During the summer solstice, when the sun is directly overhead, the concentration of solar energy is tremendous, and this energy comes into contact with the energy of every individual who is out that day.

> And if in your person you have spiritual impurities, say you are
> given to anger or envy, that solar energy, like putting too much

[2]Rafael Girard, *Los Mayas: su civilización, su historia, sus vinculaciones continentales* (México: Libro Mex, 1966).

water in a bottle, breaks open the individual and he goes out and does something he is sorry for. June 24 is a notorious day for people killing each other. They take guns to each other and they don't even know why. So El Baile de los Gigantes is a purification for the performers and for the whole tribe as well. It shows the good forces fighting against the bad forces, and by concentrating on the action, the people go through the struggle in a sense and it liberates them from their bad feelings. It is cathartic, but it is also in direct relationship with the mathematical knowledge of reality.

Like the Maya, Teatro Campesino does not view the myths as folklore. Myth for the Maya was not fantasy—it was practice. According to Valdez, "they were actually trying to evoke certain forces that exist in energy or in human beings as energy." Through the performance of El Baile de los Gigantes, both the Chortí and Teatro Campesino intend to have a spiritual efficacy, to insure the well-being of their respective communities. Like the Chortí, some of the Teatro Campesino performers fast for two days to purify their bodies in preparation for this spiritual undertaking.

The events of the Popol Vuh dramatized in El Baile de los Gigantes concern the gods before the creation of man and before the first dawn which accompanied his creation. The ritual is performed by eight dancers, a narrator (Luis Valdez), and musicians playing drum, cymbal, flute, rattles, guitars, and conch shell. Except for the narration almost nothing is spoken, but frequently the performers accompany their movements with singing. The movement, usually dance steps, is geometrical and precisely worked out with respect to the cardinal points and the number of steps so as to correspond with the Maya science underlying the myths. The performers wear masks or veils and loose-fitting white pants and tunics with colored details corresponding to the colors associated with various gods and the cardinal points. The narrator wears dark clothing and frequently carries a small drum. The only props are sticks used in the battles and a ball that serves as a severed head, a newborn child, and the object of a battle. The ball has a special significance because from the earliest evidence of Mesoamerican culture the ball game was associated with the movement of celestial bodies and was a ritual act involving human sacrifice necessary for life. In the indigenous view the essence of life was a struggle between various forces—day and night, heaven and earth, life and death. One player dies at the end of the game so that his opponent can live.

The performance tells how the sun and the moon of our ancestors were created, thus preparing for the creation of man. Twin sons are born to the Grandmother and the Grandfather (our ancestors). Those sons, Hunahpú and Hun Camé, battle for control of the ball and when Hunahpú is defeated and decapitated by Hun Camé (who becomes the King of Hell) his head is put in a tree which grows fruit to hide it. The daughter of one of the Lords of Hell goes to the forbidden tree and the head spits its seed into her hand and she becomes pregnant. She escapes her father's wrath and goes up to the earth where she gives birth to twin sons who become great ball players. The Lords of Hell interfere with their ball game and the two boys have to fight Hun Camé and another Lord of Hell. The boys win the battle but by a trick one of them is beheaded by Hun Camé. The boy's magic is very strong, however, and he is not dead. Hun Camé is taken prisoner and himself beheaded. "In the name of love and justice" they have won "the struggle against envy, injustice, imperialism." As at the beginning, the performers pay homage to the east and to the west. One thing remained to be done before the birth of man and so the grandparents sent the two twins into the sky and gave one of them the sun and the other the moon.

As the performers, and then the audience, sang over and over, "Please god, let the light flourish and come forth," the ball was tossed from one to another, from performer to audience and through the audience—at one point, in stages, all the way to the top of the Pyramid of the Moon and back to earth—as many spectators joined the performers in a jubilant dance of celebration.

In its presentation of El Baile de los Gigantes Teatro Campesino has the same practical objective as the indigenous performers—the Concheros, the Xicotencatl from Tlaxcala, and the original *voladores*. They intend to harmonize the individual with mankind and with the cosmos. But they present ceremonies such as El Baile only for specific events and Valdez feels that their value is greater for the participants than for the spectators. At other times, therefore, they present pieces dealing more directly with the socio-political problems of Chicanos.

La carpa de los rasquachis (The Tent of the Underdogs) incorporates elements of the corrido, *acto,* and *mito.* (See fig. 11.) The version presented in Mexico City begins with a song and procession in which a large banner picture of the Virgin of Guadalupe appears. This is followed by flashes from history—the conquest of Mexico by Cortés and Indians with ropes around their necks who are slaves driven by La Muerte (the skeleton figure who represents evil and death throughout the piece). A tight circle is formed and the Virgin of Guadalupe, standing on a small platform, is raised high above their heads. La Muerte introduces the story of Jesús Pelado Rasquachi, a Mexican who came to the United States to work in the fields and who wears the rope of the salve around his waist. He falls in love and is married (a priest ropes them together), buys a car for $99.99, leaves his pregnant wife at home while he gets drunk with a dance hall girl, comes home and beats his wife who gives birth to seven babies who are baptized by "St. Boss Church." Conditions are tolerable as long as he is young and

FIG. 11. The skeleton figure of death representing the *contratista* lassoes Rasquachi
at the Mexican border and brings him into the U.S.A. as an agricultural
worker in *La carpa de los Rasquachis* by Teatro Campesino (California,
U.S.A.). Festival of Mexico, 1974. (Photo: Theodore Shank.)

strong, and when a United Farm Workers organizer comes around he agrees
with his boss that they don't need the union. But suddenly he is forty-seven,
worn-out, and broke, and he wants to go home to Mexico. His children
refuse to go. He dies, humiliated by the welfare system. He lies dead with
the rope he has worn all his life still around his waist. After the funeral the
sons and their mother move to the "big city." Luis Rasquachi, who now
wears his father's rope around his waist, is caught up in the violence of the
streets, kills a man without intending to, joins the Marine Corps, and in
Vietnam learns to be a killer. He returns home to find his younger brother,
Mercadio, a college student and a Brown Beret.[3] Luis cannot understand
Mercadio's belief in La Raza and Chicano power. With La Muerte's help
Luis becomes a policeman. He kills another Chicano and beats strikers
including his own brother who calls him "pig." The mayor (La Muerte) of-
fers to make Luis chief of police, but the Virgin of Guadalupe appears to

---

[3] A militant Chicano organization.

him and he refuses, saying he doesn't want to be chief of corruption. Realizing the evil of the system he quits the police force. On his wedding day he is shot by the mayor. Mercadio picks up the rope and wears it. Waving his Red Book at La Muerte he tells her, "Take me! My body may die, but my revolutionary spirit will carry on." Mercadio rejects the union now and says he will fight the revolution with a gun. He shoots at La Muerte, at an educator, a grower, the church—but none of them will fall. He hates everyone and he dies of hatred, choking on it. The style of the piece becomes more abstract as the Virgin of Guadalupe appears, and the rope is removed from Mercadio's neck and he is dressed as Jesus Christ-Quetzalcóatl while we hear "You are my other self," and "If I do harm to you I do harm to myself." Banner pictures of Jesus Christ and the Virgin of Guadalupe are paraded and they sing a song about love flourishing. The Virgin says, "Against hatred, love, against violence, make peace." Jesus Christ-Quetzalcóatl throws the rope at La Muerte and she dies.

The discussion of this piece by festival participants revealed their philosophical differences. Augusto Boal, director of a group in Brazil until his imprisonment, criticized the piece for portraying Mercadio, the revolutionary brother, as a failure and for being confusing because the devil makes a policeman of one brother and a revolutionary of the other. Boal feared that campesino audiences might take Mercadio to be typical of all revolutionaries. The work was also criticized for encouraging the perpetuation of church power through the adulation of Christ and the Virgin of Guadalupe and for not making clear to the people that the solution to their problems must come from their own struggle. Luis Valdez was asked if the use of the Virgin was a tactic to make their work acceptable to the campesinos who believe in her. He answered, "It is not a tactic. We believe in the spirit of the Virgin of Guadalupe and in Jesus Christ—Quetzalcóatl. They are the same spirit and it is worldwide and cosmic." Later he amplified, "We actually believe that she did appear, because she is a manifestation of that same conscious energy that the Maya speak of that comes from the sun. . . . We accept her as that and also as the universal manifestation of mother love. . . . It is mercy, it is compassion, it is human kindness, it is self-sacrifice for others."

Many festival participants, however, believed that theater should deal more directly with sociopolitical problems, that it should designate the oppressor and the oppressed, and that it should clarify the issues of the class struggle. Some groups fulfilled these objectives while still incorporating myth, or the form of myth, but replacing the original efficacy with the new political function. One of the most skillful is the four-year-old Chicano group of San José, California, Teatro de la Gente (Theatre of the People), under the leadership of Adrián Vargas and Manuel Martínez. In their short collective piece *Ritmos de la vida (Rhythms of Life)* the ancient and the modern exploited workers are combined in one image of a man with a darkly painted

FIG. 12. Having eaten all of the food picked by the dark worker, the white master
tears out the worker's heart in *Ritmos de la vida* by Teatro de la Gente
(California, U.S.A.). Festival of Mexico, 1974. (Photo: Theodore Shank.)

face; the ancient and modern oppressor is likewise represented by one image
—a performer with a face painted white. The white man is hungry, and the
dark man fills one crate after another with fruit and builds a pyramid with
them. The white man eats the fruit as fast as the crates are filled, getting
fatter and fatter, eating faster and faster, so that the dark man must work
harder and harder. Eventually all of the fruit is gone and the white man
rips out the heart of the worker. (See fig. 12.) The heart, however, has a

power of its own and destroys the oppressor. The form is abstract; the fruit grows on bushes and trees represented by other performers. The crates are of the kind used by campesinos who work for large U.S. corporations and the stacking of them in the shape of a pyramid reminds one that the ancient structures, like the churches, were not built by the gods.

Documenting Daily Experience

While several groups use demystified myth or mythlike form to deal with social conditions, other groups depict the actual conditions in their work. Santiago García, director of Teatro La Candelaria in Bogotá, Colombia, explained how they go directly to the people with whom they are concerned for the source material of their work.

> In the beginning we study the theme, the subject—the history of the people, the peasants. We collect this material, talking to the people. Then we make a methodical study of this material. After that we make many improvisations with this material of life, the very life of the working people. We argue about the improvisations and then we invite workers, peasant leaders, and worker leaders to see our rehearsals. We have many talks with them and we change the work through these conversations.

The association with workers is a continuing one. There are discussions with the audience after each performance, and since the dialogue is always improvised in performance, audience suggestions and comments can be quickly incorporated into the evolving piece. Although the group has a small theater in Bogotá, only about twenty percent of the performances are presented there. All others take place in the streets of cities and villages and at union meetings and strikes. The group sometimes travels two days to perform in a remote village for twenty-five campesinos. Most members of the group have working-class backgrounds—many are fishermen, cab drivers, or seamstresses.

The piece performed by Teatro La Candelaria in Mexico City was *La ciudad dorada (The Golden City)*, and, like *La carpa de los rasquachis* of Teatro Campesino, it is the story of a working-class family. In *La ciudad dorada* there are no religious solutions and the intellectual viewpoint is dialectical or historical materialism. García said that their object was to "teach the workers to fight for a union, a real union, not a union whose ideas belong to the bourgeoisie." But they do not provide a pattern for action in their plays because they don't like theater with systematic solutions. Indeed, *La ciudad dorada* does not present solutions, it simply tells about the problems of the Pérez family, typical peasants who own two or three acres of land which, for complex reasons, they are no longer able to farm. When their attempt to keep a small shop also fails they decide that life will be better in "the golden city." Instead, things are worse because the credit system, and the diversions and tensions of city life destroy the family ties. One of the sons becomes a union activist and, although he is imprisoned for his organizing activities, there is hope that his mother and the union will get him out. The play ends not with a solution but a hope. (See fig. 13.)

Santiago García also feels that despite very sharp ideological differences among some of the groups at the festival, they are unified "in this work against the imperialists and for our real culture and a real theater. . . . This is a kind of big laboratory. Latin America I think of as a big laboratory of new theater, a theater which is used for the working class."

While groups such as La Candelaria are trying to present the problems of the peasants and workers, a group of Mexican *ambulantes* (street vendors) from Puebla, descendants of the indigenous people, present problems drawn directly from their own daily experience. (See fig. 14.)

The Ambulantes de Puebla, suffering from the harassment of police and bureaucrats, decided in 1963 to present performances for others in their predicament in order to isolate the problem and help to organize the oppressed. The bourgeoisie, whom the establishment represents, considers the *ambulantes* a nuisance and an eyesore intolerable on the streets of a "developed" town. Furthermore, the middle class business community maintains that the *ambulantes* are unfair competition because they do not rent stalls or buy business permits. The *ambulantes* contend, "We have no money to pay these fees. We do not have the skills necessary for factory jobs. We do not own land that we can farm. How are we to live?"

The Ambulantes sell in the streets every day except Wednesday and Thursday when they rehearse the piece which they perform for other groups, for campesinos, and for sympathetic students. Their piece is, in a very literal way, an enactment of incidents from their daily lives as they sell their handful of vegetables or other merchandise. Each of the events actually happened to at least one member of the group. That person tells the others about the experience and they rehearse it. Nothing is written down. As in the marriage ceremony of Xicotenactl, the Ambulantes use some farcical characters, in this instance the police, who, despite their meanness, are buffoons of the Keystone Cops variety. The performers wear their ordinary clothes, except that the police wear helmets made of painted pots and halves of soccer balls. The only props are the merchandise and oversized soft billy clubs. The dialogue is improvised, and although there is a scenario, it continues to change as they incorporate different experiences.

The piece begins when several women sit on the ground peddling their meager stock of fruits or vegetables. They are harassed by a man who tells them they can't sell without a permit. He kicks their merchandise, and in another scene he steals it. One of the women goes to the authorities complaining that someone has stolen her merchandise. The administrator, who

FIG. 13. The Pérez family tries to make a living running a small shop in *La ciudad dorada* by Teatro La Candelaria (Colombia). Festival of Mexico, 1974. (Photo: Theodore Shank.)

FIG. 14. The Ambulantes de Puebla (Mexico) present problems drawn directly from
    their own daily experience. Festival of Mexico, 1974. (Photo: Theodore
    Shank.)

is surrounded by policemen who play up to him and hit each other on the
head, sends her to someone else. The second administrator is surrounded
by the same policemen and he sends them out with her to find the "thief."
When they spot him the police hit him and haul him back to the administrator. The "thief" explains that he works for the city, too, and that he had
to steal the woman's merchandise to keep her from selling it. The administrator understands and tells the woman he will have her arrested if she causes
any more trouble.

Again the women are harassed while trying to sell. A man encourages
them to organize and defy the authorities, but he is a spy and reports their
plans to the police. The police arrive and beat the women, leaving them
lying in the street—and a baby is left crying alongside his mother. One of
the women speaks to the audience, explaining that there is no one to defend
the rights of the poor. The government is on the side of those who oppose
the street vendors. The Ambulantes of Puebla have organized, and in October 1973, they tried to take over two streets to make a free marketplace.

As a result they have suffered even greater repression. They continue to protest and maintain a market separate from the bureaucratic structure. They are willing to take risks as they know the students of Mexico have taken risks and have been killed and imprisoned. "We continue to fight with all humble people to do away with all bosses. We must organize ourselves to take not only the streets but also the land. We must organize all the farm workers, factory workers, and street vendors into independent organizations which are united to achieve the same end."

Documenting the Class Struggle

While none of the other groups at the festival presented works which documented their lives so directly, there were other pieces which documented specific sociopolitical conflicts or the history of the class struggle in Latin America. Teatro Experimental de Cali (TEC), Colombia, under the direction of Enrique Buenaventura, presented *Soldados (Soldiers),* a collective work documenting the events of the strike of Colombian banana workers against the United Fruit Company in 1928. The strike was important because it led to union organizations in Colombia and revealed the collusion of the Colombian government and the U.S. corporation. The soldiers were eventually ordered to fire upon those who refused to return to work. Although the government announced that the number killed was eight, a confidential letter of January 16, 1929, from the head of the U.S. legation in Bogotá to the U.S. Secretary of State gave other statistics. "I have the honor to report that the Bogotá representative of the United Fruit Company told me yesterday that the total number of strikers killed by the Colombian military exceeded one thousand." Research by Buenaventura and TEC uncovered other documents indicating that 3,000 were killed.

TEC prefers to develop one piece and continue to work on it over a long period of time. In this fourth version of *Soldados* only four actors play all of the characters—workers, soldiers, and representatives of the government. Buenaventura says that although the first and most fundamental objective of the piece is to entertain, it has other functions as well.

> Those people who can be entertained observing their problem
> have the possibility of changing the situation, of changing the
> conditions that led to the problem. The problem does not remain
> inside you, but you can see it outside. People can see that it is an
> old problem, that their parents and grandparents have faced the
> same problems and have given them a history of fighting for their
> own rights. A class needs a history and that is what we artists
> can give to a people—a sense of their history.

Another group, Teatro de la Esperanza in Santa Barbara, California, directed by Jorge Huerta, presented a collective piece which focused upon the mistreatment of Chicanos in the town of Guadalupe in Santa Barbara County. The piece, combining narration and dialogue, made extensive use of a report by an Advisory Committee to the U.S. Commission on Civil Rights augmented by the group's own research in the community.

Another kind of documentary technique has been used by Mascarones, the first and most durable political theater in Mexico City. Directed by Mariano Leyva, who was one of the chief organizers of the festival, the group has worked for twelve years, refusing all direct financial involvement with the establishment and existing by selling their recordings, posters, and books. They are a creative, social, and economic collective. The campesinos for whom the group performs participated directly in the development of their theater pieces. One such piece, *Don Cacamafer* (the title is a pun on the word for peanut and the name of a company), was developed with the help of campesinos from Morelos whom the group considers as coauthors of the work. The Mascarones had performed for the campesinos a piece about Zapata (the revolutionary hero killed in 1919) and afterward the campesinos asked them whether they would develop a piece about their particular problems. The group lived with the campesinos in their villages and later some of the campesinos came to Mexico City and lived with Mascarones. The first piece was only fifteen minutes long and the group considered it too simplistic. They went back to Morelos and for one year they studied the indigenous language, philosophy, and myths as well as the campesino way of living. *Don Cacamafer* concerns three peanut farmers who gradually come to learn that the only way out of their difficulties is to organize. The performance includes a rain ceremony taken from the Aztec codices but which is still the people's vision about the relationship between Tláloc (god of rain) and the harvest. At the end of the piece the spirit of Zapata appears to the farmers and tells them that they must carry forward the fight.

Máquinas y Burgueses (Machines and the Bourgeoisie), also developed with the help of campesinos, presents a history of the indigenous American people from the beginning of life (taken from the Popol Vuh) through primitive collectivism, slavery, feudalism, the industrial revolution, the birth of the bourgeoisie, capitalism, and the workers' movement. The piece includes dance, songs, and masks which make the performance highly entertaining while serving its dialectical aims. (See fig. 15.)

Manifestos

The last two days of the festival were held in the state of Veracruz. Two, three, or four groups remained in each of a dozen villages and performed for the people of that village. On the last day of the festival closing ceremonies were held at the pyramids of Tajín, Veracruz. During the last two days in Mexico City several discussions had been devoted to writing manifestos, which were read as part of the closing ceremony. A manifesto stating and

FIG. 15. In *Máquinas y burgueses* by Los Mascarones (Mexico) the machines of the
Industrial Revolution dominate the indigenous American people. Festival
of Mexico, 1974. (Photo: Theodore Shank.)

explaining the goals and organization was read by the Frente de los Trabajadores de la Cultura de Nuestra América (Cultural Workers Front of Our
America), an organization established at a theater festival in Ecuador in
1972. The members are artists of all kinds, and the purpose is to organize
protests against governmental persecution of artists. The Confederación de
Teatros de Nuestra América (Confederation of Theaters of Our America)
was formed at the festival. The Confederation is open to all active theater
workers who share the political position of antiimperialism. In part its purpose is to hold regional seminars, workshops, and festivals, to plan international festivals, and to pass information. The Confederation manifesto
stated that the goals were to "participate in the struggle for the liberation
of those peoples, racial minorities, ethnic groups, etc., from the domination
of Yankee imperialism and its allies," and to "break the isolation and the
lack of communication that has been maintained between our people and
their cultural expression," to initiate new organizations and to help other
groups or persons involved in the same cause, to centralize the publication

and distribution of theater materials, to "organize acts of solidarity with those peoples, organizations, or persons that receive aggressions by imperialism and fascism and collaborate with other organizations in the struggle for democratic liberties and human rights," and to collaborate with the Frente de Los Trabajadores de la Cultura de Nuestra América. The organization will be administered by a General Assembly which will have representatives from each of the three regions (northern, central, and southern) and which will elect a board of directors.

Conclusion

The recent socialist theater groups in Latin America and the Chicano groups in the United States are not so remote from their indigenous ancestors as might appear. The ancient people of Mesoamerica did not live in a fragmented world. Man was part of a collective culture, not a society of individuals. Everything was related. The concept of fine art did not exist as an entity separate from other activities of social utility, in fact, there was no word for art. Superior craftsmanship was valued, but the products of such skill were not to aggrandize the maker. They were not commodities nor were they merely objects for aesthetic pleasure. Like everything else, they served a function in society. They helped maintain an ordered harmony between individuals and between human beings, the earth, and the cosmos. Their descendants, who have not denied the culture of their ancestors by substituting a European importation, have continued to see their theatrical workmanship as having a social utility. Some, like the Concheros, who have perpetuated their past traditions in a disciplined manner, aim to harmonize all of the disparate elements that surround them. Teatro Campesino has attempted to return to this tradition. Others, like the Ambulantes, instead of harmonizing what exists, serve society by attempting to change it through struggle—another cultural principle of ancient Mesoamerica. In some respects the socialist revolution of which some groups are a part, sometimes without knowing it, is an attempt to overthrow the establishment and to return to the collective culture of their ancestors. The festival in Mexico City encompassed both of these objectives.

16

El II Festival International de Caracas, 1974

JOSÉ MONLEÓN

The Manizales Festival prompted a theatrical as well as a political discourse on the concept of Latin American theater. The enthusiastic debate progressed rapidly—at least in the view of Spanish observer José Monleón, who was accustomed to a much slower and more guarded pace in his country—and by the time of the Second Caracas Festival, the debate had entered a stage of crisis. The definition of Latin American identity, inferred from other festivals, goes beyond cultural affinities; what really unites the peoples of Latin America is their common feeling of a long colonization. The vast majority of the groups participating in the Manizales and Caracas festivals denounced in their plays this dependency and those who caused it, and tried to reach a proletarian public in an avowed effort of conscientization. Theater as a weapon has proven futile and has become repetitious. Therefore, a reassessment of the role of the theater in Latin America is in order, but few are willing to undertake it.

This brief exposition, which Monleón expands in other articles and interviews published in *Primer Acto,* serves as the frame for an informative analysis of the II Festival Internacional de Caracas. The author gives special attention to *Resistencia,* by Edilio Peña; *El auto de la compadecida,* by Ariano Suassuna, in an adaptation by José Ignacio Cabrujas; the long-expected and somewhat disappointing participation of the Uruguayan group El Galpón; *Puerto Rico Fua,* by Carlos Ferrari; and *El caso Panamá,* by Luis Alberto García, among the Latin Americans. The chapter ends with a short note on the groups from Portugal

Este capítulo está tomado, con la debida autorización, de la revista *Primer Acto,* 173 (oct 1974), 56–64.

(*La cena*, by La Comuna), the United States, England, Poland, Czechoslovakia, Hungary, the USSR, and Spain (Víctor García's *Yerma*, by the Nuria Espert company).

El Festival de Manizales puso en marcha un discurso teatral que, lógicamente, ha resultado también un discurso político. El hecho de que Caracas y San Juan de Puerto Rico se sumaran a la iniciativa colombiana, ha acelerado y enriquecido el debate. Han sido cinco años escasos a través de los cuales el concepto de "teatro latinoamericano" ha tenido que ponerse a prueba y descubrir sus contenidos reales y sus presupuestos quiméricos. Muchas afirmaciones que en el Festival de Manizales del 71 parecían incuestionables suenan ya a insostenibles idealismos. Incontables horas de debates y docenas de representaciones han arrojado un balance, una cuenta de trabajo y otra cuenta de impotencia, a las que es necesario atenerse. Quizá sea éste, en definitiva, uno de los grandes atractivos de la vida latinoamericana de nuestro tiempo: pasan cosas, se modifican las situaciones, se desacredita, por tanto, cualquier teoría que se distancie del dato cotidiano. Piensa uno, por ejemplo, en España, dònde tantos principios se arrastran y se defienden en la penumbra, inverificados, e inmediatamente comprende la ventaja que nos llevan en América Latina. Un quinquenio ha despejado allí muchas cosas. Formulaciones políticas, previsiones, que parecían claras, a las que mucha gente entregó incluso su vida, no se han traducido en cambios reales. De ahí, la crisis, la necesidad de no seguir fumando el "opio del optimismo," y de afrontar la realidad a partir de nuevas conclusiones.

Los Festivales de Teatro de Manizales y Caracas—el de Puerto Rico, aun siendo muy importante, tuvo sus características especiales, quizá porque apuntaba más a encarar la realidad de la colonia que a interrogarse sobre la situación de América Latina—han sido, en este sentido, de gran importancia. Naturalmente, a quienes el descubrimiento de la crisis, de los niveles reales del teatro y del pensamiento de la izquierda, ha cuestionado sus planteamientos, se les ha presentado una disyuntiva: o atacar a los Festivales, buscando en su organización los elementos que pudieran neutralizar su doloroso descubrimiento, o decirse que es preciso reconsiderar el análisis de la realidad y los términos del trabajo a partir de cuanto ha sido revelado.

Porque es obvio que el concepto de América Latina posee actualmente unas características sociopolíticas muy precisas. Más allá de la comunidad de idioma y de una serie de afinidades culturales, lo que realmente une a los pueblos de Latinoamérica es el sentimiento de su larga colonización.

Bastaría pensar en el centenar de espectáculos presentados en los dos Festivales últimos de Manizales y Caracas. Una abrumadora mayoría de los mismos nos conduciría al mismo núcleo: la lucha del indígena contra los españoles, la sumisión actual a la economía y el poder de los Estados Unidos. Esto y la complementaria denuncia de las oligarquías y de cuantos sectores se benefician de la situación—que engloba la miseria de millones de latinoamericanos, podría ser el esquema infinitamente repetido.

Hecha la denuncia, reescrita la historia, es lógico que una buena parte de este teatro se pregunte cómo cambiar las cosas, cómo modificar la situación. De ahí, dos dimensiones prácticamente comunes en las representaciones más significativas: el deseo de llegar a un público popular, como sujeto del cambio, como clase social que soporta el peso de la actual estructura económica, y la voluntad dialéctica, el afán de orientar y unir al público para la lucha.

Si a partir de esos supuestos, muchas propuestas del teatro latinoamericano han ido vaciándose, convirtiéndose en clisés, no es sólo porque la repetición engendra el lugar común, sino, sobre todo, porque las respuestas que ha dado este teatro se han ido revelando ilusorias, gratificadoras, más atentas a "conservar la moral de lucha" que a plantear implacablemente las alternativas reales. ¿Y quién se atrevería a decir que ése ha sido un error de los "hombres de teatro"? El error ha estado más arriba, en la interpretación de los ideólogos y cuadros de mando de muchos partidos, en la demagogia ilusoria tantas veces derramada.

La confrontación entre la ilusión revolucionaria y la realidad ha tenido que ser, en muchos, amarga. Y, lo que es peor, algunos se hallan tan aferrados a la primera, han hecho de ella un elemento tan vital, que no han podido situarse ante la segunda. Creo que es de ese sector—y no de quienes son capaces de considerar los nuevos datos, los nuevos hechos—de donde especialmente sale la irascibilidad y la angustia detectada en los Festivales latinoamericanos. Es ése el mundo que responde a la interrogación con el insulto, que ve fisuras o debilidades en la autocrítica, que repite una y otra vez un credo revolucionario con el que hurtarse al estudio, al conocimiento de los demás, a la fatiga del buen trabajo.

Personalmente, considero que es muy beneficioso para el teatro latinoamericano toda esta crisis. De ella no se saca la necesidad de volver atrás, de que cada hombre de teatro se quede en su ciudad o en su escenario. Si el movimiento ha tenido tal fuerza, si en cuatro años se ha andado tanto, es porque ha llegado el momento histórico de que ese camino se ande. El problema, como decía Atahualpa del Cioppo, de El Galpón de Montevideo, figura patriarcal y lúcida del teatro de América Latina, es que el análisis de lo sucedido, la indagación, sustituya a cualquier forma de energumenismo. Hay que descubrir dónde fallaron las previsiones, dónde erró la concepción del futuro, por qué se detuvo el proceso liberador. Y, a partir de ahí, rehacer un pensamiento que quizá ha tenido sus mayores enemigos en sus más frenéticos partidarios.

El organismo responsable del II Festival de Caracas era el Ateneo. Su director ejecutivo, Carlos Giménez, director de escena de fuerte personalidad en el ámbito de la escena venezolana. El criterio del Ateneo y de Giménez fue claro: invitar a muchos grupos, evitar el riesgo de una instransigencia selectiva. La fórmula es la misma que la de Nancy o la de Manizales. A unos cuantos grupos, de calidad probada, programados ordenadamente, combinando representaciones y debates de forma que todo el mundo pueda asistir a todo, se prefiere la acumulación de espectáculos, la concentración de personas, dejando que sea la capacidad y los intereses de cada cual lo que vaya configurando el Festival. En Caracas se emplearon en este Festival dos teatros a la italiana de carácter tradicional (Nacional y Municipal); el teatro del Ateneo, con el público en hemiciclo; la pequeña sala Rajatabla, con módulos para fijar libremente el espacio escénico y la disposición de los espectadores; el teatro Alberto Paz y Mateos, una sala a la italiana de poca capacidad; el Teatro Cristo Rey, situado en la barriada del 23 de Enero, generalmente lleno de un público de clase popular; y, excepcionalmente, el Poliedro, una semiesfera metálica, con capacidad para muchos miles de espectadores, escenario de espectáculos deportivos, y esta vez, lugar donde se ahogaron las marionetas llegadas de la lejana Kaunas [URSS].

Muchas de las compañías no se limitaron a actuar en Caracas. Barquisimeto, Maracaibo, Maracay y alguna que otra ciudad más del interior vieron también a una parte de los espectáculos del Festival. En cuanto a los debates, se ordenaron del siguiente modo: coloquios con los responsables de los espectáculos al día siguiente del estreno. Y, casi acabando el Festival, simposium de dos días enteros, con participación de representantes de todos los países invitados. Fue en este simposium donde se formularon ponencias de gran interés y ensayos colectivos del peor parlamentarismo, donde Fernando Arrabal armó el gran escándalo con aquello de "cuando oigo hablar de teatro político me entran ganas de vomitar."

Se pensó en organizar un Festival venezolano previo, del que salieran los grupos que el país organizador debía aportar a la confrontación. No se realizó y, quizá por temor a que los excluidos condenaran al director, se optó por dar entrada a cuantos grupos venezolanos lo solicitaron. El hecho es que vimos *Los siete pecados capitales,* de Manuel Trujillo, Luis Brito García, Rubén Monasterios, Isaac Chocrón, Elisa Lerner, José Ignacio Cabrujas y Román Chalbaud (a pecado por cabeza); *Las lanzas coloradas,* adaptación de la conocida novela de Uslar Pietri; *Las torres y el viento,* de César Rengifo; *El castillo,* de Kafka; *Los cuernos de Don Friolera,* de Valle Inclán; *T O 3,* según la novela de Efraín Labana; dos montajes de *El testamento del perro,* de Suassuna-Cabrujas; *El tragaluz,* de Buero Vallejo; *La ventisca,* de Jean Zune; *Te bir or not te bi, América . . . o la*

Verdadera Historia del Tío Sam, collage de autores latinoamericanos y europeos; *El gran circo del Sur,* de Rodolfo Santana; *El laberinto,* de Fernando Arrabal; *Hamlet,* de Shakespeare, y *Resistencia,* de Edilio Peña. El valor de este teatro fue, sin duda, heterogéneo. Hubo cosas de interés y cosas que lo tuvieron muy escaso. La lista, de cualquier manera, es muy expresiva tanto de las líneas dominantes del actual teatro venezolano como de su creciente vitalidad.

En el campo de las grandes decepciones estuvieron *Los siete pecados capitales,* cuyo texto pertenece a escritores que han demostrado en otras ocasiones su innegable talento. Aquí se estrellaron—salvo, quizá, Cabrujas —en siete historias menores, más chistosas que humorísticas, definitivamente traicionadas por un montaje ramplón, más propio de un teatro de variedades o de revista que de una propuesta dramática. El trabajo pertenecía al Nuevo Grupo, que se desquitó con *El testamento del perro,* en montaje de Alvaro Rosson, y con *Resistencia,* de Peña, y dirección de Armando Gotta. Creo que estos dos trabajos fueron no ya lo más destacado de la participación venezolana sino que figuraron entre lo mejor del Festival.

El testamento del perro responde a un intento serio de hacer teatro a partir de ciertos elementos de la cultura popular venezolana. Es un teatro informal, concebido en un espacio de carpa, afirmado a través de una relación abierta, jovial, entre espectadores e intérpretes. Las risas del público, sus aplausos, la prisa del que corre para sentarse en las butacas colocadas en el foro, es parte de la acción dramática. *El auto de la compadecida,* de Suassuna, se convierte, por adaptación de Cabrujas, por la antirretórica puesta en escena de Rosson, y por el talento del escenógrafo Jacobo Borges— que es también un pintor extraordinario—, en un espectáculo fresco, descarado y popular.

En cuanto a *Resistencia,* es una obra sobre el tema de la dependencia. Tres actores se transforman—la influencia de *Las criadas* ha sido considerable—en una serie de personajes sucesivos, manteniendo siempre el juego, bajo sus diversas formas, mostrando la estrategia del dominante y la resistencia o el miedo del dominado, de la dependencia. La novedad de la propuesta está en que sustituye las habituales escenificaciones naturalistas, desvirtuadas por la contradicción entre su crudeza y su tácito convencionalismo (pensemos en la tortura, tantas veces mostrada en estos espectáculos, brutalmente reproducida, pero, inevitablemente, dentro del marco y de la convención teatral a la que el espectador se siente integrado), por una representación simbólica, por un lenguaje de signos, que acepta el hecho de la convención teatral y hace, me parece, pensar más al espectador. El trabajo de los actores y del director Gotta eran excelentes. Y el hecho de que tanto *El testamento del perro* como *Resistencia* hayan sido invitadas al Festival de Nancy por Jack Lang responde a la más estricta justicia.

De los otros espectáculos, vale la pena recordar *El gran circo del Sur,* de Santana. Presentado por un grupo de estudiantes de la Universidad de Maracaibo, con dirección del propio autor, el drama aspira a resumir algunos aspectos de la vida política de América Latina. El espacio se divide en una serie de compartimentos, a través de los cuales es conducido el público. Cada compartimento tiene su propia acción, como si el Circo fuera el Museo de los Horrores y de la Enajenación. El trabajo está lleno de potencia, aunque, a mi modo de ver, su esquematismo político sea manifiesto y, en definitiva, indigne más que haga pensar. Los empujones, los pitidos de la policía, los gritos, aturden como las cargas contra una manifestación. Aunque yo me pregunte—con todo el respeto a la intención de Santana—si siendo esos los elementos visibles de la realidad, no corresponderá al dramaturgo, antes que exacerbarlos, analizarlos, mostrar sus orígenes, clarificar la realidad vivencial e ideológica que hay más allá del aturdimiento.

La verdadera historia del Tío Sam es un collage que descubre el talento de su director Rafael Rodríguez, la disciplina del grupo y, también, la peligrosa superficialidad de un discurso demasiado repetido. Juicio que podría en parte aplicarse a *T O 3,* con dirección de Clemente Izaguirre, la escenificación de la tortura real a que fue sometido el colombiano Efraín Labana. Son espectáculos serios, sinceros, pero—como el de Santana—muy inmediatos, más emotivos que analíticos, más maniqueos que dialécticos.

Las torres y el viento, de un autor tan respetable como César Rengifo, o la adaptación de *Las lanzas coloradas,* respectivamente bajo la dirección de Herman Lejter y Carlos Giménez, no alcanzaron los niveles previstos. Al primer espectáculo le fallaron los actores, le falló una puesta en escena capaz de afrontar las muchas complejidades de la propuesta. Una propuesta muy clara en su formulación ideológica—Venezuela devorada por el petróleo, convertida en ruinas cuando el petróleo se acaba—, pero expresada con una poética y un estilo que, en todo caso, escapó a los actores y al director del Teatro Universitario. En cuanto a *Las lanzas coloradas,* se derrumbó en un formalismo barroco, donde se mezclaban las propuestas audaces, las imágenes sugestivas, con la gratuidad, la retórica gestual y hasta el vacío.

De Arrabal se montó, además de *El laberinto,* previamente programado, *El arquitecto y el Emperador de Asiria.* El primero fue dirigido por Gerald Huillier, en una disposición escénica que recordaba la seguida por Víctor García en su montaje brasileño de *El balcón.* Los espectadores estábamos arriba, contemplando la acción que se desarrollaba en el fondo de la sala. Una serie de telas dividían el espacio y sumergían a los personajes en el laberinto. A Arrabal le gustó mucho el montaje. Quizá sea así como deba montarse *El laberinto.* En todo caso, el espectáculo adquirió un tono decididamente enfático, tremendista y, por la misma razón, ingenuo. Lo que un día—es sabido que se trata de una obra primerísima de Arrabal—pudo ser agresivo, demoledor y hasta blasfematorio, tiene, a fuerza de repetirse en la escena contemporánea, ya un aire de lugar común, de retórica de lo maldito. En cuanto a *El arquitecto y el Emperador de Asiria,* respondió a ciertos criterios del teatro del absurdo que en nada aclararon el pensamiento del autor.

El director de la Comedia Marplatense [Gregorio Nachman], insistió repetidas veces sobre lo que separa al actual teatro de Buenos Aires del teatro que se hace en el interior de la Argentina. En todo caso, la confrontación entre el trabajo de la Comedia Marplatense y el espectáculo del Grupo de Buenos Aires, no pudo ser más estridente. Presentaron los primeros un repertorio nítidamente político—*Un despido corriente,* de Julio Mauricio, y *Juan Palmieri,* de Antonio Larreta—, montado de forma sencilla, con una pretensión substancialmente didáctica; mientras los segundos ofrecían una pieza decididamente difícil y cargada de reminiscencias culturales: *El campo,* de Griselda Gámbaro. El contraste era aparatoso, porque si uno sentía que al trabajo de Nachman le faltaba cierto espesor, una riqueza expresiva que desbordara las formulaciones demasiado maniqueas, al espectáculo de Griselda Gámbaro le sobraban pretensiones. Si a unos se les entendía demasiado, a los otros se les entendía demasiado poco. Si unos reducían el análisis político a términos un tanto lineales, los otros se perdían en una experimentación que desconcertó absolutamente al público de Caracas. En última instancia, podría decirse que la Comedia Marplatense lograba sus objetivos: mostrar determinados mecanismos represivos de la sociedad latinoamericana. Con actores cordiales y un lenguaje inequívoco, en el que la representación se unía a la información y al debate con el público. Mientras *El campo,* con algunos intérpretes menos que mediocres, naufragaba en el experimentalismo. Quizá no todo fuera culpa de la obra y haya que echar buena parte del desconcierto que produce a su director y algunos de sus intérpretes.

El Galpón de Montevideo se fundó hace 25 años. Desde hace mucho tiempo se le cita como un grupo ejemplar dentro del teatro latinoamericano, donde Atahualpa del Cioppo, uno de los directores de El Galpón, figura entre las personas más respetadas. El año pasado, por problemas económicos, El Galpón no pudo ir a Manizales. Esta vez—y es obvio que la línea crítica de El Galpón lo margina de cualquier posible subvención del actual gobierno uruguayo—los organizadores del Festival de Caracas se las arreglaron para que el viaje fuera posible. Presentaron, dentro del Festival, *Barranca abajo,* de Florencio Sánchez, y fuera de él, *Las brujas de Salem,* de Miller, *El avaro,* de Molière, *Un curioso incidente,* de Goldoni y *El Galpón canta a América,* una especie de versión uruguaya de la brasileña *Libertad, libertad.*

En su conjunto, El Galpón produjo una impresión ambivalente. Convenció la homogeneidad, la cohesión, la claridad del grupo. Se admiró el interés

y el respeto que mostraban por el trabajo ajeno. Pero, en lo que se refiere a
los espectáculos concretos ofrecidos, hubo división de opiniones. Algunos
pensaron que su trabajo era un tanto tradicional, externo. Otros lo atri-
buyeron a la situación general de Uruguay y a la necesidad que tiene El
Galpón de moverse con prudencia. En cuanto al público medio venezolano,
la verdad es que una mayoría aceptó con entusiasmo trabajos como el de
El avaro, tomado por viejo por las gentes de teatro.

En el fondo, frente a un teatro de lo inmediato, hecho con prisa, deseoso
de incidir en el presente, El Galpón expresa una mezcla, no siempre armónica, de tradición y vitalidad. Sus espectadores pertenecen, sobre todo, a los
sectores liberales de la clase media uruguaya, aunque—y de ahí la presencia
de *Barranca abajo,* una de las obras más populares del teatro nacional—
el grupo procura conectarse con los intereses y los gustos de la clase popular.
Descubrir ciertas dimensiones críticas en los textos tradicionales, afrontar a
los clásicos, congregar a un público de espíritu progresivo en torno al teatro,
he aquí lo que hace El Galpón a los 25 años de su existencia.

Oyéndoles hablar, es fácil descubrir que muchos pasos del discurso son
forzados. Que entre aquel brillante nacimiento del teatro independiente
uruguayo y este Galpón de hoy existe una historia a menudo difícil. Y que
el creciente aislamiento de la vida teatral de Montevideo—a veces, porque
no se sale; en otros casos, porque se ha salido para no regresar de momento
—gravita negativamente. El viaje de El Galpón a Caracas tenía, en ese sentido, una alegría casi patética. Como la de los internos en domingo. Como la
de los primeros españoles que, hace ya algunos años, íbamos a Francia a ver
teatro. . . .

Para mí no fue una sorpresa. Hace aproximadamente un año, con ocasión
de la Muestra Internacional celebrada en San Juan, vi muy claro que la
situación especialmente grave de Puerto Rico podía estimular el desarrollo
de un nuevo teatro cargado de vida. El hecho de que "Teatro del 60" hiciera entonces a Dürrenmatt y se haya presentado ahora en Caracas con
Puerto Rico Fua, un trabajo claramente crítico, es un síntoma bien significativo de lo que allí está sucediendo. Durante años, fueron los dramaturgos
quienes llevaron al papel el espíritu, siquiera cultural, de independencia.
Ahora, los grupos han reafirmado esa función comunitaria de la escena. Y
han planteado, cada cual con su estilo y su nivel de radicalismo, un teatro
que ya no se limita a copiar lo que sucede en otros escenarios, sino que
intenta ser decididamente puertorriqueño.

Puerto Rico Fua, de Carlos Ferrari, se anuncia como Teatro de Cabaret.
Sus bases son, en efecto, las canciones, los bailes y las pequeñas escenas.
Su nivel de análisis quizá no sea, en razón del lenguaje empleado, muy profundo. Pero consigue dos cosas fundamentales: una, la relación abierta,
activa, con el espectador; otra, mostrar inequívocamente la situación colonial del país y estimular a combatirla. En el lenguaje del espectáculo, en

su ritmo, en la actuación, se respira esa autenticidad de quien habla de lo que sabe y cómo sabe. De hecho, si los del "Teatro del 60" hubieran querido, aún estarían en Venezuela. O quizá habrían saltado a otro país latinoamericano. Si no lo han hecho es porque, hasta cierto punto, un éxito así no estaba previsto en la "historia del teatro de Puerto Rico." Ni el grupo es profesional—aunque actúa regularmente en su sala de San Juan—ni nadie pensaba que un espectáculo suyo pudiera andar por América un montón de semanas. La situación es nueva, pero nada accidental. Carlos Ferrari, autor y director de *Puerto Rico Fua,* y los componentes del grupo, no tendrán más remedio que responder al prometedor desafío.

Del amplio censo de grupos con que cuenta el teatro colombiano, sólo cuatro o cinco realizan un trabajo continuado y regular. Los otros pertenecen a una realidad substancialmente política, que busca en el teatro la articulación de una voz, el grito lanzado públicamente, incluso la reflexión comunitaria. Pero que, acabada la ocasión, también él acaba.

Entre los grupos decididamente regulares de Colombia, el Teatro Popular de Bogotá (TPB) es uno de los que mejor marchan. En su sala hacen función todos los días, a menudo alternando con otras funciones que venden a entidades e instituciones. Anualmente hacen una gira por todo el país. Y, lo que no deja de ser importante, han llegado a la propuesta de un teatro netamente latinoamericano después de pasar por todo el gran repertorio del teatro mundial. Es decir, que poseen un aprendizaje, que si formulan una denuncia lo hacen dentro de un largo discurso intelectual y estético, y no con el apresuramiento de quien empieza por el final.

A Caracas llevaron dos obras: *Toma tu lanza Sintana,* una creación colectiva, y *El caso Panamá,* de Luis Alberto García. La primera es una pieza bufa, donde se satiriza de forma elemental a los grandes personajes de la Conquista. Zarzuela y colores de la bandera nacional. Imágenes un tanto gruesas, aunque uno no se atreva a decir que fantásticas. Exaltación de la cultura indígena frente al español y frente al norteamericano. *El caso Panamá* ya es otra cosa. Subsiste el estilo farsesco, esperpéntico, pero ligado a un estudio documental bastante más preciso. El punto de partida son los documentos que explican la "invención" de Panamá para construir el Canal en contra de las decisiones del congreso colombiano. El gran Ubu es el Presidente Teodoro Roosevelt; sus comparsas, ciertos políticos cuyo comportamiento provoca las carcajadas del público. No, no puede ser una obra simplemente histórica, si consideramos que lleva en Bogotá varias semanas en cartel y que promete, batiendo todos los antecedentes, estar varios meses. Es obvio que habla de algo todavía vivo. Y que lo hace con un lenguaje teatral—dentro de los límites del "teatro documento"—decididamente eficaz.

De Chile no hubo ninguna compañía. Al menos, ninguna compañía llegó de Santiago, la ciudad que, al año del golpe militar, ha conseguido, según anunció triunfalmente el general Pinochet, pasar del estado de guerra al simple estado de sitio. Supongo que, si no cambian las cosas, habrá que esperar a que nazca esa nueva generación de chilenos incontaminados de marxismo. Hasta entonces, a Chile la representarán en el extranjero compañías como ésta de Mimo que intervino en el Festival de Caracas. Sus directores, Jaime Schneider y Sylvia Santelices, son dos chilenos exilados, separados del grupo de Noisvander. Su espectáculo, la Cantata que recuerda la matanza de obreros en Santa María de Iquique...

México había anunciado su intervención con *La ginecomaquia,* de Hugo Hirlart. A última hora se presentó también la compañía que ha estrenado en México una obra de Wilebaldo López sobre Benito Juárez. En conjunto, la participación interesó poco. *La ginecomaquia* es una obra sobre el tema de la femineidad y la condición de la mujer en la sociedad moderna. Se trata de uno de esos textos inteligentes, estructurados con una voluntad experimental nada desdeñable, y, sin embargo, lejanos. Al menos dentro del discurso que proponía el conjunto de espectáculos caraqueños. Peor resultó, desde luego, *Benito Juárez,* espectáculo didáctico, de nivel escolar, farragoso, que desalojó de la sala a buen número de espectadores al llegar a su mitad.

La participación de México en los Festivales Latinoamericanos a los que yo he asistido siempre ha sido un problema. Su tiempo teatral y político es distinto y siempre se articula con dificultad a las propuestas dominantes. Hay un aroma de vejez, que no de madurez, en los espectáculos que manda México a estos Festivales; como si arrastraran consigo a toda la burocracia nacional...

Otra sorpresa agradable de Venezuela fue la participación de Costa Rica. Acudieron dos grupos, cada uno con su espectáculo. Uno era *La invasión,* creación colectiva del "Grupo Experimental Tierra Negra," y el otro *Libertad, libertad,* por el Teatro Universitario. El primero es un trabajo—dentro de una tónica ampliamente compartida—de investigación histórica, una expresión muy sencilla, hecha con los elementos imprescindibles, del pasado del país. El objetivo, por supuesto, es el de siempre: mostrar la parte que tuvieron los grandes intereses económicos en los términos, generalmente mal explicados, que configuran la realidad de Costa Rica. Dos mesas, dos bancos y la expresión corporal son los elementos de que se vale la puesta en escena para que la explicación no se quede en lección histórica.

En cuanto a *Libertad, libertad,* espectáculo ya clásico en América Latina, origen y modelo de mucho teatro de "collage," fue montado por un grupo de universitarios dirigidos por un antiguo actor de El Galpón, hoy trabajando en Costa Rica. Era la suya una versión joven, fresca, muy primaria, pero, a la vez, muy sincera y muy convincente. La relación entre el texto, la música, la canción y el baile, se producía, según es costumbre en esa parte del mundo, con fluidez y espontaneidad.

Se esperaba al Perú con cierto interés especial. En ese país ocurren cosas. Y la expropiación de periódicos por el gobierno, horas antes de que el Teatro Nacional estrenara su versión de *Fuenteovejuna,* no hizo sino agudizar la curiosidad del público. Desgraciadamente, ninguno de los dos montajes del Teatro Nacional Popular, una versión libre, ideológicamente superficial—¡Lope de Vega convertido en poeta revolucionario!—de *Fuenteovejuna,* y *Fulgor y muerte de Joaquín Murieta,* de Pablo Neruda, estuvieron a la altura de lo esperado. La búsqueda de un teatro didáctico, asentado en las necesidades del pueblo peruano, es relativamente nueva y llevará tiempo conseguir buenos resultados. De mayor interés fue el trabajo del grupo Cuatro Tablas. Sobre todo, si nos atenemos al tercero y último de sus espectáculos, *El sol bajo las patas de los caballos* [de Jorge Adoum], un trabajo imaginativo, aunque ideológicamente muy lineal sobre la Conquista del Perú por Pizarro. Hecho para cualquier espacio, con el público rodeando a los actores, quizá Cuatro Tablas estuvo bastante más cerca que el Teatro Nacional de lo que pueda ser un teatro popular peruano de nuestros días. Al menos, manejan un material más próximo, más vivencial, más suyo y, por tanto, más real, conformado a través de un lenguaje mucho más claro y comunicativo que los versos, siempre difíciles, de Lope o de Neruda.

No pude ver el espectáculo ecuatoriano, *Boletín y elegía de los mitas,* de César Dávila Andrade. Su director era Antonio Ordóñez. Lo vio poca gente, arrollada por la acumulación de títulos a una misma hora. Y lo sentí, porque aparte del posible interés del trabajo, la ponencia que leyó Ordóñez en el simposium fue de las más claras y más documentadas de cuantas se oyeron.

El trabajo que, probablemente, más sorprendió e interesó en el Festival de Caracas fue el de La Comuna, de Lisboa. Se presentó en la pequeña sala Rajatabla, con el público rodeando el espacio escénico. Bien mirada, la obra, titulada *La cena,* entra dentro de lo que más específicamente pudiera definirse como teatro político. Su tema es la opresión de unas clases por otras. Los poderosos, sentados a la mesa; los oprimidos, arriba de ella, en el símbolo de la comida devorada. Sin embargo, con ser éste un tema básico y repetido en todo el teatro político, *La cena* apareció como un espectáculo singularísimo. Probablemente, y ésta sería la vieja y siempre necesaria lección, porque no parte de ningún modelo de teatro, de ninguna poética preestablecida, sino de la que el grupo ha generado a través de su creación y su expresión. Puestos a situar *La cena,* habría que hacerlo en el teatro de ceremonia; pero, entendiendo la ceremonia no como un ritual cuyas significaciones se decide aprovechar, sino como un lenguaje que siendo orgánico, estando asentado en los centros más hondos del actor, aparece, a la vez, como la lógica expresión de la cultura y el medio histórico en que ese actor ha vivido.

Quienes se sientan a la mesa, asumen claramente la crueldad y la estrategia de las instituciones dominantes. Quienes suben a ella, el sufrimiento, la destrucción, el miedo y, a veces, la cínica sumisión. Sólo excepcionalmente, la voluntad de lucha... Y todo ello, con muy poco texto, en medio del general silencio, encontrando en el ritmo, en el gesto, en el sollozo, en la relación casi física entre unos y otros—como pudiera ocurrir entre los personajes de un cuadro, por su disposición dentro del plano—las bases del lenguaje.

Conociendo la historia de Portugal, su pasado y su presente, y aun los riesgos de su futuro, un trabajo como éste resulta especialmente rico. El fondo vivencial que genera el espectáculo aparece libre de los habituales esquemas ilusorios. No se muestra "lo que debe ser," ni existe ese cotidiano sentimiento de los más lúcidos de "que las cosas no eran como creíamos"; hay algo de monserga moral en todo eso. Y los de La Comuna aspiran a algo infinitamente más rico y necesario: mostrar cómo ha pasado a la carne, cómo se ha hecho parte de uno mismo, la vida en Dictadura. La cena es la objetivación ceremonial de la moral fascista. Para que nosotros, los espectadores, la sintamos y descubramos. Para que el sentimiento forme parte de nuestra conciencia crítica.

De los Estados Unidos se presentaron dos espectáculos: *Alicia en el país de las Maravillas,* por el Manhattan Project, de Nueva York, y *Thoughts (Pensamientos),* por una de las formaciones de La Mama. Excelente el primero, muy grato líricamente el segundo, los dos corrieron, sin embargo, una suerte muy afín: la de no interesar gran cosa, marginados como estaban del discurso tácitamente propuesto por la mayor parte de los trabajos presentados. En el fondo, son estas marginaciones las que mejor descubren la existencia, aun insegura, de esa comunidad de intereses culturales que llamamos lo "latinoamericano."

La versión colectiva de la famosa novela de Lewis Carroll ha sido concebida con una emocionante coherencia estilística. A los espectadores se nos sube al escenario—el gran telón está echado, la sala vacía—y se nos sienta en torno a una modesta cúpula, con reminiscencias de circo. Un reducidísimo número de actores, con elementos escenográficos mínimos, valiéndose del apoyo de unos cuantos trapos y postizos complementarios, anima la maravillosa historia. Como en la novela de Carroll, la ingenuidad y la precisión, la fantasía y el rigor formal, la infancia y la madurez, se mezclan y confunden, creando una atmósfera en la que actores y espectadores son parte del juego. A todos se nos propone entrar en el "teatro de las maravillas," viniendo a ser los términos en que se plantea el trabajo, en que se convoca al público, parte muy importante de su encanto.

En cuanto a *Thoughts,* es una especie de minicomedia musical de Broadway, con buena música y buenos cantantes, sustituido el costoso aparato de las grandes producciones por un dispositivo deliberadamente elemental. En definitiva, es una réplica al teatro musical norteamericano más en términos de "espectáculo" que de concepto, más por exigencias económicas—conseguir una comedia musical que pueda hacerse en un pequeño teatro y no arrastre un alto presupuesto—que por imposiciones creativas. Yo vi *Thoughts* en una de las pequeñísimas salitas de La Mama. Tenía allí la comedia cierto encanto familiar, inmediatos los espectadores a los cantantes y al pianista. Ahora, en el Municipal de Caracas, un gran teatro al viejo estilo, el trabajo perdía esa cordial intimidad para quedarse en una comedia musical de Broadway, sin la espectacularidad de Broadway. Y no es que esta espectacularidad importe mucho, pero forma parte del género y del sentimentalismo que lo alimenta.

Decía Arrabal que dentro de un par de años todos andaremos copiando a Bob Wilson, el norteamericano. No creo que se llegue a eso, aunque la escandalosa expectación que levantó Richard Gallo en el último Festival de Nancy [1973] es para hacer pensar en ello.

Al Festival de Caracas del 74 concurrió un grupo inglés que puede situarse en esa vertiente. Me refiero al The People Show, que presentó su espectáculo número cincuenta y seis: *The People Show 56*. Me dicen quienes lo han visto en su sala de Londres que allí tiene muchísimo éxito. Que su lenguaje surreal y fantástico, las constantes sorpresas del público, el carácter anticonvencional—antinarrativo, antisicológico, antidramático, antiliterario —de sus espectáculos, deslumbra e interesa. Nada de esto sucedió, en todo caso, en Caracas. Ni el ambiente, ni el público, ni la sala, tenían nada que ver con su propuesta. Este es un teatro que ha de conmover, como una pesadilla, como una revelación. Si no, adquiere un tono falsamente epatante, ingenuamente agresivo. Planteado como teatro antifórmula, muere si su fórmula se descubre... Y *The People Show 56* fue en Caracas precisamente eso: la audacia que acaba en chiste, el programa surrealista metido en un escaparate.

Del Este vinieron compañías de Polonia, Checoslovaquia, Hungría y la URSS. La verdad es que sólo el trabajo de los primeros estuvo a la altura de las circunstancias. La "Akademia Ruchu," que dirige Wojciech Krukowsky, presentó un espectáculo cuya lejanía cultural no impidió que fuera debidamente valorado. Después de Tomaszewsky, después de Grotowsky, tomando en consideración la expresión cinética, el grabado, la incidencia de la luz en el ritmo, Krukowsky planteó una serie de breves imágenes pantomímicas, abiertas a la compleja y cómplice interpretación de los espectadores.

En cuanto a los otros tres países, mejor que no hubieran estado presentes. Es difícil aceptar que en Hungría, en Checoslovaquia o en la URSS, el infantilismo de, respectivamente, el Teatro de Marionetas para Adultos, el Teatro Negro de Praga, o las Marionetas de Kaunas, tenga algo que ver seriamente con la realidad. En todo caso, y de eso se trata ahora, nada tenía que ver con el Festival de Caracas, con su público incluso más ingenuo. Este es un viejo problema que debieran considerar los países socialistas cuando mandan sus compañías a los grandes Festivales. El tono didáctico, sonriente, apacible, de muchas de sus aportaciones resulta finalmente burocrático y superficial. La problemática de la realidad socialista podrá ser distinta a la que existe, pongamos por caso, en Caracas. Pero esa problemática existe y en nada puede estar representada por todo ese teatro de la dulzura. En última instancia, no es igual considerar serena y apaciblemente los conflictos que salir al escenario como si no se tuviera ninguno.

España presentó el montaje de Víctor García de *Yerma,* por la compañía de Nuria Espert. Fue en realidad, una presentación un tanto marginal, casi en las últimas fechas del Festival y arrancando una breve temporada. Nuestros lectores conocen sobradamente esta *Yerma* que, en Caracas, abarrotó el teatro y promovió, junto a los elogios, la protesta melancólica del consabido lorquiano de casas encaladas y mujeres vestidas de luto.

Parte V

Grupos y Experiencias

17

Teatro Negro del Brasil: Una Experiencia Socio-Racial

ABDIAS DO NASCIMENTO

One night in 1941, the Brazilian economist Abdias do Nascimento, in Lima for a lecture series at the University of San Marcos, was a spectator at the Municipal Theater. The play was O'Neill's *Emperor Jones,* and the protagonist's role was interpreted by a white man painted black. This anomaly struck Nascimento deeply. In Brazil, where almost half of the population is black, he had never seen a black person on stage, except to portray secondary and grotesque characters. When the play was over at the Municipal, Nascimento made a resolution: upon his return to Brazil, he would create a theater organization which would do justice to black people; they would no longer be mere folkloric figures. Nascimento achieved his aim in Rio de Janeiro in 1944 when he founded the Black Experimental Theater (TEN). This chapter is thus the story of the long and successful struggle of the TEN.

Arguing that a black theater in Brazil had to be built on the basis of its historical reality, Nascimento begins with a brief view of the conditions—cultural and otherwise—of blacks and mulattoes before and after the abolition of slavery; he then describes the philosophy and the goals of the organization at its outset. The main portion of the chapter is dedicated to the many theatrical activities of the TEN from 1945—the date of the inaugural performance in the very Municipal Theater of Rio—to 1968. Related information is also furnished concerning the repertory of black theater at the moment the TEN came onto the scene and afterward, censorship, the publications sponsored by the TEN,

Este ensayo se publicó originalmente en portugués en *Civilização Brasileira,* Cuaderno especial, 2 (1969), y luego en español (traducción de Mario Martínez Sobrino) en la revista *Conjunto,* 9 (1970), 14–29, de donde lo reproducimos aquí con las debidas autorizaciones.

the many activities it stimulated, groups that branched out from it such as the famous Brasiliana, and the overall influence the TEN has had on Brazilian culture.

Varias interrogaciones suscitó en mi espíritu la tragedia de aquel infeliz negro que el genio de Eugene O'Neill transformó en *El Emperador Jones.* Esto pasaba en el Teatro Municipal de Lima, capital del Perú, y al impacto de la propia pieza se agregaba otro hecho chocante: el papel del héroe interpretado por un actor blanco teñido de prieto. En aquella época, 1941, yo nada sabía de teatro. Momentos antes de dirigirme al espectáculo, había acabado de pronunciar, economista que era, una conferencia en el Seminario de Economía de la Universidad Mayor de San Marcos. No poseía calificación técnica para juzgar la calidad interpretativa de Hugo Devieri; sin embargo, algo denunciaba la carencia de aquella fuerza pasional requerida por el texto y que únicamente el artista de raza negra podría infundir a la vivencia escénica del protagonista. ¿Por qué un blanco pintado de negro? ¿Por la inexistencia de un intérprete de esa raza? Entretanto recordaba que en mi país, donde más de veinte millones de negros sumaban casi la mitad de su población de cerca de sesenta millones de habitantes, por esa época, jamás había asistido a un espectáculo cuyo papel principal hubiese sido representado por un actor de mi color. ¿Sería, entonces, el Brasil, una verdadera democracia racial? Mis indagaciones iban más lejos: en mi patria, tan orgullosa de haber resuelto ejemplarmente la convivencia de negros y blancos, debería ser normal la presencia del negro en escena, no sólo en papeles secundarios y grotescos, conforme ocurría, sino encarnando cualquier personaje—Hamlet o Antígona—partiendo de que poseyera el talento requerido. Sucedía de hecho lo contrario: hasta un *El Emperador Jones,* si fuera llevado a los escenarios brasileños, tendría necesariamente la interpretación de un actor que colorearía de negro su piel blanca, a ejemplo de lo que sucedía desde siempre con las escenificaciones de Otelo. Incluso en piezas nativas—tipo *Demônio Familiar* (1857) de José de Alencar, o *Iaiá Boneca* (1939), de Ernani Fornari—en papeles destinados específicamente a actores negros, se tuvo como norma la exclusión del negro auténtico en favor del negro caricatural.

Ese hecho o constatación melancólica exigió de mí una resolución. Esta no podría ser otra que la decisión de hacer algo para erradicar el absurdo que significaba para el negro y el prejuicio cultural que significaba para mi país. Al finalizar el espectáculo había llegado a una determinación: a mi regreso al Brasil crearía un organismo teatral abierto a la protagonización del negro, donde ascendiese de la condición adjetiva y folklórica a la de sujeto y héroe de las historias que representase. Antes que como una reivindicación o una protesta, comprendí el cambio pretendido por mi acción futura como la defensa de la verdad cultural del Brasil y una contribución al Humanismo que respeta a todos los hombres y las diversas culturas con sus respectivas esencialidades. Antes del año 1944, cuando concreté en Río de Janeiro la fundación del Teatro Experimental del Negro—TEN—a aquellas preocupaciones iniciales se juntaron otras, y en la reflexión y en la crítica el proyecto primitivo se volvió más profundo y complejo. Me preguntaba: —¿Qué podría haber, más allá de la barrera ornamental del color, justificando la ausencia del negro de la escena brasileña? ¿Sería válida la hipótesis de su incapacidad para representar papeles serios, de responsabilidad artística? ¿Tal vez fuese considerado solamente capaz de hacer de muleques pintorescos o personajes folklóricos? ¿Existirían implicaciones más profundas, una diferencia básica de concepción artística y expresión teatral? ¿Por ventura condicionamientos excluyentes y conflictivos de una estética blanca y de una estética negra? Algo habría en los fundamentos de aquella anormalidad objetiva de los idos 1944, pues decir teatro genuino —fruto de la imaginación y del poder creador del hombre—es decir búsqueda en las raíces de la vida. Y vida brasileña excluyendo al negro de su centro vital, únicamente por ceguera o deformación de la realidad. Se imponía, así, una retrogradación histórica para descifrar las contradicciones que teníamos frente a nosotros y quién sabe el encuentro de luz que iluminaría el derrotero que el Teatro Negro del Brasil habría de recorrer.

Los antecedentes coloniales

De salida conviene reiterar lo obvio: una colonia—Brasil—es modelada según los patrones originarios de la metrópoli, Portugal. El Brasil de 1500 es esto: simple escenario del ejercicio de la codicia depredatoria de Portugal. Mero apéndice del Imperio portugués—factoría agrícola—y los colonizadores, menos que poblar, tenían como tarea inminente arrancar del territorio recién descubierto el máximo de productos tropicales, oro y esmeraldas, para abastecer los mercados europeos. Fenómeno típico del colonialismo de la época. Con su eje fuera del país, los intereses económicos de los colonizadores funcionaban como aguja magnética indicando la dirección de la vida periférica del Brasil que se formaba. Gravitaba alrededor de Europa, vía Portugal, y de allá provenía todo, desde los productos manufacturados a los patrones estéticos; desde las ideas y creencias a los estilos de comportamiento social, instituciones políticas y jurídicas. Probada la ineficacia del indígena para el trabajo forzado, luego de los primeros años del descubrimiento, transplantaron también para el Nuevo Mundo la esclavitud africana que Portugal ya había introducido en Europa. No en vano fueron los portugueses los primeros europeos en pisar suelo africano más abajo del Sahara...

Uno de los pretextos del imperialismo era la difusión de la fe y la conversión de los paganos. A fin de salvar el alma de los indígenas y, como contrapartida, ayudar a la manutención del régimen esclavista sobre los africanos, para acá vinieron los padres jesuitas. Les cupo a ellos, precisamente al Padre José de Anchieta, las primeras iniciativas de un teatro en el Brasil. Anchieta escribió varios autos sacramentales de forma europea, representados por los portugueses e indígenas conversos; la primera de esas representaciones se dio entre 1567 y 1570 con el *Auto Pregaçâo Universal*.

Merced a su trabajo y capacidad de adaptación, pasó el negro a constituir el elemento primordial en la formación de nuestra economía y en la composición étnica y social. Despojado en todos los sentidos—hasta de la propia condición humana—el esclavo no pasaba de ser instrumento de trabajo, cosificado en propiedad privada que el señor portugués usufructuaba como bien le pareciese. El africano tornó posible la formación económica del Brasil, de la misma forma que el esclavo en los Estados Unidos tornaría posible el advenimiento de la economía capitalista. Trasplantado de Europa para América, el colonizador portaba los intereses portugueses y el bagaje mental de su formación metropolitana. ¿Y cómo era esa formación respecto al africano? Esto: las costumbres y una pretendida ciencia antropológica dogmatizaban la inferioridad de la raza negra. No se agotaban, con todo, en el ámbito político o de la economía, las ambiciones espurias de aquella racionalización imperialista. Ella se transbordó al campo de la ética, de la estética y de la religión. A la sumisión por la fuerza del africano, siguió la migración forzada, con la consiguiente ruptura violenta de sus costumbres, tradiciones y organización familiar. Una verdadera cosmovisión de blancura presionó y degradó los valores de la metafísica negra, de la moral negra, de la belleza negra. Tiene razón Katherine Dunhum destacando como la más sensible de las formas de privación y despojo esa que provoca la inanición espiritual resultante del seccionamiento de los ligámenes del origen y la tradición.

Sin ninguna clasificación en la estructura social brasileña que se delineaba en el curso de la historia, todo a su alrededor existiendo para su inexistencia, el africano, aún así, reaccionaba. Víctima de estupro doble: espiritual y sexual; a la violación de su cultura original correspondió la violación de la mujer negra, más que prostituida, transformada en *uso* del colonizador blanco. No es válida, por eso mismo, la maliciosa confusión que pretende enmascarar la prepotencia sexual del portugués con la ausencia de intolerancia racial. En verdad, Lisboa mandaba para acá, con preferencia, delincuentes y algunas prostitutas para ejecutar la rapiña mercantilista de su colonización. A más de esta expoliación—la expoliación sexual—extrajeron la ficticia *tendencia natural del portugués a la miscegenación* y hasta un luso-tropicalismo que, en la práctica, se reduce a un artificio de finalidad domesticadora. El esclavo, por todas las formas posibles, perseguía la captura de su libertad y dignidad, creando los quilombos[1] y procurando mantener vivas sus costumbres y creencias. Por el tiempo de los autos jesuitas del siglo XVI, también los esclavos, en ocasión de la Navidad y hasta el día de Reyes (25 de diciembre al 6 de enero), promovían la representación de sus autos profanos: la *Congada ou Congo, As taeiras,* el *Quicumbre,* los *Quilombos*—de origen negro-africano—y el *Bumba-meu-boi* cuyas fuentes son vagas pero que acusa obvias adaptaciones hechas por los esclavos con la introducción de personajes como "Mateus" y "Bastião," *negros gozados,*[2] gérmenes de los futuros negritos pintorescos. Estos, aceptados durante la esclavitud, llegaron hasta nuestros días como los únicos intérpretes negros tolerados en la escena brasileña. Autos y jolgorios populares de los esclavos pasaban por autos portugueses del siglo XVI o franceses de la Edad Media. Un teatro no escrito de la tradición africana de los *Griot-oral* anónimo, folklórico; aún contemporáneamente, la vitalidad de esas manifestaciones colectivas puede dar testimonios en varias regiones del país. Algunos de sus intérpretes dejaron nombre y se registra el de los esclavos Caetano Lopes dos Santos y María Joaquina-"Rey" y "Reina" de la *Congada*[3] representada con enorme éxito, en 1811, en Río de Janeiro. Otro que dejó rastro fue el ex-esclavo y actor Vitoriano, con su interpretación, en 1790, de *Tamerlão na Persia,* que tuvo lugar en Cuiabá (Matto Grosso).

En la medida que la Colonia crecía demográficamente y la sociedad se constituía, se acentuaba la escasez de la mujer blanca; y el usufructo sexual de la mujer negra por el colonizador asume, por decirlo así, normalidad institucional. Aparece un nuevo escalón socio-étnico: el mulato. Su condición es ambivalente; hijo de esclava, es esclavo; sin embargo, hijo bastardo del señor, goza de ciertas concesiones y regalías. El mulato personificaba a un tiempo la convergencia y la repulsión entre la Casa Grande y la Senzala.[4] Destinaban al mulato marginal algunas de las funciones de confianza del portugués, entre ellas la de mayoral y *Capitão-do-mato,*[5] tareas ingratas y antipáticas. Más tarde le dieron otra atribución—la de actor teatral. Recordamos: a aquella altura de la historia se consideraba la actividad teatral una profesión despreciable, *la más vergonzosa de todas... por debajo de las*

---

[1]Aldea o ciudadela, a menudo fortificada, construida y habitada por esclavos cimarrones del Brasil para refugio y defensa de su libertad.

[2]"Negros graciosos" sería la traducción literal a la que habría que añadir "pícaros" para definir la condición de estos personajes de dramatizaciones y coreografías folklóricas originadas en el Brasil colonial.

[3]Danza dramática que mezcla en su intriga tradiciones y costumbres de origen congo con elementos de otras danzas de origen luso-español. Está formada por un cortejo real y una parte representada, vinculados orgánicamente.

[4]"Casa Grande" era la vivienda familiar y amplia del señor esclavista en su hacienda. La "Senzala," el barracón de los esclavos.

[5]Sujeto dedicado a la persecución y captura de esclavos fugitivos.

más infames y criminales. ¿Por qué entonces no franquearla a esos inquietos mulatos ya que se les cubría el rostro "con una camada de blanco y colorado?" Diversos visitantes extranjeros del Brasil colonial asistieron a piezas representadas por gente de color: Bougainville (1767), Von Martius y Von Spix (1818), Saint Hilaire (1819), son algunos de ellos. No sólo actuaban en la escena, como que asumían otras responsabilidades a ejemplo del "mulato y jorobado" Padre Ventura que construyó la *Casa de Opera* en Río de Janeiro en 1767. Entre 1753 y 1771, en el suburbio de Palha, en Diamantina (Minas Gerais), una negra famosa, Chica da Silva, mantuvo un teatro particular donde se representaba el repertorio clásico de la época. En el sector musical —creador y ejecutante—el negro contribuyó mucho, destacándose la presencia del compositor erudito Padre José Mauricio (1767-1830), regente de la capilla imperial.

Se puede afirmar, a grosso modo, que en los escenarios brasileños se representaban piezas de autores extranjeros o de autores nacionales que repetían en su texto los modelos europeos, en el fondo y en la forma. Se cumplía así la lógica del proceso de nuestra formación histórica en la acción mimética repetitiva, a que se reducían las comunidades dependientes, simples reflejos de la Metrópoli. La antropología y la sociología practicadas hasta hace poco en el Brasil traían la ineludible marca de su origen más allá del mar. Hoy, la llamada antropología cultural se halla desmoralizada como ciencia; pero ya anteriormente nos referimos a su vigencia histórica como cohonestadora de los propósitos domesticadores del conquistador europeo. En la línea de la transplantación de todo, hasta de la ciencia histórica, floreció aquí una exhaustiva bibliografía sobre el negro. En esos libros se enfocaba un negro raro, extraño a aquellos que se encontraban en las calles, trabajando en las fábricas, cosechando o sembrando café y caña de azúcar, habitando en las *favelas,*[6] cantando en la radio, limpiando zapatos, luchando por matricularse en los institutos y soñando con el diploma universitario. Los científicos autores de las obras no eran generalmente personas mal intencionadas. La mayoría de ellos tenían propósitos generosos y algunos dedicaban sincera amistad al negro. Estaban, sin embargo, condicionados por la perspectiva de la antropología metropolitana, trabajando bajo criterios inadecuados al contexto que se proponían analizar. Equivocados, confundieron preconcepto científico con realidad, compulsivamente convirtieron al negro en *asunto, material etnográfico,* esto es negro-pieza-de-museo, contrahecho y estático. Su configuración exótica despertaba viva curiosidad por lo pintoresco de su culinaria, su amatoria, su forma craneana, su manera de bailar y tocar tambores en la adoración de sus dioses...

[6]Barriadas donde viven gentes en estado de miseria o de indigencia, ubicadas en la periferia de las ciudades de Río de Janeiro y São Paulo.

Surge el Teatro Negro del Brasil: TEN

Un teatro negro del Brasil tendría que partir del conocimiento previo de esa realidad histórica en la cual ejercería su influencia y cumpliría su misión revolucionaria. Comprometido con esos propósitos surgió el TEN, que se proponía, fundamentalmente, rescatar en el Brasil los valores de la cultura negro-africana, degradados y negados por la violencia de la cultura blanco-europea; se proponía la valorización social del negro a través de la educación, de la cultura y del arte. Tendríamos que obrar urgentemente en dos frentes: promover, de un lado, la denuncia de los equívocos y de la alienación de los estudios sobre el afrobrasileño; y hacer que el propio negro tomase conciencia de la situación objetiva en que se hallaba inserto. Tarea difícil, casi sobrehumana, si no nos olvidamos de la esclavitud espiritual en que fue mantenido no sólo antes, sino después del 13 de mayo de 1888 cuando, teóricamente, se liberó de la servidumbre. Porque la misma estructura económico-social permaneció de hecho y el negro liberto no cosechó ningún logro económico, social o cultural. Después de la abolición de la esclavitud, según el profesor Florestan Fernandes, se mantuvo inalterada una situación de raza, típica del orden social desaparecido. A un mismo tiempo el TEN alfabetizaba sus primeros elementos—reclutados entre obreros, domésticas, habitantes de favelas sin profesión definida, modestos funcionarios públicos —y les ofrecía una nueva actitud, un criterio propio que los habilitaba también a ver, a descubrir el espacio que ocupaban, dentro del grupo afrobrasileño, en el contexto nacional. Inauguramos la fase práctica, opuesta al sentido académico y descriptivo referido. No interesaba al TEN aumentar el número de las monografías y otros escritos, ni deducir teorías, sino la transformación cualitativa de la interacción social blanca y negra. Verificamos que ninguna otra situación había requerido jamás tanto como la nuestra del *distanciamiento* de Bertolt Brecht. Había una tela con sedimentos de la tradición, entre el observador y la realidad, deformando a ésta. Urgía destruirla. De lo contrario, no conseguiríamos descomprometer el examen de la cuestión, libres de la desorientación, del paternalismo, de los intereses creados, del dogmatismo, del ultrasentimentalismo, de la mala fe, de la estupidez, de la buena fe, de los varios estereotipos. Tocarlo todo como si fuese por primera vez. He ahí una imposición irreductible.

Ya estaban preparados los primeros artistas del TEN. Se reveló la necesidad de una pieza al nivel de las ambiciones artísticas y sociales del movimiento. ¿Cuál era el reportorio existente? Escasísimo. Unos pocos dramas superados donde el negro hacía el cómico, el pintoresco, o la figuración decorativa: *Demônio familiar* (1857) y *Mãe* (1859), ambas de José de Alencar; *Os cancros sociais* (1865) de María Ribeiro, *O escravo fiel* (1858), de Carlos Antonio Cordeiro; *O escravocrata* (1884) y *O dote* (1907), de Arthur

Azevedo, el primero con la colaboración de Urbano Duarte; *Calabar* (1858) de Agrário de Meneses, las comedias de Martins Penna (1815-1848). Y nada más. Ni siquiera un texto que reflejase nuestra dramática situación existencial, pues, como diría más tarde Roger Bastide, el TEN no era la catarsis que se expresa o se realiza en la risa, ya que *el problema es infinitamente más trágico: el del aplastamiento de la cultura negra por la cultura blanca.* Sin posibilidades de opción, *El Emperador Jones* se impuso como solución natural. ¿No había cumplido la obra de O'Neill idéntico papel en los destinos del negro norteamericano? Se trataba de una pieza significativa: trasponiendo las fronteras de lo real, de la logicidad racionalista de la cultura blanca ¿no condensaba la tragedia de aquel burlesco "Emperador" un alto instante de la concepción mágica del mundo, de la visión trascendente y del misterio cósmico, de las nupcias perennes del africano con las fuerzas prístinas de la naturaleza? El comportamiento mítico del hombre se hallaba presente en ella. Al nivel de lo cotidiano, sin embargo, "Jones" resumía la experiencia del negro en el mundo blanco, donde, después de haber sido esclavizado, lo libertan y lo lanzan a los más bajos sótanos de la sociedad. Extraviado en un mundo que no es el suyo, "Brutus Jones" aprende los maliciosos valores del dinero, se deja seducir por el espejismo del poder. En una isla de Las Antillas usa todo lo que aprendió con los blancos: mediante el fraude se torna "Emperador," estafa, roba; perseguido, huye y se enfrenta con la perdición definitiva.

Escribimos a Eugene O'Neill una carta ansiosa de socorro. Ninguna respuesta fue jamás tan agitadamente esperada. ¿Quién no sintió ya la atmósfera de soledad y pesimismo que rodea el gesto inaugural cuando para sustentarlo se tiene únicamente el poder de un sueño? Desde su lecho de enfermo en San Francisco, el 6 de diciembre de 1944, O'Neill nos responde:

> Usted tiene mi permiso para llevar a escena *El Emperador Jones,* exento del pago de cualquier derecho de autor, y le deseo todo el éxito que espera con el Teatro Experimental del Negro. Conozco perfectamente las condiciones que usted describe en el teatro brasileño. Nosotros tuvimos exactamente las mismas condiciones en nuestro teatro antes de que *El Emperador Jones* fuera puesto en escena en New York en 1920: las partes de alguna importancia eran siempre interpretadas por actores blancos maquillados de negro. (Esto, por supuesto, no se aplicaba a la comedia musical o al vaudeville, donde unos cuantos negros se las arreglaron para obtener gran éxito.) Después que *El Emperador Jones,* interpretado originalmente por Charles Gilpin y, más tarde, por Paul Robeson, logró un gran triunfo, el camino estuvo abierto para que el negro representara dramas serios en nuestro teatro. El

obstáculo principal, ahora, es la falta de piezas; pero pienso que, antes de que pase mucho tiempo, aparecerán autores negros de verdadero mérito que llenen esa laguna.

Esta generosa adhesión y lúcido consejo tuvieron una importancia decisiva en nuestro proyecto. Transformaron el total desamparo de las primeras horas en confianza y euforia. Ayudó a que nos volviéramos capaces de suplir con intuición y audacia lo que nos faltaba en conocimiento de técnica teatral y en recursos financieros para enfrentar los inevitables gastos de escenarios, comparsas, tramoyistas, electricistas, utileros. Encontramos en Aguinaldo de Oliveira Camargo la fuerza capaz de medir la complejidad sicológica de Brutus Jones en una excelente traducción de Ricardo Werneck de Aguiar. Los más bellos y menos onerosos escenarios que podíamos pretender fueron creados por el pintor Enrico Bianco, los cuales llegaron, por cierto, a ser clásicos en el teatro brasileño. Bajo intensa expectativa, el 8 de mayo de 1945, en el Teatro Municipal donde nunca antes había pisado un negro como intérprete o como público, el TEN presentó su espectáculo fundador. Una fecha histórica para el teatro brasileño, en cuya protagonización hacía el negro su ingreso de forma irreversible. La crítica lo saludó con entusiasmo en su unanimidad. Henrique Pongetti, cronista de *O Globo,* registra: "Los negros del Brasil—y los blancos también—poseen ahora un gran actor dramático: Aguinaldo de Oliveira Camargo. Un antiacadémico, rústico, instintivo, gran actor." El clima de pesimismo y descreimiento que precedió al estreno del TEN se expresó en las palabras del escritor Ascendino Leite: "Nuestra sorpresa fue tanto mayor cuanto las dudas que alimentábamos respecto a la selección del repertorio que comenzaba, precisamente, por incluir un autor de la fuerza y de la expresión de un O'Neill. Augurábamos para el Teatro Experimental del Negro un fracaso rotundo. Y, en lo íntimo, formulábamos censuras a la audacia con que ese grupo de intérpretes, casi todos desconocidos, osaba enfrentar un público que ya comenzaba a ver en el teatro algo más que un divertimiento, una forma más directa de penetración en el centro de la vida y la naturaleza humana. Aguinaldo Camargo en *El Emperador Jones* fue, sin embargo, una revelación." R. Magalhaes Junior tradujo el deseo de los que no asistieron: "El espectáculo de estreno del Teatro del Negro merecía, en verdad, ser repetido, porque fue un espectáculo notable. Y notable a varios títulos. Por la dirección firme y segura con que fue conducido. Por los espléndidos y artísticos escenarios sintéticos de Enrico Bianco. Y por la magistral interpretación de Aguinaldo de Oliveira Camargo en el papel del negro Jones."

El TEN había conquistado su primera victoria. Estaba clausurada la etapa del negro sinónimo de payasada en la escena brasileña. Un actor fabuloso como Grande Otelo podría, de ahora en adelante, continuar extravasando su comicidad. Pero ya se sabía que otros caminos estaban abiertos y que sólo la ceguera o la mala voluntad de los empresarios continuarían no permitiendo que el público conociese de lo que, muy por encima de la gracia repetida, sería capaz el talento de Grande Otelo, sin duda el mayor actor y comediante que posee el Brasil, entre blancos y negros. La primera victoria dio paso a la responsabilidad del segundo riesgo: la creación de piezas brasileñas para el artista negro. No pretendíamos promover un autoacorralamiento en el círculo cerrado de una dramaturgia "sólo para negros." Pero ésta tendría forzosa prioridad en vista de la coyuntura existente. Toda la razón tenía el consejo de O'Neill. Una cosa es aquello que el blanco expresa como sentimiento y dramas del negro y otra cosa, bien distinta, es en su hasta entonces oculto corazón; esto es, el negro desde adentro. La experiencia de ser negro en un mundo blanco es algo intransferible. Y, en el sentido a que nos referimos, no vale alegar que el Brasil es un pueblo mestizo. Sabemos que patrones, valores y signos de la cultura son aquellos que dominan, identifican y personalizan la formación de la sociedad brasileña. No se consumó aun la erradicación definitiva de la idiosincrasia anti-negra que permea a la comunidad en su interior y en su morfología externa. En estos mismos días somos un país bifronte: para el exterior Brasil se declara una democracia racial modelo; internamente, coarta o mantiene una actitud desconfiada hacia el negro que insiste en el mantenimiento de los valores perennes de su cultura de origen. Hay, entre los blancos brasileños, amigos sinceros que respetan la dignidad del brasileño negro, así como la integridad de su herencia cultural. No tuvimos una legislación *apartheid* a lo Africa del Sur, ni agresiones tipo Norteamérica tiñen de sangre las relaciones de blanco y negros. Entretanto, cierto mecanismo más sutil se instaló en el país ejecutando una especie de *linchamiento blanco,* incruento, del cuerpo físico del negro, a través de la glorificada miscegenación. En tal punto, el proceso asimilativo y aculturativo torna imposible la existencia íntegra del negro en cuanto espíritu y cultura. La llamada Ley Alfonso Arinos (1951) pena la discriminación racial, pero es impotente ante el crimen del prejuicio del color que se manifiesta, por ejemplo, en el ansia verdaderamente mórbida por la adquisición del estado de *blancura.* El sociólogo negro Guerreiro Ramos enfocó tal complejo en un estudio a un tiempo rigurosamente científico e irónico: *Patología social do "Branco Brasileiro"* (1955). Son razones que justifican de sobra la pretensión del TEN por ultrapasar el primarismo repetitivo inherente al folklore, a los autos y jolgorios populares, reminiscentes del período esclavista, citados anteriormente. Su mera reproducción significaría imperdonable retroceso, la previamente malograda tentativa de frenar el flujo de la vida. Y detener el proceso histórico-social en cuyo seno, simultáneamente *objetos y sujetos*—agentes y pacientes—participábamos en el esfuerzo común por emancipar las masas brasileñas de su condición inferior de cultura y *status* social. No sólo autos y folklore carecían de la cualidad requerida. También el teatro llamado erudito era carente de todo; y los únicos textos dignos de referencia figuran en la escasa relación ya hecha. Fuimos llevados a otra pieza de O'Neill: *Todos los hijos de Dios tienen alas*. Los intérpretes, Ruth de Souza, Ileana Teixeira, José Madeiros, Abdias do Nascimento, dirigidos por Aguinaldo Camargo, con escenografía de Mário de Murtas, fueron los principales responsables de la puesta en escena, en 1946, en el Teatro Fênix. El crítico de *O Jornal* señala que los protagonistas "Abdias do Nascimento e Ileana Teixeira revelaron cierta capacidad para lo trágico," mientras Cristiano Machado *(Vanguarda)* juzga: "El primero (Abdias do Nascimento) que es, de cierto, una de las más poderosas y singulares figuras que el arte negro ya ha aportado al Brasil, supo desempeñar el papel que le cupo... No basta meramente representar a O'Neill; el autor de *Todos los hijos de Dios tienen alas* exige que lo sepan representar. Fue lo que sucedió en el espectáculo a que asistimos en el Fênix."

Literatura dramática negro-brasileña

En el siguiente año de 1947 se produjo, finalmente, el encuentro con el primer texto brasileño escrito especialmente para el TEN: *O filho pródigo*. Lucio Cardoso, su autor, se inspiró en la parábola bíblica para construir su drama poético. Una familia negra perdida en el desierto. A no ser el "padre," que de joven había caminado varios días y muchas noches para ver el mar, nadie había visto jamás una persona de piel blanca. "Assur" es el más curioso entre los hermanos. Cierta noche, acogen en la casa una "Peregrina." Al quitarse los misteriosos velos negros que le cubren el rostro, surge una mujer blanca como la luz de la luna. La "Peregrina" seduce al joven "Assur" que parte con ella hacia lo desconocido. Con escenografía de Santa Rosa—el mulato que renovó el arte escenográfico del teatro brasileño —e interpretación de Aguinaldo Camargo, Ruth de Souza, José Maria Monteiro, Abdias do Nascimento, Haroldo Costa y Roney da Silva, *O filho pródigo* fue considerada por algunos críticos como la mayor pieza del año teatral. En seguida montó el TEN otro texto especialmente creado por Joaquim Ribeiro: *Aruanda*.[7] Trabajando elementos folklóricos de Bahía, el autor expone en forma ruda la ambivalencia sicológica de una mestiza y la convivencia de los dioses negros con los mortales. "Rosa Mulata" cultural-mente asimilada, no cree en los orishas. Su marido "Quelé," hijo de santo, al volver cierta noche del *terreiro*[8] canta un *ponto*[9] de *candomblé*.[10] El canto

---

[7]Lugar paradisíaco, donde habitan "orixás" (orishas). Se sitúa en el territorio de Luanda (Angola).
[8]Local donde tienen lugar ceremonias y festejos del culto sincretista afro-brasileño.
[9]Himno o canto religioso dirigido a un "orixá" o por el que éste se manifiesta, en los ritos y ceremonias del culto sincretista afro-brasileño.
[10]El culto sincretista afro-brasileño tal como se practica en la región de Bahía.

invoca a "Gangazuma"[11] que viene de *Aruanda*, baja al cuerpo de "Quelé"
y es a través del propio marido que el dios posee a "Rosa Mulata" convir-
tiéndola en adúltera. Se vuelven amantes. *Cavalo* o *aparelho*[12] inconsciente,
"Quelé" ignora lo que hace cuando está *atuado*.[13] El marido, sin embargo,
siente la falta de los ardores de la esposa, que se han ido enfriando. "Rosa"
se aparta de él, ahora, en los momentos habituales del amor. Los celos llevan
a "Quelé" a la desesperación. "Rosa Mulata" no sale de la casa y nadie visita
su pobre hogar. ¿Con quién lo traiciona? Vigila a la mujer hasta sorpren-
derla en confidencias con su vieja madre. Ahora lo sabe todo. ¿Cómo ven-
garse si el rival es un *orixá*, un espíritu? Lo posible será castigar a la esposa
infiel. Piensa en matarla. Pero reflexiona y desiste. La muerte no sería un
castigo sino un premio. Muerta, "Rosa" iría más de prisa hacia el amante
por los reinos encantados de *Aruanda*. Al dios no le gustan las mujeres feas,
el recurso es desfigurarla; destruyendo su belleza mataría automáticamente
el amor de "Gangazuma." Nuestra puesta en escena compuso un espectáculo integrado orgánicamente, con danza, canto, gesto, poesía dramática,
fundidos y cohesionados armónicamente. Usamos música de Gentil Puget y
pontos auténticos recogidos en los *terreiros*. El resultado mereció del poeta
Tasso de Silveira este juicio: "Es una mezcla curiosa de tragedia, ópera y
ballet. El texto propiamente dicho constituye, por así decirlo, simple esbozo:
unas pocas situaciones esquemáticas, unos pocos diálogos cortados, y el
resto es música, danza y canto. Sucede, sin embargo, con todo eso, que
Aruanda resulta una realización magnífica de poesía bárbara." Cuando
terminó la temporada de *Aruanda*, las decenas de tocadores, cantantes y
bailarines organizaron otro grupo para actuar específicamente en ese campo.
Después de usar varios nombres, el conjunto se volvería famoso y conocido
como Brasiliana, habiendo recorrido casi toda Europa durante cerca de diez
años consecutivos.

Hay un autor que divide el teatro brasileño en dos fases, la antigua y la
moderna: Nelson Rodrigues. De él es *Anjo negro* y enfoca en su trama el
enlace matrimonial de un negro con una blanca. "Ismael" y "Virginia" se
yerguen como dos islas, cada cual cerrada e implacable en su odio. El color
produce la anafilaxis que deflagra la violenta acción dramática y reduce a
los esposos a la condición de enemigos irremediables. "Virginia" asesina
a los hijitos prietos: "Ismael" ciega a la hija blanca. Es la ley del Talión
cobrando vida por vida, crimen por crimen. Son monstruos generados por el
racismo que tiene en esa obra su más bella y terrible condenación. "Ismael"
responde: "Siempre he odiado ser negro," cuando la "Tía" le advierte sobre

---

[11]Príncipe en el territorio de Luanda que, traído como esclavo al Brasil, se hizo cimarrón y
fundó y organizó el "Quilombo de los Palmares." Fue su primer Rey y tenido por "orixá."
[12]"Cavalo" o "aparelho," literalmente "caballo" o "aparejo." En el vocabulario del "candomblé" es el sujeto poseído por un "orixá."
[13]Estado de quien es poseso por un "orixá."

la mujer: "La trajiste para tener un hijo blanco." Prisionera de las murallas construidas por el marido para apartarla del deseo de otros hombres, "Virginia" amenaza: "Comprendí que el hijo blanco vendría para vengarme. De ti; para vengarme de ti y de todos los negros." Desgraciadamente la puesta en escena de *Anjo negro* (1946) no correspondió a la autenticidad creadora de Nelson Rodrigues. El director, Ziembinski, adoptó el criterio de supervalorar estéticamente el espectáculo en perjuicio del contenido racial. Se empleó la condenable solución de maquillar de negro a un blanco para que viviera en la escena como "Ismael." (El responsable de la producción, Maria Della Costa, repetiría en el futuro la solución, al presentar *Gimba,* de Gianfrancesco Guarnieri, y oscurecerse artificialmente, la propia actriz, para interpretar la mulata del morro carioca[14] protagonista de la obra.) *Anjo negro* tuvo muchas complicaciones con la censura. Varias peripecias como ésta que nos fue revelada por Nelson Rodrigues: escogida para figurar en el repertorio de temporada oficial del Teatro Municipal de Río de Janeiro, le impusieron las autoridades una condición: que el papel principal fuese interpretado por un blanco maquillado de negro. Temían que después del espectáculo, "Ismael," fuera de escena y en la compañía de otros negros, saliera por las calles cazando blancas para violarlas... Se diría un cuento. Con todo, no existe ni ironía ni humorismo. Es un hecho que de otro modo se repitió en ocasión del montaje de *Pedro Mico,* de Antônio Callado. La prensa reflejó la aprehensión de ciertas clases que creían posible, para la población de los morros, entender la representación en términos de consejo a la acción directa. Los habitantes de las *favelas* (la mayoría es negra) descenderían de los morros para cometer agresiones al modo de *Pedro Mico* que, a su vez, desea reeditar las hazañas de Zumbi de los Palmares.[15] Antônio Callado realizó una obra de la mayor importancia, sacrificada en el montaje del Teatro Nacional de la Comedia (Ministerio de Educación y Cultura) por la caricatural figura bituminosa de "Pedro Mico"; no obstante la excelente categoría del actor Milton Morais. José de Morais Pinho escribió *Filho de Santo,* ambientada en su ciudad de Recife (estado de Pernambuco). Entrelaza cuestiones de misticismo y explotadores de Xangô[16] (Candomblé) con trabajadores huelguistas perseguidos por la

---

[14]"Carioca" es lo natural o propio de Río de Janeiro. La expresión "morro carioca" designa los montes, cerros o morros que rodean a Río de Janeiro contra el mar. En ellos están ubicadas las "favelas" de la ciudad.

[15]El más grande e importante de los "Quilombos" del Brasil esclavista. Célebre por la valentía de sus habitantes en las luchas de portugueses y holandeses por destruirlo. Duró desde 1630 hasta 1697. Estaba regido monárquicamente, según la tradición africana, y el valeroso Zumbi fue su segundo y último Rey.

[16]Corresponde al Shangó de la santería afro-cubana. Tiene importancia tan grande como "orixá" que, en las regiones de Pernambuco, Paraíba y Alagoas, su nombre designa el "terreiro" y hasta el culto mismo. En este último sentido lo emplea aquí el autor; por eso añade, entre paréntesis, "candomblé," o sea: el culto, no el "orixá."

policía. Pasión morbosa de un blanco por la negra "Lindalva," que enferma de tuberculosis por causa del trabajo en la fábrica. Serio, bien construido, *Filho de Santo* subió a escena en el teatro Regina (Río 1949). "Pai Roque" habla a "Lourenço" de la enfermedad de la hermana, el huelguista responde: "Obra del señor blanco. Miserables. Todavía me falta por ver a esos sarnosos con los pies en el cepo, trabajando para la gente." El *pai-de-santo*[17] "Roque" responde experimentado: "Es difícil, mi hijo. Si todos los negros pensasen como tú y como yo... Pero a muchos les basta mirar la cara del blanco para bajar enseguida la cabeza, como gallo robado..." Sucede que "Lourenço" es joven, no se desanima, dice que siempre encontró muchos compañeros dispuestos y por eso tiene esperanza: "La cuestión es tener poder. Fe en los santos y confianza en los compañeros; y la gente tiene mucha. Lo que hace falta es poder." Podríamos decir que las metas preconizadas por "Lourenço" están siendo alcanzadas con la liberación de casi toda el Africa. Y también—¿por qué no decirlo?—por el fermento del negro norteamericano. Parafraseando a Toynbee y, en virtud de ciertas condiciones históricas, un decisivo papel está destinado al negro de los Estados Unidos en un rumbo nuevo—político y cultural—para los pueblos de color de todo el mundo. Sería, por así decirlo, el reconocimiento de la herencia legada por la actual generación de grandes negros—Leopold Sedar Senghor, Kwame N'Krumah, Langston Hughes, Jomo Kenkata, Aîmé Césaire, Sekou Touré, Nicolás Guillén, Peter Abrahams, Alioune Diop, Lumumba, James Baldwin, Mario de Andrade. El mundo apenas comienza a ser visto por el negro y el Africa. La humanidad casi no percibe las voces de la inusitada constelación negra de hombres paradigmáticos. Basando sus fundamentos en el doble movimiento de actores y autores, el teatro negro del Brasil está realizando, conforme observó el poeta Efrain Tomás Bó, la razón de existencia de la vieja *Commedia dell'Arte*, pues el teatro, como ley musical, tiene dos caras: creación y representación. El filón de la temática negra es rico—estamos pensando en Adonias Filho—rico en cantidad, en matices y por la fuerza de sus raíces penetrando entre los pliegues del alma brasileña.

Medea sugirió a Agostinho Olavo su obra *Além do Rio* (1957). El autor apenas se apoya en la espina dorsal de la fábula griega y produce una pieza original. Cuenta la historia de una negra africana esclavizada y traída al Brasil del siglo XVII. Hecha amante del señor blanco, traiciona a su gente y es despreciada por los ex-súbditos, ahora esclavos. Pero una reina abandonada y solitaria no sería el amor de "Jasâo" y de sus dos hijos blancos. Llega el día en que el amante quiere un hogar, un casamiento normal como el de los otros señores de esclavos. Esto es, una esposa blanca, de posición social. "Jasâo" rompe su unión con "Medea," pero quiere llevarse los hijos. La reina mata sus propios hijos en el río, retorna a su pueblo y convoca. "Voces,

---

[17]Llamado también "babaloxá," corresponde al babalosha de la santería afro-cubana.

oh voces de la raza, oh mis voces ¿dónde están? ¿Por qué se callan ahora?
La negra dejó al blanco. Medea escupe este nombre y Jinga vuelve a su raza
para reinar de nuevo." La dinámica visual del espectáculo se basa en los
cantos y danzas folklóricas—maracatú, candomblé—en los pregones de los
vendedores de flores, frutas y pájaros.[18] La fusión de los elementos trágicos,
plásticos y poéticos resultaría una experiencia de *negritud,* en términos de
espectáculo dramático, que el TEN se propuso presentar al Primer Festival
Mundial del Arte Negro que tuvo lugar en Dakar en 1966. Historiando el
episodio de la intolerancia racial de nuestro Ministerio del Exterior, omi-
tiendo al TEN de nuestra delegación, escribimos una carta abierta dirigida
a los miembros del Festival, a la UNESCO y al Gobierno de la República
del Senegal. Bajo los más falsos argumentos el TEN fue excluido y *Além
do Rio* espera la oportunidad de su puesta en escena. Romeo Crusoé, un
negro del nordeste, transformó su vivencia en la pieza *O castigo de Oxalá*
(1961), representada por un grupo aficionado, "Os Peregrinos," en el teatro
de la Escuela Martins Pena. En 1951, Abdias do Nascimento había escrito
el misterio negro *Sortilégio* cuya escenificación fue prohibida por la censura.
Durante varios años el autor procuró el levantamiento de la prohibición que
pesaba sobre la obra, incriminada, entre otras cosas, por inmoralidad. Finalmente, en 1957, el TEN presentó *Sortilégio* en el Teatro Municipal (de Río
y de São Paulo) dirigida por Léo Jusi, escenografía de Enrico Bianco y música
de Abigail Moura, director de la Orquesta Afro-Brasileira. El misterio tiene
su nervio vital en el choque de culturas y propone una estética negra como
parte esencial en la composición de un espectáculo genuinamente brasileño.
Después de hablar de las danzas de los Orixás y de los Muertos, de los cantos de las hijas de santo, del realismo de la cuestión racial mezclado con la
poesía de la *macumba*[19] carioca, el profesor Roger Bastide, de la Sorbonne,
añade al respecto de *Sortilégio:*

> Fue así un gran placer para mí leer la pieza—la primera mani-
> festación de un teatro negro escrito por un brasileño de color, lo
> que deseaba tanto. Hay dos posibilidades para juzgar la pieza:
> bien desde el punto de vista de las ideas o bien desde el punto de
> vista del teatro. Desde el punto de vista de las ideas, es el drama
> del negro, marginal, entre dos culturas, la latina y la africana—
> como entre dos mujeres, por desgracia igualmente prostitutas; se
> puede discutir la solución, el regreso al Africa... La salvación está
> en la mecánica ligada a una mística africana, y el Brasil puede
> traer este mensaje de fraternidad cultural al mundo. Pero desde

[18]Danza dramática acompañada de canciones. Contiene elementos religiosos de origen congo.
Es bailada y cantada en la región de Pernambuco, especialmente en Recife, capital del Estado.
[19]El culto sincretista afro-brasileño tal como se practica en la región de Río de Janeiro. Por
extensión, sus ritos, cantos y danzas.

el punto de vista teatral, esta vuelta al Africa es muy patética; a
través de la bebida de Exu[20] y de la locura, todo un mundo que
regresa de las sombras del alma...

Asistiendo a la obra, Guerreiro Ramos pondera: "Los que no estén definitivamente pervertidos por el patrón estético ario, serán ciertamente sensibles
a lo que hay de nuevo y revolucionario en esta pieza." Agrega Nelson
Rodrigues: "En su firme y armoniosa estructura dramática, en su poesía
violenta, en su dramaticidad ininterrumpida, constituye una gran experiencia estética y vital para el espectador." Algunos críticos, ya blancos, ya
negros, retomaron el antiguo recelo hacia la personalización del negro y
acusaron al autor de intentar un nuevo racismo: el racismo negro. Excepto
Pedro Mico y Gimba, las siete últimas obras mencionadas fueron recogidas
en un volumen editado por el TEN en 1961—*Dramas para negros e prólogo
para brancos*—que es, históricamente, la primera antología de teatro negro.
La documentación referente a los varios aspectos del movimiento—críticas,
crónicas, ensayos, sueltos, etc.—está reunida en el libro de las ediciones
GRD titulado *Teatro experimental do negro-testemunhos* (1966). La bibliografía dramática negra está en fase de creación. Entre las que esperan por
ser puestas en escena citemos algunas: *Oxum Abalô, Iansan, mulher de
Xangô* y *A orelha de Obá,* todas de Zosa Seljan. Los mitos negro-africanos
recreados en su pureza y dignidad de origen. Además de la seriedad en la
investigación, los trabajos de Zosa Seljan participan, en forma sensible y
bella, de este instante humanista de ascensión de la cultura africana en el
mundo. Esas piezas constituyen el volumen *Tres mulheres de Xangô.* De la
década 1950–1960 son *Orfeu Negro,* de Ironides Rodríguez, *O processo do
Cristo Negro,* de Ariano Suassuna, *Um caso de Kelê,* de Fernando Campos,
Caim e Abel, de Eva Ban, *O cavalo e o Santo, Laio se matou* y *O lôgro* de
Augusto Boal. Enorme repercusión de crítica y público obtuvo cuando fue
representada en el Teatro Municipal—1956, Río de Janeiro—la pieza musi-
calizada de Vinicius de Morais, *Orfeu da Conceicão.* Los artistas del TEN
colaboraron en la producción dirigida por Léo Jusi con escenarios de Oscar
Niemeyer. Una visión epidérmica y rosada del morro carioca, con las sambas del autor y Antônio Carlos Jobim. Sin mayores consecuencias o significación desde el punto de vista de la autenticidad. Otros autores que han
hecho del negro personaje teatral son: Dias Gomes, José Paulo Moreira da
Fonseca, Pedro Bloch, Santos Morais, Walmir Ayala, etc.

Como era de esperar, el nacimiento del TEN, naturalmente, incitó y provocó al negro. Otros grupos surgieron para seguir su ejemplo y hasta para
combatirlo. Los negros de São Paulo crearon también un Teatro Experimental del Negro que tiene en su haber, como repertorio presentado, entre otras

---

[20]"Orixâ" representante de potencias contrarias al hombre, asimilado en el "candomblé" de
Bahía al Diablo de la religión católica. Es también uno de los nombres populares del Demonio.

piezas, *El mulato* de Langston Hughes. Langston Hughes, como antes O'Neill, autorizó al TEN para llevar a escena su pieza, que tuvo en Aurea Campos la premiada intérprete del papel de "Cora," la trágica madre del mulato linchado. Otro conjunto de São Paulo puso en escena recientemente (1966) "Blues para Mr. Charles" de James Baldwin. Hay tentativas, aún no definitivamente realizadas, de los negros de Pôrto Alegre, de Belo Horizonte y de Salvador. Aquí en Río de Janeiro, desde la década de 1950 existe el Teatro Popular Brasileiro creado por el poeta negro Solano Trindade, dedicado exclusivamente a la obra de trasladar a escena el folklore brasileño en su pureza e integridad. El elenco en su mayoría es de artistas negros y el TPB ya ha estado por Europa y hace frecuentes temporadas en São Paulo. Otro grupo carioca actuó en 1966: el Grupo de Ação, de artistas de color dirigidos por Milton Gonçalves. Presentó *Memorias de un sargento de milícias,* adaptación de Millôr Fernandes de la novela homónima de Manoel Antônio de Almeida (1852). Después, el Grupo puso en cartel *Arena conta Zumbi,* de Augusto Boal y Gianfrancesco Guarnieri, musical presentado anteriormente por el Teatro de Arena (Río de Janeiro y São Paulo) con elenco todo blanco. *Fue lo que le cupo a la raza de los hombres negros: la "befindlichkeit" de la libertad,* dijo el poeta Gerardo Mello Mourão. En el rastro de la libertad es que se da la reproducción del contexto histórico, político, social y racial de esa pieza que tiene por tema el más famoso reducto antiesclavista del Brasil colonial: el *Quilombo dos Palmares.* Ya mencionamos a Brasiliana que, en marzo del año pasado (1968), partió para llevar nuevamente a Europa su repertorio de ritmos, danzas, músicas y canciones de origen folklórico. En ese sector merecen referencia los esfuerzos de la bailarina Mercedes Batista. Por influencia del TEN, Katherine Dunhun le concedió una beca de estudios en su Escuela de Arte de New York, donde Mercedes Batista permaneció durante un año. Cuando regresó al Brasil, el TEN hizo de Mercedes Batista coreógrafa y primera bailarina de nuestro espectáculo *Rapsódia negra* (1952), en el cual Léa Garcia se reveló como una actriz excepcionalmente talentosa. *Rapsódia negra* le sirvió como punto de apoyo y ejercicio para crear enseguida su propia escuela de danzas y su Ballet Folklórico Mercedes Batista.

En cierta ocasión, definiendo el TEN, tuve oportunidad de señalar que "es un campo de polarización sicológica, donde se está formando el núcleo de un movimiento social de vastas proporciones. La masa de hombres de color, de nivel cultural y educacional normalmente bajo, en virtud de condiciones histórico-sociales, jamás se organizó por efecto de programas abstractos. La gente negra siempre se organizó objetivamente, en cambio, bajo la acción de llamamientos religiosos o intereses recreativos. Los *terreiros* y las *escolas de samba*[21] son instituciones negras de gran vitalidad y de raíces profundas, se

---

[21]Sociedades de danza y canto organizadas en los barrios populares de Río de Janeiro con vistas a la participación en el Carnaval de la ciudad.

diría, en virtud de su teluricidad. Lo que debemos lograr de esta verificación es que sólo podremos reunir en masa al pueblo de color mediante la manipulación de las sobrevivencias de "paideia" subsistentes en la sociedad y adheridas a las matrices culturales africanas. No es con elucubraciones de gabinete que alcanzaremos y organizaremos esta masa, sino captando y sublimando su profunda vivencia ingenua, lo que exige la alianza de una cierta intuición morfológica con el sentido de lo sociológico. Con estas palabras deseo significar que el TEN no es ni una sociedad política ni simplemente una asociación artística, sino un experimento socio-racial que se propone adiestrar gradualmente a la gente negra—con acceso solamente a la clase obrera y el campesinado—también en los estilos de comportamiento de la clase media y superior de la sociedad brasileña." Nos empeñamos siempre en subrayar una norma de acción no idealista, tampoco ideológica, pues anhelamos la transformación de la realidad adversa sin el recurso de la truculencia, sin la radicalización del odio. De ahí ciertas iniciativas paralelas como el Seminário de grupoterapia que funcionó bajo la responsabilidad del profesor Guerreiro Ramos con vistas al estudio y la terapéutica de las tensiones emocionales del negro; los concursos de la *Rainha das mulatas* y de la *Boneta de Pize,* instrumento pedagógico buscando definir un tipo de belleza en la mujer afro-brasileira y la consecuente educación del gusto estético popular, pervertido por la presión y consagración exclusiva de patrones blancos de belleza. Incluso un concurso de artes plásticas con el tema del *Cristo Negro* (1955) tuvo finalidad semejante. Otras iniciativas dirigieron sus pasos a la reformulación de los estudios sobre el negro, contaminadas por un academicismo inoperante. Bajo el patrocinio del TEN tuvieron lugar dos sesiones de la Convención Nacional del Negro (São Paulo, 1945 y Río Janeiro, 1946), la Conferencia Nacional del Negro (1949) preparatoria del Primer Congreso del Negro Brasileño (1950), la Semana del Negro, en 1955. Abdias do Nascimento organizó los resultados de esos encuentros en los volúmenes *O negro revoltado* y *Negritude polêmica,* de próxima aparición.

Perspectiva del futuro

En el año de 1968 el negro brasileño completó ochenta años de vida libre legal. En los límites de este trabajo no cabe el balance pormenorizado de la evolución del afro-brasileño desde los mil y quinientos a los días de hoy. En cuanto al teatro negro, particularmente, todavía está en la infancia, con diversos problemas planteados esperando solución. Necesidad urgente, por ejemplo, es la conquista de un local de espectáculos propio, donde pueda representar y mantener sus cursos e iniciativas culturales. Es también un grave perjuicio la interrupción de la revista *Quilombo,* órgano del TEN, cuya publicación urge restablecer. Otro problema es encontrar una fórmula que permita llegar a la masa de color y hacer de ella un público permanente.

Su poder adquisitivo es casi nulo y el costo del espectáculo teatral es relativamente elevado. Tenemos aún un proyecto de teatro vivo, dialéctico, dinámico: el espectáculo creado por el esfuerzo simultáneo e integrado de escritores, compositores, bailarines y coreógrafos, intérpretes, músicos, director y escenógrafo sobre la base de un tema propuesto. Intentamos en vano que el Servicio Nacional de Teatro (Ministerio de Educación y Cultura) se interesase por el proyecto. Tuvimos, en cambio, la alegría de saber que el Teatro de Ghana realizó experiencias semejantes. Un equipo compuesto por actores, directores, escritores y demás colaboradores, recorría el interior de Ghana. Paraba en las ciudades y aldeas, oía y recogía historias y hechos significativos que se transforman enseguida en la representación que el pueblo del lugar aplaude. Muchas veces el propio lugareño participaba de la puesta en escena de la historia que le era familiar. Pero continuemos con los proyectos en perspectiva: el TEN está organizando en este momento un Museo de Arte Negro. Su tónica la dan las obras de artistas negros o de artistas de otro color inspiradas en el negro o reflejando cualquier aspecto de la cultura negra o de su influencia en el mundo. Y como el arte negro no es solitario, existe una interacción permanente con otras manifestaciones artísticas, el Museo de Arte Negro recogerá de todos los orígenes raciales, de cualesquiera procedencias nacionales, la obra—pintura, escultura, diseño, grabado, objetos y otras manifestaciones—que posea significación artística.

El Teatro Experimental del Negro es un proceso. La Negritud es un proceso. La aventura teatral afro-brasileña se proyectó en la forma de una anticipación, de una quema de etapas de la Historia. Mientras tanto, el negro no despierta completamente del sopor en que lo envolvieron. En la aurora de su destino, el Teatro Negro del Brasil no ha dicho todavía todo a lo que vino.

18

The Teatro de Arena of São Paulo: An Innovative Professional Theater for the People

CHARLES B. DRISKELL

En la década del cincuenta se fundaron tres de los grupos experimentales más importantes que ha tenido América Latina: El Galpón, de Montevideo, el Teatro Experimental de Cali, Colombia, y quizás el más destacado de todos, el Teatro de Arena, de São Paulo. El Teatro de Arena se ha convertido en una especie de institución político-moral de considerable repercusión dentro y fuera del país. Este ensayo, en su primera parte, describe las varias etapas por las que pasó el grupo en su compromiso con la realidad histórico-social brasileña: Realismo, Neo-realismo, Nacionalización de los clásicos, el período de la trilogía "conta" (*Arena conta Zumbi*, etc.), y el del llamado "teatro jornal." Entre las técnicas desarrolladas por el Arena, destácase aquí el sistema "Coringa" o comodín, que constituye tal vez su creación más notable.

A continuación Driskell examina rápidamente la obra de los tres principales dramaturgos asociados con el Arena: Oduvaldo Vianna Filho, Gianfrancesco Guarnieri y Augusto Boal. La múltiple labor de Boal merece especial atención, tanto como autor dramático, "director de directores" y como teórico de un arte teatral de intención didáctica, inspirado en Brecht. Finalmente, se calibra la contribución hecha por el Teatro de Arena, tanto en términos de su audacia innovativa como de su profesionalismo, dentro de un ambiente de censura y represión política.

The Teatro de Arena of São Paulo is a small theater-in-the-round of some two hundred seats which, during its more than two decades of vigorous theatrical activity, has become something of a politico-moral institution in Brazil, concerned with questioning Brazilian customs and institutions, scoring with acumen sociopolitical contradictions, realizing an unedited version of Brazilian history, and experimenting radically with innovative techniques within the theater in Brazil. The Teatro de Arena is a group of no more than twenty audacious professionals and technicians who, since 1954, have made a didactic, even revolutionary, kind of theater, directed toward making a bid for working and middle-class adhesion. José Armando Ferrara has called it "tal vez el grupo que más altas calidades logra de todo el Brasil actual."[1] The engendering sine qua non of the group has been its quest to liberate Brazil from economic imperialism and to expel the invader. Thus Brazilian dramaturgy became concerned with researching national reality and seeking new expositions made from keenly diverse perspectives; and the playwright testifies to this process.

Phases of Theatrical Activity

The Teatro de Arena has been closely associated with several of the most important figures in modern Brazilian theater and can roughly serve as a barometer of what the finest theater in Brazil has offered the public, while continuing its spectacle tradition, during the last twenty years. Among its originators in 1954 was the playwright Oduvaldo Vianna Filho. In 1956 Augusto Boal joined the Teatro de Arena and became its artistic director, a playwright, coparticipant, critic, and a kind of Johnny Appleseed, as chief disseminator of the theater's ventures and findings. Working in close collaboration with Boal as coauthor during the 1960s was Gianfrancesco Guarnieri, another important dramatist. Other playwrights of importance affiliated with the Teatro de Arena are Edy Lima, Flávio Migliaccio, Francisco de Assis, and Roberto Freire. The composer Edú Lobo deserves mention as well for his musical compositions used in dramatizations during the 1960s. Several plays by these authors are discussed below.

During the 1950s, with a cognizance on the part of new generations of an ignorance or indifference to national origins, the Brazilian theater became politicized. By 1970 it was perhaps the most political theater in Latin America. It was with the advent of new, more open-minded and speculative groups, such as the Teatro de Arena, that exigencies for national dramaturgy began to be met. Speaking from clearly delineated political positions, these young groups attempted a rediscovery of their origins as Brazilians and a study of social structures.

---

[1]Angel Fernández Santos, "Entrevista con José Armando Ferrara," *Primer Acto,* 75 (1966), 20.

In part because the inspiration it seeks springs from Brazilian reality, Augusto Boal has called the Teatro de Arena "revolutionary": "por haberse realizado su desarrollo por etapas que, sin llegar nunca a cristalizar en un estilo, se sucedieron en el tiempo coordinada y necesariamente. La coordinación fue de naturaleza artística; la necesidad, social."[2]

Perhaps the theater's main contribution has been its ambitious transfer of theatrical inspiration from that of North American and Italian theaters to that of Brecht.[3] During some fifteen years of activity the Teatro de Arena underwent four well-defined phases in its history: (1) realism, the mounting of plays by foreign authors (1954-1956); (2) neo-realism, the production of original plays depicting details of Brazilian life by Brazilian playwrights (1956-1962); (3) nationalization of the classics (1962-1965), a search for the universal; and (4) the period of *Arena conta Zumbi, Arena conta Tiradentes,* and *Arena conta Bolívar* (1965-1971). A subsequent stage called Teatro Jornal (Newspaper Theater) has greatly benefited from the group's techniques.

As a theater of ferment and daring under Boal's tutelage, the Teatro de Arena embarked on a series of seminars for playwrights and actors. Following a brief period during which plays by foreign playwrights were staged, the Teatro de Arena entered its second stage in 1956 as the sponsor of original plays of conventional realism by Brazilian authors. Several important Brazilian playwrights made their debuts in the neo-realistic period. From 1956 to 1962 plays by Guarnieri *(Êles não usam black-tie),* Vianna Filho, Edy Lima, Flávio Migliaccio, and Augusto Boal *(Revolução na América do Sul)* were staged. Heavily influenced by Stanislavski, the Actors' Studio, and Lee Strasberg, stark realism was the mode. There was a desire to stage Brazilian life and contemporary problems.[4] The principal disadvantage of this trend, however, was the reiterative representation, for the sake of verisimilitude, of the daily existence of peasants and laborers, and their customs, speech, and group psychology—with photographic precision. But a more Brazilian product was fabricated while reality was made more universal. This mode in theater has continued to flourish in Brazil.

There were two exceptions, however: Guarnieri's *Êles não usam black-tie* (1958) was the first urban proletarian drama from Brazil (and by a Brazilian author); Boal's *Revolução na América do Sul* (1960), whose title does not match its content, was a response to the nationalist movement which extolled all that was Brazilian. The play was indicative of a state of mind, of a political physiognomy, and of a chimerical sense of national authenticity, but it was neither a revolution in politics nor in the theater. Brecht had advocated showing the true nature of things. His influence became

---

[2]Augusto Boal, "Teatro Arena de São Paulo," *Primer Acto,* 135 (ago 1971), 71.
[3]Angel Crespo, "La literatura dramática en el Brasil," *Primer Acto,* 75 (1966), 14.
[4]Boal, p. 72.

more significant in relation to the didactic orientation of the Teatro de Arena. As the conflict between opposing wills evolved, the artists felt bound not only to mirror and interpret reality, but to try to transform it. An attempt to transcend the limitations of a realism that communicates despair and quandary is seen in the depiction of combative characters or of a narrator (and a chorus) with class consciousness, particularly in the plays of Guarnieri and Boal.

Around 1962 the Teatro de Arena entered a third phase of activity, which can be called "nationalization of the classics," that is, the plays were universal only insofar as they were Brazilian. Universal or "classical" plays such as *Tartuffe* by Molière, *The Best Judge the King* by Lope de Vega, and *The Inspector General* by Gogol were staged, not only in São Paulo, but also in other parts of Brazil. These performances often occurred outdoors, at times on trucks, or in front of a church, but they always urged the social interpretation of work. The group tried to incorporate these plays into the scope of Brazilian reality, thus abstractly synthesizing the particular and the universal. According to Boal, "todos los personajes se convertían en símbolos a quienes daba verdadero significado su parecido con personalidades de nuestro país y de nuestro tiempo."[5] The flaw in this nationalization phase was that the universality did not make an immediate impact on the national audience, and the play's message became lost in the shuffle.

After the 1964 coup the Teatro de Arena turned to the classics. Several musical productions followed, influenced by *cinéma-vérité,* and the group was on the threshold of a new theatrical phase.

With the fourth and most aesthetically important stage, the São Paulo troupe offered its audiences something totally innovative and unfamiliar to Paulista theatergoers. In 1965 the Teatro de Arena introduced a series of kaleidoscopic spectacles called *Arena conta. . . .* A musical called *Arena conta Zumbi* was invited to the Festival of Nancy in 1971. Boal and his collaborators were primarily interested in a merging of the second (objective) and the third (abstract and universal) stages. *Zumbi* was followed by *Arena conta Tiradentes* and *Arena conta Bolívar.*

Arena conta Zumbi is, without doubt, the best-known play staged by the group, a huge box office success which remained in the group's repertoire for several years during the most severe artistic and cultural repression in recent Brazilian history. *Zumbi,* coauthored by Boal and Guarnieri, was among the new sociopolitical plays of protest that appeared in the aftermath of the military violence of 1964. Boal terms this kind of guerrilla theater *sempre em pe* (always standing),[6] an exaggerated dramatization of a mythical history from the perspective of the Teatro de Arena. It has the

[5]Ibid., p. 74.
[6]Augusto Boal, "Sistema Coringa," *Primer Acto,* 132 (mayo 1971), 21.

structure of a parable, with overdone "black and white" characters and situations, such as the sheep and the wolf, the masters and the slaves, who are meant to convince the audience by showing the need, possibility, and means of altering the present. In its conception *Zumbi* is Manichaean: black *versus* white, good *versus* evil, truth *versus* falsehood. To facilitate immediate responses from the audience, journalism and current events in Brazilian politics, such as the text of a speech by the Brazilian dictator Castelo Branco, were incorporated. This was theater intended for a popular audience.

Zumbi dramatizes a well-known historical event among the Brazilian people, the resistance of the black republic of Palmares (1605–1695). Established in 1605 by runaway slaves who hoped to lead a free and happy existence in the heart of Brazil, and governed by black kings called Zumbi, Palmares was destroyed in 1695 by the Portuguese and Paulista whites. Zumbi, the last king, leads the heroic struggle for freedom against the invading white armies. The blacks become victims of their confidence in the loyalty of their adversaries, who astutely destroy them. Thousands prefer suicide at the end. The conclusion of the play, which is directed toward the Brazilian people, is an invitation to continue the struggle. *Zumbi* shows the validity of the black struggle as antecedent to another in our own time. In the spirit of the words of the Bishop of Pernambuco, "the practice of freedom makes man dangerous." Using a dramatic structure approaching that of religious drama, historical events and dramatis personae which are analogous to contemporary events in Brazil were selected for *Zumbi*. The dialogue is a collage of journalism and political speeches, with popular, but polemical, music by Edú Lobo underscoring the play's commitment and simultaneously obliterating the distinction between folklore and politics, so important where censorship is imminent.[7] The words and music form a unity, making obfuscation of meaning less likely. The music is an integral part of the play's style for it also prepares the spectator for abrupt and flagrant changes.

A novel system of acting and theatrical techniques called the Coringa (Joker) System was ushered in with *Zumbi* and was used in later productions, such as *Tiradentes,* by the Teatro de Arena. This technique was an invention of Guarnieri and Boal who, together with some of the actors, collectively wrote the text of the play. Conceived in order to subvert theatrical conventions used in Brazilian drama, the essential idea behind the Joker System was to have every actor play every role in the play. In this respect, four principal techniques are important: separation of actor and character, collective narration, eclecticism of genre and style, and the use of music.

The text of a play incorporating the Joker System is structured around the utilization of each of the following components at least once: (1) dedi-

---

[7] Jean Launay, "¿Qué es Arena?," *Primer Acto,* 132 (mayo 1971), 18.

cation, (2) explanation, (3) subject matter, (4) episode, (5) commentary (sung by the Joker or the orchestra), (6) interview, and (7) moral.

Partly for reasons of economy, only eight actors were involved in the staging of *Zumbi*, and each one successively portrayed each character. Each actor could be a character, chorus, and even protagonist, thus creating an objective character played in the same way by each actor. What concerned the group was not psychology, but the sociopolitical and historical role of the personage, and the play's exegesis as well as its presentation. The group had the following pliant structure: (1) protagonist, whose reality was never abandoned, even when interviewed by the Joker; (2) Joker; (3) deuteragonist chorus (forming a nucleus and commenting on the conflictive action); (4) antagonist chorus; (5) coryphaeus (or leader of the chorus); and (6) the orchestra (which also commented, mostly in poetry).

Boal deserves praise for his insistence on the historical antecedents of this system in the Greek tragedy, in Brecht's *The Decision* (a didactic work), and in the Argentine Osvaldo Dragún's *Historias para ser contadas* (of Brechtian inspiration).[8]

The narrator "tells" *(conta)* or narrates a story in "epic" fashion, and is, therefore, the only "actor," while the whole group—the Teatro de Arena—narrates collectively: "Nosotros, todos juntos, vamos a contaros una historia como colectivamente la vemos e interpretamos."[9] Critical appreciation is enhanced on the part of the audience by this "alienation effect"[10] impeding intimate emotive identification with the character. The spectator retains the right to criticize and not be swept aside with a flood of emotions. And yet an empathy for the Joker is created, bringing about yet another fusion of theatrical functions: "Al reunior la función Coringa (épica) y la función protagónica (dramaticidad naturalista) el sistema realiza 'la síntesis de los dos métodos fundamentales del teatro moderno: Stanislavski y Brecht, unidos con el propósito de representar al vivo un acontecimiento real y al mismo tiempo comentarlo para el espectador.' "[11]

The Joker is a contemporary figure who belongs to the universe of the audience. In his role as arbiter and interviewer, he is the unifying, omniscient force, a juggler, within the diverse styles employed. As the representative of the author of fiction, he provides a sort of magical reality, as though he were an alchemist, as he lectures, moderates, judges, plays stagehand, and interrupts. The Joker interviews characters whenever the audience needs "inside information."

[8]Boal, "Teatro Arena de São Paulo," pp. 72-73.
[9]Ibid., p. 73.
[10]See Anatol Rosenfield, "Héroes y Coringas," *Teoria e prática*, 2. Reprinted in *Conjunto*, 9 (1968), 29-45 (translation by Manuel Galich). Rosenfield discusses possible confusion on the part of the audience (p. 34).
[11]Ibid., p. 32.

To say the least, *Zumbi* and *Tiradentes* are a miscellany of genres and styles: from the gaslights of melodrama to farce; from soap opera to vaudeville and circus prattle; from realism to surrealism; from expressionism to symbolism. Boal called this multifarious technique "stylistic relief."[12] Everything took place without transition, replete with fragmented narration lacking in chronology, and important events intermingled with trivia and new items, but through the presence of the Joker the varied styles are unified.

The music composed by Edú Lobo greatly resolved the chaos created by sudden and extravagant changes of style and episode by immediately preparing the spectator with a unity of word and music. Here is another example of the sporadic return to the ancient chorus (as a Brechtian influence). The chorus sings sambas which underscore, criticize, and comment on the action, lending poetic, symbolic, and quasi-religious character to the action. At the end of the play, the chorus (the cast) urges the audience to act according to the play's example of collective action. In *Arena conta Bolívar* an exemplary individual is created for the public to follow.

The Joker System represents the Teatro de Arena's most audacious and most efficacious leap forward, through the amalgamation of all of its previous technical and thematic findings, becoming a variegated blend of diverse experiences and accomplishments. All vestiges of preexisting realism were blotted out. The desired synthesis of the "particular," or the singular (current events), and the "universal" (myth of Zumbi) would be the *particular típico.*

This ephemeral phase demonstrates a change from reflection to exaltation, an invitation to action. The exigency of making theater a communicating art, a kind of knowledge, is an implicit rule of thumb of Boal's aesthetics. In spite of whatever doubts we may have about the dramatic efficacy of these plays in influencing reality, we must heed the words of Anatol Rosenfield: ". . . difícilmente pueden encontrarse en el teatro brasileño de los últimos años experimentos y resultados dramatúrgicos y escénicos tan importantes como *Zumbi* y *Tiradentes,* en cuanto realizaciones renovadoras del teatro *comprometido.* "[13]

During the late 1960s and the early years of the present decade the Teatro de Arena carried out a series of theatrical-musical productions called "opinion fairs," which were essentially skits about current political and social events. The first *féria de opinião* was called "Que pensa você do Brasil de hoje?" (What do you think of the Brazil of today?). Under the auspices of the Theatre of Latin America, a similar fair was held in New York.

Techniques used in the *Arena conta...* series were incorporated into a new form of theater called Teatro Jornal (Newspaper Theater) by the Grupo

---

[12]Boal, "Teatro Arena de São Paulo," p. 73.
[13]Rosenfield, p. 44.

Núcleo of the Teatro de Arena.[14] Aimed at tearing out the apron between the actors and the observers, theater is made by and for the people from news in the newspapers, speeches, congressional acts, and so on. This is authentic antibourgeois theater. Everybody can be an actor, or news editor, or Joker. Thus the Teatro de Arena extends its influence to other countries; many popular theater groups have been formed in Latin American countries as a result of the Teatro de Arena's research and display of zeal for popularizing the theater and providing the people with the means of production of theater.

According to Augusto Boal, by 1971 the Brazilian theater was "agonizing"[15] because of poverty, political repression, and censorship. Shortly afterward the artistic director of the Teatro de Arena was arrested, tortured, and exiled from Brazil.

Major Exponents of the Teatro de Arena

Further mention should be made of some of the plays of three of the major exponents of the Teatro de Arena of São Paulo who, by combining a number of ancient and highly respectable modes of literature and theater, have been instrumental in attaining a tradition of didactic theater of Brechtian inspiration in Brazil. These playwrights are Oduvaldo Vianna Filho, Gianfrancesco Guarnieri, and Augusto Boal.

After completing studies in architecture, Oduvaldo Vianna Filho became one of the founders of the Teatro de Arena and of Opinião in São Paulo. Initiated into the neo-realistic mode, his dramatic works have been varied and ambitious: *Chapetuba, futbol club* (1957); *Quatro quadras de terras* (1963), a treatment of the displacement of families in the northeast of Brazil; *Se correr o bicho pega, se ficar o bicho come* (1966), a modern farce written in verse with Ferreira Gullar; *Longa noite de cristal* (1969); and several *autos*.

Like Vianna Filho, Gianfrancesco Guarnieri began by writing realistic plays about life in Brazil, which left the spectator feeling estranged from the misery portrayed on stage. He is to be commended for writing a play, *Êles não usam black-tie* (1955), in which the protagonist has class consciousness and can be considered an "exemplary" character. In this Marxist drama, staged in 1958 by the Teatro de Arena, the protagonist Otávio shows an acute awareness of the social problems of the *favela* in Rio de Janeiro. The play's thesis is the inefficacy of individual effort; the corollary is the need for collective action. The exploitation of the *favela* by the rest of the city is symbolized by a samba, which was written by one of the characters who hears

---

[14]For a discussion of the activities of the Grupo Núcleo, see Augusto Boal, *Técnicas latinoamericanas de teatro popular* (Buenos Aires: Ediciones Corregidor, 1975), p. 104.
[15]Boal, "Teatro Arena de São Paulo," p. 70.

it played on the radio as someone else's composition. Otávio is a Charlie Chaplin staring in at the guzzling middle classes from the street.

Guarnieri's collaboration with Boal in the parable plays *Zumbi* and *Tiradentes* was discussed above. Plays written by Guarnieri alone include *Gimba*, another portrayal of life in the *favelas; A semente* and *O filho do cão*, both of which contain sharp social protest; *Botequim*, whose text is pretext with several possible interpretations; during a storm (political crisis?) a group of people arrive at a bar and put on a show, telling stories to amuse themselves; and *Um grito parado no ar*, a play that makes use of symbols. Guarnieri's works have become increasingly symbolic and abstruse, too much so for social realists.

Augusto Boal is a seminal figure in Brazilian and Latin American theater, a director's director, who has never ceased to delight, irritate, and intrigue his peers. He is the politicized director for whom the stage is virtually a moral institution. With the Teatro de Arena, Boal has been a protean figure. He started out writing plays about blacks in Brazil, and between 1953 and 1955 he studied playwriting at Columbia University. His thought is a free and original elaboration of Brechtian concepts, and his plays are sociograms of the power struggle between classes. Boal has worked to create a didactic theater, not one which will be taken up in the repertoire and offered on the subscription series, but which looks askance at national reality, in search of the people in the street.

Boal's first well-known play was *Revolução na América do Sul*, a social farce of Marxist inclination. The work belongs to the period of "false nationalism" and the elections of 1960; the author's purpose is to create a show, an *opera buffa*, which portrays the negative aspects of society, which tells us what everyone already knows, and which considers the main struggle of the Brazilian people to be against imperialism. The worker José da Silva is everyone's puppet; while he is unaware of being exploited—and even dies from hunger—the words of the music exhort him to see what is happening to him. Among the political chameleons portrayed are several "revolutionaries," for whom the revolution is nothing more than a "good show." The audience is reminded, after Brecht, that this is theater. Boal feels that the negative side (José's dying from hunger) contains in itself its opposite, that this disaster should be sufficient warning. Every coin has two sides. Boal most likely uses the structure of the "show" in imitation of the finished theatrical product of the bourgeoisie. In the play there is some needling by the author, but very little acupuncture.

Boal's finest work in the theater came when he abandonded social realism for the retelling of myths, coauthoring *Zumbi* and *Tiradentes* with Guarnieri. Here he strives to create the "mythical" hero: an exaggeration, that is, lauded, simplified, and reduced to his essential idiosyncrasies—an avatar of heroic deeds, like Bolívar. Since his exile Boal has been brandishing the pen, creating a flurry of plays, criticism, manuals for the theater, and a "poetics of the oppressed." His play *Torquemada*, which he began while in prison in Brazil and finished in Argentina, shows that the lot of torturers (perhaps his own) should be death.

Importance of the Teatro de Arena

Perhaps it is premature to attempt an appraisal of what import and influence the Teatro de Arena has had in Brazilian theater. It has been an ongoing institution since 1954 and its major exponents are still active in the theater. In a play we can see what is elsewhere hidden beneath petty talk, and theater is perhaps the most participating Brazilian art form. To many theatergoers the Teatro de Arena has been anathema; to others, "champagne in a Dixie cup." But the play is the sting, and, whether it is viewed as a python or as "good theater," the Teatro de Arena should be judged on its own objectives and criteria. The artists have shown audacity with control, which is a very professional characteristic. Their closest parallel in the theater world is probably Joseph Chaikin's now-defunct Open Theater.

As in revolutionary Chinese theater, the Teatro de Arena may be considered a cultural drama team, hoping to educate, politicize, and entertain the people. Boal says that "el pueblo debe ser el destinatario de todo arte."[16] By holding seminars with the audience, the actors are more like educators, working among the people (as in Newspaper Theater), and their "heroes" are dedicated, unselfish people, not theatrical commodities to be consumed. As with *opera aperta*, what happens after the performance is up to the audience. Theater is made with the objective of creating a society in which everyone makes his own theater.

Influence of the theater on Brazilian politics is questionable. The price of theater tickets excludes many people from access to performances. José Armando Ferrara affirms that the Teatro de Arena's public has been largely bourgeois.[17] Aristotle said, however, that the most pleasurable thing of all is the learning process and the ideal audience for committed theater is in the middle. What the Teatro de Arena spectacles have very selectively provided is a confirmation of conviction and a preparation for renewed struggle. Certain people from the politico-clerical establishment have lived in dread of their plays—which depict the outrage, the victims of the outrage, and the rebels against the outrage—and the artistic director has been banished from Brazil. Boal firmly believes that the theater must be rescued for the benefit of the people. People's theater (and the Teatro de Arena is precisely that)

[16]Augusto Boal y José Celso Martínez Correa, "El teatro brasileño de hoy," *Conjunto*, 9 (1968), 59.
[17]Fernández Santos, p. 20.

has not tried to *épater le bourgeoisie*—only its values—and does what Broadway never does: it denounces injustices. "Never be too ready to oppose injustice." says Peachum in Brecht's *The Three-Penny Opera.*[18]

It may be that the Teatro de Arena will be remembered above all for the many techniques of acting and playwriting distilled from its radical experiments. Among these are the dissemination of collective playwriting and Brechtian principles, exercises for actors and nonactors, the formation of small troupes and techniques of Newspaper Theater, using the Joker System, and the ferment of theater without walls. If the group has not directly affected the attitude of the spectators, it has changed the attitude of many young playwrights and actors in Brazil and Latin America who have had an ideological ax to grind, and who, were the circumstances favorable, would offer a more didactic theater.

Guerrilla theater aside, the *theatrum mundi* has solidly acclaimed the flame and flamboyance of the parable plays, or collages, *Arena conta Zumbi* and *Tiradentes,* as moments of true innovation, of lucid synthesis, and of good historical drama. These works are more acceptable to critics, as spectators undergo a more ideal integration of experiences—real or ideal, fantastic or possible, history or historical antecedent of future events. Since these plays are more open to individual interpretation—more symbolic, more "mythical"—the theater critics hailed the abandonment of social realism. Popular audiences were often confused by these plays. It is important to remember that political censorship made this kind of theater necessary.

Zumbi and *Tiradentes* are not "art for art's sake"—which quite often is a camouflage for other activities—and they have the distinction of being the Teatro de Arena's most significant contribution to theater in Brazil. The Teatro de Arena of São Paulo has gone far in providing the fertile soil for young playwrights to sow the seeds of a theatrical tradition now in gestation, touching the very taproot of social structure.

---

[18]Bertolt Brecht, *The Three-Penny Opera,* in Eric Bentley, ed., *The Modern Theatre,* vol. 1 (New York: Doubleday Anchor Books, 1955), p. 192.

19

Teatro Popular do SESI:
A Theater for Workers

A. MICHAEL WILSON

Según un concepto muy común de educación, ésta consiste en la transmisión de un cúmulo de determinados valores culturales sancionados en cierto nivel social. Tal es el caso de la función educativa que desempeña el escasamente conocido Teatro Popular del SESI, en São Paulo. El Serviço Social da Indústria (SESI), creado en 1946, es un organismo financiado con fondos del gobierno y de la industria, que patrocina cuatro divisiones de teatro: el Teatro Popular del SESI (TPS) que opera en São Paulo, el TPS itinerante que funciona en el interior del estado, y dos secciones de Teatro Infantil del SESI: uno de planta, en São Paulo, y otro itinerante. Al referirse al valor educativo del teatro para obreros, el director del TPS ha señalado los siguientes beneficios: la adquisición, por parte del trabajador, de buenos modales (cómo vestir con elegancia, por ejemplo), de nociones de higiene, del arte de la conversación, de conocimientos de decoración, etc., es decir beneficios que se relacionan a una educación social; también indica que no es conveniente que las obras representadas enfoquen problemas del ambiente laboral, porque ello ocasionaría, no goce, sino molestia al obrero, al recordarle "las contingencias de su vida diaria."

El TPS tuvo una etapa inicial de amateurismo y otra transitoria de semiprofesionalismo, superadas en 1962 con la completa profesionalización de sus actividades. Tanto actores como técnicos son hoy profesionales. En São Paulo las funciones se realizan en un local céntrico, adonde, al parecer, los trabajadores y sus familias acuden en buen número, por ser la entrada gratis. A quienes se han quejado de que el TPS ha entrado a competir con el teatro comercial independiente, Wilson responde que en un

medio donde un boleto para el teatro cuesta hasta el diez por
ciento del salario mensual mínimo, la clase trabajadora brasileña
simplemente no puede entrar en los cálculos del teatro comercial.

Theater by Workers for Workers

São Paulo's Serviço Social da Indústria (SESI) was created in 1946, followed
two years later by the Teatro do SESI. In the beginning, the Teatro do SESI
was intended as a drama group of workers for workers. Its purpose, essentially, was to provide free entertainment for the industrial worker.

Initially, a group of workers from a factory met to organize an amateur
theater group. The group then contacted SESI to request a director to choose
a text, assign parts, and direct rehearsals for the play. The play was presented two or three times in the factory itself, in the social club of the factory, or in some social club in the neighborhood. Interest grew rapidly and
SESI contracted increasing numbers of directors in order to satisfy requests
from the industries. In 1951 there were eight SESI directors, each of whom
worked with groups from six separate industries.

Numerous problems arose. Rehearsals were at night and were subject to
cancellation owing to overtime workloads at the factory. The workers missed
rehearsals because of personal problems or exhaustion after working hours.
Dates that had been set for the opening of plays were frequently postponed.
The groups were able to give only two or three performances a year. This
lack of consistency and infrequency of performances resulted in the frustra-
tion of SESI's goals of encouraging active participation in theater and instill-
ing a taste for theater in the workers. All of these problems tended to transform theater into an exclusively recreational activity for a relatively small
ingroup and their acquaintances.

SESI decided that it was no longer possible to lend technical or artistic
support to these groups. The principal reasons given were: "the great
number of groups, their structures and, above all, the cultural and artistic
deficiency of their components."

In view of its lack of human and material resources to cope with the situation, SESI attempted a new approach. The most talented members from
several groups were chosen to form a single group. Easily accessible locations
for rehearsals were selected. Performances were no longer staged only in the
factories and social clubs but also in the city government's theaters, church
social halls, and so forth. By the end of 1958 SESI had 87 groups in São

Paulo and the interior of the state. The average number of performances per month was 43.

In spite of this achievement, the picture remained discouraging. Performances were not satisfactory. Even an uneducated audience, comprising primarily industrial workers with little or no theater-going experience, demands a certain minimum level of artistic quality. Many workers attended only to ridicule their colleagues, and poor performances degenerated into a trading of insults between those on stage and the audience. Another problem, considered more important by SESI, was that the workers who participated in the theater groups began to consider themselves actors to the point of rejecting their original occupations. For some, the theater became so important that they neglected their work. Others actually attempted to become professional actors and, with one or two notable exceptions, failed in their ambitions.

Semiprofessional Theater for Workers

When Osmar Rodrigues Cruz became chief of what was then the Serviço de Teatro do SESI, he undertook a careful analysis of industry theater. The result of his analysis was the elaboration of a plan, approved in 1959, for the reformulation of the Teatro do SESI. The first step in its implementation was the formation of a mixed group of professionals and skilled amateurs who would receive substantial financial support from SESI and who would have no direct ties with any specific industry. The new group's plays would be presented in theaters made available by the city government. No admission would be charged and SESI would distribute to the factories free printed invitations to be presented at the theater entrances. The new group, renamed the Teatro Popular do SESI, had its debut in November 1959 with *A Torre em concurso* by Joaquim Manoel de Macedo. In 1960 and 1961 the following plays were presented: *O fazedor de chuva* by Richard Nash, *A pequena da província* by Clifford Odets, and *Beata Maria do Egito* by Raquel de Queiroz. With these four plays (153 performances) the Teatro Popular do SESI reached its first 89,000 spectators.

During this transitional period SESI continued to encourage the formation of theater groups by the workers themselves. But the approach and orientation were changed, with SESI limiting its contribution to the training of a member of the amateur group to become responsible for its direction. SESI also offered financial aid to permit the staging of plays presented at the factory itself, provided that the group would agree not to stage the play elsewhere.

In the interior of the state of São Paulo identical changes took place in SESI's posture, and eventually the old structure was abandoned completely in favor of the formation of a permanent professional itinerant group in 1969.

Theater by Professionals for Workers

In 1962 Osmar Rodrigues Cruz, chief of the Subdivisão de Cinema e Teatro do SESI, reevaluated industry theater and submitted a plan for the reformulation of the Teatro Popular do SESI. Approved in its entirety, his plan resulted in the complete professionalization of the TPS. His exposition, which still constitutes the philosophical guideline of the TPS, read:

> The Theater, not demanding a high level of instruction, does nevertheless directly and intensely enhance those same human qualities susceptible to being awakened by art, thus having an outstanding part in the diffusion of culture. And in this task, the theater for the worker receives a pioneering and irreplaceable mission.
>
> Of the modalities of the workers' theater, one of the most perfect will be that which presents gratis, on a high artistic level, performances sponsored by social service entities. Only in this way will the diffusion of theatrical art in the workers' environment be possible.
>
> The benefits of a theater for the worker, making him go out with his family, to go to the theater, to dress more elegantly, to meet other people, that is, educating him socially, are numerous.
>
> We know that the plays to be presented should have good moral and social principles. Still, it is not advised that the theater focus on the problems of the workers' environment, because instead of entertaining the laborer it could become annoying by reminding him, in his moments of leisure, of the contingencies of his own daily life. That is why it is advisable for a workers' theater to present plays common to the universal dramatic repertoire, as long as they are instructive and educational.
>
> There is still to consider the new and different vision of life in all its aspects which the laborer acquires in his contact with the scenic art. Included here are the acquisition of good manners, notions of hygiene, beautification, domestic arrangements, decoration, the art of conversation, behavior in society, history, and diverse facts of human life.
>
> The value of theater in the workers' environment around the world is undeniable, figuring as a basis of the cultural and educational programs of the most advanced countries.
>
> In our country, poor in cultural tradition, the theater has not been utilized adequately until recently, when the State government, and, sometimes, the Federal government have been interested by its educational value.

The present Teatro Popular do SESI is a professional company, financed by SESI, which daily presents the work of a leading Brazilian or foreign dramatist. The productions of TPS, now presented in the Teatro Maria Della Costa in downtown São Paulo, will soon have a permanent home. According to its director, TPS is a theater dedicated to "humanizing" the leisure time of the workers of São Paulo. TPS productions remain entirely free of charge. Promotion is carried out by conventional means, such as newspaper and radio and television announcements (both paid and donated). Also, SESI has established a system for the distribution of free invitations to all of the entities which it serves. Following an established rotation, invitations and promotional material are sent directly to factories, industries, and to their corporate offices for distribution to the employees. When presented at the theater box office, the printed invitation entitles the holder to a reserved seat, free of charge. The invitations are made for specific performances and are color-coded to permit SESI to determine and maintain records of the number of invitations actually used by the employees of individual industries.

In 1969 SESI added two new dimensions to its theatrical activities—an itinerant group linked with the TPS and the Teatro Infantil do SESI. The itinerant group was formed to satisfy requests from industries in the interior of the state. It operates in much the same way as TPS in the capital. Made up of professional actors and technicians, the group travels on weekends to cities in the interior, giving performances three days in each city. As many as fifty cities are visited each year.

The Teatro Infantil do SESI is divided into two groups: a permanent group in the capital and a traveling group. The purposes of the Teatro Infantil are basically educational in nature. The fixed group functions on weekends in theaters in the capital rented by SESI. The itinerant group travels during the week to perform in schools maintained by SESI. The repertoire of both groups includes excellent texts for children by Brazilian writers, especially Maria Clara Machado. Like the adult groups, the Teatro Infantil do SESI has had great success and has earned the praise of São Paulo critics. The repertoire of the Teatro Popular do SESI appears in Table 1.

Conclusion

In terms of popularity and artistic and technical abilities, the Teatro Popular do SESI hardly suffers in comparison with other professional companies active in São Paulo. But where does TPS fit into the theater movement in general? Because SESI is financed by a combination of government funds and contributions from the industries it serves, TPS does not depend on box office receipts and has not been strongly affected by the chronic economic "crisis" of the São Paulo theater. TPS has been successful in

TABLE 1. REPERTOIRE OF THE TEATRO POPULAR DO SESI

Performing Group	Play Title	Date First Performed	Dramatist
São Paulo	*Cidade Assassinada*	1963	Antônio Callado
	Noites Brancas	1964	Dostoievski
	Caprichos do Amor	1964	Marivaux
	A Sapateira Prodigiosa	1965	García Lorca
	O Avarento	1965	Molière
	Manhãs de Sol	1966	Oduvaldo Vianna
	Gil Vicente e sua Época	1967	Gil Vicente
	O Milagre de Annie Sullivan	1967	William Gibson
	Intriga e Amor	1969	Schiller
	Memórias de um Sargento de Milícias	1970	M. A. de Almeida
	Senhora	1971	José de Alencar/Sérgio Viotti
	Um Grito de Liberdade	1972	Sérgio Viotti
	Caia o Ministério	1973	França Junior
Itinerant group	*O Milagre de Annie Sullivan*	1969	William Gibson
	Noites Brancas	1970	Dostoievski
	Caprichos do Amor	1971	Marivaux
	O Primo da Califórnia	1972	J. M. de Macedo
	O Médico à Força	1973	Molière
Teatro Infantil do SESI	*O Aprendiz de Feiticeiro*	*	Maria Clara Machado
	Maria Minhoca	*	Maria Clara Machado
	A Menina e o Vento	*	Maria Clara Machado
	O Patinho Preto	*	Walter Quaglia
	Tres Peraltas na Praça	*	José Valuzzi
	O Palhaço Imaginador	*	Ronaldo Ciambroni
	O Rapto das Cebolinhas	*	Maria Clara Machado
	Aventuras no Maior Circo do Mundo	*	José Campos

*Permanent repertoire

attracting to its theater an audience that had never before been reached, that is, the São Paulo working class. There have been those who have pointed accusingly at TPS, decrying the theft of a portion of the audience from the commercially independent theater. The reply offered by TPS is that they are doing the commercial theater a great service in the development of a previously untouched theater audience. Both ignore the economic reality in which the Brazilian worker lives. In an economy where a theater admission may cost as much as ten percent of the official monthly minimum wage, the Brazilian working class can neither be prepared for nor diverted from the commerical theater. He simply cannot afford it.

It may be valid to question the educational aims of TPS. A theater which is supported by government and industry in Brazil cannot be politically or socially involved without jeopardizing its own continued existence. The alternative chosen by TPS has been the production of historical plays, dramatized adaptations of masterpieces of Brazilian literature, and plays from the international repertoire which develop more universal themes.

The third major goal of TPS is that of providing free, high-quality, wholesome entertainment for the workers. Records of attendance and the reaction of audiences and critics attest to an indisputably high measure of success.

December 1973

20

El Teatro Educativo
de los Barrios de Emergencia
de Buenos Aires

BEATRIZ SANZ

A common view in Latin America today is that popular and political-educational theater has developed more rapidly and extensively in countries where theater tradition has been practically nil, such as in Colombia. The case of the theater in Argentina illustrates the validity of this assertion. In Argentina, particularly Buenos Aires, for example, the theater is a century-old establishment that can boast of impressive statistics. The Independent Theater movement, one of the earliest reformist movements on the continent, tried to break away from commercially oriented theater in Buenos Aires in the 1930s. The movement was eventually absorbed by the institutionalized theater and more recently by television. But popular theater, as known in other Latin American countries, is just beginning in European-sensitive Argentina.

It is possible to find instances of theater of conscientization for popular audiences in the slums of Buenos Aires, known as *barrios de emergencia* or *villas-miserias*. Most of the dozen groups doing theater at the time of this report (September 1973) in these barrios were using the method of collective creation. A few were offering plays or adaptations of well-known playwrights like Osvaldo Dragún. Another effective vehicle of theatrical expression oriented to vast sectors of the population would be—in the opinion of Sanz—the teletheater, if it were in the hands of socially conscious persons.

A pesar de la evidente preocupación por la situación económica, política y social del país, manifestada en parte por constantes movilizaciones de grandes masas (especialmente de las juventudes obrera y estudiantil) y por la participación activa de autores, directores y actores de teatro en el quehacer político o gremial, en un período pre- y post-eleccionario, Buenos Aires es, aún en estos momentos, uno de los centros teatrales más importantes del mundo por la cantidad y la calidad de los espectáculos que se ofrecen tanto en las salas céntricas como en los pequeños teatros diseminados en algunos barrios de la Capital. Un análisis comparativo de las piezas estrenadas en los últimos diez años en estas salas (tomadas de las listas de piezas registradas en Argentores y que obran en la Biblioteca de esa institución) nos muestra el siguiente resultado: los autores argentinos contemporáneos han ganado terreno en cuanto al número de las puestas en escena, y los temas y el lenguaje dramático se corresponden cada vez más con la realidad argentina y latinoamericana. Consecuentemente se nota una disminución del interés por el quehacer teatral europeo en el que casi todos los intelectuales y artistas argentinos tenían fija la mirada hasta hace muy poco. Europa constituía el patrón (una forma de colonización mental) por el que se regían los cultores del arte en general y los autores, directores y críticos de teatro en particular. Quedan, no obstante, muchos espectáculos alienizantes que responden en parte al gusto de la gente habituada al "teatro comercial" de mera distracción; algunas obras clásicas que respetan absolutamente los antiguos moldes; y otras que mantienen las tendencias europeas de las últimas décadas con elementos absurdistas o grotescos. Pero hay un avance notable si consideramos que hasta hace tres años estos últimos tres tipos de obras copaban las salas de la Capital en las que se ofrecen unos doscientos setenta estrenos por año.

Al margen de estas representaciones, existen las que se realizan exclusivamente para los moradores de los "barrios de emergencia." Estas son obras de características y niveles diversos pero de evidente valor educativo. Asistí a los ensayos de varios grupos y a la presentación de uno de ellos, *Arte a propósito,* en uno de los "barrios." Las presentaciones son, por supuesto, gratuitas, no se publicitan en los diarios y, consecuentemente, no son juzgadas por la crítica. Son, en su mayoría, creaciones colectivas. Se dijo que son *exclusivamente* para los moradores de la "villa" (o "barrio"), no porque la obra se haya creado especialmente para un tipo determinado de espectador (en muchos casos la misma pieza se presenta en escuelas y locales de las Comisiones de Cultura de la Provincia de Buenos Aires y del interior del país), sino porque es imposible para un "extraño" llegar al lugar de la representación. Doy como ejemplo una de mis experiencias. El grupo de artistas, a los cuales me había unido, partió de una sala del barrio de Saavedra donde acababa de presentarse una función para niños. Después de cambiar dos veces de ómnibus llegamos a una esquina desde la que fuimos guiados por uno de los moradores de la villa a la entrada de la misma y de allí, por estrechos senderos de tierra (las viviendas se aglutinaban a ambos lados) hasta llegar a un patio común al aire libre. Este fue el escenario en el que se presentó la obra con elementos (tablas, sillas, etc.) proporcionados por los vecinos del lugar. La participación inesperada de una joven de la villa, completamente ajena al grupo, en la mitad de la representación, me confirmó la efectividad de la misma. También resultó significativo el cambio de opiniones entre algunos de los moradores y los artistas al finalizar la obra.

De acuerdo con las declaraciones del coordinador del grupo "Octubre," unos doce grupos estaban actuando en estos "barrios" en septiembre de 1973. Según el director del grupo GET, existían otros grupos en ese momento en la fase de preparación (creación y ensayo).

Mientras la mayoría de estos grupos se dedican a las creaciones colectivas y a la representación de las mismas en "villas de emergencia," unidades vecinales, locales sindicales, escuelas, etc., otros presentan (en el mismo tipo de locales) obras o adaptaciones de autores conocidos como Osvaldo Dragún y Oscar Viale entre otros, de evidente mensaje concientizador. Los que acusan una diferencia más marcada en su actividad educadora-concientizadora son los que actúan como coordinadores o instructores y ayudan a los mismos moradores de las villas a crear y representar sus propias obras basadas en sus necesidades o problemas. Son algo así como sesiones de psicodrama tendientes a encontrar posibles soluciones.

Mis entrevistas con María Escudero, Osvaldo Dragún, Griselda Gámbaro, Julio Mauricio, Alberto Adellach y Ricardo Monti, entre otros, así como el contacto directo con los miembros de algunos grupos y sus experiencias, me llevan a afirmar que si bien esta tendencia (que muchos incluyen en lo que se ha dado en llamar "teatro popular") es relativamente incipiente y con muchos problemas por superar, tiene un amplio campo en el futuro y una importante misión educadora por realizar.

Es necesario enfatizar el hecho de que las actitudes paternalistas no se manifiestan en ninguno de estos grupos. Puede darse el caso de algún grupo que por moda o esnobismo siente que debe hacer teatro en los "barrios de emergencia" y que ello es tarea fácil. Pero otros tienen plena conciencia de lo que su labor artística y social significa y de la necesidad de llevar al pueblo un teatro de alto nivel. Esta es la única forma de que el mensaje sea efectivo, de que la audiencia sienta que es respetada y que no se la subestima. Con la colaboración de escritores de reconocida capacidad que se hacen cargo de la revisión y ajuste del libreto, con el empleo acertado de magníficos poemas de hondo contenido social (el caso de *Vamos Patria a caminar* con poemas de Otto René Castillo) y otros recursos igualmente válidos, algunos grupos ya han logrado ese nivel al que muchos aspiran.

La labor educativa del teatro al que se ha hecho referencia, llega, en estos momentos, a un número relativamente pequeño de espectadores. Para que esta labor fuera realmente positiva debería hacerse a nivel nacional. Este teatro tendría que surgir y desarrollarse como verdadero vehículo de comunicación dentro de un sistema que le diera coherencia y estabilidad en todo el territorio de la Nación. Es decir, tendría que formar parte de una estructura social que no se da en el sistema actual en la Argentina ni en los demás países latinoamericanos, con la excepción de Cuba, quizás. Sin embargo, y siendo optimistas, se puede decir que este teatro "popular" que se da en Buenos Aires ahora (algunos brotes esporádicos del mismo tipo de teatro se dieron en Santa Fe, Córdoba, Tucumán y quizás en otros lugares de los que no tenemos referencias) puede ser un gran paso hacia un teatro que sea verdadero vehículo de educación del pueblo argentino.

Pasando a considerar otro medio de comunicación, cabe decir que el teatro televisado constituiría el medio educador por excelencia, ya que llega a mayor número de espectadores, si la dirección de los diferentes canales estuviera en manos de personas socialmente conscientes y artísticamente capaces. Lamentablemente, la inestabilidad de estos cargos da como resultado programas de calidad despareja dentro de los espacios dedicados al teatro: "El teatro de Norma Aleandro," "Teatro como en el teatro," "Alta comedia," "Contrafrente" y otros. Juan Carlos Gené (quince días director del canal estatal, recientemente) es autor y director de una serie de obras que bajo el título de "Cosa Juzgada" se ofrecieron por televisión hace dos años. Pero esta posibilidad de un teleteatro educativo de responsabilidad social no es por el momento más que eso, una posibilidad.

Buenos Aires, septiembre de 1973

21

Teatro del Oprimido: Una Experiencia de Teatro Educativo en el Perú

AUGUSTO BOAL

Aristotle proposes a theater in which the spectator delegates his powers to the characters so that they may act and think for him. Brecht suggests a theater in which the spectator delegates his powers to the characters so that they may act for him, but he reserves the right to think for himself. Augusto Boal, on the other hand, proposes his "theater of the oppressed" where the spectator delegates no powers; on the contrary, he takes over the role of the protagonist, changes the dramatic action, tries out solutions, and prepares himself for action toward liberation in the real world.

Boal describes an experiment in popular theater which took place in 1973 in Peru in conjunction with an official literacy campaign called ALFIN (Operación Alfabetización Integral) and inspired by the theory and methods of the well-known Brazilian educator Paulo Freire. The literacy campaign was faced with a particularly complex situation because of the wide variety of languages and dialects spoken by the three to four million illiterates or semi-illiterates of Peru. The multifaceted approach of ALFIN allowed for artistic means of expression, such as photography and theater, including puppet theater. Boal states that the objective of the theater program in the campaign was to show that theater can be used by the oppressed as a means of self-expression and can help them change their outlook from a state of

Este artículo se publicó en *Crisis,* 14 (jun 1974), 25–32, y se reproduce aquí con la debida autorización. Una versión un poco más amplia forma parte del libro *Teatro del oprimido y otras poéticas políticas* (Buenos Aires: Ediciones de la Flor, 1974).

passivity—which is the norm for the spectator in the theater—to one of active, protagonist participation in the dramatic action. This is truly educational theater in line with the "theater of conscientization," an offspring of Freire's theories widely discussed in Latin America in recent years.

This essay is a compendium of the methods developed by Boal since the days of his association with the Teatro de Arena of São Paulo. The methods are grouped in four stages: (1) knowledge of the human body (a sequence of exercises designed to get to know the limitations and possibilities of the body); (2) the expressiveness of the body (sequence of games devised to bring out such expressiveness); (3) theater as language (with different levels of participation in theatrical creation); (4) theater as discourse (newspaper theater, invisible theater, and so forth). The methods are illustrated with anecdotes from the ALFIN experiment and from previous undertakings.

Una experiencia de teatro popular en el Perú[1]

En 1973 el gobierno revolucionario peruano inició la Operación Alfabetización Integral (ALFIN) con el objetivo de erradicar el analfabetismo en un plazo aproximado de cuatro años. Se estima que hay en Perú entre 3 y 4 millones de analfabetos o semi-analfabetos, para una población de 14 millones.

Enseñar a un adulto a leer y escribir es siempre un problema difícil y delicado. En el Perú lo es más todavía, por el enorme número de lenguas y dialectos que hablan sus habitantes. Según estudios recientes se calcula que existen por lo menos 41 dialectos del quechua y el aymara, las dos lenguas principales además del castellano. Investigaciones hechas en la provincia de Loreto—la menos poblada del país—comprobaron la existencia de 45 lenguas distintas: 45 lenguas, no sólo simples dialectos.

Esta gran variedad de lenguas permitió comprender, a los organizadores de la Operación Alfabetización Integral, que los analfabetos no son personas "que no se expresan": sencillamente son personas incapaces de expresarse en un determinado lenguaje. Todos los idiomas son "lenguaje," pero hay

[1]Esta experiencia fue realizada con la inestimable colaboración de Alicia Saco, dentro de la programación de la Operación Alfabetización Integral (ALFIN), dirigida por Alfonso Lizarzaburu. Participaron en los diversos sectores Estela Liñares, Luis Garrido Lecca, Ramón Vilcha y Jesús Ruiz Durand. Se hizo en agosto de 1973, en las ciudades de Lima y Chaclacayo. El método de alfabetización utilizado por ALFIN fue, naturalmente, inspirado en Paulo Freire.

infinidad de lenguajes que no son idiomáticos. Hay más lenguajes que lenguas habladas o escritas y el dominio de uno nuevo ofrece a la persona otra forma de conocer la realidad. Pero cada lenguaje es absolutamente insustituible.

Partiendo de este supuesto el proyecto de ALFIN contemplaba dos puntos esenciales: (1) alfabetizar en la lengua materna y en castellano, sin forzar el abandono de aquélla en beneficio de ésta; (2) alfabetizar en todos los lenguajes posibles, especialmente artísticos, como teatro, fotografía, títeres, cine, periodismo, etc.

La preparación de los alfabetizadores elegidos en las mismas regiones donde se pretende alfabetizar, se desarrolla en cuatro etapas, según características específicas de cada grupo social:

1. Barriadas o pueblos jóvenes, que corresponden a nuestras "villas miserias" (cantegril, favela, rancho, etc.)

2. Regiones rurales

3. Regiones mineras

4. Regiones donde se habla una lengua materna distinta del castellano. El 40% de la población peruana está en esta situación: la mitad es bilingüe y aprendió el castellano después de dominada su lengua materna; el 20% restante no habla el castellano.

El plan ALFIN está todavía en sus comienzos y es demasiado pronto para evaluar sus resultados. Me propongo en este trabajo hacer un relato de mi participación en el sector de teatro: intentamos, en equipo, demostrar con hechos que el teatro puede estar al servicio de los oprimidos para que estos se expresen y para que, al utilizar un nuevo lenguaje, descubran también nuevos contenidos.

Para que se comprenda este "teatro del oprimido" es necesario tener presente su principal objetivo: transformar al pueblo, espectador, ser pasivo en el fenómeno teatral, en sujeto, en actor, en modificador de la acción dramática. Espero que queden claras las diferencias: Aristóteles propone un teatro en que el espectador delega poderes al personaje para que éste actúe y piense en su lugar; Brecht propone un teatro en que el espectador delega poderes al personaje para que él actúe pero se reserva para sí el derecho de pensar por su cuenta, muchas veces en oposición al personaje. En el primer caso se produce una catarsis, en el segundo una concientización. El "teatro del oprimido" propone la acción misma: el espectador no delega poderes al personaje para que piense ni para que actúe en su lugar; por el contrario, él mismo asume un papel protagónico, cambia la acción dramática, ensaya soluciones, se entrena para la acción real. Puede que este tipo de teatro no sea revolucionario en sí mismo, pero seguramente es un ensayo de la revolución. El espectador liberado se lanza a la acción, no importa que sea ficticia: es acción.

Transferir al pueblo los medios
de producción del teatro

Pienso que los grupos teatrales verdaderamente revolucionarios deben transferir al pueblo los medios de producción del teatro. El teatro es un arma y quien lo debe manejar es el pueblo.

¿Pero cómo hacer esta transferencia? Veamos la experiencia de Estela Liñares, encargada del sector de fotografía del plan ALFIN.

En el esquema tradicional los instructores o capacitadores sacarían fotografías de calles, personas, panoramas y después mostrarían estas fotos y las discutirían. Pero cuando se trata de entregar al pueblo los medios de producción hay que entregarle, en este caso, la cámara. Así se hizo en ALFIN: se le entregó una cámara a la persona que se estaba alfabetizando, se le enseñó su manejo y se le propuso: "Nosotros le vamos a hacer preguntas en idioma castellano, usted nos va a responder pero su lenguaje será fotografía."

Las preguntas eran sencillas y las respuestas (las fotos) eran discutidas por el grupo. Se preguntó, por ejemplo: ¿Adónde vive usted?" y se recibieron estas foto-respuestas:

1. La fotografía de la orilla de un río. La discusión posterior aclaró el significado: el río Rimac, que cruza Lima, aumenta su caudal en ciertas épocas del año y la vida en sus orillas se vuelve peligrosa pues es frecuente el derrumbe de chozas y la pérdida de vidas humanas. Es común también que los niños caigan al río mientras juegan y cuando suben las aguas es difícil salvarlos. La fotografía-respuesta expresaba toda la angustia de un hombre de la zona. ¿Adónde vive usted? A la orilla de un río que en cualquier momento puede arrasar mi choza o llevarse a uno de mis hijos.

2. Una señora, que había emigrado hacía poco de un pequeño pueblo del interior, respondió con una foto de la calle principal de la barriada: de un lado de la calle vivían los antiguos habitantes limeños, del otro los que procedían del interior. La calle dividía a estos hermanos igualmente explotados porque los pobladores que llevaban años en la barriada, veían sus empleos amenazados por los recién llegados. Estaban ahí frente a frente, como si fueran enemigos, pero la foto ayudaba a comprobar su semejanza: miseria de los dos lados. Otra foto de los barrios elegantes mostraba quiénes eran los verdaderos enemigos.

3. Un hombre sacó una foto de una parte del río donde los pelícanos acostumbran venir cuando hay mucha hambruna; los hombres igualmente hambrientos aprisionan a los hambrientos pelícanos que vienen por la basura, los matan y los comen. Mostrando esa foto el hombre decía con mucho más riqueza lingüística que vivía en un lugar adonde se bendecía el hambre que atraía a los hambrientos pelícanos que saciaban su propia hambre.

4. Un hombre sacó la foto del rostro de un niño para responder a la misma pregunta. "Usted no entendió" le dijeron algunos miembros de su grupo. "Nosotros le preguntamos adónde vive y ésta no es una respuesta."

"Esta es mi respuesta, aquí vivo yo," dijo el hombre. "Miren el rostro de este niño, hay sangre. Hace algunos días la municipalidad capturó a todos los perros vagabundos de la zona. Este niño tenía un perro que lo protegía de las ratas. Ahora ya no lo tiene y mientras dormía los ratones le comieron una parte de la nariz. Yo vivo en un lugar donde las ratas se comen a los niños."

La fotografía puede asimismo ayudar a descubrir los símbolos de un grupo social. Si preguntamos, por ejemplo, ¿que es la explotación? la figura del Tío Sam será, para muchos grupos sociales en todo el mundo, el símbolo más perfecto de la explotación. En Lima se preguntó también ¿qué es la explotación? Un niño respondió con la foto de un clavo en la pared. Pocos lo entendieron pero, curiosamente, todos los niños estaban de acuerdo con el autor de la foto: el clavo era el símbolo de la explotación. En la discusión posterior se aclaró que a los cinco o seis años los niños de las barriadas comienzan a ganarse la vida como lustrabotas. Todos los días deben viajar hasta el centro de Lima para ejercer su tarea y no pueden trasladarse por la mañana y por la noche con su caja y demás pertrechos. Entonces alquilan un clavo en la pared de algún negocio céntrico y pagan dos o tres soles por noche. El clavo de donde pende la caja del lustrabotas en las horas de inactividad es, para esos niños de Lima, el símbolo de la explotación.

Pero el teatro no es una cámara

Es muy fácil entregar una cámara a una persona que jamás sacó una fotografía, decirle por dónde tiene que mirar y qué botón debe apretar. Entonces los medios de producción de la fotografía están en manos de esa persona. Pero, ¿cómo hacer en el teatro? Los medios de producción del teatro son los hombres y estos no son tan fáciles de manejar.

La primera palabra del vocabulario teatral es el cuerpo humano, principal fuente de sonido y movimiento. Por tanto, para dominar los medios de producción del teatro, el hombre tiene que empezar por dominar su propio cuerpo, conocerlo para tornarlo después más expresivo. Por etapas se liberará entonces de su condición de espectador y asumirá la de actor, dejará de ser objeto y pasará a ser sujeto, de testigo se convertirá en protagonista.

El plan para esta conversión del espectador en actor se puede sistematizar en cuatro etapas:

Primera etapa: conocimiento del cuerpo.—Secuencia de ejercicios por los cuales la persona empieza a conocer su propio cuerpo, sus limitaciones y sus posibilidades, sus deformaciones sociales y los caminos de recuperación.

Segunda etapa: el cuerpo expresivo.—Secuencia de juegos por los cuales la persona empieza a expresarse a través del cuerpo abandonando otras formas de comunicación más usuales.

Tercera etapa: teatro como lenguaje.—Se comienza a practicar el teatro como lenguaje vivo y presente y no como producto definitivo que muestra imágenes del pasado.

Primer grado: dramaturgia simultánea. Los espectadores "escriben" y simultáneamente los protagonistas actúan.

Segundo grado: teatro-imagen. Los espectadores intervienen "hablando" a través de imágenes hechas con los cuerpos de los actores.

Tercer grado: foro-teatro. Los espectadores intervienen directamente en la acción dramática y actúan.

Cuarta etapa: teatro como discurso.—Formas sencillas por las cuales el espectador-actor presenta "espectáculos" para discutir ciertos temas o ensayar ciertas acciones. Ejemplos: teatro periodístico; teatro invisible; teatro foto-novela; lucha contra la represión; teatro mito; teatro juicio; rituales y máscaras.

Primera etapa: conocimiento del cuerpo

El contacto inicial con grupos de campesinos, obreros o villeros es difícil si se les plantea "hacer teatro." Lo más probable es que nunca hayan oído hablar de teatro y, cuando tienen alguna idea al respecto, suele provenir de las lacrimógenas tiras de TV o de algún grupo circense. Es común también que asocien el teatro al ocio o a los perfumes. Conviene entonces que la aplicación de un sistema teatral empiece por el cuerpo mismo de las personas que se proponen participar en el experimento y no por técnicas teatrales que se enseñan o se imponen y que son algo ajeno a la gente.

Hay una gran cantidad de ejercicios para que cada uno sea consciente de su cuerpo, de sus posibilidades corporales y de las deformaciones determinadas por el tipo de trabajo que realiza. Es decir, para que cada uno sienta la "alienación muscular" que impone el trabajo sobre su cuerpo.

Compárense las estructuras musculares del cuerpo de un dactilógrafo con las del sereno de una fábrica. El primero realiza su trabajo sentado en una silla: del ombligo para abajo su cuerpo se convierte, en las horas de actividad, en un pedestal, mientras sus brazos y sus dedos se agilizan. El sereno en cambio camina de un lado para otro durante 8 horas seguidas y desarrolla por tanto estructuras musculares que lo ayudan a caminar. Ambos cuerpos se amoldan a los trabajos específicos.

Lo que pasa con estos trabajadores ocurre igualmente con las demás personas, en cualquier status social. El conjunto de "roles" que una persona tiene que desempeñar impone sobre ella una máscara de comportamiento. Y las personas que desempeñan los mismos roles terminan por parecerse entre ellas: artistas, militares, clérigos, maestros, obreros, campesinos, terratenientes, nobles decadentes. Compárese la placidez de un cardenal paseando por los jardines del Vaticano, con un belicoso general impartiendo ódenes a sus subalternos.

Si la persona es capaz de "desmontar" sus estructuras musculares podrá entonces "montar" estructuras propias de otras profesiones o de otro status social; es decir, estará en condiciones de interpretar físicamente otros personajes. Todos los ejercicios de esta serie están pues destinados a deshacer las estructuras musculares de los participantes. Veamos algunos ejemplos:

1. Carrera en cámara lenta. Se corre una carrera con la finalidad de perderla: gana el último. Así, todo el cuerpo, al moverse en cámara lenta, tendrá que reencontrar constantemente una nueva estructura muscular que conserve el equilibrio. Los participantes no pueden interrumpir el movimiento, deben siempre intentar el paso más largo y sus pies pasar por encima de las rodillas. En este ejercicio una carrera de diez metros puede ser más cansadora que una competencia tradicional de quinientos metros: el esfuerzo necesario, para mantener el equilibrio en cada nueva posición, es muy intenso.

2. Carrera de piernas cruzadas. Los participantes forman parejas, se abrazan y unen sus piernas (izquierda de uno con derecha de otro). En la carrera cada pareja actúa como si fuera una sola persona.

3. Carrera del monstruo. Cada uno abraza el tórax de su pareja de tal manera que las piernas de uno encajen en el cuello del otro, formando un monstruo sin cabeza y con cuatro patas. Se corre una carrera.

4. Carrera en rueda. Las parejas forman ruedas, cada uno agarra los tobillos del otro y practican una carrera de ruedas humanas.

5. Hipnotismo. Dos personas se ubican frente a frente. Uno pone su mano a pocos centímetros de la nariz del otro y comienza a moverla en todas direcciones, lenta o más rápidamente. El otro mueve su cuerpo tratando de mantener siempre la misma distancia entre su nariz y la mano del compañero.

6. Pelea de box. Los participantes boxean pero cada uno debe pelear sin tocar al compañero. Ambos deben reaccionar como si recibieran efectivamente los golpes.

7. Far West. Los participantes improvisan una escena típica de las películas del far west con el pianista, el mozo maricón, las bailarinas, los borrachos y los malos que entran a la cantina dando patadas en la puerta. Toda la escena es muda y se representa sin que los participantes puedan tocarse aunque deben reaccionar ante cualquier hecho o acontecimiento. Concluye la escena con una pelea de todos contra todos.

Estos son sólo algunos ejemplos. Es siempre conveniente que, al proponer un ejercicio, se pida a los participantes que inventen otros. Es importante mantener en todo momento una atmósfera creadora.

Segunda etapa: el cuerpo expresivo

En nuestra sociedad nos acostumbramos a expresarnos a través de la palabra y subdesarrollamos toda la gran capacidad expresiva del cuerpo. Una serie de juegos puede ayudar a los participantes para que comiencen a usar los recursos del cuerpo: se trata en realidad de "jugar" y no de "interpretar" personajes, pero jugarán mejor en la medida que interpreten mejor.

En un juego, por ejemplo, se distribuyen papelitos con nombres de animales, macho y hembra. Durante diez minutos los participantes intentarán dar una visión física, corporal, del animal que les tocó. La comunicación será exclusivamente corporal y estará prohibido hablar o hacer ruidos. Después de los diez minutos iniciales, cada participante buscará su pareja entre los demás que están imitando sus animales. Cuando dos participantes estén convencidos de que forman una pareja, saldrán de escena y el juego concluirá cuando todos los participantes encuentren a sus respectivas parejas. En juegos de este tipo los participantes, sin darse cuenta, estarán efectivamente "haciendo teatro."

Recuerdo que en una barriada se propuso este juego y a un tipo le tocó el picaflor o colibrí. El individuo no sabía cómo expresarlo corporalmente pero se acordó que ese pájaro vuela muy rápidamente de flor en flor, agita sin descanso sus alas y emite un ruido particular: brbr brbrbrrrrrr. Hizo su intento y al cabo de los diez minutos iniciales ninguno de los otros participantes le parecía suficientemente colibrí como para atraerlo. Por fin se encontró con un señor gordo y alto que con sus manos hacía un desalentador movimiento pendular y, convencido de que se trataba de su pareja, comenzó a dar vueltas a su alrededor agitando frenéticamente sus brazos y cantando brbrbrbrbrrrr. El gordo intentaba escaparle pero el tipo insistía. Por fin salieron de escena y entonces pudieron comunicarse verbalmente.

—Yo soy el colibrí macho y vos sos la colibrí hembra, ¿verdad? El gordo, muy desalentado, lo miró y le dijo:

—No, boludo, yo soy el toro...

Este tipo de juego puede variar indefinidamente. Si se trata de "representar" a un animal, eso poco tiene que ver con la ideología. Pero si el campesino debe interpretar al terrateniente, el obrero al dueño de la fábrica, entonces la ideología aparece y encuentra su expresión física a través del juego.

En esta etapa, como en la primavera, debe sugerirse a los participantes que inventen variantes o nuevos juegos para que no sean receptores pasivos de la diversión que viene de afuera.

Tercera etapa: teatro como lenguaje

Esta etapa se divide en tres partes y cada una representa un grado distinto de participación en el espectáculo. Se trata de que el espectador se disponga a intervenir en la acción abandonando su condición de objeto y asumiendo su rol de sujeto. Las dos etapas anteriores son preparatorias. En ésta, el espectador pasa a la acción.

Primer grado: dramaturgia simultánea.—Se invita al espectador a que intervenga pero no se requiere su entrada física en escena. Se interpreta una escena corta, de 10 ó 20 minutos, propuesta por algún vecino de la barriada. Los actores pueden improvisar o escribir la escena y memorizar sus diálogos. En cualquier caso el espectáculo gana en teatralidad si la persona que propuso el tema se encuentra en la platea. Se inicia la escena y se la conduce hasta un punto en que el problema hace crisis y necesita solución. Entonces los actores dejan de interpretar y piden al público que ofrezca soluciones. A medida que éste las proporciona se actúan las propuestas y el público tiene derecho a intervenir, a corregir acciones o diálogos que improvisan los actores y éstos deben retroceder e interpretar lo que el público sugiere. Así, mientras la platea "escribe" la obra, los actores la interpretan en forma teatral.

Un ejemplo: en una barriada de San Hilarión, en Lima, una señora contó que ella era analfabeta y que años atrás su marido le había dado a guardar unos documentos que, según él, eran de suma importancia. Un día el matrimonio resolvió separarse y tiempo después la señora se acordó de los documentos y temió que los mismos estuvieran relacionados con la propiedad de su casita. Pidió entonces a una vecina que se los leyera y, para su sorpresa, descubrió que los famosos "documentos" que ella había guardado con celo durante años eran cartas de amor escritas por la amante de su marido. La traicionada mujer quería venganza. El relato de la señora fue puesto en escena y los actores interpretaron hasta el punto en que, por la noche, el marido regresa a su casa cuando la mujer ya se ha enterado del misterio de las cartas. ¿Cuál debe ser la actitud de la mujer frente a su marido? He aquí las soluciones propuestas:

1. Una chica sugirió que la mujer llorara mucho para que el marido se sintiera culpable. La actriz interpretó esa sugerencia, lloró muchísimo, el marido la consoló y le aseguró que se había olvidado de la amante y que sólo la quería a ella. Acto seguido le pidió que sirviera la cena y todo quedó como antes. El público no aceptó esta solución.

2. Alguien propuso que la mujer se fuera de la casa y abandonara al marido. La actriz interpretó la solución propuesta y, al salir de la casa, preguntó al público adónde debía dirigirse. No hubo respuesta. Para castigar al marido se estaba castigando a sí misma.

3. Una señora gorda y exuberante hizo la propuesta que fue aceptada por unanimidad. "Tú haces así—dijo la señora. Agarras un palo bien grande y cuando él entra tú le pegas con toda tu fuerza, y dale muchos golpes. Después que le hayas pegado bastante, para que se arrepienta, tú pones el palo a un lado, tú le sirves la cena con mucho cariño, y tú lo perdonas. . . ."

Esta forma de teatro produce una gran excitación entre los participantes: empieza a demolerse el muro que separa a los actores de los espectadores. La acción deja de ser presentada determinísticamente, como una fatalidad, como El Destino. Ahora todo es sujeto a crítica, a rectificación y todo es transformable al instante. El actor no cambia en su función principal: sigue siendo el intérprete. Lo que cambia es a quién debe interpretar.

Segundo grado: teatro imagen.–Ahora el espectador tiene que intervenir más directamente. Se le pide que exprese su opinión sobre un tema determinado, a elección de los participantes (un tema abstracto como el imperialismo o más concreto como la ausencia de agua en la barriada), recurriendo a los cuerpos de las otras personas presentes, "esculpiendo" un conjunto de estatuas de tal manera que sus opiniones y sensaciones queden en evidencia. Organizado el conjunto de estatuas se abre la discusión: cada espectador puede modificar las estatuas total o parcialmente, hasta que se llegue a un conjunto aceptado con cierta unanimidad. Entonces se le pide al espectador-escultor que haga otro conjunto pero ahora para mostrar su solución ideal para el problema considerado. Es decir, en el primer conjunto se muestra la imagen real, en el segundo la imagen ideal. Finalmente se le pide que muestre la imagen tránsito: como cambiar de una situación real a una solución ideal. En otras palabras, cómo transformar o revolucionar la realidad.

A una chica alfabetizadora que vivía en Otusco se le pidió que explicara, a través de un conjunto de imágenes, cómo era su pueblo natal. En Otusco, antes del gobierno revolucionario, hubo una rebelión campesina y los terratenientes apresaron al líder, lo condujeron a la plaza central del pueblo y, en presencia de cientos de personas, lo castraron. La chica presentó la imagen de la castración ubicando a uno de los participantes en el suelo y a otro haciendo el gesto de castrarlo. A un lado aparecía un hombre en manifiesta actitud de poder y violencia acompañado por dos guardaespaldas que apuntaban sus armas al prisionero; al otro una mujer arrodillada, rezando, y un poco más atrás un grupo de cinco hombres y mujeres, también arrodillados y con las manos atadas a la espalda. Esta era la imagen real que la chica tenía de su pueblo.

Cuando se le pidió que esculpiera la imagen de un Otusco ideal presentó un conjunto de gente feliz, que se amaba y que trabajaba pacíficamente. Pero, ¿cómo llegar de la imagen real a la imagen ideal?

Se generó una agitada discusión y de la misma se desprendieron algunas constantes:

1. Las chicas del interior del país no cambiaban la imagen de la mujer arrodillada porque no veían en las mujeres una fuerza transformadora, revolucionaria. Por el contrario, las chicas de Lima, más liberadas, comenzaban por cambiar precisamente esa imagen. El experimento fue hecho varias veces y siempre con el mismo resultado.

2. Los participantes que creían en el gobierno revolucionario empezaban por cambiar las figuras armadas: ahora no apuntaban contra el líder revolucionario castrado sino contra el arrogante terrateniente o contra los castradores; en cambio, cuando no tenían la misma fe en el gobierno, las figuras armadas permanecían sin modificación.

3. Una mujer transformó a las figuras arrodilladas, las impulsó contra los verdugos y propuso que todos los participantes adoptaran la misma actitud: en su opinión, los cambios sociales son obra del pueblo y no tan sólo de su vanguardia.

4. Una chica de clase media alta hizo varias transformaciones pero dejó sin tocar a las cinco personas arrodilladas y con sus manos atadas. Cuando se le sugirió que intentara modificaciones en ese conjunto, respondió muy sorprendida: "La verdad es que estos me están sobrando..."

Esta forma de teatro-imagen es, sin duda, una de las más estimulantes porque hace visible el pensamiento. Si yo digo la palabra revolución, quienes me escuchan se dan cuenta de que me refiero a una transformación radical, pero simultáneamente cada uno pensará en "su" revolución, en su concepto personal de revolución. Por el contrario, cuando la persona se expresa a través de un conjunto de estatuas, es su concepto el que queda en evidencia: la palabra revolución tendrá un significado específico, distinto posiblemente del contenido que otras personas le atribuyen.

Tercer grado: teatro foro.–El participante interviene en la acción y la modifica. Estas son sus etapas: primero se solicita que alguien relate una historia con un problema político o social de difícil solución; en seguida se ensaya o se improvisa directamente tratando de presentar un espectáculo que dure unos 10 ó 15 minutos y que incluya una solución al problema planteado; finalizado el espectáculo se abre la discusión y se explica a los participantes que se repetirá la representación: quienes estén en desacuerdo con la puesta en escena del problema o con la solución escogida deben salir de la plantea, sustituir al actor y conducir la acción en la dirección que les parezca más adecuada. El actor sustituido aguarda fuera de escena, pronto para reintegrarse cuando el participante dé por concluida su intervención. Los demás actores deben adaptarse a la nueva situación creada.

Cuando intentamos una experiencia de teatro-foro en Perú un chico de 18 años, que trabajaba en una fábrica de harina de pescado en Chimbote, relató que su patrón era muy explotador y hacía trabajar a sus obreros en dos turnos ininterrumpidos de doce horas. ¿Cómo luchar contra esa explotación? La tendencia general era trabajar a desgano. Nuestro chico proponía que se trabajara, más rápidamente, se saturara la máquina hasta romperla y entonces, durante las dos o tres horas de la reparación, los obreros tendrían un descanso.

Se representó el relato del chico y su solución y se abrió el debate: ¿estaban todos de acuerdo? No, definitivamente no. Cada uno tenía una propuesta diferente: armar una huelga, tirar una bomba en la máquina, formar un sindicato, etc.

En la segunda representación el primero que intervino fue el que proponía tirar una bomba: desplazó al actor que interpretaba al chico y se dispuso a tirarla para destruir la máquina. Los demás actores trataron de disuadirlo porque su propuesta significaba la destrucción de la fuente de trabajo. El individuo se mantuvo en su posición hasta que comprendió que no sabía fabricar una bomba y mucho menos manejarla. La solución no era viable.

Un segundo participante propuso la huelga: detener sorpresivamente el trabajo y abandonar la fábrica. Se experimentó esta solución pero entonces el patrón contrató a otros trabajadores porque en Chimbote existe un desempleo masivo. La huelga, en esas condiciones, era ineficaz.

Se propuso por fin crear un pequeño sindicato destinado a politizar y a luchar por las reivindicaciones de los trabajadores. A criterio de la platea, ésta era la mejor solución. Importa destacar que en el teatro-foro no se impone ninguna idea, no se muestra el camino, sino que se ofrecen los medios para que todos los caminos sean estudiados.

Estas formas teatrales son, seguramente, un ensayo de la revolución porque el espectador-actor practica un acto real: ensaya y organiza concretamente. Es ficción pero también es experiencia concreta.

Aquí no se produce el efecto catártico. Estamos acostumbrados a las obras en que los actores hacen la revolución en el escenario y los espectadores se sienten revolucionarios llenos de éxito en sus butacas. El teatro-foro, por el contrario, suministra el deseo de practicar en la realidad el acto ensayado en escena.

Cuarta etapa: teatro como discurso

Jorge Ikishawa decía que el teatro de la burguesía es el espectáculo: la burguesía ya sabe cómo es su mundo y puede presentarlo a través de imágenes completas, terminadas. En cambio el proletariado y las clases explotadas no saben todavía cómo será su mundo y entonces su teatro será el ensayo y no el espectáculo acabado.

Mi experiencia de teatro popular, en varios países de América Latina, enseña que al público le interesa experimentar, ensayar, y se aburre con las representaciones tradicionales. El público quiere dialogar con los actores, pedir explicaciones, interrumpir la acción sin esperar "educadamente" que termine la obra. Se trata de no inhibir esas salidas espontáneas y de estimular al espectador a que pregunte, dialogue, participe.

Las formas expuestas son de teatro ensayo: son experiencias que se sabe cómo comienzan pero no cómo terminan porque el espectador se introduce en la obra y hace modificaciones. Hay, sin embargo, formas más "acabadas" de teatro que el público popular de varios países de América Latina ha acogido con buen éxito. Entre las más importantes, quiero destacar:

1. Teatro periodístico. Se desarrolló inicialmente por el Grupo Núcleo del Teatro de Arena de San Pablo, Brasil, del cual fui director artístico hasta que me vi obligado a abandonar el país. Consiste en técnicas simples que permiten la transformación de noticias de diarios, o cualquier otro material no dramático, en escenas teatrales.

a. Lectura simple: se lee la noticia destacada del contexto del diario, de la diagramación que la vuelve falsa o tendenciosa;

b. Lectura cruzada: se leen dos noticias en forma cruzada de manera que una eche luz sobre la otra, la explique, le de una nueva dimensión;

c. Lectura complementada: se agregan a las noticias los datos e informaciones generalmente omitidos por los diarios de las clases dominantes;

d. Lectura con ritmo: como comentario musical, se lee la noticia en ritmo de samba o tango o canto gregoriano, de tal forma que el ritmo funciona como filtro crítico de la noticia, revelando su verdadero contenido oculto en el diario;

e. Acción paralela: actores miman acciones paralelas mientras se lee la noticia, mostrando en qué contexto el hecho descrito verdaderamente ocurrió, se oye la noticia y se ve algo más que la complementa visualmente;

f. Improvisación: se improvisa escénicamente la noticia para explotar todas sus variantes y posibilidades;

g. Histórico: se agregan datos o escenas a la noticia mostrando el mismo hecho en otros momentos históricos o en otros países, o en otros sistemas sociales;

h. Refuerzo: la noticia es leída o cantada o bailada con la ayuda de slides, jingles, canciones o material de publicidad;

i. Concreción de la abstracción: se concreta escénicamente lo que la noticia muchas veces esconde en su información puramente abstracta: se muestra concretamente la tortura, el hambre, el desempleo, usando imágenes gráficas reales o simbólicas;

j. Texto fuera del contexto: una noticia es representada fuera del contexto en que sale publicada: por ejemplo, un actor representa el discurso sobre austeridad pronunciado por el Ministro de Economía mientras come una enorme cena: la verdad real del Ministro queda así demistificada; quiere la austeridad para el pueblo pero no para sí mismo.

2. Teatro invisible. Se representa una escena fuera del teatro y ante personas que no son espectadores. El lugar puede ser una cola, un restaurante, un mercado, un tren y las personas que asisten a la escena son las que se encuentran accidentalmente en el local. Estos participantes casuales no deben estar al tanto de que se trata de un "espectáculo," pues entonces se transformarían en "espectadores."

Un ejemplo muestra el funcionamiento del teatro invisible: en un gran restaurante de un hotel de Chaclacayo, donde estaban hospedados los alfabetizadores de ALFIN además de otras 400 personas, varios "actores" se sientan en mesas separadas. Los mozos empiezan a servir. El "protagonista" en voz más o menos alta para atraer la atención de los demás pero no en forma obvia, dice al mozo que no puede seguir comiendo el plato que le ofrecen en el hotel porque, a su juicio, es demasiado malo. El mozo le informa que puede escoger fuera de la lista del día y el actor pide entonces un "churrasco a lo pobre." Se le advierte que cuesta 70 soles y el hombre, siempre con su voz razonablemente fuerte, dice que no hay problema, que está dispuesto a pagar los 70 soles que cuesta el churrasco. Concluido el almuerzo el actor le dice al mozo:

—Le voy a pagar, no tenga dudas. Comí el "churrasco a lo pobre" y lo voy a pagar. Pero hay un problema: no tengo plata.

—¿Y cómo lo va a pagar?—pregunta indignado el mozo.—Usted sabía el precio antes de pedir el churrasco.

Los vecinos, por supuesto, seguían atentamente la escena, mucho más atentamente que si la estuviesen viviendo en un escenario. El actor prosiguió:

—No se preocupe, le voy a pagar. Pero como no tengo plata, le pagaré en fuerza de trabajo.

—¿En qué?—preguntó atónito el mozo. ¿En fuerza de qué cosa?

—En fuerza de trabajo, así como lo oye. Estoy dispuesto a trabajar las horas que sean necesarias para pagar mi "churrasco a lo pobre." Y además hay otro problema: no sé hacer nada o casi nada. Me tienen que dar un empleo humilde, modesto. Por ejemplo: puedo tirar la basura del hotel. ¿Cuánto gana el basurero que trabaja para usted?

El mozo y el "maitre" se resisten a dar información sobre los sueldos del hotel pero un segundo actor, ubicado en otra mesa, revela que el basurero gana 7 soles por hora.

—No es posible—dice el actor—¿tendría que trabajar entonces diez horas para poder comer este churrasco en diez minutos? No puede ser; o le aumentan el sueldo al basurero o disminuyen el precio del churrasco. ¿Y el jardinero? ¿Cuánto gana el jardinero? Me gustaría pagar mi churrasco cuidando los jardines del hotel.

Otro actor que alega ser amigo del jardinero pues ambos habían emigrado, hacía años, del mismo pueblo, informa que el jardinero gana 10 soles por hora. El protagonista no se conforma:

—Entonces, ¿el hombre que cuida estos jardines tan hermosos tendría que trabajar siete horas seguidas para poder pagar un "churrasco a lo pobre"? ¿Cómo es posible?

A esta altura todo el restaurante se ha convertido en una gran asamblea, unos en contra y otros a favor. Un actor, que hasta ese momento se ha mantenido en silencio, informa que en su pueblo nadie gana 70 soles por día y, por lo tanto, nadie puede pagar "un churrasco a lo pobre." Otro actor propone, por fin:

—Compañeros, parece que nosotros estamos en contra del mozo y del "maitre" y eso no tiene sentido. Son nuestros compañeros, trabajan igual que nosotros, y no tienen la culpa si los precios que se cobran aquí son elevados. Propongo hacer una colecta. Contribuyan con lo que puedan, un sol, dos soles, cinco soles, y con esa plata vamos a pagar el churrasco. Y sean generosos porque lo que sobre quedará de propina para el mozo, que es un trabajador y es nuestro compañero.

Algunos comensales aportaron uno o dos soles; otros menos, dispuestos a colaborar, comentaron: "Ha dicho que la comida era una porquería y ahora quiere que el churrasco se lo paguemos nosotros. No doy un peso. Que lave los platos."

La recaudación alcanzó casi los 100 soles y la discusión siguió durante toda la noche. Es importante insistir en que los actores no se pueden mostrar como tales: en eso consiste el carácter invisible de esta forma de teatro. El espectador reacciona entonces libre y espontáneamente como si estuviera viviendo una situación real. En verdad, ¡se trata de una situación real!

Hay que insistir en que el teatro invisible no es lo mismo que un *happening* o el llamado *guerrilla-theatre*: en estos casos queda claro que se trata de "teatro" y por lo tanto surge inmediatamente el muro que separa actores de espectadores y éstos son reducidos a la impotencia: ¡un espectador es siempre menos que un hombre! En el teatro invisible, los rituales teatrales son abolidos: existe tan sólo el teatro, sin sus cauces viejos y gastados; la energía teatral es liberada completamente, y el impacto que este teatro libre causa es mucho más violento y duradero.

En Perú se hicieron espectáculos de teatro invisible en distintos locales. Vale la pena narrar brevemente lo sucedido en el Mercado del Carmen, en el barrio de Comas, a unos 14 kilómetros del centro de Lima. Dos actrices protagonizaban una escena delante del vendedor de vegetales. Una, que se hacía pasar por analfabeta, insistía en que el vendedor la había estafado, aprovechándose de que ella no sabía leer; la otra revisaba las cuentas y las encontraba correctas y le aconseja a la primera entrar en uno de los cursos de alfabetización de ALFIN. Después de mucha discusión sobre cuál era la mejor edad para empezar a estudiar, sobre qué estudiar, cómo y con quién estudiar, la primera seguía insistiendo en que estaba demasiado vieja para esas cosas. Fue entonces que una viejita de ésas que ya andan con el bastoncito, comentó a gritos, muy indignada:

—¡Mijitas, eso no es verdad! ¡Para aprender y para hacer el amor, no hay edad!

Todos los que presenciaban la escena se pusieron a reír de la violencia amorosa de la vieja dama, y las actrices no encontraron ambiente para seguir su escena.

3. Teatro foto-novela. Consiste en leer una fotonovela sin decirles a los participantes cuál es el origen del relato que escuchan. Mientras se lee la

historia los participantes la representan y al final se compara la actuación con el relato de la fotonovela y se discuten las diferencias.

De Corín Tellado, por ejemplo, se leyó una historia de amor que empezaba así: Una señora, vestida con un traje largo de noche y un collar de perlas, espera que su marido regrese del trabajo. La acompaña una sirvienta negra que sólo dice "sí, señora," "la cena está servida, señora," "muy bien, señora," "ahí viene el señor, señora." La casa es un gran palacio lleno de mármoles y el marido regresa luego de una jornada al frente de su fábrica, donde ha peleado con sus obreros porque éstos "no comprenden que la crisis la vivimos todos y quieren aumento de sueldos..." La historia continúa con una carta que recibe la joven señora cuyo remitente resulta ser una ex-amante del marido, abandonada por éste quien se ha interesado por una tercera mujer. La esposa recurre entonces a ciertas estratagemas (simular una enfermedad y solicitar cuidado para que el marido se enamore otra vez de ella) y todo concluye en un previsible happy-end.

La representación hecha por los participantes es, claro, notoriamente distinta. La mujer espera a su marido haciendo la comida; la acompaña una vecina con quien conversa frecuentemente sobre diversos asuntos y el marido regresa a su casa—una choza de un solo ambiente—muy cansado, luego de una jornada intensa de trabajo.

Cuando al final de la actuación los participantes se enteran de que han representado una historia de Corín Tellado, sufren un shock. Y es comprensible: si leen a Corín Tellado asumen el rol pasivo de lectores, de espectadores. Pero si deben actuar, representar la historia, entonces abandonan la actitud pasiva y se convertirán en críticos: mirarán la casa de la señora comparándola con las suyas, el marido patrón contrastará con los participantes obreros, etc. Y estarán entonces preparados para detectar el veneno que se infiltra a través de estas historias con fotos o de las tiras cómicas y otras formas de dominación cultural e ideológica.

Tuve una gran alegría cuando, meses después de la experiencia con los alfabetizadores, regresé a Lima y me enteré de que en varias barriadas los pobladores estaban utilizando esta técnica para analizar las tiras de televisión, fuente inagotable de veneno contra el pueblo.

4. Lucha contra la represión. Las clases dominantes se imponen a las dominadas a través de la represión. Los viejos a los jóvenes y los hombres a las mujeres se imponen, también, a través de la represión. Quienes dominan poseen sus cuadros de valores y los introducen por la fuerza, por la violencia.

La técnica de lucha contra la represión consiste en pedir a un participante que recuerde algún pasaje de su vida en que se sintió reprimido y aceptó esa represión. Entonces la escena se reconstruye tal como ocurrió en la realidad. Terminada la actuación se pide al protagonista que repita la escena, pero ahora sin aceptar la represión y luchando por imponer su voluntad, sus ideas. El protagonista puede realizar, en ficción, lo que no pudo hacer en la realidad. Y no es una experiencia catártica: ensayar una resistencia a la opresión prepara al protagonista para resistir a la represión futura.

En esta forma de teatro se parte de un caso particular para inducir conclusiones más generales. Hay que realizar, durante la escena misma o después, en el debate, un pasaje desde los fenómenos que son presentados en la trama hacia las leyes sociales que rigen esos fenómenos.

5. Teatro-mito. Se trata de descubrir lo obvio detrás del mito: contar una historia revelando las verdades evidentes.

En una localidad llamada Matupe existía un cerro, casi una montaña, con un estrecho camino entre los árboles, que llegaba hasta la cima. A la mitad del camino, una cruz. Hasta ahí todos podían subir, pero ir hasta el tope era temerario y los pocos que lo habían intentado no habían vuelto jamás. Se decía que unos fantasmas sanguinarios habitaban en la cima de la montaña.

Pero se cuenta también la historia de un joven corajudo que subió, armado, hasta el tope y ahí encontró a los fantasmas: norteamericanos propietarios de una mina de oro localizada precisamente en lo alto de la montaña.

Se cuenta también la leyenda de la laguna de Cheken: se dice que allí no había agua y que todos los campesinos se morían de sed y tenían que viajar kilómetros para conseguir un vaso de agua. Hoy existe una laguna, que fue propiedad de un terrateniente lugareño. (Cómo surgió esa laguna, y cómo se convirtió en propiedad de un solo hombre? La leyenda lo explica. Cuando todavía no existía agua, un día de intenso calor todo el pueblo lloraba y pedía al cielo que le enviara al menos un mísero riachuelo. Pero el cielo no se apiadó de ese árido pueblo. En cambio, a medianoche de ese mismo día, surgió un señor vestido con un largo poncho negro, montado en negro caballo y se dirigió al terrateniente, que por entonces era todavía un pobre campesino como los demás.

—¡Yo les daré una laguna, pero tú me tienes que dar lo más precioso que poseas!

El pobre hombre, muy afligido, gimió:

—¡Yo nada tengo, soy muy miserable! Aquí sufrimos mucho por la falta de agua, vivimos todos en miserables chozas, padecemos el hambre más terrible. De precioso no tenemos nada, ni nuestras vidas. Y yo particularmente, de precioso tengo mis tres hijas, y nada más.

—¡Y de las tres, la más bella es la mayor! Yo te daré una laguna, llena del agua más fresca de todo el Perú; pero en cambio tu me darás tu hija mayor para que yo me case con ella!

El futuro latifundista pensó mucho, lloró mucho y le preguntó a su miedosa hija mayor si aceptaban tan insólita propuesta de casamiento. La hija obediente así se expresó:

—Si es para la salvación de todos, para que termine la sed y el hambre de todos los campesinos, si es para que tengas la laguna con el agua más fresca de todo el Perú, si es para que esa laguna te pertenezca a ti sólo y para que haga tu prosperidad personal y tu riqueza, pues podrás vender esta agua tan maravillosa a los campesinos, a quienes les resultará más barato comprártela a ti que viajar tantos kilómetros; si es para todo eso, dile al señor de negro poncho montado en su caballo negro, que me voy con él, aunque en mi corazón desconfío de su verdadera identidad y de los lugares adonde me lleva...

Feliz y contento, y por supuesto con algunas lagrimitas, el bondadoso padre le fue a contar todo al hombre de negro, mientras le pedía a su hija mayor, que antes de irse, escribiera algunos cartelitos con el precio del litro de agua, para adelantar el trabajo. El señor de negro desnudó a la niña, pues nada quería llevar de esa casa más que la niña misma y la montó en su caballo, que partió al galope hacia un hueco profundo en las llanuras. Entonces se oyó una enorme explosión, y se vio mucho humo en el lugar mismo por donde había desaparecido el caballo, el caballero y la desnuda niña. Entonces de un enorme agujero que se produjo en el suelo, empezó a brotar una fuente que formó la laguna de agua más fresca de todo el Perú...

Ese mito esconde por cierto una verdad: el latifundista se adueñó de lo que no le pertenecía. Si antes los nobles atribuían a Dios el otorgamiento de sus propiedades y derechos, hoy todavía se usan explicaciones no menos mágicas. En este caso, la propiedad de la laguna era explicada por la pérdida de la hija mayor, lo más precioso que poseía al latifundista: ¡hubo una transacción! Y para que todos se acordaran de eso, la leyenda decía que en noches de luna nueva podían oír los cánticos de la niña en el fondo de la laguna, llorando por su padre y sus hermanas, todavía desnuda, y peinando sus largos cabellos con un hermoso peine de oro... Sí, la verdad es que para el latifundista la laguna era de oro...

Los mitos que cuenta el pueblo deben ser estudiados y analizados, y sus verdades expuestas. Y el teatro puede ser una extraordinaria ayuda en esta tarea.

6. Teatro-juicio. Una de los participantes cuenta la historia y los actores la improvisan. Después se descompone cada personaje en todos sus roles sociales y se pide a los participantes que elijan un objeto físico para simbolizar cada rol. Por ejemplo: un policía mató a un ladrón de gallinas. Se descompone al policía:

a. Es obrero porque alquila su fuerza de trabajo; símbolo: un mameluco.

b. Es burgués porque defiende la propiedad privada y la estima más que a la vida humana; símbolo: una corbata o una galera.

c. Es represor porque es policía; símbolo: un revólver.

Es importante que los símbolos sean elegidos por los participantes y no impuestos desde "arriba." Después de descompuesto el personaje o los personajes, se cuenta otra vez la misma historia, pero quitando o poniendo algunos símbolos y consecuentemente algunos roles sociales.

¿La historia sería exactamente la misma si:

1. El Policía no tuviese galera o corbata?
2. El ladrón tuviese galera o corbata?
3. El ladrón tuviese un revólver?

Se pide a los participantes que hagan combinaciones y todas las propuestas deben ser ensayadas por los actores y criticadas por los presentes. Entonces surge con claridad que las acciones humanas no son fruto exclusivo ni primordial de la sicología personal: casi siempre, a través del individuo, habla su clase.

7. Rituales y máscaras. Las relaciones de producción (infraestructura) determinan la cultura de una sociedad (superestructura). A veces cambia la infraestructura pero la superestructura permanece, por un tiempo, sin variantes. En Brasil, los campesinos contestaban las preguntas de los latifundistas mirando hacia el suelo. Cuando los emisarios del gobierno iban al campo a comunicar que, gracias a la ley de reforma agraria (dictada antes de 1964, fecha del golpe fascista), la tierra sería propiedad de los campesinos, éstos agradecían y murmuraban: "Sí, compañero; sí, compañero; sí, compañero" mirando, siempre, hacia el suelo. En los dos casos el campesino era espectador pasivo: antes le tomaban la tierra, ahora se la otorgaban.

Esta técnica de teatro popular consiste precisamente en revelar las superestructuras, los rituales que cosifican todas las relaciones humanas y las máscaras de comportamiento social que esos rituales imponen sobre cada persona, según los roles que cumple en la sociedad.

Un ejemplo simple: un hombre confiesa sus pecados a un cura. Se arrodilla, expone sus pecados, oye la penitencia, hace la señal de la cruz y se va. Pero, ¿todos los hombres se confiesan siempre de la misma manera?

Con dos buenos actores se puede representar cuatro veces la misma escena de confesión:

1. Cura y fiel son terratenientes;
2. Cura es terrateniente y fiel es campesino;
3. Cura es campesino y fiel terrateniente;
4. Cura y fiel son campesinos.

En este caso el ritual es siempre el mismo pero las máscaras sociales harán que las cuatro escenas sean distintas.

Conclusión: "Espectador," mala palabra

Estas experiencias de teatro popular persiguen un mismo objetivo: la liberación del espectador, sobre quien el teatro ha impuesto visiones acabadas del mundo. Quienes hacen teatro, en general, son personas que pertenecen directa o indirectamente a las clases dominantes y, en consecuencia, sus imágenes acabadas son las de las clases dominantes. El pueblo no puede seguir siendo víctima pasiva de esas imágenes.

Ya he dicho que el teatro de Aristóteles es el teatro de la opresión: el mundo es conocido como algo perfecto o por perfeccionarse y todos sus valores se imponen en la platea; los espectadores delegan poderes pasivamente a los personajes para que éstos actúen y piensen en su lugar. Se produce entonces la catarsis del ímpetu revolucionario: la acción dramática sustituye a la acción real.

El teatro de Brecht es el de las vanguardias esclarecidas: el mundo se revela transformable y la transformación empieza por el teatro mismo: el espectador no delega poderes para que piensen por él pero continúa delegando para que actúen en su lugar: la experiencia es reveladora a nivel de la conciencia, pero no a nivel de la acción. La acción dramática esclarece la acción real.

El teatro del oprimido es, esencialmente, el teatro de la liberación: el espectador no delega poderes para que piensen o actúen en su lugar. Se libera y piensa y actúa por sí mismo. Teatro es acción.

En este sentido, entonces, se puede decir que el teatro es un ensayo de la revolución.

22

El Teatro Nacional Popular del Perú: Entrevista con Alonso Alegría

BRUNO PODESTÁ A.

The creation of the Popular National Theater of Peru (TNP) was the result of a general reorganization of official cultural institutions. The theater group began its operation in 1973 under the direction of Alonso Alegría. By the time of the interview recorded here (May 1973), the company was already training a group of actors, and there were plans to stage Pablo Neruda's only play, *Joaquín Murieta.* Among the pieces subsequently produced are Lope de Vega's *Fuenteovejuna* (presented at the II International Festival of Caracas in August 1974) and Shakespeare's *Hamlet.*

Preceded by some thoughts about the purpose of the theater within the framework of the political and economic changes in Peru since 1968, the interview delineates the philosophy of the TNP. One of the main questions concerns the type of audience the company is attempting to reach, considering, on the one hand, that it is operating in a middle and upper class locale in Lima, namely La Cabaña, and on the other, that its intention is to do "popular" theater. The interview also deals with the group's repertory, and the content, form, and language of the productions. Of similar importance are the implications derived from the fact that the TNP is an official institution; would it become a staunch mouthpiece of government views? Another chief point discussed is the new style the TNP expects to develop and the role it would play in disseminating that style.

Parte de este escrito se publicó en *Latin American Theatre Review,* 7:1 (Fall 1973), 33–41, con el título "Teatro Nacional Popular del Perú: ¿Un teatro popular o la popularización del teatro? (Entrevista con Alonso Alegría)," y se reproduce aquí con la debida autorización.

Somewhere between the theaters of Jean Vilar and Enrique Buenaventura, the Popular National Theater of Peru is another indication of the new directions of Latin American theater, even within the official spheres.

No puede abstraerse la problemática del teatro en el Perú actual de los cambios políticos y económicos que en el país se han venido realizando a partir del año 68 y que constituyen, en última instancia, el contexto en el que el teatro de inspiración popular y de intención política se ha tenido que cuestionar a sí mismo. Si doctrinaria y programáticamente los partidos y organizaciones políticas han tenido que renovarse y poner al día sus planteamientos, esto mismo ha ocurrido, paralelamente, en el terreno del arte y la cultura en general, del que no es ajeno el teatro.

Esto no quiere decir, claro está, que el teatro-entretenimiento, que intenta ratificar y consolidar la ideología del orden establecido y servir de simple esparcimiento, haya desaparecido. Al revés, este tipo de teatro denuncia una creciente tendencia numérica en la actualidad y hay razones para pensar que dicha tendencia seguirá acentuándose en el futuro. La pieza fácil, reidera o lacrimógena y de éxito comercial, constituye su objetivo.

Pero al mismo tiempo, los grupos teatrales principalmente universitarios, menos preocupados por el éxito comercial y más sensibles a los problemas infraestructurales, se han visto cuestionados por los acontecimientos; e influidos por los planteamientos políticos más progresistas, han entrado en un proceso de cambio y replanteamiento que en algunos casos los ha llevado a su propia extinción, pero que en general los ha dirigido a una búsqueda de nuevas formas organizacionales y nuevos planteamientos teatrales. Miembros de antiguas agrupaciones universitarias han abandonado sus grupos de origen para ir a trabajar en contacto directo con las clases sociales a las que quieren servir de expresión y de mecanismo concientizador.

Desgraciadamente, en algunos casos, a los problemas técnicos—y *puramente* teatrales, podríamos decir—se han sumado el sectarismo y la falta de panorama. Esto ha dado como resultado un teatro todavía muy pobre—no en el riquísimo sentido de Grotowski sino en el sentido de un teatro desteatralizado, *inculto* y creativamente empobrecido.

Algunas personas se preguntarán, ¿pero todo esto qué tiene que ver con *el* teatro?, queriendo referirse, sin duda, a un teatro exquisito en las formas y cuya principal preocupación sea el mecanismo y el medio, sin interrogarse por la ideología que le da sustento ni por los intereses a los que en última instancia sirve. Para ellos el paradigma de comparación seguirá quedando limitado por Broadway y off-off-Broadway; y en el caso de los más avezados, por off-off-off-Broadway. Sin duda que la excelencia técnica allí lograda es todavía una meta por lograr para el teatro popular.

Pero si la cultura es la creación y realización de valores, símbolos y actitudes, y si el teatro es una expresión cultural, tenemos que aceptar la ideologización de los modos y manifestaciones culturales. La ideología burguesa en nuestro medio ha valorizado, por encima de todo, el aspecto formal y cierto contenido textual y plástico, relegando a un segundo plano otras posibilidades. Por eso no hay que olvidar que la ideología—y con la ideología, lo político—está presente, acompañando a los temas que elige el dramaturgo, a las formas que selecciona el director escénico, a la creatividad de los actores; todos los elementos conforman una totalidad inseparable.

Pues bien, reconociendo que ningún teatro está libre de expresar una ideología, cualesquiera que ella sea, los grupos y personas interesadas en que el teatro no se confine a un puro entretenimiento ignorante de su última intención, e interesados en que la producción cultural vaya en el sentido de la historia y la liberación, comenzaron a buscar temas y planteamientos teatrales que se adecúen a dichos fines. El Teatro Nacional Popular ha tenido la misma intención.

Obviamente, las dificultades son muchas. Pero como no es un problema de buenas intenciones, preguntándonos por el éxito de dichos intentos nos dirigimos al director del TNP con el fin de averiguar hasta qué punto existía una sólida base teórica con la cual afrontar el problema. Los resultados son los que aquí presentamos.

Claro está que para tener un panorama más completo del teatro popular en el Perú, la presente encuesta debería también dirigirse a los otros grupos que se encuentran embarcados en similar aventura.

La presente es una transcripción de las dos conversaciones que sostuviéramos con Alonso Alegría, director del TNP, en mayo de 1973. Agradecemos las facilidades que nos brindara. Mi agradecimiento también para Susana Naudí por su complicidad y colaboración.

Actualmente el TNP se encuentra trabajando en el montaje de *Hamlet*. Sin embargo, a pesar del tiempo transcurrido y del trabajo realizado, consideramos que la presente conversación mantiene su vigencia.

Lima, mayo de 1975.

Alonso Alegría (Santiago de Chile, 1940), dramaturgo y director de teatro, obtuvo, con su obra *El cruce sobre el Niágara,* el Premio Casa de las Américas (La Habana) el año 1969. Se ha desempeñado como director de teatro en diversos grupos limeños: TUC, Hebraica, Club de Teatro. También ha ejercido la docencia tanto en Lima como en una universidad norteamericana a la que asistió como Profesor Visitante.

B.P. ¿Por qué se ha creado el TNP? ¿Cuál es la idea detrás de todo esto?

A.A. La idea, en realidad, tiene dos partes: una relativa a por qué existe un Teatro *Nacional,* y la otra relativa a por qué este Teatro se llama Teatro Nacional *Popular.* Hay un Teatro Nacional porque parece estar en el subconsciente colectivo que una nación debe tener una orquesta sinfónica *oficial,* un grupo de danza *oficial,* un teatro *oficial.* Es un esquema conocido: en la mayoría de las naciones hay grupos artísticos oficiales. La creación de una compañía oficial de teatro no es algo innovatorio como tal. Ahora, hay dos concepciones pensables para un Teatro Nacional. Una, la concepción tradicional: se forma una compañía a partir de los mejores actores y actrices del medio, cuyo repertorio y cuya orientación va a ser hacia que se constituya en lo mejor del medio; pero a partir del medio, como una culminación del medio. El mismo concepto que un seleccionado nacional de fútbol, las estrellas de los diferentes equipos se reúnen para hacer un equipazo, este equipazo va a tener un nivel superior a los otros equipos individuales, pero de todos modos va a ser un producto del medio.

B.P. ¿Pero entonces por qué se le ha llamado *popular?*

A.A. Aquí viene el cambio. Después de que nosotros (el equipo de trabajo que comenzó a cranear el TNP) hiciéramos un análisis bastante profundo y bastante largo de la situación del teatro en el país, llegamos a la conclusión de que no había un nivel constante, de alta calidad y de gran diseminación, que permitiera pensar en un elenco como una culminación. Siguiendo con la metáfora futbolística, no había veinte, había cuatro equipos de fútbol; resultaba que no había ni siquiera cuatro, que eran los mismos once jugadores que rotaban de equipo en equipo; resultaba que no había una continuidad en los equipos tampoco, los equipos se formaban y se desintegraban, no había nada de lo que uno pudiera decir, bueno, éste es el nivel del fútbol, vamos a sacar de ahí una cosa que sea resultado de eso y superior a eso. Entonces la opción nuestra, o sea la opción revolucionaria, es crear un teatro a partir de una base completamente nueva, un elenco oficial que formule una nueva forma de hacer teatro, que formule nuevos sistemas de creación, nuevos repertorios, que haga un trabajo de búsqueda hacia un teatro peruano y adaptado a nuestra sociedad, trabajo que no se ha hecho dentro de los grupos independientes experimentales.

B.P. Pero la idea de *popular* fácilmente se asocia con la idea de un teatro del pueblo, o con la idea de un teatro proletario o campesino, y por lo que usted me dice se trata más bien de un teatro nacional experimental, en el sentido de buscar nuevas formas, pero no popular en el sentido ortodoxo de la palabra.

A.A. Claro, y esto sucede porque estamos utilizando asociaciones restringidas de las palabras popular y experimental. Normalmente se piensa en experimental como tirado a la onda muy ultra moderna, se piensa experimental y uno imagina un teatro muy plástico, un teatro muy poco conceptual, teatro del absurdo, un teatro europeizante. Y luego si seguimos pensando dentro de un esquema tradicional, supondremos que nosotros vamos a hacer un teatro de alta calidad para difundirlo, popularizarlo, en la convicción de que el arte tiene, intrínsecamente, un valor. ¡Ese no es el caso! Nosotros estamos movidos por una convicción muy fuerte: hay que hacer un teatro que le sirva al público para conocerse mejor a sí mismo y para conocer mejor el mundo que lo rodea, porque solamente a través de un mejor conocimiento de sí mismo y del mundo que lo rodea va a poder controlar esos dos aspectos de la realidad y de ese modo realizarse. Entonces nosotros estamos buscando, a través de una experimentación, mejores formas y más viables sistemas para que el teatro tenga una muy grande importancia para el público.

B.P. Pero este teatro que quiere que el público tome conciencia de una serie de cosas, que se enfrente a sí mismo, ¿a quién se va a dirigir?: ¿a las barriadas, a provincias, sólo a Lima?, porque yo creo que el lenguaje tendría que ser distinto.

A.A. Nosotros vamos a ir muy lentamente en ese sentido. Nosotros, por el momento y por razones transitorias de simple infraestructura, tenemos como base este local, el Teatro La Cabaña, y por lo tanto vamos a funcionar en parte hacia el público que pueda ser llamado y movilizado para que vaya al teatro en forma normal.

Pero la mitad de las funciones semanales las haremos en otros lugares, estableceremos un circuito determinado de locales que podemos visitar y vamos a hacer funciones cada semana en determinados locales, no necesariamente en pueblos jóvenes [barriadas pobres], sino también en locales escolares, gremiales, etc.... Para ir tanteando el terreno. Porque de lo que se trata es esto: el teatro actualmente tanto por lo que dice como en su forma, o sea la manera como lo dice, no atañe, no le compete a la gente. Lo meridiano es esto, a ningún nivel social, ni cultural, a nadie le interesa nada el teatro. ¡Ni a los universitarios!

B.P. ¿Van a guardar alguna relación con los teatros universitarios, sobre todo con los que han intentado hacer teatro-difusión, o teatro-popular?

A.A. Tenemos las mejores relaciones con los grupos que están empeñados en la búsqueda de un lenguaje y la búsqueda de un acercamiento a un nivel popular. No tenemos buenas relaciones con los grupos que están dentro de una onda antigua, por ejemplo, a nosotros no nos merece ningún respeto hacer Pirandello o hacer Bernard Shaw, y nos merece el más absoluto repudio llevar Pirandello a la barriada, o llevar Bernard Shaw, por más calidad intrínseca que pueda tener este repertorio.

B.P. ¿Qué tipo de obras van a llevar ustedes?

A.A. Eso es lo que está por verse. Esa es la gran búsqueda, eso es lo terrible, que no existe material escrito que se adecúe plenamente a los intereses del grupo humano al que nosotros queremos referirnos. Entonces tiene que haber un proceso de elaboración, de adaptación, de reescritura, un proceso de búsqueda de materiales nuevos, un proceso de decantación de gente para que escriba para el teatro de acuerdo a este nuevo lineamiento. O sea: nos interesa el teatro como un medio de comunicación más que como un arte puro.

B.P. Pero ustedes ya están entrenando gente; ¿hasta cuándo no van a decidir qué obras poner? Me imagino que también tienen limitaciones de tiempo y dinero.

A.A. Claro, nosotros tenemos ahora un primer contingente de dieciocho actores con quienes estamos trabajando seis horas diarias todos los días de lunes a viernes. Esto va a continuar durante cinco semanas. Una vez cumplido este ciclo vamos a comenzar a trabajar sobre un texto. En este momento lo más posible es que hagamos *Joaquín Murieta* de Neruda. Esta obra nos permite una gran flexibilidad en el planteo teatral, una gran experimentación en la forma y para nosotros es muy importante la forma. Es muy importante una forma que de algún modo toque algún resorte del subconsciente colectivo para que la gente diga ¡ah, qué bien, esto es lindo. Esto es más lindo que el cine!

B.P. ¿Les ha servido de algo la experiencia de los que han hecho este tipo de intento, en concreto el TUC [Teatro de la Universidad Católica], por ejemplo?

A.A. Por supuesto.

B.P. ¿En qué medida...?

A.A. El TUC nos ha hecho llegar un informe sobre su experiencia con *Santa Juana de los mataderos,* que nosotros hemos leído cuidadosamente. Nos ha servido mucho en la medida que les ha servido a ellos también, o sea, para darse cuenta de que hay serias limitaciones y serios problemas de comunicación. Yo personalmente pienso que es indispensable

establecer una comunicación a nivel sensorial, tanto como a nivel intelectual, que para que una obra impacte debe ser visual y auditivamente
insólita, y emocionalmente insólita también. Y ese carácter insólito es
lo que va a poner a la gente en un estado de ánimo de poder apreciar
perfectamente la o las ideas que el espectáculo trata de transmitir.

B.P. ¿Pero cómo van a hacer? Yo me imagino que dirigirse a la clase media
de Lima, con una sensibilidad y una apreciación determinada, y dirigirse, por ejemplo, a los sectores urbanos más populares, con una
sensibilidad y apreciación diferente, les supone a ustedes un problema:
tienen que usar un lenguaje, unos mecanismos, distintos, para lograr
tocar esos resortes a los que ustedes se refieren. ¿Cómo van a resolver
esto? ¿A quién se van a dirigir? ¿Con quién en mente van a montar
una obra? ¿O van a montar dos tipos de obras para dirigirse a los dos
públicos distintos?

A.A. Por el momento vamos a hacer una sola obra para dirigirnos a ambos
públicos. Nosotros estamos muchísimo más interesados en un público
popular.

B.P. ¿Por qué razón?

A.A. Porque a nosotros nos interesa, como a todo hombre de izquierda le
interesa, una transferencia del poder. En cuanto al teatro, nosotros
entendemos la transferencia del poder como darle al pueblo la capacidad de hacer teatro. ¿Cómo se enlaza esto con lo anterior? Si nosotros
inventamos una manera de hacer teatro, que sea emocionante, que sea
atractiva, insólita, que sea fácilmente reproducible, que sea muy libre,
que sea muy expresiva, entonces esto les puede hacer pensar a ciertos
sectores de gente, a nivel popular, que el teatro es una cosa muy linda,
muy útil y muy fácil y muy satisfactoria. A través de las formas que
nosotros empleemos, tratar de llegar a un lenguaje nuevo que sea fácilmente asimilable y repetible por la gente.

Decirle a la gente que no sabe lo que es teatro: ¡esto es teatro!, ustedes lo pueden hacer, porque esto se hace así. Ahora, el grupo de clase
media que es posible que venga a La Cabaña tiene una idea preconcebida de lo que es teatro, o sea, tiene la idea preconcebida realista.
Considera teatro las obras conocidas, desde Ibsen, Shaw, O'Neill, hasta
Tennessee Williams. Si juntamos a seis personas de la clase media a que
hagan teatro, lo primero que harán será memorizar un texto, pero no se
atreverán, salvo que se las den de vanguardistas, a cantar, gritar, bailar,
dar palmadas, a hablar con el público, a improvisar, y una serie de
cosas más.

B.P. Sí, pero toda esta idea de improvisar, de dar palmadas, de gritar, también proviene de una sensibilidad de clase media. Para comenzar, la
extracción social de todos ustedes es de clase media...

A.A. ¡Ah, por supuesto!

B.P. ¿Entonces en qué medida puede tener eso un origen diferente?

A.A. ¿Cómo un origen diferente?

B.P. En otras palabras: ¿todo esto no proviene de una sensibilidad de clase media que busca renovarse, que es un poco distinta, más sofisticada...?

A.A. ¡Claro! pero nosotros provenimos de la clase media, al igual que muchos dirigentes de izquierda provienen de la clase media y siempre han provenido; nadie más burgués que Marx. O sea: no nos interesa nuestro nivel social, nos interesa nuestra orientación. No tenemos ningún complejo en cuanto a nuestra extracción social, nosotros pensamos que si nos dedicamos a hacer un teatro para la clase media no vamos a hacer mayor mella, pero si nosotros nos metemos en una investigación formal y conceptual, para hacer un teatro que prenda, esa es la palabra operativa aquí, que prenda, dentro de las capas populares, entonces estaremos haciendo un servicio mucho mayor. Esto está enlazado con un proyecto de promotores teatrales que vamos a empezar a implementar en cuanto tengamos la seguridad suficiente.

B.P. Usted se ha definido y ha definido al grupo del TNP como un grupo de izquierda. ¿Esto lo mantiene en términos un tanto vagos o en concreto ustedes se identifican con algún tipo de corriente política?

A.A. Nosotros somos un grupo estatal (esto es muy importante para una definición política), por lo tanto el grupo en conjunto y cada uno de los integrantes del grupo están, unos más y otros menos, todos comprometidos con el proceso actual y en una actitud de apoyo al proceso actual.

La orientación específica, digamos el partido específico, si somos marxistas-leninistas, maoistas o fidelistas, o cualquiera de las muchas definiciones que pueda haber, eso ya es cuestión de cada quien. Este gobierno merece apoyo y se ha ganado el derecho al apoyo de un gran número de diferentes grupos de izquierda. Yo pienso que dentro del TNP hay una definición específica quizás en un cincuenta por ciento de los integrantes del grupo. Unos serán más de izquierda y otros menos, pero de todos modos en todos hay un compromiso visible y tangible con el proceso.

B.P. Yo tuve oportunidad de asistir a alguna reunión del intento que hubo de formar un frente único de teatros populares. Un poco la idea que allí se tenía era que el TNP formaría finalmente parte de un proyecto de pan y circo, en el cual la función del TNP iba a ser la de ofrecer entretenimiento y sin duda también ideologizar al público.

A.A. Claro, claro, aquí puedo por un lado reiterar lo que dije antes: a nosotros nos interesa hacer un teatro que sirva al público, que le sirva al público para su liberación, para su realización como seres humanos individualmente y como conjunto. Esto es francamente antagónico a un criterio de pan y circo. Esto es un teatro que busca un esclarecimiento dentro de los cerebros del público, individuales y colectivos, no que busca una obnubilación, éste es el claro planteo nuestro.

Ahora bien, los problemas son inmensos, nosotros estamos acá tratando de encontrar un nuevo lenguaje, esto puede ser una simple formulación teórica de mentes inteligentes sin la capacidad para verdaderamente encontrar ese nuevo lenguaje en términos reales encima del escenario, pero eso lo dirá el tiempo. Nosotros estamos perfectamente conscientes de que es una tarea inaudita, una tarea posiblemente superior a nuestras fuerzas y a nuestro talento, pero también estamos perfectamente conscientes de que cualquier otro tipo de proyecto teatral está condenado al fracaso.

B.P. ¿Y eso por qué?

A.A. Porque ya ha fracasado, porque en este país hay un movimiento teatral desde por lo menos el año 1943, que se fundó la ENAE [Escuela Nacional de Arte Escénico] y hay un movimiento teatral experimental desde por lo menos el año 1953 que se fundó el Club de Teatro. Y todavía a nadie (salvo a la gente de teatro) le importaba un rábano el teatro. Esto quiere decir que ése no es el camino.

B.P. ¿No podría ser también que el teatro ha dejado de cumplir una función? Quizás en países europeos o en Estados Unidos el teatro mantiene cierta vigencia frente al cine o la televisión, pero en países como el Perú, el teatro no ha tenido mucho que decir y no parece cumplir ninguna función.

Y aún más: si lo que ustedes desean es concientizar o propagar ciertos ideales o metas, como parece ser el caso, ¿no constituirían un medio más apropiado para dichos fines la televisión o la radio, artefactos de una gran difusión en nuestro medio?

A.A. Es perfectamente posible que el teatro sea un arte ya superado en cuanto arte de masas. Digamos ya superado, que ya ha cumplido la función que tenía en la sociedad griega, o en la sociedad isabelina. Es perfectamente posible eso. Ahora, lo que yo no me atrevo a pensar es que el teatro tenga tan poca importancia que sólo le interese a diez mil personas en un país de doce millones.

Digamos que el teatro ha dejado de tener una función de difusión, de información y de sensibilidad y de sentimientos a nivel masivo. Pero no puede ser que la élite tenga que estar reducida a un porcentaje mínimo, no, no es posible eso, no es posible pensar eso. Esto no puede ser.

B.P. ¿Y por qué no?

A.A. Porque el teatro tiene una función específica y una característica específica que lo hace insustituible, y es la comunicación directa entre el
artista y el público. Esto no lo da la televisión. El teatro es más verosí-
mil y más convincente y más eficiente como medio de comunicación
que la televisión. Lo que a uno le dice un tipo de carne y hueso parado
delante de uno, tiene que ser mucho más convincente que lo que le dice
un tipo a través de una pantallita de televisión que no se sabe si está de
verdad o si es grabado.

B.P. ¿Sería lo mismo para el cine?

A.A. Sería lo mismo para el cine, por supuesto.

B.P. ¿Para esto cuentan ustedes con el ejemplo de algún otro país donde sí
haya funcionado esto que ustedes esperan que funcione en el Perú? O
sea: ¿conocen alguna experiencia con pretensiones similares a las de
ustedes y que haya funcionado?

A.A. Sí, hay intentos, hay ejemplos importantes; ya ha habido antes de la
represión en el Brasil, el Teatro Arena de Boal que le abrió los ojos a
muchísima gente. Hay el ejemplo del grupo La Candelaria de Colombia
que hace un teatro donde interviene muchísimo la improvisación. Hay
el ejemplo del Teatro Experimental de Cali, también en Colombia. No
se trata sencillamente de encontrar nuevos contenidos haciendo el
mismo tipo de montajes, con los mismos decorados, con los mismos
actores maquillados, con los mismos vestidos, con la misma convención;
se trata, sí, que tenga un mensaje revolucionario. O sea: no se trata de
cambiar el contenido para retener el envase, se trata de cambiar también el envase. Se trata de poner contenidos nuevos en formas nuevas.
Eso es lo que verdaderamente significa un arte revolucionario.

B.P. Cuando le pregunté el por qué tenía que existir un teatro oficial, usted
me contestó que, de igual forma como existían una orquesta sinfónica
o un equipo de fútbol, oficiales, algo que usted llamaba el 'subconsciente colectivo' y la tradición hacían que existiese también un teatro
oficial.

Sin embargo, leyendo un trabajo suyo que apareció en la revista
Amaru, número 11, "El teatro chicano en California, ¿un teatro necesario?", allí se manifestaba en contra del teatro-cultura y abogaba (en
lo que se refiere a un teatro no-burgués) por un teatro que nazca de las
necesidades propias del pueblo; señalaba como ejemplo la aparición
del teatro chicano a raíz de la huelga de los trabajadores mexico-
americanos.

En todo esto yo veo una aparente contradicción: un teatro-oficial
es un teatro-cultura, que además tiene el peligro de caer en cultura-
oficial. No es un teatro nacido de las necesidades populares, por más
buenas intenciones que el grupo que lo conforma pueda tener.

¿Cómo me explica usted la contradicción entre el teatro chicano que propicia como modelo en su artículo, en sus términos un teatro popular y necesario, y el teatro oficial que en la actualidad propicia? El teatro popular vendría desde abajo, mientras que el oficial viene, por definición, desde arriba.

A.A. La forma como veo yo a un teatro oficial en este momento es fundamentalmente como un teatro que propicie, a través de su acción, la formación de grupos de teatro populares que hagan el teatro de abajo hacia arriba.

Cuando yo hablaba del subconsciente colectivo y comparaba el teatro oficial, eso es como la coyuntura, como lo que permite la implementación de este teatro particularmente.

Hay frascos, un Instituto de Cultura que merezca su nombre tiene que tener un frasco que se llama orquesta sinfónica, otro que se llama coro, otro que se llama teatro, otro que se llama ballet, otro que se llama folklore.

Usted se pone a diseñar en este momento un Instituto de Cultura y le sale con su teatro y todo el mundo lo acepta, porque *hay* que tener un teatro oficial. A eso me refería yo cuando hablaba de que esto está en el subconsciente colectivo y es una cosa perfectamente aceptada. Ahora, ¿cuál es el contenido de ese frasco? eso es lo insólito, eso es lo sorprendente, eso es lo que causa y está causando y va a causar más aún, infinidad de problemas; porque todos caemos, en primera instancia, en la concepción del teatro oficial como teatro "de arte", teatro de conservatorio, el teatro que depura, limpia y da esplendor a lo mejor del ambiente.

No pensamos en una contradicción de términos como la de este teatro, porque un teatro oficial/experimental/revolucionario es una contradicción de términos. Normalmente uno piensa en un teatro oficial como la Comédie Française, como una cosa así, lo mejorcito del medio, con los mejores actores, para hacer un repertorio establecido, sólo que mejor, todo igual sólo que mejor.

Aquí no vamos a hacer una selección de fútbol, con los mejores jugadores de cada equipo, sino que buscamos a los jugadores que nos interesan, para hacer un fútbol nuevo, que tenga ocho delanteros y tres argueros. O sea un fútbol insólito, de otro tipo; sigue siendo fútbol pero es otro tipo de fútbol. Porque pensamos que un fútbol con ocho delanteros y tres argueros va a tener impacto sobre la masa y es el fútbol más fácil de jugar, y que rápidamente se va a diseminar este nuevo estilo de jugar fútbol.

Ahora, conectando con eso que decía yo en mi artículo de la revista *Amaru* sobre el teatro chicano: yo veo que la función primordial de nuestro teatro debe ser la de propiciar un teatro a nivel popular, que se haga labor teatral a nivel de base; yo veo este organismo de difusión de teatro como un organismo que ultimadamente debe proponder a la promoción de un teatro a nivel base. Eso es a lo que queremos llegar. Y esto lo vamos a hacer por varios conductos: uno, el estilo de nuestros montajes, que esperamos sea un estilo emocionante, fácilmente repetible, fácilmente ensayable, que permita una gran libertad de creación a los individuos; eso a nivel artístico; y luego a un nivel muy práctico, nuestros actores destinarán parte de su tiempo de trabajo ya no a ensayos sino a una labor específica de promoción. En última instancia, el trabajo del TNP no es un trabajo simplemente de crear bellos montajes y montajes vigentes y de presentarlos, sino de, al mismo tiempo y prioritariamente, suscitar la creación de montajes dentro de toda la población, a través del permanente contacto personal.

B.P. Retomando otro punto: usted definía a los miembros del TNP como izquierdistas, sin embargo, también decía que cada uno era libre de tener su propia ideología dentro de ese término. Yo quisiera preguntarle, si esto es así, entonces ¿cuál es el fundamento teórico—a nivel político—del TNP? Hoy en día en el Perú decirse izquierdista es no decir casi nada. Ser izquierdista puede significar desde ser gobiernista a secas hasta tener una sólida posición teórica y práctica de ultra izquierda; ¿dónde están ustedes?

A.A. Eso está un poco relacionado con en dónde se ubica el gobierno. Yo no puedo, en este momento, definir la línea política del TNP, porque no puedo definir la línea política de cada uno de sus integrantes. Sabemos que somos de izquierda todos, sabemos que dentro del TNP, igual que dentro de cualquier otro grupo de izquierda, va a haber divergencias muy amplias y eso es natural. La única gente que puede ponerse cien por ciento de acuerdo en este mundo es la gente de derecha, porque es gente mayormente sin principios y que defiende un interés concreto. Pero la gente de izquierda no se pone de acuerdo por la misma naturaleza del pensamiento de izquierda.

Cada quien va a tener su propia ideología de acuerdo a su propia formación. Yo sé que eventualmente va a haber una definición política específica pero ésa es una definición que hay que tomar a nivel colectivo. Yo respeto mucho ciertos aspectos del trabajo teatral que tienen que ser necesariamente colectivos. Yo no soy quién para definir la línea política del TNP. Si yo dijera "ésta es la línea política del TNP," querría decir que yo voy a imponer una determinada línea política, sacando a la gente que no estuviera de acuerdo con esa línea y trayendo a la gente que sí estuviera de acuerdo, para que hubiera una absoluta homogeneidad. Eso no es dable. Yo sólo puedo repetir lo que creo haber dicho antes: por el hecho de trabajar dentro del TNP todo el mundo está tácitamente de acuerdo con el proceso.

Ahora, el nuestro va a ser un planteamiento de apoyo irrestricto a las medidas del gobierno que nosotros consideremos positivas, que nosotros consideremos profundizantes del proceso, aceleradoras del proceso, apoyo irrestricto a este tipo de planteamientos y medidas del gobierno, y luego una función de esclarecimiento y una función de cuestionamiento lúcido a otros elementos del proceso, a otros factores dentro del proceso, pero cuestionamiento que siempre será solidario con el proceso. De ninguna forma, tampoco, vamos nosotros a hacer un teatro panfletario, absolutamente, rabiosamente gobiernista, ni, por otro lado, vamos a hacer un teatro supuestamente neutro, de arte por el arte.

A nosotros nos interesa, en última instancia, lo que suceda con la población del Perú, no nos interesa lo que pueda suceder a este o cualquier gobierno. Por eso jamás haremos un teatro gobiernista. Haremos un teatro popular, que estará a favor del gobierno en cuanto éste es un gobierno de inspiración popular.

Lima, mayo de 1973

23

"Cuánto Nos Cuesta el Petróleo"

GRUPO DE TEATRO OLLANTAY

The entire process of the creation of *Cuánto nos cuesta el petróleo* (which can be translated "How Dear Our Petroleum Has Become"), as well as the artistic and societal justification for the collective method, is described in this report by the theater group Ollantay founded in 1971 at the Polytechnic Institute of Quito, Ecuador. A brief account of the exploration and exploitation of Ecuador's "black gold" by foreign companies supplies the background for the play. The creative process was not easy, because of the magnitude of the task and the relative inexperience of the group. The original rationale only became a play when it was fused with the *cuento,* or story, and this was accomplished only after an elaborate, although natural, series of steps, concerned with proper documentation on the subject, verification of the validity for the public of certain images, and, specifically, with theater techniques such as improvisations. The group acknowledges having borrowed ideas and techniques from Brecht and Enrique Buenaventura, among others. This chapter is candid and refreshing testimony to a relevant experience in which theater seems to be created anew, practically in a vacuum.

The essay also contains reflections of more general character, pertaining to the nature of the collective production and to its *razón de ser* within the sociopolitical and cultural milieu of present-day Ecuador. Likewise, several pieces of information are given that constitute a short history of this group, composed of engineering students, firmly committed to the theater and to the social realities of their country.

En agosto de 1972 se inició la exportación del petróleo extraído del Oriente ecuatoriano, en medio de un ambiente de esperanza e incertidumbre. Muchos hechos del pasado se relacionaban contradictoriamente con los del presente y ya nadie podía dejar de sentirse confuso frente a la nueva vida "petrolera" del Ecuador. El 23 de febrero de 1949 el presidente Galo Plaza, luego de una visita que hiciera a las instalaciones de exploración de la Shell Oil Company,[1] hizo declaraciones en el sentido de que "el *destino* ha querido que no seamos un país petrolero sino agrícola. Resulta doloroso que el gobierno esté en el deber de destruir un mito y una ilusión para muchos ecuatorianos. Esto no quiere decir que quede cerrada toda posibilidad de encontrar petróleo. Hay una entre mil posibilidades."[2] Estas palabras difieren de las expresadas años después por el presidente Otto Arosemena cuando se refería a su gestión administrativa (1966–1968): "recibí al señor Max E. Crawford, Gerente General de la Texaco Petroleum Co. para Latinoamérica . . . y este señor, con la sencillez muy propia de los norteamericanos, me expresó que ellos conocían que era yo un hombre de suerte y que, al encontrarse perforando su primer pozo en el Oriente ecuatoriano, me pedían que aceptara su invitación para visitar Lago Agrio[3] y que tocase la broca trasmitiéndole la *suerte* de cuya fama yo gozaba y asegurase el ansiado encuentro de petróleo en nuestro Oriente. . . ."[4] Y pese al "destino," y, claro está, no por la "buena suerte" de nadie, sino por razones mucho más tangibles muy conocidas, en 1967 se anunció la existencia de petróleo en la región oriental.

La nueva etapa de la historia nacional se anunciaba turbia, no sólo por las declaraciones oficiales, sino también por los hechos que sucedían. A partir de 1960, y en particular desde 1970, muchos cambios en la realidad ecuatoriana golpearon la conciencia inmóvil de una sociedad que recién parecía despertar de la noche colonial. La economía del agro costeño se dinamizó increíblemente, como lo atestiguaban las nuevas carreteras pavimentadas de la región bananera. Las fábricas humeantes y ruidosas irrumpían como panales en el paisaje adormilado del feudalismo. Ciudades

[1]En 1937, la Shell Oil Company recibe del Gobierno del Ecuador una concesión petrolera tan extensa como es todo el actual Oriente ecuatoriano. En febrero de 1949 esta compañía, luego de haber comprobado la existencia de petróleo, decide no explotarlo y abandona el país confiriéndole su condición de país-reserva. Desde entonces, hasta 1967, no se volvió a hablar de petróleo en el Ecuador.

[2]Diario *El Comercio* (Quito), 23 de febrero de 1949. Declaraciones del presidente Galo Plaza. El énfasis tipográfico es nuestro.

[3]Lago Agrio: población de la zona oriental del Ecuador en cuyas zonas aledañas se encuentran las principales instalaciones de extracción petrolera de las compañías Texaco y Gulf.

[4]Otto Arosemena, *Infamia y verdad* (Quito: Ed. Cromos, 1973), p. 4. Enfasis nuestro. El doctor Otto Arosemena ejerció la primera magistratura desde noviembre de 1966 hasta agosto de 1968. En 1967, las compañías Texaco y Gulf anunciaron, por primera vez, la real existencia de petróleo en el Oriente ecuatoriano.

franciscanas como Quito, de una arquitectura y configuración más bien inocentes, heredadas de España, de repente se transfiguraron en urbes de
perfil pretensioso, como el perfil petrolero de Caracas, pobladas de rasca-
cielos—subdesarrollados—y de estructuras de cemento armado para
permitir la circulación de los millares de vehículos que parecían haber salido
de un hormiguero de pronto destapado. Las confederaciones obreras cre-
cieron y ahora son opinión y fuerza en la política del país, mientras centenares de miles de desocupados pululan amenazantes por los recién notorios
suburbios. Más aún, en 1972 sube al poder un gobierno militar que se
instaura prometiendo reforma agraria, cambio de estructuras, lucha anti-
imperialista y redención para seis millones de ecuatorianos.

Ya nadie podía eludir enfrentarse a la realidad y era común, como nunca
antes, oír hablar de economía y política en los buses urbanos. Para 1974
ya habían pasado dos años de "era petrolera" y se podían sacar algunas
apreciaciones. Los "foros" sobre la obra que para entonces estábamos representando (una adaptación colectiva de *Las dos caras del patroncito,* original
de Luis Valdez) se habían convertido en verdaderos debates sobre la realidad
nacional antes que sobre la realidad de la obra presentada. Todos nuestros
públicos (campesinos, obreros, sub-ocupados, pequeños comerciantes y
pequeños propietarios, oficinistas y estudiantes) enfocaban el problema
petrolero y se sentían de alguna u otra manera decepcionados. (Véase láms.
16, 17 y 18.) Las esperanzas que habían fincado en los recursos provenientes de la exportación del petrólero (700 millones de dólares para 1974,
cuatro veces el presupuesto general del Estado de 1970), se habían des-
vanecido. Veían crecer delante de su miseria una riqueza y comodidades
de las cuales ellos no participaban (excepción hecha del sector de la clase
media de nuestro público). Sentían la necesidad de formar parte de esta
realidad que ahora se movía, pero fuera de sus manos. Entonces no faltó el
espectador que nos propusiera trabajar en una "obrita del petróleo" como
dijeron, ya que, si bien *Las dos caras del patroncito* les gustaba y les ayudaba a tomar decisiones (nuestra adaptación del original de Luis Valdez es
un llamado a la organización, desmitifica el ser social del patrón desenmas-
carando su ideología, y da cuenta del papel que cumple el aparato del estado
en las relaciones explotador-explotado), necesitaban ahora saber "qué es lo
que pasa"; y nos lo pedían a nosotros que "saben más" (así decían). El
petróleo se había convertido en algo mítico: había que desmitificarlo. El
cambio de la vida económica era evidente, pero no claro: había que desen-
trañarlo.

Pero esta necesidad de nuestros espectadores de sentirse ubicados en este
nuevo contexto social que les parecía ajeno, era una necesidad que nosotros
también sentíamos. En las conversaciones dentro del grupo ya había surgido
la propuesta de montar algo sobre el petróleo, sobre todo cuando durante

LAM. 16. El Grupo Ollantay prepara al público para la función de teatro en un barrio popular de Quito, 1975. (Foto: Grupo Ollantay.)

aquellos años (entre 1972 y 1974) habían aparecido algunos libros (especialmente los de Jaime Galarza: *El festín del petróleo* y *Piratas en el golfo*) llenos de denuncias e información reveladoras no sólo sobre las transacciones petroleras, sino sobre todo el pasado funesto de nuestra patria. A la necesidad de explicarnos y explicar los recientes cambios trascendentales del país, se iban sumando una serie de sentimientos tales como la indignación que nos embargaba al conocer sobre el entreguismo de las clases dominantes al capital extranjero, o la furia que nos producía al constatar los actos verdaderamente piratescos cometidos por los delegados del imperialismo.[5]

[5]No podíamos permanecer impasibles cuando en una carta que envía la Roden Oil Company a los personeros del consorcio norteamericano ADA (que terminaría consiguiendo las concesiones hidrocarburíferas del Golfo de Guayaquil valiéndose del soborno, falsificación y violación de

LAM. 17. Teatro en las calles. Grupo Ollantay, Latacunga, Ecuador, 1975. (Foto:
Grupo Ollantay.)

Poco a poco se habían ido reuniendo en nuestro fuero interno demasia-
das cosas que necesitábamos expresar, comunicar. Pero todo este potencial
acumulado requería plasmarse ya en una obra de teatro, nuestro medio

firmas y leyes, según fue judicialmente demostrado en 1973), leíamos párrafos como el siguiente: "me permito presentarle las siguientes propuestas, cualquiera de las cuales sería aceptable para Roden Oil Company: (1) Se nos debe entregar las concesiones de acuerdo a nuestras solicitudes originales y el saldo del área se le otorgaría a su grupo. . . . (3) Se nos debe
otorgar una concesión en nuestra solicitud de Santa Elena y dejaremos todo el Golfo para que
le sea otorgado a su grupo con la reserva de que se nos dé, según su elección, una de las
siguientes posibilidades: (a) US $500.000 y un 6% de la regalía en la zona cubierta por nuestra
solicitud de Puná. (b) US $500.000 y un 2% de regalía sobre todo el Golfo. (c) Un tercio (1/3)
del dinero, regalía y otros intereses reservados por su grupo al asignar estas concesiones a
su consorcio de compañías o cualquiera otra compañía o compañías."
    ¡Y todo esto al margen del Gobierno del Ecuador, peor se diga de su pueblo! Entre ellos,
los peticionarios extranjeros, ¡se disponen y reparten regalías y territorios que supuestamente
son patrimonio nacional! Verificábamos a cada rato cómo para las empresas multinacionales
no hay estado ni pueblo que les importe, salvo sus propios intereses desenfrenados de ganar.
Pero esto que para nosotros constituye algo inaceptable, para algunos se trata de algo muy
natural ya que, según Otto Arosemena (p. 234), "sin necesidad de pedir permiso al Gobierno
del Ecuador ni al de los Estados Unidos ni a persona ni a autoridad alguna, la OKC Corporation puede vender la totalidad o parte de las acciones, —y por derivación—, regalías, áreas
de concesión, patria y pueblos enteros a la empresa o persona que más le plazca." (Cabe anotar
que durante el gobierno del doctor Arosemena se entregó, en concesión, toda el área del Golfo
de Guayaquil al consorcio ADA.)

LAM. 18. El Grupo Ollantay lleva su mensaje a los campos del Ecuador, 1975.
(Foto: Grupo Ollantay.)

específico de objetivación y expresión. Nuestro público nos exigía, nuestra
conciencia también nos exigía ser consecuentes: entonces decidimos montar
una obra de teatro que satisficiera todas nuestras inquietudes y necesidades.
¿Todas? Sí, todas: nos sentíamos confiados. Nuestra convicción, entonces
más escasa que hoy, nos impulsaba; el público nos respaldaba, y después de
todo, nuestro grupo ya tenía alguna experiencia desde que se fundó en 1971,
como el Grupo de Teatro "Ollantay" de la Escuela Politécnica Nacional de
Quito. Habíamos montado tres recitales de poesía: uno con versos de
Nicolás Guillén, otro con poemas de Brecht, y el último sobre la base del
poemario *Incitación al Nixonicidio* de Pablo Neruda, con ocasión del golpe
militar fascista en Chile (este último recital montado conjuntamente con el
Teatro Ensayo de Quito). Habíamos montado *La bolsa de agua caliente* de
Carlos Somigliana, *El que dijo que sí, el que dijo que no* de Bertolt Brecht y
Las dos caras del patroncito de Luis Valdez. Teníamos ya una experiencia
de creación colectiva, *S + S = 41*, sobre el conflicto petrolero entre la Standard Oil Company y la Shell Oil Company disputándose los territorios ricos
en petróleo del Oriente ecuatoriano, territorios que le fueron desmembrados
valiéndose de una farsa: la guerra limítrofe de 1941 entre Ecuador y Perú.[6]

[6]Ver Jaime Galarza, *El festín del petróleo* (Quito: Solitierra, 1972), cap. 4.

Emprendimos la tarea de buscar la obra escrita que se aproximara a nuestros requerimientos. De tema petrolero tan sólo encontramos las buenas obras del venezolano César Rengifo, pero vimos que no satisfacían nuestras demandas específicas. Nosotros queríamos desentrañar nuestra realidad social concreta. Entonces decidimos que si tal obra no la íbamos a encontrar escrita, al menos podíamos tomar una cuya estructura dramática nos sirviera de base. Dimos con *Cuánto cuesta el hierro* de Brecht, pero concluimos que la obra no reunía los conflictos que queríamos plantear, si bien de la obra extrajimos dos cosas que nos iban a servir: ese ambiente gangsteril dentro del cual actuaban los intereses nazis por controlar los abastos de hierro sueco, y la idea del título.

Tomamos entonces la segunda gran decisión: crear toda la obra nosotros mismos. Presentíamos los serios problemas con que nos íbamos a topar, entre ellos uno principal que ya nos fue familiar en *S + S = 41:* la construcción dramática de la pieza. Eramos conscientes de que nuestra condición de grupo amateur nos frenaba mucho (el grupo está conformado por estudiantes universitarios que dedican su tiempo libre al teatro, si bien algunos de nosotros somos "teatreros" a tiempo completo), pero había que hacerlo: ¿Cómo nos íbamos a detener a medio camino?

Empezamos, y lo primero que hicimos fue recurrir a las improvisaciones de las situaciones que se nos ocurrían, tratando de encontrar, un poco espontáneamente, el cauce que debía seguir la obra. Tomamos como eje temático el petróleo (su origen físico, producción, comercialización, productos derivados, importancia como elemento estratégico, intereses económicos que despierta) y de él pretendíamos derivar todos los conflictos sociales, su trasfondo económico, juegos políticos y posiciones personales nuestras que queríamos representar. Pero nuestro afán constante de sujetarnos a los procesos reales chocaba a cada rato con las improvisaciones cuando constatábamos que las situaciones no conducían a ningún desenlace, que los esbozos de personajes no encarnaban posiciones definidas y que por lo tanto no aparecían los conflictos y que consiguientemente no había drama. Entonces fue que empezamos a sospechar que habíamos errado en concebir la obra, que el petróleo como tema podía conducirnos a una obra, cierto, pero no como determinante de los procesos reales que pretendíamos representar.

Recurrimos a los teóricos tratando de entender la globalidad del problema petrolero. Recurrimos a Theotonio dos Santos, a Lenin, a Marini, a los sociólogos y economistas locales, para comprender qué papel jugaba el petróleo en la economía mundial y nacional. Y vimos que el petróleo podía ser el eje temático de una obra, pero no era el eje de los procesos reales. Vimos que todos los problemas de la realidad ecuatoriana estaban inscritos y se relacionaban dentro de toda la reorganización económica del capitalismo a nivel mundial. Vimos que la nueva división internacional del trabajo determinaba el cambio de la vida económica ecuatoriana: de sólo proveedora de materias primas a relativamente manufacturera en el nivel que le tenía asignado el imperialismo. Vimos cómo el petróleo constituye un elemento estratégico importantísimo para el buen funcionamiento del capitalismo a nivel mundial, pero no a la manera de factor determinante, sino como factor adscrito. Entonces decidimos poner más énfasis en el cambio reciente de la vida económica del país, que ahora pugna por abandonar un feudalismo rezagado y capitalismo incipiente para establecer un capitalismo plenamente "desarrollado," enmarcando esto dentro del eje temático, cosa que por lo demás se da en la realidad: el desarrollo industrial adquirió dinamismo gracias a los grandes recursos financieros provenientes de la exportación petrolera.

Con esto no nos habíamos aclarado el problema, habíamos apenas agarrado la punta del hilo de la madeja que a alguno—o a muchos y alguna vez—le tocará desenredar. Así y todo, luego de algunas discusiones grupales que apuntaban a la configuración de la obra, pudimos establecer lo que llamamos "premisa" de la obra, la que a continuación transcribimos.

Se trata de un pueblo cuyo desarrollo de las fuerzas productivas es bajo. Su economía se basa en la exportación de materias primas naturales y en la importación de productos manufacturados. Pueblo costanero dedicado a la pesca, a la agricultura, a la tala de árboles, a la artesanía. La división social existente es inherente a este tipo peculiar de relaciones de producción.

Necesidades de las fábricas del "gran país del norte," ajenas a las de todo este pueblo en su conjunto, hacen que se deba extraer el petróleo existente en esta región. Petróleo cuya existencia el pueblo ignoraba o, de haberlo conocido, ignoraba su verdadero valor. Petróleo que ahora reanimaba esperanzas, al ser anunciada su explotación, y creaba expectativas. Y llegaron los extranjeros muy sedientos de oro negro y muy ricos en billetes. Compraron presidentes, diputados, constituciones, jueces, soberanía nacional, territorio, concesiones, petróleo, todo, sin conocimiento ni consentimiento de las mayorías de ese pueblo.

Pero eso no fue todo. Estas grandes empresas extranjeras tenían muchas más necesidades, entre ellas la de invertir sus muchos dineros acumulados en pueblos como éste, instalando industrias y abriendo nuevos mercados; y desde la explotación del petróleo hasta el montaje de estas industrias, surgieron muchos problemas sociales; el pueblo trabajador fue engañado, sólo se le dieron ilusiones y nada de progreso real. Apareció mucho dinero y se inflaron los precios de los artículos de primera necesidad. Mucha importación, pero mucha desocupación en el campo; mucha industria de elevada tecnología, pero mucha desocupación en la ciudad. Había dinero para todos, en mayor o menor escala, menos para las mayorías de ese pueblo.

Y ahí está ese pueblo que ha sufrido mucho y que ha aprendido mucho. Ya no cree en sus gobernantes ni en las mentiras que, según dicen, lo mantienen así. Aprende a descubrir culpables, a protestar, a lograr victorias, a morir queriendo organizarse, queriendo librarse de esa situación; pero hace falta aclarar las cosas, verlas bien, analizarlas más. Y ahí están.

Pero, si bien con la premisa habíamos logrado concebir la obra en su espacio histórico, en su espacio físico, y con la problemática escogida siempre vinculada a un único punto de confluencia temática, al releerla, nos asaltaba la duda de si lo que nos planteábamos no era más bien materia de un ensayo sociológico y económico que de una obra de teatro. Pero no; nos dijimos que por qué tenía que limitársele el alcance temático al teatro; que si bien era cierto que un ensayo logra lo que una obra de teatro no puede, también era cierto que una obra de teatro consigue lo que un ensayo no puede; y que, por último, lo que nosotros queríamos hacer era teatro.

Siempre a partir de la premisa, nos entregamos nuevamente a improvisar con miras a obtener todas las situaciones, acciones y personajes que ganen para la obra una estructura y desarrollo dramáticos, lo cual conseguimos paulatinamente gracias a una investigación más prolija de las circunstancias y personas sociales a las que aludíamos o asumíamos expresamente. En este punto, al tratar de personificar ciertos entes sociales y económicos, como el imperialismo, vimos que era necesario hacer un sondeo entre el público para asegurarnos que los personajes y símbolos usados queden plenamente significados para él. Entonces fue que descubrimos, por ejemplo, que la imagen del Tío Sam pudo haber significado mucho para los mejicanos de Pancho Villa, pero para nuestro público no significa nada (excepción hecha del estudiantado); entonces vimos que había que significar en escena otra imagen, y escogimos una familiar para el campesino ganadero de la costa y para el poblador de la serranía: el vampiro, el vampiro chupa-sangre. El resultado de todo este trabajo fue un cúmulo de material teatral poco conexo (esquemas argumentales, caracterizaciones de personajes, textos, situaciones, juegos escénicos, vestimentas, elementos de escenografía, etc.) que necesitaba organizarse urgentemente para bien de la obra y del grupo. Fue ahí cuando concebimos lo que dimos por llamar el "cuento" de la obra, o narración que confiere continuidad argumental a todo el material teatral logrado, evidenciando y esclareciendo los conflictos generales y particulares, los personajes en las situaciones, ubicándolos en el desarrollo temporal y espacial de la obra que ahora tenía un principio y un fin en cuanto historia, y estableciendo, en definitiva, un marco de realidades propias. La obra empezaba a constituirse en una realidad autónoma, en una obra de teatro.

Con el tiempo hemos comprobado la importancia de la "premisa" y del "cuento" para nuestra práctica teatral, y los hemos tomado como elementos metodológicos para presentes y futuras creaciones del grupo. Sobre el cuento, establecimos que nos es útil en cuanto: Permite globalizar e integrar el material documental investigado, el material teatral logrado y la intencionalidad del grupo. Al estar todo esto precisado en forma narrativa, el cuento permite trascender la necesidad de "el" director, en cuanto que sea el cuento el que mantenga el cauce de la obra al permitir que todo el grupo tenga de manera clara la misma concepción de la pieza. Y finalmente, como base argumental, el cuento facilita posteriores improvisaciones.

Del cuento volvimos a las improvisaciones, pero con fines más específicos. Había que definir las escenas y los enlaces, caracterizar los personajes, establecer el vestuario y la utilería y fijar los textos "definitivos" (es decir, definitivos mientras resistan). Para lograr todo esto, recurrimos nuevamente al documento en busca de pormenores que enriquezcan el resultado final, cosa que fue especialmente cierta en la elaboración de los textos al descubrir el riquísimo potencial teatral de las declaraciones oficiales, de los reportajes siempre parcializados de las revistas, de las anécdotas populares. Entre el texto hablado y el texto escrito medió el trabajo de mesa de una comisión encargada de redactarlos, sobre la base de las grabaciones de los últimos repasos de las escenas. Los textos recogidos pasaron primero por un análisis de contenido, es decir, observando la vinculación argumental de los mismos tanto con el conflicto particular de la situación como con el conflicto general de la obra, chequeando que no se viole el desarrollo que la obra imponía a sus personajes, lo que significaba tratar de eliminar todo brote contenidista de las improvisaciones (el actor que expresa más allá de lo que su personaje le permite); luego pasaron por el análisis formal que observaba la correspondencia de las estructuras, vocablos e imágenes literarios del texto con la intencionalidad y situación de los personajes, procurando no caer en el costumbrismo (que nada hubiera tenido que hacer en escenas tan poco costumbristas) pero sin tener que sujetarse, tampoco, a las reglas de la Academia Española de la Lengua.

En cuanto a la solución de los problemas propiamente dramáticos, de caracterización, de actuación y de montaje, nos hemos valido directamente y mucho de los trabajos de Bertolt Brecht (la teoría del distanciamiento, del drama épico y toda su concepción general del teatro), de los trabajos de Enrique Buenaventura (los conceptos de fuerzas en pugna, improvisación, analogía, situaciones, acciones y sus apreciaciones sobre la creación colectiva) y de los trabajos de Augusto Boal (el concepto de "máscara social" y sus "ejercicios y juegos para el actor y el no actor con ganas de decir algo a través del teatro"). Pero nunca hemos descuidado aquello de que todo conocimiento sirve en la medida en que sea aplicado de acuerdo a las circunstancias concretas de su aplicación. (De ahí que nos opongamos tenazmente a todo aquello que signifique "moda," como aquella del "teatro pobre" de Grotowsky que tanto se ha divulgado en América Latina a partir de la década pasada. El "teatro pobre" tendrá su razón de ser en una sociedad tan rica en objetos materiales que sea necesario desnudar al hombre para poder entenderlo, pero en medios sociales tan pobres y explotados como los de América, el teatro más bien deberá ser enriquecido en todo cuanto se tenga y pueda para que exprese a plenitud el riquísimo contenido de la liberación.) Este es el criterio que nos ha guiado en el escogitamiento del vestuario, utilería y demás elementos físicos para la obra *Cuánto nos cuesta el petróleo,* por muy contradictorio que esto pueda parecer tratándose

de un grupo como el nuestro que debe movilizarse por los rincones más insospechados y representar sus obras en escenarios que de escenarios sólo
tienen el nombre.

Estos condicionantes que nuestra práctica específica de divulgación de las
obras montadas impone a nuestro teatro, es lo que hemos dado por llamar
"nuestro problema." En el Ecuador las pocas salas de teatro que hay o se
están construyendo no son para nuestro público, o sea que no son para
nosotros. Es decir que no son para la cultura que hacemos e impulsamos.
Es decir que son para personas e instituciones para quienes nuestra manera
de entender y producir la cultura no sólo que les resulta indiferente, sino
que les resulta "antiestética" y "peligrosa." Nuestro pueblo no tiene salas
de teatro como no tiene salas de cine ni gran prensa ni radio, como tampoco
son suyas la universidad ni el ejército. Pero nosotros no podemos ceder ante
estas presiones, ya que no podemos producir para quienes lo estético es
sinónimo de lo reiterativo de lo pasado y de lo hecho. Para nosotros, el arte
es arte por lo que innova, no por lo que reitera. El arte es creación, y como
tal encontrará su más grande fuente de inspiración en la más grande creación que la humanidad jamás haya concebido: la propiedad común sobre la
base de la igualdad de los hombres. Nuestro pueblo no tiene salas porque no
tiene su teatro. Se trata, pues, de comenzar una actividad cultural de acuerdo
a las circunstancias en que se desenvuelve nuestro pueblo. No desdeñamos
las salas de teatro: las utilizamos cuando podemos. Nuestros escenarios
comunes son las tarimas de un aula de escuela o de un patio, pequeños
solares de locales gremiales, canchas de deporte, iglesias, plazas públicas y
aceras. Nuestras representaciones se hacen en la ciudad y en el campo. A
veces llegamos al sitio de las representaciones en camioneta o en bus, otras
veces a pie, a veces en canoa, y otras veces en bus, en canoa y a pie. Entonces
parecería lógico que un grupo de teatro que debe representar sus obras en
estas condiciones, se vea obligado a desdeñar y negar la escenografía, el vestuario, el maquillaje y toda utilería. Pero nosotros pensamos lo contrario.
Pensamos que son justamente estos condicionantes rigurosos los que nos
obligan a reencontrar en los elementos físicos de la escena su valoración y
participación justas: no concebidos como pompa ni como relleno a ninguna
falta de creatividad y expresividad, sino como complemento y elemento
necesarios, únicos y precisos, al desarrollo del drama y a la comunicabilidad
de lo que se quiere expresar.

Pero este tipo de difusión teatral, si bien supone condicionantes, también
supone estimulantes. Estos estimulantes provienen de la correspondencia
mediada por la obra de teatro, entre el grupo teatral y el público para el
cual creamos. La práctica de las discusiones o "foros" realizados a partir de
la representación, son provechosos desde todo punto de vista, hasta desde el
punto de vista teatral. Estos foros no siempre pueden hacerse inmediatamente después de la representación ni en el mayor orden y disciplina; es

posible hacerlos en los días posteriores y aun por grupos. Entonces pueden escucharse de boca de los espectadores frases como las que dijera un dirigente de una comunidad de la serranía ecuatoriana, en aquel momento asistiendo a un congreso nacional campesino, refiriéndose a nuestra actividad: "Hace tres años vimos otra obra de ustedes en nuestra comunidad (se refería a *El que dijo que sí, el que dijo que no*) y nos acordamos mucho, porque estos dramas que ustedes hacen (acababa de ver *Las dos caras del patroncito*), son cosas que sirven para largo alcance, no sólo para el ratito, sino para largo alcance"; o frases aparentemente preparadas pero dichas espontánea y emotivamente por una asistente, entrada en años, durante la discusión que siguió a una representación de *Cuánto nos cuesta el petróleo:* "Esto que nos han presentado, señores estudiantes, es digno de nuestro aplauso y digno de ser visto no sólo por nosotras, las integrantes del Comité, sino por todo el pueblo de la ciudad y de todas partes, porque estas obras que traen ustedes, no sólo que hacen gozar a nuestro sentimiento, sino que ayudan a despertar el entendimiento."

Ambas son citas que dan razón de la motivación última que impulsa a un movimiento de teatro popular y a sus actores. Porque conociendo y viviendo este tipo de experiencias, al calor del aprendizaje y de la lucha de los pueblos, es que las concepciones teóricas sobre los procesos de liberación alcanzan su pleno significado. Entonces es posible explicarse una actividad teatral que dándose al interior del capitalismo rompa con su regla más elemental: el trabajo productivo (de capital), y con su más consagrado valor: la competencia.

Porque sólo son los pueblos quienes generan y desarrollan un arte que se les deba y les corresponda. Ni gobernantes de buena voluntad, ni mecenas liberales, ni artistas ni intelectuales podrán contribuir a producir un arte trascendente a sí mismo—si no es buscando actualizarse y fortificarse en los proyectos fantásticos que el pueblo incuba en su presente desalentador. Un presente desalentador plagado de injusticias indignantes. Realidad que aparece en extremo dura en nuestro país dependiente donde las clases dominantes ni siquiera han sido capaces de impulsar la propia cultura del sistema que constituyen, mucho menos la cultura de las clases a las que oprimen; y si algo de importancia se ha dado en la esfera de lo artístico en nuestro país (como la narrativa realista y costumbrista del presente siglo) ha sido muy a pesar de los esfuerzos e intereses de la clase dominante.

Es en este marco cultural en el que nuestra práctica se desenvuelve, marco especialmente empobrecido en cuanto al teatro se refiere. Es evidente la falta de recursos teatrales con que se encuentra un grupo que se plantee hacer teatro en el Ecuador; y decimos "recursos teatrales" porque no sólo son los recursos económicos los que escasean, sino que también es manifiesta la falta de autores (salvo verdaderas excepciones que confirman la regla: Martínez Queirolo, por ejemplo) y por lo tanto de obras, la falta de una tradición teatral, la falta de recursos para la formación adecuada de los actores y del elemento teatral en general, y evidentemente, en este contexto, una ausencia de crítica teatral.

Es así como la tarea de hacer teatro se nos plantea difícil, pero no por ello menos prometedora. Salvando las limitaciones de orden económico, nos vemos enfrentados al reto de superar las limitaciones de orden teatral antes mencionadas, debiendo asumir por nuestra propia cuenta todo el proceso que debe recorrer una obra de teatro, desde su elaboración teórica y textual hasta su representación y crítica. La falta de directores, dramaturgos y demás contribuyentes al hecho teatral, sólo nos ha sido posible superarla mediante la creación y montaje colectivo de las obras.

La creación colectiva de las obras de teatro no es la negación del teatro ni de ninguno de sus elementos. Al contrario, creemos que es una manera de actualizar el teatro afirmándolo en la época del inminente cambio social que revolucionará todas las relaciones, aun las estéticas. Con la creación colectiva se presenta la posibilidad de que el texto dramático deje de corresponder a los gustos y concepciones exclusivas del individuo iluminado (y algunas veces obnubilado) y empiece a corresponder a las necesidades y gustos de grupos humanos más amplios.

Quito, enero de 1976

24

La Creación Colectiva del Teatro Experimental de Cali

VÍCTOR FUENTES

For many years, the Experimental Theater of Cali (TEC) has been the most important theater group in Colombia. Founded in 1955 as an official school of theater arts, it later moved away from institutional circles and became an independent group committed both to high quality theater and to the sociopolitical reality of Colombia and Latin America. The TEC has developed its own well-known method of collective creation. The group has traveled widely and has taken part in several festivals within and outside Latin America.

This essay focuses on the philosophy and methodology of the group and on one of its more recent productions. First, Fuentes elaborates on some of the ideas of Enrique Buenaventura, the principal director, playwright, and theoretician of TEC and about the relationship of theater and culture; he then explores different aspects of the paramount objective of TEC, that is, to communicate with the people in a direct, humane way. Communication is seen as an alternative to the mechanized, alienating mass communication of the system whose purpose is to defend and promote the ideology of the ruling class. The second part of the essay is an analysis of the collective work *La denuncia,* which was first staged in 1973. It dramatizes three historical events: the arrival of the United Fruit Company in Colombia to exploit the banana industry, the worker strikes and the bloody repression by the government, and the Congressional debates about the repression. The asymmetric structure of these events

Este trabajo fue leído por el autor en un simposio sobre el "Teatro como instrumento de educación en América Latina" en la Universidad de California, Los Angeles, el 1 de junio de 1973.

in *La denuncia* is a common pattern in the dialectic theater, according to Louis Althusser. The purpose of the play is to make the spectators aware that they, too, like the congressmen, may be living the myths of the ruling ideology which do not match reality.

Comunicación como liberación

En estos años se está desarrollando en la América Latina un movimiento teatral que concibe el trabajo cultural y artístico al servicio del hombre y de la lucha de liberación de los pueblos del continente. En el I Festival del Teatro Latinoamericano celebrado en el Ecuador el verano de 1972, los creadores más relevantes del nuevo teatro suscribieron un llamamiento para la creación de un frente de trabajadores de la cultura, que se integre a la lucha de los trabajadores del campo y de la ciudad contra la dependencia neocolonialista y la opresión fascista, y por la liberación.

El documento comienza señalando la dramática realidad que vive el hombre latinoamericano dentro de las actuales estructuras socio-económicas y políticas y declara inequívocamente que: "Mientras no desaparezca la contradicción existente entre el carácter social de la producción y la apropiación individual de esa producción en beneficio de la burguesía y del imperialismo, no estará resuelta la situación de explotación que prevalece en la América Latina."

Después analiza cómo esta contradicción básica produce en el plano de la cultura una situación en donde el analfabetismo aumenta, la educación es utilizada como instrumento de entorpecimiento de la conciencia crítica del hombre, y la mercantilización y la alienación de la cultura se profundizan cada vez más. El mantenimiento de esta situación—añade el documento— se obtiene de dos formas complementarias, formas sutiles y formas violentas. En el primer caso, mediante la institucionalización de la cultura de consumo que, junto con el uso a gran escala de los medios mecánicos y masivos de comunicación, envuelve a todos en sus contenidos mistificadores. En el segundo, las formas violentas se manifiestan a través de la censura y de la represión a todos los niveles, culminando con la tortura y los asesinatos.

Frente a esta situación, los esfuerzos de los grupos más representativos de este nuevo teatro latinoamericano se orientan a producir una alternativa humana, liberadora. Su trabajo teatral se guía por el concepto de "trasformación de la función" elaborado por Brecht y que exige a los intelectuales no entregar nada al aparato de producción sin cambiarlo, en lo posible, en el sentido del socialismo.

El TEC (Teatro Experimental de Cali) se inició como un teatro oficial, el primer grupo de teatro profesional y de repertorio colombiano. Muy pronto optó por hacer un teatro combativo, ligado a la problemática colombiana y latinoamericana, desafiando al sistema aun a riesgo de perder la ayuda oficial. Los escándalos producidos por sus piezas *La trampa* y *Papeles del infierno* y su participación en el movimiento estudiantil de Cali en 1971 les hizo perder esta ayuda y ser expulsados de la escuela de teatro. Entonces adquirieron su propia sala y se establecieron como teatro independiente profesional. (Véase lám. 19.)

La decisión del TEC de enfrentarse al sistema fue una decisión fundamentalmente artística: "Nos enfrentamos," escribe Enrique Buenaventura, "esencialmente, en el intento de elaborar un teatro nuestro, un teatro profundamente mestizo que, aunque no tenga la perfección estructural de las obras europeas o norteamericanas, registre la experiencia socio-individual que estamos viviendo sin dejar de luchar por hacer teatro, por lograr la más alta calidad posible."[1] Este teatro se enfrenta al sistema poniendo en tela de juicio lo esencial de éste.

En contraposición a la función didáctica de la realidad institucional del sistema que—como expuso Buenaventura en una charla en UCLA en el otoño de 1972—tiene por objeto reelaborar, reproducir y difundir la ideología de la clase dominante para garantizar en las conciencias la continuidad de la producción y del estatus social, el TEC asigna a su trabajo una función deseducadora y subversiva: "poner en tela de juicio, minar en lo esencial—en la conciencia y en la conducta de las víctimas del sistema—el sistema mismo." Su función educativa es la de deseducar para la descolonización y la liberación.

El TEC concibe el teatro como una forma de comunicación. Su trabajo teatral lucha por una comunicación que escape—y ofrezca alternativas de liberación—a las formas y a los mecanismos de comunicación del sistema, a los que se amolda, deformándose y pudriéndose, el teatro comercial. Frente a la enajenante comunicación del mensaje-mercancía que emiten los medios de comunicación masivos, el TEC lucha por establecer una comunicación directa, humana, de persona a persona.

Las formas de comunicación del sistema, regidas por la lógica de la explotación y de la ganancia, son—nos dice Buenaventura—la explotación, el mercado, la ayuda y la información, y crean unos mecanismos que funcionan así: "unos que crean y otros que aprovechan, unos que tienen más y otros que tienen menos, unos que dan y otros que reciben." Las formas de comunicación en que trabaja el TEC escapan relativamente a los mecanismos de comunicación del sistema. Han logrado hacerse dueños de sus propios medios de producción—cuentan con sala propia, elaboran sus

[1] Enrique Buenaventura, "Teatro y cultura," *Primer Acto* (jun 1972), 37. Las citas y las ideas que desarrollo en esta primera parte del trabajo están tomadas de este artículo.

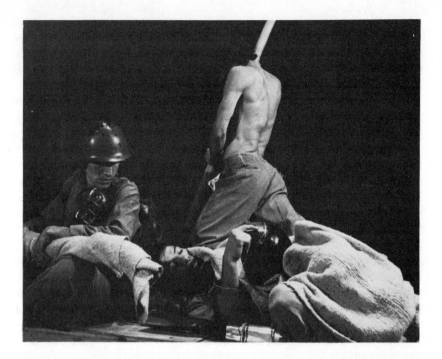

LAM. 19. *Soldados,* de Carlos José Reyes, obra fundamental del repertorio del Teatro Experimental de Cali por varios años. (Foto: Teatro Experimental de Cali.)

productos artísticos, sus propios textos y montajes—y los comunican directamente. El TEC está involucrado en un proceso de investigación de nuevas formas de expresión y comunicación, investigación de la creación colectiva, de la improvisación, de la relación de grupo y de las relaciones del espectáculo con el público.

El TEC ve en el teatro uno de los pocos medios de comunicación de escala humana que exige la escala humana. Hacer teatro es para el grupo una lucha por establecer una comunicación concreta, la esencialidad de esa comunicación, que es la de persona a persona. Ahora bien, esta lucha hay que darla partiendo de la despersonalización a que nos somete el sistema, y viendo la lucha por ser personas y comunicarnos en tal capacidad, como la lucha revolucionaria.

Los temas que aborda el TEC son los del colonialismo y la dependencia, que consideran lo fundamental de la problemática colombiana y latinoamericana. Sus piezas insisten sobre la deformación colonial, económica, social, política y cultural de la realidad de nuestros países. Nos presentan unos seres alienados, deshumanizados, con intereses y privilegios concretos,

dentro de un mecanismo—dominado por la explotación, el hambre, la violencia y el miedo—que los aliena y mueve: un mecanismo creado por personajes concretos y en base a intereses concretos, que crea, al mismo tiempo,
contradicciones estructurales que muestran la debilidad del mecanismo y
se abren en una perspectiva revolucionaria.

El lenguaje teatral del TEC, aunque fundamentalmente busca la comunicación con las clases populares, está abierto a todas las clases, pues la problemática que plantea—la deformación colonial—atañe a todas, aunque de
diferente manera. Su lenguaje aspira a enfrentar al público con una realidad desmitificada, mostrada en sus mecanismos fundamentales, con el
propósito de dividirlo entre sí y dentro de sí. Mostrando al explotado cómo
lleva dentro de sí, a nivel de condicionamiento y comportamiento, al explotador contra quien lucha, y haciéndole ver al explotador que todas sus
formas paternalistas de aplacar su conciencia o de aplacar la ira de los
explotados no van a durar mucho porque descansan sobre bases falsas.

Con la pieza representada establece el grupo una relación abierta, crítica
y creadora; la misma que aspira a establecer entre la pieza y el público,
con el cual el TEC busca la comunicación fundamental. Como contrapartida al mensaje envasado, sin posibilidad de enjuiciamiento, que nos
trasmiten los medios de comunicación masivos—y también pasivos—la
comunicación del TEC tiene un carácter de circularidad: presenta al público
una pieza abierta a nuevas reformulaciones. Esta relación, crítica y creadora,
entre el grupo, el espectáculo y el público, hace que muchas de las piezas del
TEC lleguen a tener hasta cuatro o cinco versiones. Sus espectáculos son
planteados como medio para que investiguen el público y los actores: son
una invitación a reflexionar juntos sobre la realidad—reflexión que se extiende a los foros que siempre hace el grupo al terminar la representación
—con el fin de hallar la manera de modificarla.

Los montajes de sus obras, que crecen con la creación colectiva, pres-
cinden casi absolutamente de escenografía, de efectos de luces y de otros
recursos técnicos. Se debe esto a que el TEC, viviendo en un medio sub-
desarrollado, es un teatro pobre en el sentido exacto. Y también, a que
el grupo cree que el teatro es un medio de librarse de la servidumbre de
los medios mecánicos y masivos de comunicación y que debe marcar claramente la frontera, que se tiende a borrar, entre la información propiamente
dicha y la comunicación directa, de hombre a hombre, por medio del
lenguaje oral y gestual. Estas formas de comunicación están vivas entre
nuestros pueblos subdesarrollados, hay que irlas a buscar en el "lenguaje
de los parias"—las grandes masas de marginados por el sistema—en la
"cultura vergonzante"—un modo de pensar y de sentir la vida en comunidad—, en la concepción del universo en la cual viven las grandes mayorías,
que ni el colonialismo, ni la institucionalización de la cultura de consumo

han podido destruir. Estudiar estas formas y usarlas—nos recomienda el TEC—para mostrar el problema de la incomunicación, definitiva, con los explotadores.

El trabajo del TEC adquiere pleno significado dentro de la labor de la Corporación Colombiana de Teatro, agrupación gremial a la que pertenece. En un país como Colombia en donde nunca alcanzó gran desarrollo el teatro comercial, se puede decir que la Corporación lleva la dirección del movimiento teatral de la nación. Esto es un hecho cultural de gran relevancia, pues los objetivos de la Corporación son los de hacer un teatro que indague la realidad colombiana y latinoamericana desde el punto de vista de las clases explotadas. La Corporación, en donde junto al TEC trabajan otros grupos como La Candelaria y La Mama con bastantes años de un trabajo continuado y de calidad, lucha por extender el teatro como forma de expresión y de comunicación popular. Mediante seminarios, prestación de servicios y toda forma de comunicación, la Corporación trabaja con el movimiento espontáneo de teatro popular—teatro obrero, campesino, de barrios y escuelas—que, debido en parte a la labor de la Corporación, está tomando un fuerte impulso, logrando que hoy en Colombia el teatro se empiece a constituir en un vehículo de expresión y de comunicación de zonas y comunidades populares.

En el verano de 1973, los esfuerzos del TEC han sido coronados por la inauguración de una amplia sala propia con cabida para unas 500 personas. Esta sala, que será además para cine, exposiciones y conferencias, la ve el TEC no como propiedad privada, sino como una sala para la comunidad, para Cali: una sala, en donde, frente a la seudo-cultura, a los subproductos de la cultura "oficial" del sistema, se debatan los grandes problemas que vive la comunidad y se redefina la cultura como "la conciencia que un pueblo tiene de ser dueño de su destino."

La denuncia: *Para un teatro nacional popular*

Con *La denuncia* entra en una nueva fase el trabajo de investigación de formas teatrales nacionales que iniciara el TEC en los años sesenta con *En la diestra de Dios Padre*. Su última pieza supone un salto cualitativo en el proceso creador hacia un teatro nacional, popular, en que está comprometido el TEC. Un teatro que, frente a los moldes del colonialismo cultural, luche por una verdadera cultura nacional, entendiendo por ésta "la conciencia que un pueblo tiene de ser dueño de su destino."

En los países dependientes y neocolonizados es de vital importancia para su lucha de independencia el rescate de su verdadera historia nacional (deformada y vilipendiada por el colonialismo y las oligarquías dependientes); la historia de las luchas de las masas populares por su independencia y liberación. Con *La denuncia* pone el TEC su arte totalmente al servicio de este rescate y búsqueda de la historia nacional. La obra tiene por tema el movimiento huelguista de "las bananeras," criminalmente ahogado en sangre, y sus consecuencias históricas. Es éste un capítulo clave de la historia colombiana que ha sido tratado por novelistas—Gabriel García Márquez y Alvaro Cepeda Zamudio—y por distintos grupos de teatro.

A los 45 años de aquella huelga, el TEC rinde homenaje a los primeros mártires de la clase obrera colombiana e interpreta su sacrificio en función de las luchas del presente y las victorias del futuro.

Lo histórico se presenta en *La denuncia* en función de lo actual: los espectáculos del TEC buscan "convertir procesos sociales indiferenciados en procesos típicos que pueden ser confrontados en el momento de ser percibidos por el público con el proceso que está viviendo." Por medio de la elaboración artística de imágenes contradictorias, *La denuncia* evoca e interpreta las contradicciones de la realidad histórica en relación con las del presente. Vierte sobre la escena—del modo más objetivo posible—el conflicto y las fuerzas que actuaron en él, buscando hacer visible al espectador los elementos "permanentes" (los que se mantienen durante todo un modo de producción socio-económica) y los elementos transitorios, lo cual permite la confrontación con nuestras vivencias sociales. La realidad se presenta dialécticamente como algo sujeto a trasformaciones y suceptible de trasformarse.

La estructura disimétrica y descentrada de La denuncia

El crítico marxista francés, Louis Althusser, en un análisis sobre una pieza del italiano Bertolazzi montada por el Piccolo Teatro de Milán y, en general, sobre el teatro de Brecht,[2] se pregunta si la estructura asimétrica, descentrada, no es por esencia la estructura de toda tentativa teatral de carácter materialista-dialéctico.

Desarrollando el análisis de las obras de este teatro, Althusser nos dice que están marcadas por una disociación interna: vemos en ellas formas de temporalidad que no llegan a integrarse, que coexisten, se cruzan, pero que no se encuentran las unas con las otras, por así decirlo. La dinámica de esta estructura latente y, en particular, la coexistencia de una temporalidad dialéctica y de una temporalidad no-dialéctica, sirven de base para la posibilidad de una verdadera crítica de las ilusiones de la conciencia por la realidad desconcertante que está en el fondo en espera de ser reconocida. Hay que hablar de la dinámica de la estructura latente de estas piezas en la medida en que ésta no se reduce a sus actores ni a las relaciones expresadas, sino a la relación dinámica existente entre las conciencias de sí alienadas en la ideología espontánea y las condiciones reales de su existencia. El centro de estas piezas es un centro diferido que está en el movimiento de

---

[2]Louis Althusser, "El Piccolo, Bertolazzi y Brecht (Notas acerca de un teatro materialista)," en *La revolución teórica de Marx* (México: Siglo XXI, 1967), pp. 107–125.

dejar atrás la ilusión ideológica e ir hacia la realidad, pues lo que aspira a producir, sobre todo, el teatro dialéctico, es una crítica de la ideología espontánea en que viven los hombres.

El análisis de *La denuncia* nos lleva a comprobar que su estructura corresponde a esta estructura latente, asimétrica y descentrada, que, como ha analizado Althusser, caracteriza a las piezas del teatro dialéctico.

Según nos cuenta el TEC, el tema de la pieza surgió al advertir el aspecto extraordinariamente teatral que presentaba la comparación entre la huelga de "las bananeras" y la masacre de obreros como "realidad," y la "visión" que de esos acontecimientos tenían los congresistas que hicieron la "denuncia" en el Congreso. También nos dicen que de esta comparación surgió oscuramente al principio la estructura de la pieza: un debate parlamentario interrumpido por los hechos.

Tenemos aquí ya, frente a frente, los dos elementos: el de las ilusiones ideológicas—la false conciencia de los diputados y senadores—y el de la realidad. La estructura manifiesta de la pieza está basada en una compleja superposición espacio-temporal. Los tres acontecimientos históricos que se dramatizan (la penetración neocolonialista, por medio de la llegada de la United Fruit a la zona bananera; el movimiento huelguista, respuesta patriota a esta penetración; y los debates de la denuncia de la represión de la huelga en el Congreso) no se presentan de un modo lineal, cronológico, sino en una relación de causa a efecto, en una superposición de espacios y tiempos y de "reiteraciones y oposiciones, reiteraciones que se oponen y oposiciones que se reiteran," según la definición que da Enrique Buenaventura de la obra dramática.

Lo que caracteriza a estas superposiciones es la disociación interna, el entrecruzamiento de formas de temporalidad no-dialécticas y dialécticas que no llegan a encontrarse, el descentramiento y, en el fondo, el reflejo artístico de la realidad de la explotación neocolonialista y la resistencia contra ella.

La pieza comienza en una pista central, en escena, el Congreso, desde donde los representantes, que personifican los intereses de las clases dominantes, pretenden manipular la realidad. Pero ya en las primeras escenas se marca la disociación interna de la pieza: las ilusiones ideológicas de los congresistas se cruzan con las voces de las narradoras que hablan de sus condiciones reales. Más adelante se acentúa la disociación; el centro del Congreso es rebasado por los acontecimientos históricos: la realidad que desmiente las ilusiones ideológicas de los representantes. La pista central se convierte en una pista de circo: el espacio del saqueo del país por la compañía frutera extranjera en contubernio con las oligarquías nacionales. Toda esta parte tiene un carácter de farsa circense, producido por el grotesco desajuste entre la ideología del "progreso" con que el monopolio de la United Fruit, la oligarquía terrateniente y las autoridades nacionales—inclusive la eclesiástica

—pretenden justificar su despojo, y las acciones y gestos de voraces saqueadores que les señalan. En esta parte vemos formarse, frente a la explotación, un movimiento patriótico de resistencia, aunque también distanciado de la realidad por su ideología espontánea.

Vuelta al centro del Congreso, donde después de la sangrienta represión de la huelga, vemos a Eliecer Gaitán anunciar la investigación de "su" denuncia y, otra vez, vuelta a descentrarse el centro invadido por los hechos reales: Gaitán conduce la investigación para beneficio propio. De nuevo en el Congreso: la verdad histórica amordazada, el representante de la burguesía industrial se apresta a utilizar la "denuncia" de Gaitán para tomar el relevo del poder de manos de la oligarquía terrateniente, bajo cuyo gobierno se llevó a cabo la masacre.

Cuando el Congreso inicia el debate sobre la huelga, los hechos históricos se precipitan y lo vuelven a desplazar. La escena se divide en dos espacios bien definidos: el puesto de los huelguistas y la sala de gobernación. Se mueven entre estos dos espacios, José Montenegro, asesor jurídico de la Unión Sindical y el jefe de la Oficina de Trabajo, intermediarios con un pie en la masa y otro en el sistema, cuyas idas y venidas subrayan la radical incomunicación entre los explotados y los explotadores. Las imágenes escénicas muestran que, mientras en aquéllos crece el espíritu de resistencia, éstos van preparando la masacre con que reprimirán la huelga. De nuevo en el Congreso; como consecuencia de la represión, se lleva a cabo la transferencia del poder al sector ascendente—la burguesía industrial—de las clases dominantes, armonizando sus intereses con los de la oligarquía terrateniente. Hay cierta conmoción y el presidente de la Cámara anuncia que se levanta la sesión, pues ha sido turbado el orden y decretado el estado de sitio. Las barras, el público, se lanzan a la calle y los representantes quedan congelados en la Cámara. Otra vez, ahora al cerrarse la obra, el Congreso queda desbordado, sobrepasado por los acontecimientos.

Este centro artificial del Congreso es continuamente sobrepasado por la dinámica de la estructura latente de la pieza, por su verdadero centro, siempre más allá, en el movimiento de dejar atrás la ilusión ideológica y avanzar hacia la realidad. El distanciamiento brechtiano se produce, como ha visto bien Althusser, en el interior mismo de la estructura latente, donde se crea una distancia crítica de las ilusiones de la conciencia y a la vez descubridora de sus condiciones reales. Este distanciamiento está muy marcado en *La denuncia* por las técnicas que lo subrayan: el uso de las narradoras que continuamente enfrentan a la falsa conciencia las condiciones reales de su existencia, los cortes de la acción, algunos de los más radicales acompañados con músicas y canciones, la precisión en la demarcación de los espacios y, sobre todo, el hecho de que todos los actores—con excepción del que representa a Alberto Castrillón, personificación de la conciencia obrera—hagan dos o tres papeles y ninguno definido.

Este procedimiento, que se originó debido a la limitación en el número de
actores del grupo, redundó (como suele ocurrir en un teatro pobre como el
TEC, obligado a usar sus recursos humanos al máximo) en un gran enriquecimiento de significado del espectáculo. Este procedimiento aclara visualmente los vínculos de clase que identifican a unos personajes con otros,
al ser protagonizados por los mismos actores. Muy especialmente muestran
los intereses de clase que sirven los congresistas. El congresista conservador
hace también el papel de un terrateniente; el liberal defensor de las inversiones extranjeras, el de los gerentes de la United Fruit; el que personifica
a Gaitán hace de comerciante y de asesor jurídico del Sindicato. Lo más
importante es que mediante este cambio de papeles se destaca muy bien la
relación dinámica existente entre las conciencias de sí alienadas en la ideología espontánea (los retóricos discursos en la Cámara) y las condiciones
reales de su existencia, de explotadores u oportunistas en el caso del que
personifica a Gaitán.

El gran mérito del trabajo teatral del TEC en esta obra es el haber logrado
que estos personajes, que encarnan intereses de clase, no sean símbolos,
sino seres vivos y contradictorios. Esto se debe al riguroso y paciente trabajo
con que el TEC objetiviza el conflicto sobre la escena, trabajado minuciosamente, acción por acción, dando por resultado que cada movimiento,
gesto, acción, frase o silencio de un personaje aparezca objetivamente
determinado por las relaciones que establece con los otros personajes y enri-
quecidos por las vivencias personales de los actores.

La relación espectáculo-público

Como todo teatro dialéctico, el TEC busca establecer entre el espectáculo
y el público una relación crítica, creadora. Aspira a contribuir a crear con
su trabajo en el espectador—lo mismo que en el actor—una nueva conciencia crítica y activa: modificar la conciencia y la conducta, hacer del espectador el actor que acabe la pieza inacabada, en la vida real.

No busca que los espectadores se identifiquen con los personajes, ni tampoco que se erijan jueces de ellos, sino que tomen conciencia de que, al
igual que los personajes, viven ellos los mitos espontáneos de la ideología,
y que se hagan jueces de su falsa conciencia, poniendo en tela de juicio—
como lo hicieron los actores en el proceso de elaboración del espectáculo—
su ideología.

La pieza polemiza con la historia y con los mitos de la ideología—es un
punto de vista en el debate—y aspira a que el espectador tome parte activa
en la polémica. En La denuncia el público es como una extensión de las
"barras" y desde la primera escena los narradores llevan el conflicto a su
conciencia. Como todas las piezas del TEC, La denuncia desde su estreno,
en el verano de 1973, ha estado abierta a la confrontación crítica de los
espectadores. Todas las representaciones del TEC finalizan con un foro, en

donde se establece un diálogo entre el público y los integrantes del grupo y entre el público mismo. Las más de las veces en los foros se hacen discusiones ideológicas, pero también críticas profundas que ayudan al grupo a descubrir los elementos ideológicos que se les han deslizado en la obra y que, en sucesivas versiones, someten a crítica y a nuevas elaboraciones críticas.

El montaje de *La denuncia* se inició a finales de la primavera nórtica de 1973, cuando se vivía en la América Latina un poderoso ascenso de las corrientes populares, hoy sanguinariamente ahogadas por los zarpazos fascistas en Uruguay y después en Chile y amenazadas en Argentina. En Colombia se formó la UNO (Unión Nacional de Oposición) que, con vistas a las elecciones de 1974, aspiraba a aglutinar tras sí las corrientes populares y las tendencias unitarias, como alternativa del pueblo de un poder popular frente al oligárquico.

La lectura de *La denuncia* en este contexto se presentaba rica en significados. Polemizaba con el mito de Gaitán, quien arrastró tras sí un fuerte movimiento popular fácilmente utilizado por las oligarquías en provecho propio; hacía ver cómo en la lucha revolucionaria los reveses temporales son sólo una desgracia a medias si se tiene conciencia de los errores cometidos. Por el ejemplo negativo de la represión del movimiento de las "bananeras," debida en gran parte a su espontaneismo, dramatizaba la necesidad de un movimiento obrero unido en una organización única de clase; alertaba sobre la imposibilidad de resolver el conflicto de clases por vía de la legalidad burguesa y hacía ver cómo la conquista de la autodeterminación sólo la logrará el pueblo colombiano en lucha contra el imperialismo y sus aliados nacionales.

Después de los sangrientos zarpazos del fascismo en Uruguay y luego en Chile, posiblemente *La denuncia* se enriquezca con nuevos significados y signos combativos.

Los Angeles, 1 de junio de 1973

25

El Teatro de los Barrios
en Venezuela

CARLOS MIGUEL SUÁREZ RADILLO

Late in 1970 an ambitious project called Neighborhood Theater began in Caracas, Venezuela, under the financial auspices of several national and local institutions, with Carlos Miguel Suárez Radillo as the general organizer and Luis Márquez Páez as executive director. The purpose of the project was to use theater as a means of culturization and as a stimulus to the creativity of the popular sectors.

In this chapter, Suárez Radillo presents a detailed account of the organizational steps taken before the theater was actually presented in the carefully selected neighborhoods. An evaluation of the results of each phase follows. A number of professional theater directors participated in the program, as well as several people from the community who were to serve as assistants to the directors and as liaison agents with the barrios. The repertoire, selected on the basis of its artistic and literary value and its "positive message related to the reality and problems of the communities," included plays by Molière, Cervantes, Shakespeare, Chekhov, Pirandello, O'Neill, and also by Venezuelan and Latin American playwrights such as César Rengifo, Leopoldo Ayala Michelena, Osvaldo Dragún, Emilio Carballido, Agustín Cuzzani, Víctor Zavala, and José Martínez Queirolo; plays for children and poems for recitals were selected at the outset. Only a dozen plays, however, were actually staged.

Fearing they would be subjected to government propaganda, people were often suspicious of the government-backed Neighborhood Theater coming to their barrios. In a lecture at the

Este capítulo constituye la mayor parte de un trabajo originalmente publicado en *Anales de Literatura Hispanoamericana*, 1 (Madrid, 1972), 127–141, con el título "Un medio a ensayar para la creación de un teatro auténticamente popular en Hispanoamérica: El Teatro de los Barrios en Venezuela," y se reproduce en este volumen con breves cambios editoriales y con la debida autorización.

University of California, Los Angeles, in October 1974, Luis
Márquez Páez, executive director of the project, confirmed that
some communities completely rejected the theater venture. The
Neighborhood Theater project came to an end as it was about to
enter a second phase (the creation of plays by the community
people themselves) because the sponsoring institutions withdrew
their support. According to Márquez Páez, the barrio San Blas
managed to present a piece based on the very tangible problem
of lack of drinking water. At this point, the project had reached
a threatening stage, and it was decided to draw the curtain.

En Venezuela, durante mis dos primeras visitas en 1968 y 1969, tuve la
oportunidad de dictar un amplio ciclo de conferencias en los barrios de
Caracas, comunidades definitivamente marginadas si se tiene en cuenta que
el término *barrio* se utiliza en este país únicamente para designar a las
poblaciones compuestas por ranchos totalmente inadecuados como vivienda.
Esos barrios, ubicados en su mayoría en cerros de casi imposible urbaniza-
ción, carecen de muchos de los servicios públicos, son víctimas de la cer-
canía de aguas negras, están expuestos al desprendimiento de tierras casi
verticales de las que cuelgan los centenares, los miles de ranchos que los
componen y equivalen a los llamados tugurios en Costa Rica, favelas en
Brasil, poblaciones callampas en Chile, villas miseria en la Argentina. En
uno de esos barrios de Caracas encontré un grupo de dirigentes admirables,
organizadores de una Junta Pro-Mejoras que estaba ejerciendo una influencia notable en la comunidad. Gracias a ellos asistieron a mis conferencias
varios centenares de personas que, en los foros, respondieron con gran sin-
ceridad a los planteamientos expuestos en las experiencias teatrales presentadas audiovisualmente. En ese barrio, el Barrio de la Ceiba, ubicado en
San Agustín del Sur, una de las zonas hoy más céntricas de Caracas, se me
presentó la oportunidad de recoger en forma testimonial lo que una comunidad popular, profundamente motivada y en ejercicio de su plena libertad, es
capaz de luchar por la solución de sus problemas colectivos. Se acercaba el
momento de mi regreso a España y deseaba llevarme ese testimonio. La
respuesta de los dirigentes, amigos ya, fue positiva. Y la de uno de ellos,
Raúl Ramírez, resumió el sentimiento de todos:

"Si la experiencia de otras comunidades en América Latina que tú has
traído nos ha ayudado a nosotros tanto, lo menos que podemos hacer es
comunicarte nuestra experiencia sinceramente por si ella pudiera serle útil
a otros."

Esa experiencia se convirtió en una conferencia audiovisual, auténtico sociodrama, que presenté en el local de la Junta Pro-Mejoras del Barrio de la Ceiba pocos días· antes de marcharme a España. A ella asistieron, aparte de los vecinos del barrio, psiquíatras, sociólogos, trabajadores sociales y, en su carácter de presidente del Instituto Nacional de Cultura y Bellas Artes, que había auspiciado toda mi labor a niveles populares en Caracas, la escritora Gloria Stolk.

Ante la evidencia de lo que el teatro, aun sólo presentado en forma audiovisual, podía hacer para crear una conciencia en las comunidades populares, Gloria Stolk me propuso generosamente que me quedara en Venezuela para organizar el proyecto de Teatro de los Barrios, idea de la que, en términos generales, le había hablado en algunas ocasiones.

Unos meses después regresé a Venezuela, contratado por el Instituto Nacional de Cultura y Bellas Artes para iniciar una amplia labor de dinamización social a través del teatro que culminaría más tarde en el Proyecto de Teatro de los Barrios elaborado por mí.

El proceso de elaboración fue largo. Se me imponía paralelamente conocer a fondo la problemática de las comunidades populares y la organización, dotación y objetivos concretos de todas las instituciones dedicadas a la difusión cultural y artística o la promoción social. Para lograr lo primero inicié un trabajo estable en el Barrio de la Ceiba que me llevó a la programación de un Primer Curso Piloto para Formación de Dirigentes de Barrio en cuyas veintidós sesiones se discutieron y analizaron a fondo todos los aspectos de esa problemática. Lo segundo me exigió visitar todas las instituciones y me permitió comprobar la duplicidad de actividades y objetivos que en Venezuela, como en todos nuestros países, implica otra duplicidad equivalente en el empleo de los recursos humanos, técnicos y económicos, la cual impide el que muchas instituciones lleguen a desarrollar un programa de auténtica amplitud y verdadera eficacia.

En todas mis visitas insistí en la necesidad de una coordinación de esfuerzos y recursos. Ello movió a una de las instituciones visitadas—la Fundación para el Desarrollo de la Comunidad y el Fomento Municipal (FUNDACOMUN)—a convocar a varias instituciones más a una reunión en la que se discutiría la posibilidad de crear, conjuntamente, el proyecto teatral del que yo había venido hablando en todas mis visitas.

A esa reunión asistí como representante del Instituto Nacional de Cultura y Bellas Artes (INCIBA), asistiendo delegados de la Fundación de los Teatros Nacional y Municipal (FUNDATEATROS), del Instituto Nacional para Capacitación y Recreación de los Trabajadores (INCRET) y de la Secretaría Nacional de Promoción Popular.

En el laborioso proceso de análisis y planificación que se inició a partir de esa reunión colaboraron muy eficazmente brillantes hombres de teatro como Jean Zune, actualmente director de Planificación de la Oficina Central

de Información; Eduardo Morreo, entonces secretario ejecutivo de FUNDÁ-
TEATROS y director de la Escuela Nacional de Teatro; el crítico teatral
Leonardo Azparren Giménez, en aquella época jefe del Departamento de
Teatro y Danza del INCIBA, y Pedro Marthán, gran actor y supervisor, en
aquel tiempo, de la Escuela de Técnicos de Teatro. Meses después, el 24 de
agosto de 1970, las cinco instituciones mencionadas firmaron un convenio
creando el Teatro de los Barrios.

En ese convenio se establecían las responsabilidades técnicas y económicas
de cada institución durante un primer período piloto de dieciséis meses. El
INCIBA daría un aporte mensual de dos mil bolívares, dirección técnica,
orientación docente y coordinación general; el INCRET, un aporte mensual
de mil bolívares y asesoría técnica; FUNDACOMUN, un aporte mensual de
cinco mil bolívares, asesoría técnica y los recursos humanos de su Departamento de Acción Comunal; FUNDATEATROS, un aporte mensual de cinco mil
bolívares y asesoría técnica, y PROMOCION POPULAR, asesoría dentro de los
objetivos ajustados a la política social del Estado y coordinación a nivel de
barrios. Asimismo se nombraba una Junta directiva, responsable del desarrollo del proyecto, integrada por un representante de cada institución. En
esa Junta asumí el cargo de secretario general.

La filosofía de ese proyecto puede resumirse así: "El Proyecto Teatro de
los Barrios aspira fundamentalmente a crear una actividad estable y creciente de teatro en las comunidades populares que se convierta en el eje de
un amplio movimiento de culturización mediante la participación de dichas
poblaciones marginadas. Por culturización no entendemos únicamente la
divulgación de valores artísticos y culturales, sino una positiva labor de con-
cienciación dirigida a despertar las potencialidades del hombre como ser
social y pensante a través de su participación en una actividad altamente
creativa, la que a su vez implica disciplina, trabajo de equipo y sentido de
responsabilidad y solidaridad. Es decir, que concebimos el teatro como un
valioso instrumento de acción y capacitación social de los sectores marginados y como vehículo de mensajes y escenario ejemplarizante de los valores
básicos del hombre y de la sociedad, independientemente—o además—de
su importancia como hecho artístico. Por otra parte, a través de las actividades del Teatro de los Barrios aspiramos a atraer, canalizar, coordinar y
estimular todas las iniciativas e inquietudes afines y promover organizaciones
estables y dinámicas que puedan convertirse en canales de superación para
los habitantes de los barrios. Este proyecto ha sido concebido sobre una
profunda confianza en las capacidades receptivas de los sectores populares
hacia la cultura y como expresión de nuestra preocupación por lo que no
puede dejar de ser una auténtica promoción cultural: el acercamiento de
la cultura al pueblo como motor y creador fundamental de la misma. En
este sentido, el Proyecto Teatro de los Barrios contempla la máxima participación, en cada aspecto de su desarrollo, de los vecinos de los barrios a

todos los niveles de edad a fin de asegurar su penetración en las comunidades en forma tal que cada grupo se transforme en un auténtico eje dinamizador de una conciencia colectiva hacia la problemática del barrio y de una conducta positiva hacia su solución."

En la práctica el proyecto contempla una doble vertiente: de una parte, considerando el arte en general—y el teatro en particular—como una forma de impresión a aportar a los sectores populares mediante una programación orgánica y consciente de actividades culturales y artísticas; de otra parte, considerando el teatro como forma de expresión de dichos sectores, mediante la creación y el mantenimiento de grupos teatrales integrados en su totalidad por vecinos de las comunidades a todos los niveles de edad. Y, naturalmente, estructurando esos grupos no con el fin de crear minorías privilegiadas en las comunidades o de estimular falsas vocaciones teatrales, sino estimulando en los integrantes de los grupos de los barrios un genuino sentido comunitario, una proyección hacia su comunidad que propicie la integración de todos los vecinos no sólo en dichos grupos teatrales, sino en otras organizaciones de base que canalicen los esfuerzos colectivos hacia una verdadera toma de conciencia de sus problemas y una acción positiva hacia su solución.

Con el fin de que la transmisión de nuestra experiencia pueda resultar lo más útil posible reseñaré a continuación, evaluando sus resultados objetivamente, los pasos que condujeron a la estructuración definitiva del proyecto:

1) El primer paso, al que ya me referí, fue la coordinación de los recursos económicos y técnicos de cinco instituciones dedicadas a la difusión cultural y artística o a la promoción social. En el aspecto económico, a pesar de que el convenio comprometía a todas esas instituciones a aportar puntualmente sus contribuciones mensuales, sufrimos a lo largo del período piloto establecido frecuentes retrasos en la entrega de esas contribuciones e incluso la negativa de una de ellas a continuar entregando sus aportes sin que las demás asumiesen la responsabilidad de exigir el cumplimiento del convenio en ese sentido. En el aspecto técnico, si teóricamente se suponía que dicho aporte llegaría al proyecto a través de los representantes en él de cada institución patrocinadora, en la práctica, salvo contadas excepciones, dichos representantes carecían de los conocimientos y la experiencia específica para ello.

2) El segundo paso, vinculado estrechamente al anterior, fue la designación de una Junta Directiva integrada por un representante de cada una de las instituciones patrocinadoras. Esta Junta Directiva tuvo, a lo largo del período inicial que se reseña, notables altibajos en cuanto a su funcionamiento y, sobre todo, en cuanto a su identificación con los objetivos fundamentales del proyecto. Sin embargo, si en la práctica la estructuración del proyecto sobre la base de una Junta Directiva representativa de las instituciones patrocinadoras no funcionó como se esperaba, estimo que en teoría

esa estructuración es correcta y debe funcionar si responde a dos requisitos fundamentales: en primer lugar, que las instituciones como tales estén realmente interesadas en el desarrollo de un proyecto auténticamente dinamizador del hombre en un clima de absoluta libertad de expresión y, en segundo lugar, que los representantes de dichas instituciones posean los conocimientos, la experiencia y la amplitud de criterio que exige el desarrollo de un proyecto en que lo artístico y lo sociológico tienen igual importancia.

3) Designación de un director técnico ejecutivo, nombrado por la Junta Directiva, responsable de la coordinación y el funcionamiento de toda la labor. Este cargo recayó en Luis Márquez Páez, director teatral de reconocida formación y de notable experiencia en la promoción sociocultural, razón por la cual su labor, al final de ese período piloto, puede calificarse como brillante y totalmente eficaz.

4) El paso siguiente, ya el director técnico ejecutivo en ejercicio de sus funciones, fue la selección de un equipo de directores teatrales de amplia formación como tales y, a la vez, con una trayectoria eficaz en tareas a niveles populares. En este sentido, salvo contadísimas excepciones, puede confirmarse el acierto de las designaciones.

5) Paralelamente a la designación de los directores de los grupos teatrales a crear se solicitó a algunos de los organismos patrocinadores y a otros organismos afiliados al proyecto en calidad de colaboradores, la previa selección de un número de sus promotores a nivel de barrio como aspirantes a participar en un primer curso de formación teatral y sociocultural programado como fase inicial del desarrollo práctico del proyecto. Los promotores previamente seleccionados por los organismos vinculados al proyecto habrían de pasar un examen de personalidad y de aptitudes artísticas que garantizasen su eficacia como asistentes de los directores y como elemento de enlace de éstos con las comunidades. Desgraciadamente, el retraso en esa selección previa y el escaso número de candidatos sometidos a la consideración del Teatro de los Barrios obligó a iniciar el curso mencionado con ellos. El resultado fue que un alto porcentaje de los promotores que participaron en el curso no resultaron eficaces en su labor posterior. Los directores, salvo contadas excepciones, tuvieron que iniciar y desarrollar su labor por sí solos, penetrando por sí mismos las comunidades.

6) El paso siguiente, aunque igualmente paralelo, fue la selección de los barrios piloto. Para dar este paso nos basamos en estudios realizados por diversos organismos especializados y de común acuerdo con los organismos vinculados directamente al proyecto como patrocinadores o colaboradores, teniendo en cuenta las condiciones dadas para el inicio de la labor teatral, la ubicación de los promotores asistentes al curso, la cantidad de población a beneficiar y la posibilidad de que cada grupo pudiese ser el eje de varios barrios vecinos entre sí. En principio seleccionamos doce barrios—nueve en

Caracas y tres en ciudades cercanas a ella—, pero esta selección sólo se hizo definitiva después de varias visitas de reconocimiento, en las cuales, primero a nivel de dirigentes comunales y después a niveles más amplios de población, expusimos los objetivos del proyecto y comprobamos la receptividad al mismo. Naturalmente, ante la ausencia de algunos de los requisitos mencionados anteriormente, algunas de las comunidades previamente seleccionadas fueron sustituidas por otras.

7) El paso siguiente, aunque paralelo también, fue la selección de un repertorio inicial de trabajo que ofreciera a los integrantes de los grupos y a los vecinos de las comunidades en general la oportunidad de familiarizarse con las más diversas manifestaciones formales y temáticas del teatro. Las características esenciales del repertorio seleccionado son las siguientes:

a) Una alta calidad artística y literaria.

b) Brevedad de extensión, a fin de que permitiera, en un plazo más o menos corto, montar una obra.

c) Distribución más o menos equilibrada en la responsabilidad de los personajes a fin de que no exigieran una interpretación demasiado difícil a determinados integrantes de los grupos.

d) Un amplio número de personajes a fin de poder utilizar en cada montaje el mayor número posible de vecinos.

e) Un mensaje positivo en general vinculable en alguna forma con las realidades y los problemas de las comunidades.

f) Una amplia diversidad formal y temática que abriese a los integrantes de los grupos perspectivas del conocimiento del teatro y la posibilidad de encontrar sus propias formas de expresión. Es decir, que estimulase la aparición de una nueva dramaturgia, auténticamente popular, como resultado del conocimiento de las formas y técnicas teatrales y como forma propia de expresión y de planteamiento de su problemática personal y colectiva.

Una vez expuesto este paso, el último de los pasos previos al desarrollo práctico del proyecto, me parece útil reseñar el repertorio inicial seleccionado.

a) *Obras clásicas:*

El retablo de las maravillas y *Los habladores,* entremeses de Miguel de Cervantes; *El médico fingido,* de Molière, y *La comedia de las equivocaciones,* de Shakespeare.

b) *Obras de grandes autores universales:*

El aniversario, de Chejov; *La farsa de la tinaja,* de Pirandello; *Sancho Panza en la Insula* y *Farsa y Justicia del Corregidor,* de Alejandro Casona; *El inspector,* de Gogol; *Las palabras en la arena,* de Antonio Buero Vallejo; *El soñador* y *En la zona,* de Eugene O'Neill.

c) *Obras de autores iberoamericanos:*

El gallo, del peruano Víctor Zavala; *Historias para ser contadas*, del argentino Osvaldo Dragún; *Los unos versus los otros*, del ecuatoriano José Martínez Queirolo; *Una mariposa blanca*, de la chilena Gabriela Röepke; *Un pequeño día de ira*, del mexicano Emilio Carballido; *El centro "forward" murió al amanecer*, del argentino Agustín Cuzzani, y *El cuento de don Mateo*, del ecuatoriano Simón Corral.

d) *Obras de autores venezolanos:*

La sonata del alba, de César Rengifo; *La taquilla*, de Ayala Michelena; *Cuento de navidad*, de Simón Barceló; *El rompimiento*, de Rafael Guinand, y *A falta de pan, buenas son tortas*, de Nicanor Bolet Peraza.

e) *Obras para niños:*

Pluft el fantasmita, de la brasileña María Clara Machado; *Las hadas viajan en carrusel*, del argentino Jorge Tidone; *La leyenda del pájaro flauta*, *El que hace salir el sol, Pinocho* y *La cucarachita Martina*, de la peruana Sara Joffré.

f) *Obras de teatro de títeres:*

Aventuras de Pedro Urdemales, El soldadito de guardia, El gallo ciego, El caballero de la mano de fuego, La calle de los fantasmas, etcétera, del argentino Javier Villafañe; *El falso faquir* y *La libertad*, del argentino Alfredo S. Bagaglio; *El señor Guiñol alfabetizador*, del mexicano Roberto Lago; *Hubo una vez un hombre*, del venezolano Luis Eduardo Egui; *Chí Cheñó*, del peruano Felipe Rivas Mendo, y *Papagayos*, de la venezolana Carmen Delia Bencomo.

g) *Poesía para leer y declamar:*

Una selección de grandes poetas universales.

Nuestras esperanzas no se han visto defraudadas. La alta calidad de las obras no las hizo inaccesibles en modo alguno ni a los intérpretes ni a los espectadores de los barrios. Y, por otra parte, al familiarizarse con ellas, surgieron en varios grupos pequeñas obras, escritas a veces en forma individual y a veces en forma colectiva, que, dentro de su simplicidad, han abierto a sus autores perspectivas de auténtica expresión.

El proceso posterior puede resumirse en pocas palabras, aunque ello no quiere decir que haya sido sencillo. Predomina en los sectores populares una justificadísima desconfianza hacia cualquier organismo que intente penetrar en ellos, especialmente si en una u otra forma está respaldado por instituciones oficiales, y por ello la pregunta de su parte es inevitable: "¿Qué vienen a buscar?" La respuesta que exige esta pregunta implica que todo aquel que aspire a desarrollar una verdadera labor de dinamización social esté totalmente exento de todo propósito de proselitismo político, sea éste ideológico o a nivel de un partido determinado. La promoción del hombre ha de basarse en el deseo honesto de estimular en él una forma libre y espontánea de pensamiento que le lleve a buscar y encontrar por sí mismo, libremente, los caminos que considere más adecuados para la solución de sus problemas, personales o colectivos.

Naturalmente, la labor desarrollada en las comunidades nos ha exigido asiduidad, honestidad, equilibrio y genuino interés en la solución de la problemática de esas comunidades: el mismo interés que el grupo teatral ha de promover, primero en sus integrantes y, posteriormente, en todos los vecinos de la comunidad. Cada grupo ha de propiciar, asimismo, el nacimiento y el desarrollo de organizaciones de base canalizadoras de los esfuerzos comunitarios: juntas pro-mejoras, juntas progresistas, clubes deportivos, cooperativas de ahorro y crédito y de consumo, etc. En nuestra experiencia figuran ya algunas realizaciones de este tipo, las cuales, a su vez, han resultado excelentes colaboradoras de la actividad teatral.

El balance de esa actividad teatral, en los trece meses de realización práctica del proyecto comprendidos entre noviembre de 1970 y diciembre de 1971, incluye doce espectáculos teatrales estrenados por once grupos en los que han participado ciento treinta y siete personas, y cuatro espectáculos de títeres estrenados por cuatro grupos integrados por setenta y siete niños. Todos estos espectáculos fueron presentados inicialmente en su comunidad durante un mínimo de tres noches y posteriormente en otras comunidades, incluidas o no en el proyecto. (Véase láms. 20, 21 y 22.)

Estadísticamente, los resultados pueden resumirse así:

Teatro

Funciones realizadas: 51
Total de espectadores: 8.318
Promedio de espectadores por función: 163

Títeres

Funciones realizadas: 24
Total de espectadores: 4.790
Promedio de espectadores por función: 199

Lam. 20. Teatro de los Barrios. Escena de *La taquilla* del autor venezolano
Leopoldo Ayala Michelena. Grupo de un barrio de Maracay, Venezuela,
1971. (Foto: C. M. Suárez Radillo.)

Totales

Funciones realizadas: 75
Total de espectadores: 13.108
Promedio de espectadores por función: 181

Estas funciones fueron realizadas en 23 locales diferentes, con una capacidad máxima de 400 asientos y una capacidad mínima de 60 asientos. Para
una mejor comprensión de la asistencia de público a los espectáculos han
de tenerse en cuenta dos hechos importantes:

1. Los escasos medios de publicidad de que se dispuso.
2. Lo reducido de algunos de los locales en que se dieron las funciones.

Como norma mantenida invariablemente, al final de cada función el
grupo en pleno (intérpretes, técnicos, etc.) abrió un foro con los espectadores. En ese foro los espectadores han analizado y juzgado la obra presentada, su interpretación, su montaje y su contenido, especialmente en relación con los problemas de su comunidad. En ocasiones ese foro ha superado
en interés al espectáculo. Sin embargo, y me parece importante señalarlo,
ese foro nunca se hubiera producido sin la motivación ofrecida por el
espectáculo.

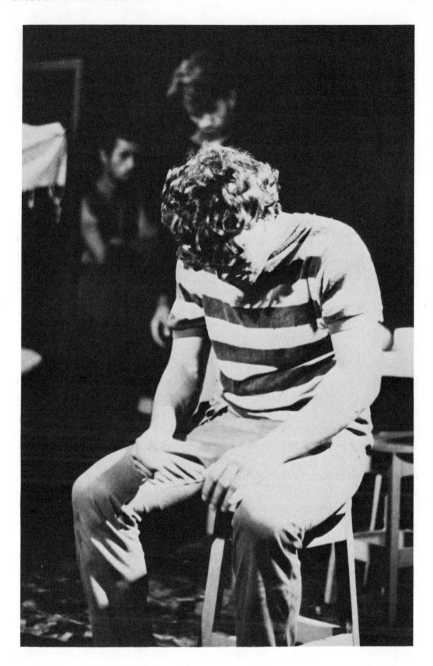

LAM. 21. Teatro de los Barrios. Escena de *En la zona* de Eugene O'Neill. Grupo "Flama" del Barrio de San Blas, en Petare, Caracas, 1971. (Foto: C. M. Suárez Radillo.)

LAM. 22. Teatro de los Barrios. Escena de *El gallo* del autor peruano Víctor Zavala.
Grupo del Barrio Doce de Octubre, Caracas, 1971. (Foto: C. M. Suárez
Radillo.)

Innumerables testimonios podría traer aquí, entre los expresados en los
foros, que evidencian la identificación de los integrantes de los grupos
teatrales con los objetivos esenciales del proyecto. Me limitaré a transcribir
unos pocos.

Por ejemplo, un joven de 18 años afirma: "Yo estoy en el Teatro de los
Barrios porque creo que el teatro como arte es una de las formas de expresar
un mensaje que la comunidad está viviendo, un mensaje que tenga la
comunidad y no sepa cómo resolverlo. Yo creo que el Teatro de los Barrios
debe ser un teatro de denuncia, que busque comunicación... No ese teatro
comercial y divertido que hay en todas partes. No, ése no, ése no deja nada
y sinceramente ese teatro es para los ricos que no se preocupan de los
pobres."

Otro joven, de 19 años, expresa: "Como joven que soy y teniendo inquietudes y viendo la gran problemática que se presenta en nuestro país, he visto
que a través del teatro se puede llegar a la gente como medio de crearle conciencia de los problemas que le atañen."

Y una jovencita de 17 años dice: "Yo me metí al asunto del teatro, para
ser franca, simple y sencillamente porque por amistad me empezaron a convocar y yo fui a descubrir una experiencia nueva. Al llegar ahí me di cuenta
de que, por medio del teatro, además de arte y nuevas experiencias, también
podía lograr una labor social que era la de integrarme más a la comunidad
y no pasar por ella como un habitante más, sino vivir sus problemas."

Finalmente, otro joven, de 17 años, concluye: "Nosotros creemos que llegándole a nuestro pueblo, por ser la clase más marginada, por ser la clase más explotada en nuestra sociedad, podemos lograr que él busque la forma de solucionar sus problemas, los problemas que nosotros, por medio del teatro, le expongamos, y que se comuniquen entre sí y al comunicarse se formen una conciencia, no una conciencia mediatizada ni mecanizada como pretende formarnos esta sociedad, no, sino una conciencia crítica y que el individuo se autodefina con esos grandes problemas, con esas grandes injusticias. Me satisface mucho estar en el teatro porque creo que es una de las formas más bonitas y más simples de que el pueblo vea los problemas por un medio de comunicación no comercial. Ahorita ese pueblo está asqueado de los grandes medios de comunicaciones como la televisión, como la prensa, la radio, que lo tienen totalmente asqueado, que los alejan unos a los otros."

Los jóvenes que así se expresan no se han limitado a ensayar sus papeles en las obras presentadas. Algunos de ellos han plasmado en obras teatrales propias sus preocupaciones y sus anhelos evidenciando una auténtica toma de conciencia de la problemática de sus comunidades que es la suya propia. Por otra parte, todos han colaborado con entusiasmo en el desarrollo de un aspecto del trabajo que consideramos muy importante: el de las actividades culturales paralelas. Un proyecto de esta naturaleza ha de proponerse sistematizar la difusión de manifestaciones culturales que, de una manera orgánica, enriquezcan a las comunidades. Partiendo de un auténtico conocimiento de ellas, de sus posibilidades, sus necesidades, sus aficiones y sus intereses, la programación de conferencias, conciertos, espectáculos diversos, etc., responderá plenamente a aquéllas.

Nadie mejor que Luis Márquez Páez, director técnico ejecutivo del proyecto, podría resumir los resultados obtenidos: "El Teatro de los Barrios representa, en primer término, la coordinación de cinco instituciones en un esfuerzo común: el llevar la cultura a las clases populares, no ya en forma de impresión, como ha sido tradicional en nuestro país, sino como una expresión de esas mismas clases que determinaría en un futuro el verdadero florecimiento de una cultura popular, de una manifestación totalmente auténtica de las clases populares venezolanas. La creación de doce grupos en un término de ocho meses es la respuesta categórica de las clases marginales a la proposición del Teatro de los Barrios, en cuyo espíritu está utilizar la manifestación teatral no solamente como un fenómeno estético, sino como un fenómeno social, algo que ayude al individuo a su superación y le dé un vehículo para ayudar al mismo tiempo él a la superación de su comunidad. Plantear los problemas de las comunidades, buscar que se produzca la obra teatral con los problemas de los barrios, con los problemas de las clases marginales, es el fundamento, es el espíritu del Teatro de los Barrios. Nuestros hombres de las clases populares han visto en el teatro un poderoso vehículo de comunicación no alienado que les permite establecer un diálogo

con su comunidad en busca de las soluciones necesarias para sus múltiples
angustias. Este ha sido, pues, el motivo del éxito que ha tenido el Teatro de
los Barrios, de la receptividad que ha encontrado entre las clases marginales
el proyecto que hoy marcha adelante y que poco a poco va agrandándose.
Y estamos seguros de que, en un futuro, será un hecho importante dentro
del devenir cultural de nuestro país."

Cuando Luis Márquez Páez expresó los conceptos que acabo de transcribir, aún habían de transcurrir varios meses antes de que el proyecto com-
pletara la fase inicial de diez y seis meses prevista con carácter piloto. En
los últimos meses de esa fase se hicieron evidentes los riesgos a que siempre
está sometido un proyecto de esta naturaleza. De una parte, la indiferencia
que suele caracterizar a las instituciones oficiales, se tradujo en la ausencia
total de garantías económicas para la continuación del proyecto. De otra
parte, al manifestarse abiertamente la libre expresión que el Teatro de los
Barrios había previsto para sus grupos como parte esencial de su filosofía,
se lastimaron intereses políticos concretos, lo cual provocó la pretensión de
algunas instituciones de imponer normas y limitaciones a esa libre expresión.
Al concluir la fase piloto, gran parte de los iniciadores del proyecto nos
sentimos obligados a abandonarlo, y de hecho lo hicimos.

Ello no quiere decir, sin embargo, que el proyecto de Teatro de los Barrios
como tal haya fracasado. A lo sumo ha fracasado un sistema que, aunque
teóricamente preconiza la participación del pueblo en las decisiones, en la
práctica pretende limitar esa participación sometiéndola a cauces predeterminados e imponiéndole al pueblo valores, predeterminados también, que
no tienen por qué ser necesariamente los suyos. Como generador de una
conciencia colectiva, como propulsor de un teatro popular auténtico, el
proyecto de Teatro de los Barrios ha hecho evidente su eficacia.

26

El Grupo Teatro Escambray: Una Experiencia de la Revolución

SERGIO CORRIERI

Undoubtedly, the most important contribution of the Cuban Revolution to the theater is the Theater Group Escambray (GTE), founded in 1968 and directed since then by Sergio Corrieri. Escambray, a mountainous region in the province of Las Villas, is populated primarily by farm workers and was the scene of several armed struggles and some of the most crucial battles of the Revolution. Today the region is the object of a vast development plan which involves economic, social, and cultural programs. The founding members of the GTE consisted of professional theater personnel from Havana, under contract with the National Council of Culture. One of the goals of the group was to develop a "collective creation for collective communication"; the people would be both the subject and the participating spectator in the presentations; theater would not be an end in itself as an aesthetic enjoyment, but a means of collective discussion and confrontation of the vital problems of the people.

Toward this end, the group first set out to become thoroughly familiar with the region, its people, their history, and their problems. Adaptations of well-known plays, such as those by Brecht, were staged, which hopefully would reflect the real situation of the people. Gradually, by studying the effect of these presentations on the audience, the GTE has arrived at a stage of development where they write their own texts, which they represent using their own techniques and language. The debates at the end of each presentation have become an integral part of their theater,

Este capítulo apareció en la revista *Conjunto,* 18 (oct–dic 1973), 2–6, y se incluye en este volumen con la debida autorización.

as they affect it decisively. One of the most significant aspects
of the group's history is that their artistic patterns have evolved
through practice, not through preconceived notions.

Para comprender mejor esta experiencia, se hace necesario referirnos,
aunque sea brevemente, al territorio donde el Grupo desarrolla su labor y
del cual toma su nombre: la región del Escambray, provincia de Las Villas.

El Escambray es una región montañosa y se encuentra situada al centro
y sur de la Isla. Su población es, fundamentalmente, campesina o de origen
campesino, y se concentra en varias pequeñas ciudades y pueblos de la
periferia montañosa. En las estribaciones de las montañas los centros de
población son más pequeños y escasos, siendo la dispersión de las viviendas
una característica de estos lugares.

Antes de la Revolución, la miseria, el atraso, el analfabetismo y la explotación más despiadados marcaron la vida de sus habitantes. A esto se unía
un pobre y desordenado desarrollo económico que respondía exclusivamente
a los intereses de las clases dominantes, en su mayoría propietarios de tierras
dedicadas al cultivo del café, el tabaco, la caña y la cría de ganado. Muchas
de las más antiguas familias del Escambray buscaron en las montañas un
refugio contra los desalojos de que eran objeto en el llano, pensando que
quizá estas tierras altas y difíciles de explotar no suscitarían lo voraz ambición de los latifundistas. La falta de caminos y lo agreste de la naturaleza
hacían de muchas zonas del Escambray lugares remotos, aislados y de difícil
acceso.

El Escambray posee una rica tradición de lucha desde nuestras primeras
guerras de independencia, en el siglo pasado, hasta nuestros días. En nuestra
reciente guerra de liberación, operaron en sus montañas varios frentes gue-
rrilleros; con excepción de la Sierra Maestra, fue aquí donde se libraron
los combates más decisivos y arduos. Durante la lucha muchos campesinos
del Escambray se sumaron a las guerrillas revolucionarias, que encontraron
en la población una base segura de protección y sostenimiento.

Después del triunfo de la Revolución y durante algunos años, se desarrolló
en el Escambray lo que se conoce en nuestro país como la "lucha contra
bandidos." Por sus características especiales, la zona fue escogida por el
imperialismo como base para las bandas contrarrevolucionarias que debían,
desde adentro, brindarle apoyo armado a la fracasada invasión de Playa
Girón. Destruida la invasión en pocas horas por el Ejército y las Milicias
Populares, las bandas quedaron en las zonas más intrincadas de las montañas, sembrando en el campesinado el miedo, la muerte y la confusión.

Estas bandas fueron liquidadas paulatinamente, gracias al esfuerzo combinado del Ejército y de las Milicias integradas por los propios campesinos de la región.

Resumiendo, podríamos decir que la lucha de clases, que se agudiza con el triunfo de la Revolución encuentra en el Escambray su expresión más crítica: la confrontación armada entre las fuerzas del pueblo y los sostenedores de la antigua dominación.

Por todo lo anterior, la región del Escambray vio limitado su desarrollo durante algún tiempo. Hoy día, está sometida a un intenso plan de desarrollo económico y social que cambia su topografía, su organización social y sus patrones y valores culturales. Este plan ha requerido la rápida construcción de escuelas de todo tipo, carreteras, presas, hospitales, industrias, vaquerías y multitud de pueblos nuevos, donde toda esa población dispersa comienza a agruparse y a vivir y a trabajar colectivamente para su futuro.

Esta es la región escogida por los integrantes del Grupo para iniciar su experiencia.

El Grupo se forma a finales de 1968; su primer núcleo está integrado por actores y directores, algunos con varios años de experiencia, que venían desempeñando sus labores en distintos grupos de la capital. Son teatristas profesionales, contratados por el Consejo Nacional de Cultura, organismo estatal creado por la Revolución. Dejar la capital y reunirse en un grupo para trasladarse al Escambray, surge como iniciativa espontánea de los integrantes del mismo.

Los fundamentos y consideraciones que dieron origen a esta iniciativa son, entre otros, los siguientes: la explotación del hombre por el hombre y la división del trabajo, indispensables al desarrollo capitalista de la sociedad, inciden de manera directa en los ámbitos de la creación artística; al teatro le despojaron, desde hace ya mucho tiempo, de su sentido esencial: ser *una creación colectiva para una comunicación colectiva*. En los países capitalistas (salvo escasas y algunas muy valiosas excepciones) el pueblo ha sido sacado de la escena y, por supuesto, también de la platea. Sin embargo, a los llamados países del tercer mundo se les pretende imponer, a título de tradición universal, el *elitarismo* burgués con todas sus secuelas de supuestas vanguardias, acuñadas y exportadas desde los Estados Unidos y Europa occidental. En cuanto al teatro se refiere, la América Latina, incluyendo a Cuba hasta hace unos años, ha sido receptora de este fenómeno.

¿Qué aporta a nuestros pueblos todo esto? Francamente, nada en su beneficio. Economías dependientes y políticas que respaldan los intereses de unos pocos, o lo que es peor, los intereses de los monopolios extranjeros, difícilmente ayudan al florecimiento de culturas nacionales y promueven un arte del pueblo y para el pueblo. Los heroicos intentos que han existido y existen en el plano teatral de nuestra América en favor de los intereses del pueblo no contradicen esta afirmación, al contrario: la represión, la censura, la falta de ayuda oficial, etc., han entorpecido o hecho fracasar valiosas tentativas de auténtica comunicación entre pueblo y artistas. Sin duda, los campos están definidos y la guerra es a muerte: el destino del teatro será el destino de los pueblos. La situación actual de nuestra América nos confirma que pueblos y teatro saldrán vencedores.

En Cuba, con una Revolución en el poder, con el pueblo como centro y conductor de su propia vida, sumergido el país en una ferviente construcción socialista, el teatro tiene la posibilidad de reencontrar su esencia como fenómeno popular de comunicación, con estas indispensables condiciones: el pueblo como fuente de creación; los intereses y el desarrollo del pueblo como propósito; el pueblo como creador de su propio teatro. Para esto, por supuesto, artistas y pueblo deben ser la misma cosa.

El Grupo Teatro Escambray decidió ir a buscar un nuevo público y, con él, un lenguaje teatral que expresara de forma efectiva la problemática de ese público. Sus componentes insistían en que el teatro no debía ser un fin en sí mismo, ni solamente el productor temporal de un goce estético; el teatro debía ser un hecho vivo, un instrumento de discusión y confrontación colectivas de los problemas vitales del público a quien iba dirigido.

La primera tarea debía ser el conocimiento de la zona en que se iba a trabajar, de los problemas de sus habitantes, de su presente, de su pasado.

Para la obtención de estos fines se establecieron criterios que fueron definiendo una política y una metodología de trabajo. Lo primero que se hacía necesario era la convivencia en la zona, sin la cual era imposible la recepción directa y viva de los conflictos humanos y sociales que la conformaban. El Grupo en su totalidad habita en la región y solo esporádicamente, en períodos de descanso, acuden sus integrantes a sus lugares de origen.

El Grupo se mueve por la zona, trasladándose de comunidad en comunidad, participando, al mismo tiempo que realiza sus funciones, en las actividades (trabajos, fiestas, reuniones, etc.) que tienen lugar en la misma. A veces, es el propio Grupo quien las promueve.

Al plantearse seriamente el estudio de la problemática de la zona, el Grupo se ha visto obligado a apoyarse en otras disciplinas que comúnmente no forman parte del currículo de actores y directores teatrales. Elementos de sociología, sicología y técnica de investigaciones han tenido que ser aprendidos sobre la marcha y aplicados, con las necesarias adaptaciones, a esta experiencia particular de la cual no existen precedentes conocidos ni referencias teóricas sobre qué apoyarse. Investigaciones generales, estudio de comunidades, encuestas sobre problemas específicos, han ido, a lo largo de estos años, ayudando a profundizar el conocimiento de la zona.

La primera investigación, que se efectuó en diciembre de 1968, sirvió de base al primer repertorio del Grupo, seleccionado sobre la premisa de que incidiera, lo más directamente posible, sobre problemas generales que en dicha investigación se habían detectado. Como el conocimiento de la zona era aún muy precario y las obras idóneas no existían, se acudió a adaptaciones del teatro universal: Brecht, algunas farsas francesas medievales, cuentos, etc. Estas adaptaciones, más o menos eficaces, cumplieron un papel fundamental, ya que gracias a la actitud experimental e investigativa que anima al Grupo, se convirtieron a su vez en instrumentos de investigación sobre los problemas que trataban. Los debates posteriores a las obras y las visitas que se hacían, casa por casa, los días siguientes a la representación, fueron arrojando datos valiosos: primero, la comprobación de la eficacia artística del lenguaje empleado y, segundo, la profundización en el conocimiento de los problemas que las obras trataban, es decir, recoger nuevos datos, anécdotas e interpretaciones sobre lo visto. Como la temática de las obras tiene que ver directamente con la vida del espectador, éste, al referirse a la misma, habla necesariamente de sí mismo, de su origen, de sus aspiraciones, de su visión de la vida, dando así la posibilidad de conocer sus necesidades culturales y vislumbrar el sentido con que estas se van transformando a impulsos del cambio revolucionario.

Decenas de debates y cientos de entrevistas que se estudian y conservan, grabadas o escritas, son la fuente de la cual surgen posteriormente los nuevos espectáculos. Los temas se priorizan según su importancia y en discusiones colectivas internas se configuran hipótesis que serán los nervios centrales de las futuras obras. En la actualidad, el Grupo escribe sus propias obras, que vuelven a recorrer el mismo ciclo de confrontación e investigación. La obra, en ocasiones, es una hipótesis que se confirma, o se modifica en el contacto con el público. En su corta historia, el Grupo ha estrenado diez espectáculos, siete de los cuales han sido extraídos de la problemática de la región.

El Grupo trabaja únicamente en el Escambray. Reduce su área de acción para obtener la necesaria profundidad y lograr la identidad indispensable con todos los pobladores de la zona: autoridades políticas, campesinos, obreros, *et al.* Asimismo, sustenta sus criterios sobre la base de que el teatro es un bien público al que la comunidad tiene el derecho de orientar y criticar y el deber de sostener y respetar. El teatro debe ser orgullo de la comunidad y, sobre todo, necesidad vital de la misma.

El repertorio ha ido evolucionando y afinándose con el tiempo; no solo en lo que a temática se refiere, sino también en lo referente al lenguaje teatral. El debate, en los últimos espectáculos, ya no es un agregado a la obra que puede tener lugar o no sin que ésta se afecte; el mismo adquiere categoría estética, es decir, está íntimamente ligado a la estructura de la obra: por tanto, el hecho teatral no puede efectuarse sin la participación del público. Estas obras se alejan de la literatura y no valen por sí mismas, adquieren su verdadera dimensión ante el público para el que fueron escritas y se desarrollan mejor o peor según el grado de participación. Esta se produce, por lo general, de modo considerable y espontáneo. En ocasiones, el público se convierte, sin advertirlo, en personaje de la acción teatral.

Esta estructura, este lenguaje teatral, se ha ido encontrando a partir de las características del público con que se trabaja. No debe olvidarse que este público, en su inmensa mayoría, no tiene antecedentes teatrales, conserva una óptica y una sensibilidad vírgenes aún, desconoce por completo las convenciones teatrales al uso. Esto hace que se proyecte hacia los espectáculos que tratan sus problemas, con una frescura y espontaneidad imposibles de encontrar en un público acostumbrado al teatro.

Al Grupo, más que cristalizar un estilo, le interesa dar una respuesta artística coherente con la situación económica, política y social del país. La evolución de tales condiciones determinará la marcha del Grupo. El GTE considera que sus espectáculos son, en definitiva, pruebas que requieren de medidas y comprobación, que deben estar abiertos a correcciones y enmiendas, tanto por parte del público a que van dirigidos como por el Grupo mismo.

Esta forma "abierta" de trabajar y concebir el teatro, garantiza al público su derecho a vetar la imagen que de él se ofrece, a criticarla o a aceptarla, a discutirla y a corregirla. Y no como un acto que el espectador realiza posteriormente, sino allí, públicamente, ante su comunidad. El hecho teatral y las discusiones que son parte del mismo, posibilitan que el autorreconocimiento no se convierta solo en un acto de introspección, sino en la objetivización pública de los problemas que le atañen, en un socio-análisis a través de la crítica y la reflexión colectivas.

En el plano estético, el Grupo dota de nuevos contenidos a categorías como la calidad artística. La calidad está referida a la medida en que el lenguaje teatral responda y actúe sobre los valores y moldes receptivos de la comunidad, aunque este lenguaje no sea la repetición de modelos establecidos y considerados como universales. Si la calidad de una obra está siempre determinada por su eficacia, para el Grupo tendrá calidad aquello que responda eficazmente a estos fines: hacer del teatro un hecho de esclarecimiento público, de comunicación colectiva, un arma al servicio de las necesidades del desarrollo de la Revolución.

En el plano ético, el artista y su necesidad de expresión cobran otro significado. El estímulo al trabajo no reside, fundamentalmente, en figurar más o menos tiempo sobre la escena, sino en hacer posible la comunicación del Grupo, como totalidad, con el público. El artista se expresa por el trabajo del Grupo, esté él o no sobre la escena.

Un teatro que realiza sus funciones al aire libre, en espacios con mínimas apoyaduras técnicas, con obras que requieren la variable participación del público, exige un actor que además de estar entrenado en los términos usuales, domine perfectamente la problemática que plantea la obra y tenga la capacidad de improvisar para llevar las situaciones a los fines propuestos.

Aquí, el actor es la mitad del fenómeno teatral: la otra es el público, que varía cada noche. Estas exigencias, algunas de las cuales no son indispensables dentro del teatro acostumbrado, han devenido tales por la práctica, no por elaboraciones teóricas hechas *a priori,* y contribuyen, entre muchas otras cosas, a definir peculiaridades y patrones artísticos que otorgan al Grupo su faz particular.

El Grupo cuenta solamente con cinco años de trabajo y sus logros son modestos; tiene un largo camino que recorrer. Como fenómeno artístico, constituye una respuesta coherente a nuestra situación de país joven, pobre, que sufrió hasta hace poco el dominio económico de una nación poderosa y la penetración cultural que tal dominio conlleva; país sin una rica tradición teatral, que antes de la Revolución tenía una vida teatral constreñida a la capital, alimentada y disfrutada por sectores minoritarios de la población, cuyos gustos y necesidades correspondían en su mayoría a patrones y moldes culturales extranjerizantes (los artistas no somos ajenos a esta extranjerización que nos hace rechazar e ignorar lo propio y tener fijos los ojos y las aspiraciones en moldes norteamericanos y europeos; el colonialismo económico desaparece primero que el colonialismo cultural, forma más sutil de la colonización); país en Revolución, que ha liberado al arte y la literatura de los mecanismos de la oferta y la demanda mercantilista y propugna un arte que, al mismo tiempo que vinculado a las raíces de nuestra nacionalidad, sea también internacionalista.

La experiencia del Grupo Teatro Escambray va en dos sentidos que convergen: busca y se apoya en el pueblo de esta región, convirtiéndolo en el protagonista de toda su actividad con el fin de ayudarlo en su autotransformación, en la búsqueda de sus valores más puros, en su desarrollo revolucionario; y en esta actividad el propio Grupo se transforma, se depura, se hace más crítico de sí mismo, se hace más pueblo. La renovación del teatro, necesidad proclamada por tantos artistas honestos en tantas partes del mundo, será efectiva en la medida en que cada teatro reencuentre al pueblo que es quien justifica su existencia.

Parte VI

Bibliografía Selecta

Bibliografía Selecta
sobre el Teatro Popular
Latinoamericano

GERARDO LUZURIAGA

This bibliography, focusing on popular theater in Latin America, has been compiled in response to the growing importance of this theater genre. Although it is a first attempt, and by nature incomplete, we feel that theater practitioners as well as scholars will find the bibliography useful.

The criteria for the selection of materials have been those that have guided us throughout the volume. On the one hand, an attempt has been made to reflect quantitatively the relative importance and leadership of countries such as Colombia, Cuba, and Brazil. On the other hand, it has also been our desire to record, to as great a degree as possible, the manifestations of popular theater even in those countries where, for one reason or another, its cultivation has been more precarious or difficult. Included here are books, monographs, scholarly articles, interviews, and brief newspaper accounts. In accordance with the general scope of the book, the more uncommon material, customarily appearing in nonacademic publications, has not been excluded—on the contrary, it has been expressly searched out. Most of the essays cited here have been examined by me or my collaborators. If we have incorporated data which we have not been able to verify personally, it has been with the hope that the service rendered will compensate for the risk involved.

The bibliography is divided into six parts: periodicals; bibliographies and reference works; books, articles, notes, and interviews; general works; popular cinema and television; and popular song.

The first section lists the major periodicals that generally contain material related to the theme of popular theater. Some have ceased publication, but in the past have contained articles on

popular theater. Abbreviations are supplied for publications
cited most frequently. The second section, dedicated to bibliographies and reference works, includes those general reference
materials on Latin American theater that touch on popular theater and those more specifically related to the focus and emphasis
of this anthology. The last two sections represent part of the
original, more encompassing dramatic arts project. These
materials are cited here because of the important role that the
"new cinema" and the "new popular song" play in Latin American culture today. To facilitate use of the bibliography, an indication of geographical area covered by each citation is supplied.

Although we have tried to limit ourselves to the treatment of
contemporary theater as *theater* rather than as *literature*, dramatic works of the principal "popular" authors (preceded by an
asterisk) are included as examples.

Que sepamos, ésta constituye la primera compilación bibliográfica acerca
del teatro popular en América Latina, y responde a la creciente importancia
que ha adquirido este género teatral, en sus diferentes manifestaciones, en
el continente latinoamericano. Por ser precisamente un esfuerzo primerizo,
tenemos la convicción de que se trata de un trabajo todavía incompleto aun
dentro de su carácter selectivo. Con todo, creemos que será útil a las personas interesadas en la materia. Para esas personas, que pueden ser o no ser
eruditos universitarios, ha sido preparada esta bibliografía.

El criterio rector que hemos procurado seguir en la selección del material
bibliográfico ha sido el mismo que nos ha guiado en todo el volumen. Por
un lado, se ha buscado reflejar cuantitativamente en estas páginas la importancia relativa de algunos países—tales como Colombia, Cuba y Brasil—en
este género teatral, aunque, por otro, también se ha querido registrar, en
cuanto ha sido posible, las manifestaciones de teatro popular aun en aquellos
países en que por una u otra razón su cultivo es más precario o difícil. La
presente bibliografía abarca desde libros, monografías y artículos eruditos
hasta entrevistas y breves crónicas periodísticas. En conformidad con los
propósitos generales del libro, este material menor, aparecido de ordinario
en publicaciones no académicas, no sólo no ha sido excluido sino que ha
sido buscado expresamente. La mayoría de los escritos aquí referidos han
sido examinados por mí o por las personas que me han ayudado en esta

labor. Si hemos incorporado datos que no hemos podido verificar personalmente, ha sido con la esperanza de que el riesgo de tal procedimiento se vea compensado por el servicio que pueda prestar.

La bibliografía está clasificada en seis secciones:

> Publicaciones Periódicas
> Bibliografías y Obras de Referencia
> Libros, Artículos, Notas, Entrevistas
> Consulta General
> El Cine y la Televisión Popular
> La Nueva Canción Popular

En la primera sección se da una lista de las principales publicaciones periódicas que suelen contener material relacionado con nuestro tema. Algunas de ellas han dejado de existir; no obstante, han publicado artículos sobre el teatro popular. Las publicaciones citadas más frecuentemente llevan abreviaturas. La segunda sección, dedicada a bibliografías, recoge tanto aquéllos que constituyen las principales fuentes de referencia para el teatro latinoamericano en general y en que se suele dar escasa importancia al teatro popular, como aquéllas que son de interés más específico para el asunto y enfoque de este libro. Las dos últimas secciones representan parte del proyecto inicial de estudio, genéricamente más abarcador, que intentó englobar todas las artes dramáticas y paradramáticas. Incluimos dicho material, conscientes, sin embargo, del destacado papel que el "nuevo cine" y la "nueva canción popular" desempeñan en el ámbito de la cultura latinoamericana de hoy. Observará el lector que, para facilitar el uso de esta bibliografía, a cada asiento de las secciones segunda y tercera se acompaña una área geográfica de referencia; en algunos casos, cuando se indica que un determinado escrito es de referencia "general," se significa que trata del teatro popular de varios países.

Hemos procurado circunscribirnos al teatro contemporáneo como práctica escénica; dejamos, pues, de lado, el teatro como práctica literaria; sin embargo, hemos incluido, a manera de ejemplo o ilustración, ciertas obras dramáticas de los principales autores "populares," que van precedidas de un asterisco. Asimismo, se ha querido recoger siquiera una historia del teatro de cada uno de los países en donde el teatro popular ha tenido más raigambre o más vitalidad, aunque dicha historia estudie en su mayor parte el teatro no popular; esto se ha hecho con un doble propósito: primero, para que se compruebe la poquísima importancia que los historiadores del teatro han concedido al teatro popular, conspirando así contra su existencia y su diseminación, y además, para que haya una referencia contextual en relación al teatro erudito de dicho país.

En cuanto al formato, y que los eruditos perdonen la aclaración, hemos seguido las convenciones bibliográficas prevalentes en los ámbitos académicos (artículo entre comillas; libro, obra dramática o publicación periódica en bastardilla; volumen/año y número de revista conectados por dos puntos; fecha del número entre paréntesis; lugar de publicación del libro seguido por la editorial, etc.). La naturaleza multilingüe de esta bibliografía ha forzado otras convenciones; así, por ejemplo: "et al." ("y otros autores"); "n.d." ("no date," "sin fecha"); "n.p." ("No place," "sin lugar de publicación"); "tr. by" y "tr. de" ("translated by" y "traducción de"); "ed. by" y "ed. de" ("edited by" y "edición de"); utilizamos en este caso el término "edición" en el sentido inglés, que corresponde al español "selección, prólogo y notas." Por último, es preciso indicar que, siendo de muy difícil acceso varias de las publicaciones aquí registradas, no siempre nos ha sido posible dar la información completa, y que en muchas ocasiones dicha deficiencia de datos no es sino reflejo de la peculiar naturaleza de algunas publicaciones.

Finalmente, quisiera manifestar mi gratitud y reconocimiento a las personas que en uno u otro momento me han ayudado en la elaboración de esta bibliografía: el Dr. René Acuña, Ms. Joanne March (que transcribió el manuscrito) y los estudiantes Ms. Bernice Marks y Sra. Susana Castillo, y de modo muy especial el Sr. Jaime López y Ms. Erna Lengert.

Publicaciones Periódicas

	Aisthesis. Universidad Católica, Santiago de Chile
AL	*Alero*. Universidad de San Carlos de Guatemala
	Alcor. Asunción, Paraguay
AM	*Américas*. Organización de Estados Americanos (OEA), Washington, D.C.
AMA	*Amaru*. Revista de Artes y Ciencias. Universidad Nacional de Ingeniería, Lima, Perú
	Anales de la Universidad de Santo Domingo. Ciudad Trujillo, República Dominicana
AP	*Apuntes*. Escuela de Artes de la Comunicación, Universidad Católica, Santiago de Chile
ASO	*Asomante*. Universidad de Puerto Rico, Río Piedras
	Atenea. Revista Mensual de Ciencias, Letras y Artes. Concepción, Chile
AUCH	*Anales de la Universidad de Chile*. Santiago
AZT	*Aztlán*. International Journal of Chicano Studies Research. Chicano Studies Center, University of California, Los Angeles
BdS	*La Bufanda del Sol*. Revista del Frente Cultural. Quito, Ecuador
BET	*Boletín de Estudios de Teatro*. Instituto Nacional de Estudios de Teatro, Buenos Aires, Argentina

BIF	*Boletín del Instituto de Folklore.* Caracas, Venezuela
	Bim. Young Men's Progressive Club, Barbados
	Black Theatre. A Periodical of the Black Theatre Movement. New York
BO	*Bohemia.* La Habana, Cuba
	Boletim Latino-Americano de Música. Instituto Interamericano de Musicologia, Rio de Janeiro, Brasil
	Boletín de la Academia Hondureña. Tegucigalpa
BUCH	*Boletín de la Universidad de Chile.* Santiago
CA	*Cuadernos Americanos.* México
CAB	*La Cabra.* Periódico de Teatro Universitario. Universidad Nacional Autónoma de México (UNAM)
CAI	*Caimán Barbudo.* La Habana, Cuba
	Caretas. Lima, Perú
	Caribbean Educational Bulletin. Association of Caribbean Universities, Universidad de Puerto Rico, Río Piedras
CASA	*Casa de las Américas.* La Habana, Cuba
CB	*Cadernos Brasileiros.* Rio de Janeiro
CC	*Cine Cubano.* La Habana
CD	*Comparative Drama.* Western Michigan University, Kalamazoo, Michigan
CENT	*Centroamericana.* Revista Cultural del Istmo. México
CH	*Cuadernos Hispanoamericanos.* Instituto de Cultura Hispánica, Madrid, España
	Children's Theater Review. American Theater Association, Washington, D.C.
	Chile Hoy. Santiago
CI	*Cuba Internacional.* La Habana
CINE	*Cinéaste.* New York
	Cinemateca. Universidad Nacional Autónoma de México
CIV	*Civilização Brasileira.* Rio de Janeiro
CLA	*Clã, Revista de Cultura.* Fortaleza, Brasil
CLE	Boletín de la Comunidad Latinoamericana de Escritores. México
COM	*Comentario.* Instituto Judío Argentino de Cultura e Información, Buenos Aires
CON	*Conjunto.* Departamento de Teatro, Casa de las Américas, La Habana, Cuba
	Conjonction. Port-au-Prince, Haiti
CP	*Cultura y Pueblo.* Comisión Nacional de Cultura, Lima, Perú
CRI	*Crisis.* Buenos Aires, Argentina
CRM	*Cuba, Revista Mensual.* La Habana
CT	*Cuadernos de Teatro.* Corporación Colombiana de Teatro, Bogotá
CU	*Cultura Universitaria.* Dirección de Cultura de la Universidad Central de Venezuela, Caracas
	Cuadernos. Revista del Congreso por la Libertad de la Cultura. París, Francia

Cuadernos de la Realidad. Universidad Católica, Santiago de Chile

Cuadernos del Guayas. Casa de la Cultura Ecuatoriana, Guayaquil

CULT   *Cultura.* Ministerio de Educación, San Salvador, El Salvador

Diálogos. México

DIAPR   *Diálogos.* Revista del Departamento de Filosofía. Universidad de Puerto Rico, Río Piedras

DIO   *Dionysos.* Organo do Serviço Nacional de Teatro de Ministério da Educação e Cultura. São Paulo, Brasil

Drama and Theater. State University College, Fredonia, New York

EAC   Escuela de Artes de la Comunicación, Universidad Católica, Santiago de Chile

ECA   *Estudios Centroamericanos.* Universidad Centroamericana José Simeón Cañas, San Salvador, El Salvador

Ecran. París, Francia

ED   *Educación.* Revista para el Magisterio. Caracas. Venezuela

ESC   *Escena.* Organo Oficial de la Escuela Nacional de Arte Escénico. Lima, Perú

ESCE   *Escenario.* Santiago de Chile

Escena 3. Revista Nacional de Teatro y del Espectáculo. Caracas, Venezuela

EST   *Estudios.* Academia Literaria del Río de la Plata, Buenos Aires, Argentina

ET   *Educational Theater Journal.* American Educational Theater Association, Ann Arbor, Michigan

FAN   *Fanal.* Lima, Perú

Filme Cultura. Rio de Janeiro, Brasil

Focus. Kingston, Jamaica

Fundateatros. Ateneo de Caracas. Venezuela

GACH   *Gaceta Oficial.* La Habana, Cuba

Granma. Diario en Español, Semanario en Inglés. La Habana, Cuba

Guatemala Indígena. Guatemala

Hablemos de Cine. Lima, Perú

Handbook of Latin American Studies. Latin American Studies Association, University of Florida, Gainesville

HISP   *Hispania.* American Association of Teachers of Spanish and Portuguese, Appleton, Wisconsin

Honduras Ilustrada. Tegucigalpa

HOR   *Horizontes.* Universidad Católica de Puerto Rico, Ponce

IM   *Imagen.* Instituto Nacional de Cultura y Bellas Artes, Caracas, Venezuela

INS   *Insula.* Revista Bibliográfica de Ciencias y Letras. Madrid, España

INT   *Inter-American.* Washington, D.C.

IS   *Islas.* Universidad de las Villas, Santa Clara, Cuba

Journal of Inter American Studies. Institutes of Latin American Studies, Universities of Cambridge, Glasgow, Liverpool, London, Oxford

Kukulcán. Teatro Universitario, Tegucigalpa, Honduras

Latin American Literary Review. Carnegie-Mellon University, Pittsburgh, Pennsylvania

Latin American Research Review. Latin American Studies Association, University of Florida, Gainesville

LATR   *Latin American Theatre Review.* Center of Latin American Studies, University of Kansas, Lawrence

Letras del Ecuador. Casa de la Cultura Ecuatoriana, Quito

LN   *Letras Nacionales.* Bogotá, Colombia

LOSUN   *Los Universitarios.* Dirección General de Difusión Cultural, Universidad Nacional Autónoma de México

LP   *El Libro y el Pueblo.* Revista de Bibliografía Mexicana de la Secretaría de Educación Pública, Departamento de Bibliotecas, México

MA   *México en el Arte.* Instituto Nacional de Bellas Artes, México

Mapocho. Biblioteca Nacional, Santiago de Chile

MAR   *Marcha.* Montevideo, Uruguay

Máscara, Buenos Aires, Argentina

Massachusetts Review. Amherst, Massachusetts

MD   *Modern Drama.* University of Toronto, Ontario, Canada

New Theatre Magazine. Green Room Society of Bristol University, Bristol, England

New World. Inner City Cultural Center, Los Angeles, California

NOR   *Norte.* Consejo Provincial de Difusión Cultural, Tucumán, Argentina

NorthSouth. Canadian Association of Latin American Studies, Ottawa, Ontario, Canada

NT   *Nuestro Tiempo.* La Habana, Cuba

OCLAE   Organización Continental Latinoamerica de Estudiantes, La Habana, Cuba

Oiga. Lima, Perú

Optique. Revue Littéraire et Culturelle d'Haiti. Port-au-Prince

PA   *Pan American.* New York

PAP   *Papeles.* Ateneo de Caracas, Venezuela

PH   *La Palabra y el Hombre.* Revista de la Universidad Veracruzana. Jalapa, México

PL   *Prensa Literaria.* San Juan, Puerto Rico

PrA   *Primer Acto.* Revista de Teatro, Madrid, España

Presente. Tegucigalpa, Honduras

Puppetry Journal. Puppeteers of America, Ashville, Ohio

RBF   *Revista Brasileira de Folklore.* Ministério da Educação e Cultura, Rio de Janeiro

RBN	*Revista de la Biblioteca Nacional.* La Habana, Cuba
RCHR	*Revista Chicano-Riqueña.* Indiana University Northwest, Gary, Indiana
REP	*Repertorio.* Consejo Superior Universitario Centroamericano, San José, Costa Rica
RET	*Revista de Estudios de Teatro.* Instituto Nacional de Estudios de Teatro, Buenos Aires, Argentina
	Revista Brasiliense. São Paulo
	Revista de Bellas Artes. México
	Revista de la Universidad. Tegucigalpa, Honduras
	Revista de la Universidad de Buenos Aires. Buenos Aires, Argentina
	Revista de la Universidad Nacional de Córdoba. Córdoba, Argentina
	Revista del Instituto de Cultura Puertorriqueña. San Juan
	Revista do Arquivo Municipal. São Paulo, Brasil
	Revolución y Cultura. Instituto Cubano del Libro, La Habana
RI	*Revista Iberoamericana.* Instituto Internacional de Literatura Iberoamericana, University of Pittsburgh, Pennsylvania
RIB	*Revista Interamericana de Bibliografía.* Inter-American Committee on Bibliography, Organización de Estados Americanos (OEA), Washington, D.C.
RM	*Revista del Maestro.* Guatemala
RN	*Revista Nacional de Cultura.* Ministerio de Educación Nacional, Caracas, Venezuela
RPC	*Revista Peruana de Cultura.* Casa de la Cultura del Perú, Lima
RT	*Revista de Teatro.* Sociedade Brasileira de Autores Teatrais, Rio de Janeiro
RTUC	*Revista de Teatro.* Universidad de Carabobo, Valencia, Venezuela
RULP	*Revista de la Universidad.* La Plata, Argentina
RUM	*Revista de la Universidad de México.* Universidad Nacional Autónoma de México
RUY	*Revista de la Universidad de Yucatán.* Mérida, México
	La Revue du Cinéma. Image et Son. París, Francia
SAN	*Santiago.* Revista de la Universidad de Oriente, Cuba
SCHA	*School Arts.* Worcester, Massachusetts
	Signo. La Paz, Bolivia
SI	*Sipario.* Roma, Italia
T70	*Teatro '70.* Centro Dramático, Buenos Aires, Argentina
TA	*Theatre Arts.* New York
	Talía. Revista de Teatro y Arte. Buenos Aires, Argentina
	Tareas. Panamá
TDR	*TDR: The Drama Review.* New York University, New York
TEAM	*Teatro.* Escuela de Teatro, Medellín, Colombia
	Teatro Universitario de Carabobo. Carabobo, Venezuela
	Teatro XX. Buenos Aires, Argentina

TEL	*Telecran.* Santiago de Chile
TER	*Tertulia.* Ministerio de Educación, San José, Costa Rica
TEXT	*Textos.* Federación de Festivales de Teatro de América, Bogotá, Colombia
TEXTUAL	*Textual.* Instituo Nacional de Cultura, Lima, Perú
THD	*Theatre Documentation.* University of Kansas, Lawrence
	Titirimundo. Universidad de los Andes, Mérida, Venezuela
UH	*Universidad de La Habana.* La Habana, Cuba
	La Ultima Rueda. Escuela de Teatro, Universidad Central, Quito, Ecuador
UNI	*Universidad.* Universidad del Litoral, Santa Fe, Argentina
UNION	*Unión.* Unión de Escritores y Artistas de Cuba, La Habana
UNIS	*Universidades.* Unión de Universidades de América Latina, Buenos Aires, Argentina
	Universitario. Santo Domingo, Rep. Dominicana
	Verde Olivo. La Habana, Cuba
	Voices. Trinidad
VU	*Vida Universitaria.* Monterrey, México
WT	*World Theatre.* International Theater Institute, Paris, France
ZF	*Zona Franca.* Revista de Literatura e Ideas. Caracas, Venezuela

Bibliografías y Obras de Referencia

	AREA GEOGRÁFICA
Antuña, María Luisa, y Josefina García Carranza. "Bibliografía del teatro cubano." *RBN,* 8:3 (sep-dic 1971), 87-154.	Cuba
Christensen, George K. "A Bibliography of Latin American Plays in English Translation." *LATR,* 6:2 (Spring 1973), 29-39.	General
Correa da Silva Pinto, Maria Amélia. "Indice de colaboradores e colaborações de *Dionysos* do número 1 ao 17." *DIA,* 25:18 (1970), 132-141.	Brasil
Durán-Cerda, Julio. *Repertorio del teatro chileno.* Santiago: Ed. Universitaria, 1962, 247 pp.	Chile
Foppa, Tito Livio. *Diccionario teatral del Río de la Plata.* Buenos Aires: Carro de Tespis, 1961.	Argentina
Grismer, Raymond L. *Bibliography of the Drama of Spain and Spanish America.* 2 vols. Minneapolis: Burgess-Beckwith, 1969.	General
Handbook of Latin American Studies, publicación anual de la Universidad de Florida. (Véase sección Drama a cargo de Frank Dauster.)	General
Huerta, Jorge. *Bibliography of Chicano and Mexican Dance, Drama and Music.* Oxnard, California: Colegio Quetzalcoatl, 1972. 59 pp.	Chicano
"Indice de los primeros quince números de la revista *Conjunto.*" *CON,* 16 (abr-jun 1973), 139-142.	Cuba General
Lamb, Ruth S. *Bibliografía del teatro mexicano del siglo XX.* México: Studium, 1962.	Mexico
Lyday, Leon, and George W. Woodyard. *A Bibliography of Latin American Theatre Criticism, 1940-1974.* Austin: Institute of Latin American Studies, University of Texas, 1976.	General

MLA International Bibliography, Vol. 2. New York: Modern Language   General
Association of America. (Publicación anual. Véase las secciones Literature in Spanish America y Brazilian Literature.)

Ordaz, Luis, y Erminio Neglia. *Repertorio selecto del teatro hispano-*   General
americano. Caracas: Monte Avila, 1975.

Orjuela, Héctor H. *Bibliografía del teatro colombiano*. Bogotá: Instituto   Colombia
Caro y Cuervo, 1974. 313 pp.

Ramos Foster, Virginia. "Contemporary Argentine Dramatists: A Bibliog-   Argentina
raphy." *THA*, 4:1 (Winter 1971-72), 13-20.

Rela, Walter. "Contribución a la bibliografía del teatro brasileño." *Cebela*, Brasil
1 (1965), 109-129.

———. *Repertorio bibliográfico del teatro uruguayo, 1816-1964*. Monte-   Uruguay
video: Síntesis, 1965.

Skinner, Eugene R. "Research Guide to Post-Revolutionary Cuban Dra-   Cuba
ma." *LATR*, 7:2 (Spring 1974), 59-68.

Woodyard, George W., and Leon F. Lyday. "Studies on the Latin American   General
Theatre, 1960-1969." *THA*, 2 (Fall 1969 and Spring 1970), 49-84.

Libros, Artículos, Notas, Entrevistas

* Acuña, Manuel. *Teatro de títeres*. Buenos Aires, 1960.   Argentina

Acuña, René. "Una década de teatro guatemalteco, 1962-1973." *LATR*,   Guatemala
8:2 (Spring 1975), 59-73.

Acuña Paredes, Jorge. "El artista, para ser tal, debe estar siempre en   Perú
función del hombre." *CON*, 21 (jul-sep 1974), 85-94. Recopilación de
textos.

———. "Le voleur que volait les souris," en *IX Festival Mondial du*   Perú
Théâtre—Documents. Nancy, France, 1973. Pp. 65-66.

Adellach, Alberto. "¿Qué pasó con el teatro?" en *Ensayos argentinos*.   Argentina
Concurso Historia Popular, Vol. 68. Buenos Aires: Centro Editor de
América Latina, 1971. Pp. 9-29.

* ———. *Teatro*. Buenos Aires: Ediciones del Tablado, 1974. 171 pp.   Argentina

* Adoum, Jorge Enrique. "El sol bajo las patas de los caballos." *CON*, 14   Ecuador
(sep-dic 1972), 43-85. También en *Mester* (Los Angeles), 6:1 (Oct 1976),
39-63.

* ———. "The Sun Trampled beneath the Horses' Hooves." *Massachusetts*   Ecuador
Review, 15:1-2 (Winter-Spring 1974), 285-324.

Agilda, Enrique. *El alma del teatro independiente: su trayectoria emo-*   Argentina
cional. Buenos Aires: Intercoop, 1960. 154 pp.

———. "Labor escénica en la zona rural." *RET*, 3:8 (1964), 60-62.   Argentina

Agüero, Luis, y Marcos Pinares. "Lo que ve la Habana." *CRM*, 3:22 (feb   Cuba
1964), 52-57.

Aguilera Malta, Demetrio. "A propósito del teatro en la República Domi-   República
nicana." *Spanish Bulletin*, 81 (dic 1947), 679-683.   Dominicana

* ———. *Teatro completo*. México: Finisterre, 1970. 343 pp.   Ecuador

Aguirre, Isidora. "La justa violencia." *TEL*, 4 (ago 29, 1969), 34.   Chile

* ———. *Los que van quedando en el camino*. Santiago de Chile, 1970.   Chile
También en *Con*, 8 (jul-sep 1968), 61-98.

Aguirre, Isidora, Eugenio Guzmán y Rine Leal. "Recoger la hazaña de   Chile
los muertos y entregarla a los vivos." *CON*, 8 (1969), 50-60.

*Obra dramática.

*Albán Mosquera, Ernesto. *Estampas quiteñas.* Quito: Fray Jodoco Ricke, 1949. 303 pp.   Ecuador

*Aldao, A. *Teatro infantil.* Buenos Aires, 1960. Dramatizaciones, efemérides patrióticas y varios títeres.   Argentina

*Alegría, Alonso. *El cruce sobre el Niágara.* La Habana: Casa de las Américas, 1969. 120 pp.   Perú

——. "¿Para qué un festival mundial de teatro?" *TEXTUAL,* 7 (jun 1973), 72-74.   Perú

Alfonso, Paco. *Inquietudes escénicas.* La Habana: Teatro Popular, 1944. 22 pp.   Cuba

——. "Todo teatro es político." *CAI,* 2:81 (ago 1974), 12-15.   Cuba / General

*——. *Yari-yari, Mamá Olúa y Cañaveral.* La Habana: La Milagrosa, 1956. 230 pp.   Cuba

*——. *Yerba hedionda.* La Habana: Pagrán (*Escena cubana,* 1:4), 1959. 79 pp.   Cuba

Allezo, Agustín, Augusto Fernandes y Juan Carlos Gené. "Teatro argentino: de Stanislavski a cuatro tablones en la calle." *CRI,* 11 (mar 1974), 75-79.   Argentina

Almeida, Renato. *Tablado folclórico.* São Paulo: Ricordi Brasileira, 1961.   Brasil

*Alvarez, Elena. *Dos dramas revolucionarios.* México: Ed. de la Liga de Escritores Revolucionarios, 1926.   México

Amo, Alvaro del, y Carlos Rodríguez Sanz. "Con Osvaldo Dragún." *PrA,* 77 (1966), 12-17.   Argentina

Andrade, Geraldo Edson de. "Um novo e vibrante teatro brasileiro." *RT* (abr 1970), 25-26.   Brasil

Andrade, Mário de. "As danças dramáticas do Brasil." *Boletim Latino-Americano de Música,* 6:1 (abr 1940), 49-97.   Brasil

——. *O empalhador de passarinho.* São Paulo: Liv. Martins, [1946?]. 250 pp.   Brasil

*Andrade, Oswald de. *"El rey de la vela."* CON, 9 (1970), 73-109.   Brasil

Antillano, Sergio. "Ideas actuales en el teatro venezolano." *El Farol* (Caracas), 23:196 (sep-oct 1961), 3-11.   Venezuela

*Arce, Manuel José. *Delito, proceso y ejecución de una gallina y otras piezas de teatro grotesco.* San José, Costa Rica: Ed. Universitaria Centroamericana, 1971. 192 pp.   Guatemala

——. "¡Viva Sandino! I: Sandino debe nacer (Relato teatral en un acto)." *AL,* 3a época, 12 (may-jun 1975), 25-60.   Guatemala

"Argentina: último verano [1972-73] castrense." *CON,* 16 (abr-jun 1973), 20-26.   Argentina

Arias, Ramón. "¿Por qué debemos crear el teatro nacional?" *Nuevo Suceso* (Ecuador), 7:77 (abr 1969), 30-35.   Ecuador

Arrau, Sergio. *El teatro y la educación.* [Lima], n.d.   Perú / General

Arriví, Francisco. *El autor dramático: primer seminario de dramaturgia.* San Juan: Instituto de Cultura Puertorriqueña, 1963. 242 pp.   Puerto Rico

*——. *Bolero y plena.* San Juan: Tinglado Puertorriqueño, 1960. 117 pp. Suite dramática de la trilogía *Máscara puertorriqueña.*   Puerto Rico

——. *Conciencia puertorriqueña del teatro contemporáneo, 1937-1959.* San Juan: Instituto de Cultura Puertorriqueña, 1967. 207 pp.   Puerto Rico

*——. *Entrada por las raíces: entrañamiento en prosa.* San Juan, 1964. 224 pp.   Puerto Rico

*————. *Sirena*. San Juan: Tinglado Puertorriqueño, 1960. 118 pp. Drama   Puerto Rico
en dos actos.

Arrom, José Juan. *Historia de la literatura dramática cubana*. New Haven: Cuba
Yale University Press, 1944.

————. "En torno al teatro venezolano." *RNC*, 48 (ene 1945), 3-10.   Venezuela

Arrufat, Antón. "Charla sobre teatro." *CASA*, 9 (nov-dic 1961), 88-102.   Cuba

————. "An Interview on the Theater in Cuba and in Latin America,"   Cuba
tr. by Duard MacInnes, *Odyssey Review* (Virginia), 2:4 (Dec 1962),   General
248-263.

Artiles, Freddy. "Teatro popular: nuevo héroe, nuevo conflicto." *CON*,   General
17 (jul-sep 1973), 3-7.

Ayala, Walmir. "Brasil: teatro de hoje." *CB*, 2 (abr-jun 1962), 82-89.   Brasil

————. "Teatro brasileño: crisis y modernidad." *PrA*, 75 (1966), 15-18.   Brasil

Azar, Héctor. "¿Qué pasa con el teatro en México?" *CON*, 5 (oct-dic   México
1967), 94-100.

————. "El teatro universitario en Manizales." *CON*, 10 (1971), 2-6.   Colombia
                                                                        General

Azparren Giménez, Leonardo. "Theatre and Playwrights in Venezuela."   Venezuela
WT, 16 (1967), 369-376.

Babín, María Teresa. "Apuntes sobre *La carreta.*" *ASO*, 9:4 (oct-dic   Puerto Rico
1953), 63-79.

Bagby, Beth. "El teatro campesino: entrevista a Luis Valdez." *CON*, 8   Chicano
(1969), 17-25. También en *CT*, 1 (may-jun 1975), 63-78.

"Baile de las flores." *Guatemala Indígena*, 3-4 (jul-dic 1970), 109-117.   Guatemala

Bandini, Arturo. *Navidad y pastorela*. San Francisco: California Historical   México
Society, 1958.

Barletta, Leonidas. *Viejo y nuevo teatro*. Buenos Aires: Futuro, 1966.   Argentina
66 pp.

Barreda-Tomás, Pedro. "Lo universal, lo nacional y lo personal en el teatro   Puerto Rico
de René Marqués (1919)," en *El teatro en Iberoamérica*. México: Insti-
tuto Internacional de Literatura, 1966.

Barrera, Ernesto M. *Realidad y fantasía en el drama social de Luis Enrique*   Colombia
Osorio. Madrid: Plaza Mayor, 1971. 125 pp.

Barro, Karla. "Los niños y la aventura del teatro." *CON*, 24 (abr-jun   Cuba
1975), 104-109.

————. "Los teatrinos de Galich." *CON*, 24 (abr-jun 1975), 18-21.   Guatemala

*Belaval, Emilio S. *Areyto*. San Juan: Biblioteca de Autores Puertorrique-   Puerto Rico
ños, 1948. 164 pp.

Bello, Enrique. "Telón de fondo de una aventura dramática: el ITUCH   Chile
cumple 1/4 de siglo." *BUCH*, 66 (jun 1966), 4-25.

Beltrán, Alejo. "Festival de teatro hispanoamericano." *INRA* (Cuba), 2:12   Cuba
(dic 1961), 4-9.   General

————. "Muñecos y algo más que muñecos." *UNION*, 5:2 (abr-jun 1966),   Cuba
187-188.

Benavente, Jesús. *"El Señor Guignol alfabetizador."* Hoy (México), (14 jul   México
1945), 42-45.

Benedetti, Lucia. "Teatro infantil de ontem e de hoje." *DIO*, 25:18 (dez   Brasil
1970), 91-97.

*Berrutti, José J. *Teatro: La maestrita del pueblo* (comedia dramática en   Argentina
tres actos); *El señor maestro* (comedia dramática en tres actos). Buenos
Aires: J. Menéndez, 1937. 166 pp.

Blanco Amores de Pagella, Angella. "El tema de la independencia en nues- Argentina
tras primeras manifestaciones teatrales." *UNI,* 67 (ene–jun 1966), 9–42.

*Blanco-Fernández, José. *Teatro revolucionario.* La Habana: Imp. Abel Cuba
Santamaría, 1966. Contiene *Burundanga, Espigas trigueñas en horizonte
de sol, Las campanas de Gerona.*

Bloy, Red. "El teatro gesticula, baila, canta, ríe, llora." *INRA* (Cuba), Cuba
1:3 (mar 1960), 12–21.

Boal, Augusto. "Categorías del teatro popular." *CON,* 14 (sep–dic 1972), Brasil
14–33. General

————. *Categorías del teatro popular.* Buenos Aires: Ediciones CEPE, Brasil
1972. 90 pp. General

————. *200 ejercicios y juegos para el actor y para el no actor con ganas* Brasil
de decir algo a través del teatro. Buenos Aires: Ediciones Crisis, 1975. General

*————. "*Historias americanas.*" *AL,* 3a época, 16 (ene–feb 1976), 41–75. Brasil
Contiene *Felizmente se acabó la censura, El hombre que era una fábrica,
La muerta inmortal.*

————. "The Joker System." *TDR,* 14:2 (Winter 1970), 91–97. Brasil

*————. "*La luna muy pequeña y la caminata peligrosa.*" *CON,* 9 (1970), Brasil
46–56.

————. "¿Qué piensa del arte de izquierda en el Brasil?" *PrA,* 132 (may Brasil
1971), 20–21.

*————. *Revolução na América do Sul.* Rio de Janeiro: Massão Onho, n.d. Brasil

————. "Sistema coringa." *PrA,* 132 (may 1971), 19. Brasil

————. "Teatro Arena de São Paulo." *PrA,* 135 (ago 1971), 70–74. Brasil

————. "Teatro del oprimido." *CRI,* 14 (jun 1974), 25–32. Brasil
  Perú
  General

————. *Teatro del oprimido y otras poéticas políticas.* Buenos Aires: Edi- Brasil
ciones de la Flor, 1974. 238 pp. Perú
  General

————. "Teatro jornal: primeira edição." *LATR,* 4:2 (Spring 1971), 57–60. Brasil

————. *Técnicas latinoamericanas de teatro popular.* Buenos Aires: Co- Brasil
rregidor, 1975. General

————. "Teoría y juegos." *BdS,* 3–4 (nov 1972), 31–53. Brasil
  General

*————. *Tres obras de Augusto Boal.* Buenos Aires: Noé, 1975. Contiene Brasil
*El gran acuerdo internacional del Tío Patilludo, Torquemada y Revolu-
ción en la América del Sur.*

Boal, Augusto, y Gianfrancesco Guarnieri. *Arena conta Tiradentes.* São Brasil
Paulo: Sagarana, 1967.

* Boal, Augusto, y José Celso Martínez Correa. "El teatro brasileño de hoy." Brasil
CON, 9 (1970), 57–72. Originalmente publicado en portugués en *Aparte*
(São Paulo), 1.

Boal, Augusto, et al. "¿Es posible un arte popular?" *TEXT,* 2:9 (nov 1972), General
4–5. Coloquio realizado durante el IV Festival de Manizales, junto con
José Monleón y Emilio Carballido.

*————. *Teatro latinoamericano de agitación.* La Habana: Casa de las General
Américas, 1972. Contiene *El asesinato de X,* creación colectiva; *Torquemada,* de Boal; y *Un despido corriente,* de Julio Mauricio.

Borba Filho, Hermilo. *Apresentação do Bumba-Meu-Boi.* Recife: Imp. Brasil
Universitaria, 1966.

————. *Espetáculos populares do Nordeste.* São Paulo: São Paulo Edi-   Brasil
dora, 1966.

————. *Fisionomia e espíritu do mamulengo* (O teatro popular do Nor-   Brasil
deste). São Paulo: Editôra Nacional, 1966. 295 pp.

————. "Um teatro popular." *Revista Esso* (Rio de Janeiro), 27:3 (1964),   Brasil
22-24.

Bosch, Mariano Gregorio Gerardo. *Teatro antiguo de Buenos Aires: piezas*   Argentina
del siglo XVIII: su influencia en la educación popular. Buenos Aires:
Imp. El Comercio, 1904. 219 pp.

Bossío, Jorge Alberto. *Nemesio Trejo: de la trova popular al sainete na-*   Argentina
cional. Buenos Aires: A. Peña Lillo, 1966. 87 pp.

* Boudet, Rosa Ileana. "Teatro campesino del Tío Javier." *CON.* 21 (jul-   Perú
sep 1974). 98-110. Introducción y tres obras para títeres.

Bravo Elizondo, Pedro. "El teatro chicano." *RCHR.* 1:2 (fall 1973), 36-42.   Chicano

* Brene, José Ramón. *Santa Camila de la Habana vieja* y *Pasado a la criolla.*   Cuba
La Habana: El Puente, 1963.

"Las brigadas de teatro de la Coordinación Provincial de Cultura de la   Cuba
Habana." *CON.* 2 (1964), 59-64.

Brisky, Norman. "Teatro villero," en *La cultura popular del Peronismo.*   Argentina
Buenos Aires: Cimarrón, 1973. Pp. 121-129.

Brown, Betsy. "Chicano Puppet Theatre." *Puppet Journal.* 25:3 (Nov-Dec   Chicano
1973), 13-14.

Brown, Helen, y Jaime Seitz. "Con 'The Bread and Puppet Theatre.' "   General
CON. 8 (1969), 26-34.

Brunet, Luis. "Recuento de un largo camino," *UNION.* 4:2 (abr-jun   Cuba
1965), 150-156.

Buenaventura, Enrique. "El arte no es un lujo," en *Teatros y política.*   Colombia
ed. de Emile Copferman et al. Buenos Aires: Ediciones de la Flor, 1969.   General
Pp. 110-120.

————. "El choque de dos culturas." *CT.* 1 (may-jun 1975), 9-28. Sobre   Colombia
el nuevo teatro del Tercer Mundo.   General

————. "Cómo se monta una obra en el TEC." *LN.* 8 (may-jun 1966),   Colombia
28-32.

* ————. *"En la diestra de Dios Padre." CON.* 3 (1965).   Colombia
* ————. *"El menú." CON.* 10 (1971), 13-44.   Colombia
* ————. *"The Orgy,"* in *The Orgy: Modern One-Act Plays from Latin*   Colombia
America, ed. and tr. by Gerardo Luzuriaga and Robert S. Rudder. Los
Angeles: University of California, Latin American Center, 1974. Pp. 1-22.

* ————. *Teatro.* Bogotá: Ediciones Tercer Mundo, 1963. 201 pp.   Colombia
* ————. *Teatro.* Bogotá: Instituto Colombiano de Cultura, 1977. 272 pp.   Colombia
————. "El teatro y la historia." *PrA.* 163-164 (dic 1973-ene 1974), 28-36.   Colombia
Sobre la masacre de las bananeras, 1928.

————. "Teatro y política." *CON.* 22 (oct-dic 1974), 90-96.   Colombia
                                                                                 General

————. "Theatre and Culture." *TDR.* 14:2 (Winter 1970), 151-156.   Colombia
Versión original en castellano, "Teatro y cultura." *TEXT.* 1:2 (mar   General
1971), 6-7.

* ————. *"The Twisted State"* [*La tortura*], *TDR.* 14:2 (Winter 1970),   Colombia
157-159.

Buenaventura, Enrique, y Teatro Experimental de Cali. "Apuntes para un   Colombia
método de creación colectiva." *TEXT.* 2:8 (jul 1972), 4-5 y *TEXT* 2:9   General

(nov 1972), 2-3. Originalmente publicado en el *Boletín de la Corporación Colombiana de Teatro,* y luego reproducido también en *BdS,* 3-4 (nov 1972), 65-90.

* ———. *"La denuncia." PrA,* 163-164 (dic 1973-ene 1974), 40-58.   Colombia

"En busca del teatro perdido." *CASA,* 11:62 (sep-oct 1970), 207-208.   Argentina
Entrevista a Julio Morandi, Carlos Somigliana *(La pereza),* Germán Rozenmacher *(Réquiem para un viernes a la noche)* y Ricardo Talesnik *(La fiaca).*

C. C. "11 autores cubanos." *PrA,* 108 (may 1969), 31-32.   Cuba

"Los cabezones de la feria en acción." *CON,* 16 (abr-jun 1973), 10-17.   Chile

La Cabra, 3. Número dedicado al teatro popular.   México
   General

* Calcaño, Eduardo. *"Teatro de títeres." ED* (apr-may 1947), 30-38, y *ED*   Venezuela
(feb-mar 1948), 81-91.

Calderón Soria, Raúl. "Primer Congreso Panamericano de Teatro."   Bolivia
Cordillera (La Paz), 2:7 (oct-dic 1957), 55-56.   General

* Camargo, Joracy. *Teatro brasileiro: teatro infantil.* Rio de Janeiro: Minis-   Brasil
tério da Educação e Saúde, 1937.

Camejo, Carucha. "El teatro de títeres en Cuba." *CON,* 2 (1964), 3-6.   Cuba

* *Caminos del teatro latinoamericano.* La Habana: Casa de las Américas,   General
1973. Contiene Osvaldo Dragún, *Historias con cárcel;* Julio Mauricio, *Los retratos;* Agustín del Rosario, *A veces esa palabra libertad.*

Campana, Marta, y Arturo Gutiérrez Velazco. "Teatro Campesino del Tío   Perú
Javier (Cuzco)," en *IX Festival Mondial du Théâtre—Documents.* Nancy, France, 1973. P. 64.

Campos, Eduardo. "Inspiração popular e as elites no teatro brasileiro."   Brasil
CLA, 10:19 (mai 1960), 30-33.

Camps, David. "Puppets in Cuba." *WT,* 14 (1965), 458-459.   Cuba

Canal Feijóo, Bernardo. *La expresión popular dramática.* Tucumán: Uni-   Argentina
versidad Nacional de Tucumán, Facultad de Filosofía y Letras, 1943.

Cánepa Guzmán, Mario. *Gente de teatro.* Santiago: Arancibia Hnos.,   Chile
1969. 244 pp.

———. *El teatro obrero y social en Chile.* Santiago: Ediciones Cultura y   Chile
Publicaciones del Ministerio de Educación, 1971.

Cantón, Wilberto. "Problemas de un teatro popular." *Nueva América,*   México
15 (ago 1968), 15-16.   General

———. "Teatro mexicano de la revolución." *LP,* 6:10 (nov 1965), 21-24.   México

Capablanca, Enrique. "Juan Palmieri." *CON,* 13 (may-ago 1972), 14-17.   Uruguay

Caravaglia, Aida de. "El títere y su influencia en la educación infantil."   Colombia
Arte (Ibagué, Colombia), (jul-ago 1945), 12-16.   General

Carballido, Emilio. "Entrevista a Seki Sano." *CON,* 3 (1965).   México

* ———. *"Un pequeño día de ira." CON,* 15 (ene-may 1973), 61-92.   México
También publicado por Casa de las Américas, La Habana, 1962.

Cardoso, Ornelio Jorge. *Abrir y cerrar los ojos.* La Habana: UNEAC,   Cuba
1969. 128 pp. Contiene "Nadie me encuentre ese muerto," "Los nombres," "Algunos cuentos de gallo," "El pavo," "Un tiempo para dos," "Me gusta el mar," "Hilario en el tiempo," "Abrir y cerrar los ojos," "Un queso para nadie." Repertorio del Teatro Escambray.

———. *Gente de pueblo.* Santa Clara, Cuba: Universidad Central de las   Cuba
Villas, 1962.

Carilla, Emilio. "El teatro independiente en la Argentina (posibilidades y   Argentina
limitaciones)." *UNI,* 37 (ene-jun 1958), 53-82.

Carneiro, Edison. "Representações populares." *RBF,* 5:12 (mai–agô 1965),   Brasil
131–137.

"La carpa, el teatro popular de México." *Norte* (New York), (May 1945),   México
22–25.

Carpio, Antonio. "Cuba, panorama teatral." *CRM,* 2:9 (1963), 66–71.   Cuba

* Carrillo, Hugo. *La calle del sexo verde; El corazón del espantapájaros.*   Guatemala
Guatemala: Editorial de la Municipalidad, 1973. 171 pp.

———. "Orígenes y desarrollo del teatro guatemalteco." *LATR,* 5:1 (Fall   Guatemala
1971), 39–48.

Casadevall, Domingo F. *El tema de la mala vida en el teatro nacional.*   Argentina
Buenos Aires: Kraft, 1957. 200 pp.

Casey, Calvert. "Teatro, '61," *CASA,* 2:9 (nov–dic 1961), 103–111.   Cuba

Castagnino, Raúl Héctor. "Lo gauchesco en el teatro argentino antes y   Argentina
después de *Martín Fierro.*" *RI,* 40:87–88 (abr–sep 1974), 491–508.

———. *Literatura dramática argentina, 1717–1967.* Buenos Aires: Plea-   Argentina
mar, 1968. 208 pp.

———. *Sociología del teatro argentino.* Buenos Aires: Nova, 1963. 190 pp.   Argentina

———. *El teatro de Roberto Arlt.* La Plata: Universidad de La Plata,   Argentina
1964. 2a ed., Buenos Aires: Nova, 1970.

Castellanos, Rosario. "Teatro Petul." *RUM,* 19:5 (ene 1965), 30–31.   México

Castro Saborio, Octavio. "Teatro nacional de Costa Rica." *CENT,* 6:22   Costa Rica
(abr–jun 1960), 74–77.

Catania, Carlos. "Costa Rica hacia la búsqueda de un teatro popular."   Costa Rica
TER, 1 (sep–oct 1971), 19–22.

Celedón, Jaime. "El ICTUS ha dicho: ¡Basta!" *CON,* 7 (abr–jun 1968),   Chile
82–83.

Cerda G., Hugo, y Enrique Cerda G. *Teatro de guiñol; historia, técnica*   Venezuela
y aplicaciones del teatro guiñol en la educación moderna. Caracas: General
Ministerio de Educación, 1965. 338 pp.

* Cesaire, Aimé. "*La tragedia del rey Christophe.*" *CON,* 4 (1966).   Martinica

* Chalbaud, Román. *Sagrado y obsceno.* Caracas: Tip. Iberia, 1961. 54 pp.   Venezuela

Chocrón, Isaac. *El nuevo teatro venezolano.* Caracas: Oficina Central de   Venezuela
Información, 1966. 25 pp.

Cioppo, Atahualpa del. "Reflexiones elementales acerca del *Cruce sobre el*   Perú
Niágara [de Alonso Alegría]." *AMA,* 10 (jun 1969), 80–82.

Ciria, Alberto. "El teatro independiente de Buenos Aires." *CASA,* 4:25   Argentina
(jul–ago 1964), 117–120.

CLETA [Centro Libre de Experimentación Teatral y Artística]. "Carta a   México
Latinoamérica." *TEXT,* 3:13 (8 ago 1973), 2–4.

Coe, Ada M. "Notes on Puppetry in Mexico." *HISP,* 28:2 (May 1945),   México
199–207.

* Cole, M. R., ed. and tr. *Los Pastores: A Mexican Play of the Nativity.*   México
Boston: Houghton, Miffin for the American Folklore Society, 1907.

Collazos, Oscar. "[Enrique] Buenaventura: quince años de trabajo crea-   Colombia
dor." *CON,* 10 (1971), 6–11.

———. "Trayectoria del Teatro Escuela de Cali." *LN,* 8 (may–jun 1966),   Colombia
25–27.

"Colombia: métodos de creación colectiva en un trabajo teatral contra el   Colombia
sistema." *CON,* 20 (abr–jun 1974), 21–37. Entrevista a Carlos José Reyes.

Cometta Manzoni, Aída. "Eduardo Calcaño y su teatro de negros" [La   Venezuela
escena en Venezuela]. *BET,* 7:24–25 (ene–jun 1949), 45–47.

"El comienzo de la ira." *CON,* 15 (ene-mar 1973), 59-61.　México

Conte, Antonio. "Escambray: el teatro va a la montaña." *CI,* 3:20 (mar　Cuba
1971), 62-66.

* Conteris, Hiber. *"El asesinato de Malcom X."* *CON,* 5 (oct-dic 1967),　Uruguay
24-68.

Contreras, Constantino. "Teatro folklórico: una representación de moros y　Chile
cristianos." *EFLUA* (Facultad de Filosofía y Letras de la Universidad
Austral de Chile, Valdivia), 1 (1965), 81-98.

Contreras, Félix. "El taller de las maravillas." *CI,* 4:33 (may 1972),　Cuba
72-74.

"Conversación con Osvaldo Dragún." *PrA,* 77 (1966), 12-17.　Argentina

* Corral, Simón. *El cuento de Don Mateo.* Quito: Casa de la Cultura Ecua-　Ecuador
toriana, 1968. 44 pp.

Correa, Gustavo, et al. *The Native Theatre in Middle America.* New　General
Orleans: Middle American Research Institute, Tulane University, 1961.

Correa, Gustavo, y Calvin Canon. "La loa en Guatemala: contribución　Guatemala
al estudio del teatro popular hispanoamericano." En Gustavo Correa,
et al., *The Native Theatre in Middle America.* New Orleans: Middle
American Research Institute, Tulane University, 1961.

* Correa, Julio. *Ñane mba' era'in: sainete guaraní en tres actos y su traduc-*　Paraguay
ción al castellano por Antonio Ortiz Mayans. Asunción: Ortiz Guerrero,
1965. 82 pp.

Corrieri, Sergio. "El Grupo Teatro Escambray: una experiencia de la　Cuba
Revolución." *CON,* 18 (oct-dic 1973), 2-6.

————. "Al pie de la letra." *CASA,* 68 (sep-oct 1971), 189-192.　Cuba

Corveiras, Antonio D. "París: teatro colombiano (TEC)." *PrA,* 134 (jul　Colombia
1971), 65-66.

Crawford, William, Jr. *Time Is a Holiday.* New York: Oxford University　México
Press, 1951. Fiestas de Navidad.　General

Crespo, Angel. "La literatura dramática en el Brasil." *PrA,* 75 (1966),　Brasil
12-14.

Crow, John A. "El drama revolucionario mexicano." *Revista Hispánica*　México
Moderna (New York), 5 (ene 1939), 20-31.

Cruz-Luis, Adolfo. "Para atacar la injusticia y la frustración; para pro-　Chile
mover la lucha y la esperanza." *CON,* 21 (jul-sep 1974), 61-65. Sobre
el Grupo Aleph.

————. "Teatro negro en el Tahuantinsuyo." *CON,* 14 (sep-dic 1972),　Perú
86-93.

"Cuba: un resumen del año teatral." *CON,* 6 (ene-mar 1968), 85-89.　Cuba

Cueto, Lola. "The Origin and History of Puppetry in Mexico." *SCHA,*　México
(May 1948), 311-313.

Cueto, Mireya. "The Puppet Theatre in Mexico." *WT,* 14 (1965), 460-466.　México

Cunill Cabanellas, Antonio. *Función social del teatro.* Santa Fe, Argentina:　Argentina
Universidad Nacional del Litoral, 1939. 22 pp.

Curi, Jorge, y Mercedes Rein. *"Operación Masacre:* fragmentos de la　Argentina
adaptación teatral de la crónica de Rodolfo Walsh." *MAR,* 35:1650
(27 jul 1973), 24-25.

"Un cursillo de dirección en Teatro Estudio de Cuba." *CON,* 10 (1971),　Cuba
69-71.

* Cuzzani, Agustín. *Teatro: Una libra de carne; El centro forward murió*　Argentina
al amanecer; Los indios estaban cabreros; Sempronio. Buenos Aires:
Quetzal, 1964.

Czertok, Horacio. "Para un teatro no dependiente," *T70*, 34–35 (oct–nov   Argentina
1972), 85–96.   General
Damante, Hélio. " 'O Guarani,' o folclore e o carnaval." *RBF*, 30 (mai-   Brasil
agô 1971), 171–178.
* D'Amore, Reynaldo. *Teatro peruano*. Lima: Casa de la Cultura del Perú,   Perú
1969.
Dauster, Frank. "Cuban Drama Today." *MD*, 9:2 (Sep 1966), 153–164.   Cuba
* Dávalos, Marcelino. *¡Carne de cañón!* México: Secretaría de Fomento,   México
1916.
"De la comedia musical al teatro de protesta: Isidora Aguirre." *CON*, 10   Chile
(1971), 45–47.
Descalzi, César Ricardo. *Historia crítica del teatro ecuatoriano*. 6 vols. Ecuador
Quito: Casa de la Cultura Ecuatoriana, 1968. 2125 pp.
* ———. *Portovelo*. Quito: Casa de la Cultura Ecuatoriana, 1951. 282 pp.   Ecuador
Desnoes, Edmundo. "Wesker y las cuatro estaciones." *CON*, 7 (abr–jun   Cuba
1968), 5–7.
Devine, George. "Carta abierta ao teatro brasileiro." *Módulo* (Rio de   Brasil
Janeiro), 8:33 (jun 1963), 37–41.
Díaz, Jorge. "III Festival Latinoamericano de Manizales." *PrA*, 128 (ene   Colombia
1971), 72–74.   General
———. "El ICTUS: algunas consideraciones." *CON*, 7 (abr–jun 1968),   Chile
81–82.

———. "Reflections on the Chilean Theatre." *TDR*, 14:2 (Winter 1970),   Chile
84–86.
* ———. *Topografía de un desnudo*. Santiago: Editora Santiago, 1967.   Chile
* ———. *"Variaciones para muertos en percusión." CON*, 1 (jul–ago 1964),   Chile
17–48.
* Díaz, Jorge, y Francisco Uriz. *"Mear contra el viento." CON*, 21 (jul–sep Chile
1974), 8–50.
* Díaz Rodríguez, Jesús. *Unos hombres y otros*. La Habana: Casa de las   Cuba
Américas, 1966.
Díez, María Teresa. "Siete dramaturgos y su compromiso." *EAC*, 1 (ene   Chile
1972), 59–66. Acerca de Isidora Aguirre, Egon Wolff, Sergio Vodánovic,
María Asunción Requena, David Benavente, Fernando Cuadra, Alejan-
dro Sieveking.
"Di Mauro y el teatro de muñecos." *TEXT*, 2a época, 2 (nov 1976), 6–8,   Argentina
18. Entrevista a Eduardo di Mauro.
"Dirección de Teatro Nacional." *CP*, 4:11–12 (ene–jun 1967), 31.   Perú
"Documento sobre teatro popular." *TEXT*, 3:18 (12 ago 1973), 4–5. Acerca   General
del V Festival de Manizales.
Dorr, Nelson. "Sin opiniones y sin intenciones no se puede hacer teatro."   General
CON, 12 (ene–abr 1972), 15–17.
Dorr, Nicolás. *"Una casa en Lota Alto*. Torres Villarubia, Víctor. Premio   Chile
CASA Teatro 1973." *CASA*, 14:80 (sep–oct 1973), 172–174.
* ———. *Teatro*. La Habana: El Punete, 1963. Contiene *Las Pericas, El*   Cuba
palacio de los cartones, La esquina de los concejales.
———. "Teatro y revolución," *VU*, 216–217 (jul–dic 1969), 18.   Cuba
* Dragún, Osvaldo. *¡Un maldito domingo!; Y nos dijeron que éramos inmor-*   Argentina
tales; Milagro en el mercado viejo. Madrid: Taurus, 1968. 226 pp.
* ———. *Teatro: "Historia de mi esquina"; "Los de la mesa 10"; "Historias*   Argentina
para ser contadas." Buenos Aires: G. Dávalos, 1965. 120 pp.

Dragún, Osvaldo, et al. *Caminos del teatro latinoamericano.* La Habana: Casa de las Américas, 1973. 312 pp. Contiene O. Dragún, *Historias con cárcel;* Julio Mauricio, *Los retratos;* Agustín del Rosario, *A veces esa palabra libertad.* — General

The Drama Review, 14:2 (Winter 1970). Número dedicado al teatro de América Latina. — General

Driskell, Charles B. "An Interview with Augusto Boal." *LATR,* 9:1 (Fall 1975). 71–78. — Brasil

Durán Cerda, Julio. "Civilización y barbarie en el desarrollo del teatro nacional rioplatense." *RI,* 29:55 (ene–jun 1963), 89–124. — Argentina Uruguay

———. "El teatro en las tareas revolucionarias de la independencia de Chile." *AUCH,* 118:119 (3 trimestre 1969), 227–235. — Chile

Durón, Jorge Fidel. "Teatro en Honduras." *Boletín de la Academia Hondureña,* 11 (nov 1965), 55–59. — Honduras

Dutra, Francis A. "The Theatre of Dias Gomes: Brazil's Social Conscience." *Cithara,* 4:2 (May 1965), 3–13. — Brasil

"Ecuador: hacia un teatro popular y político." *TEXT,* 3:16 (10 ago 1973), 4. — Ecuador

Ehrmann, Hans. "Theatre in Chile." *TDR,* 14:2 (Winter 1970), 77–83. — Chile

"Un elenco de Teatro Estudio: el teatro vuelve del níquel." *SAN,* 5 (dic 1971), 162–176. — Cuba

"Encuesta" [a teatristas argentinos], *PrA,* 77 (1966), 4–8. — Argentina

Englekirk, John E. "El teatro folclórico hispanoamericano." *Folklore Américas,* 17:1 (June 1957), 1–35. — General

———. "El teatro y el pueblo en el Caribe," en *Memoria del VIII Congreso de Literatura Iberoamericana.* San Juan, Puerto Rico, 1957. — General

———. "El tema de la Conquista en el teatro folklórico de Mesoamérica," en *Actas del XXXIII Congreso Internacional de Americanistas,* 2:462–475. San José, Costa Rica: Lehmann, 1958. — General

———. "Y el Padre Eterno se ardía... En torno al teatro popular mexicano." *HISP,* 36 (nov 1953), 405–411. — México

"Entrevista a los miembros del 'Teatro Ensayo,'" *Boletín Cultural* (Quito), 2:14 (1 dic 1965), 2–4. — Ecuador

"Entrevista con Pedro de la Barra." *TEXT,* 2a época, 2 (nov 1976), 3–5. — Chile

"Escambray: un teatro de la Revolución." *CAI,* 2a época, 47 (jun 1972), 28–31. — Cuba

Espinosa Torres, Victoria. *El teatro de René Marqués y la escenificación de su obra: Los soles truncos.* México: UNAM, Facultad de Filosofía y Letras, 1969. 579pp. — Puerto Rico

* Espinoza Medrano, Juan. *Teatro quechua.* Lima: Ediciones de la Biblioteca Universitaria, 1967. — Perú

* Esteve, Patricio. *La gran histeria nacional.* Buenos Aires: Talía, 1973. — Argentina

Estorino, Abelardo. "Destruir los fantasmas, los mitos de las relaciones familiares: entrevista a Revuelta y Triana." *CON,* 4 (1967). — Cuba

———. "Triana salva a los asesinos." *UNION,* 4:3 (jul–sep 1965), 178–180. — Cuba

* Estorino, Abelardo, y Andrés Lizárraga. *Teatro.* La Habana: Casa de las Américas, 1964. 243 pp. Contiene *¿Quiere usted comprar un pueblo?,* de Lizárraga, y *La casa vieja,* de Estorino. — Argentina

Estrella, Ulises. "Situación y proyecciones del teatro en el Ecuador." *CON,* 12 (ene–abr 1972), 62–65. — Ecuador

———. "El teatro obrero del Ecuador." *CON,* 9 (1970), 117–120. — Ecuador

E. V. P. "El teatro argentino: Julio Mauricio y *Los retratos.*" *CON,* 16 (abr-jun 1973), 86-94.   Argentina

"Una experiencia chilena: El Teatro Nuevo Popular." *CON,* 12 (ene-abr 1972), 75.   Chile

Facio, Angel, y José Monleón. "Entrevista con Taco [Antonio] Larreta." *PrA,* 157 (jun 1973), 44-50.   Uruguay

Felipe, Carlos. "Los pretextos y el nonnato Teatro Cubano." *IS,* 2:1 (sep-dic 1959), 79-82.   Cuba

Fernández, Gerardo. "Un crítico uruguayo habla de teatro latinoameri-cano." *CON,* 9 (1970), 136-138.   Uruguay / General

———. "Cuando don Zoilo es el Uruguay." *MAR,* 25:1656 (19 oct 1973), 26.   Uruguay

———. "De la más alta y noble estirpe." *MAR,* 35:1650 (27 jul 1973), 25. Nota en ocasión del estreno de *Operación masacre.*   Argentina / Uruguay

———. "El desafío de los tiempos: teatro 73," *MAR,* 35:1666 (28 dic 1973), 26-27.   Uruguay

———. "Uruguay: el teatro y la conciencia revolucionaria." *CON,* 3:8 (1969), 120-122.   Uruguay

Fernández, José M. "Teatro experimental: entrevista a Vicente Revuelta." *CON,* 3 (1965).   Cuba

Fernández, Oscar. "Brazil's New Social Theatre." *LATR,* 2:1 (Fall 1968), 15-30.   Brasil

———. "Black Theatre in Brazil." *ET,* 29:1 (Mar 1977), 5-17.   Brasil

———. "Censorship and the Brazilian Theatre." *ET,* 25:3 (Oct 1973), 285-298.   Brasil

Ferrán, Jaime. "Teatro de arte popular en Bogotá." *Mundo Hispánico* (Madrid), 18:213 (dic 1965), 36-37.   Colombia

"I Festival Cultural Centroamericano." *LATR,* 2:2 (Spring 1969), 74.   Costa Rica / General

"I Festival de Teatro de Provincia (Venezuela)." *LATR,* 3:1 (Fall 1969), 64-65.   Venezuela

"II Festival de Teatro Universitario Centroamericano." *CON,* 12 (ene-abr 1972), 77.   Costa Rica / General

"III Festival de Teatro." *RNC,* 28:177 (sep-oct 1966), 175.   Venezuela

"IV Festival Internacional de Teatro, San Juan Puerto Rico, 1968." *LATR,* 2:2 (Spring 1969), 74.   Puerto Rico

"El XI Festival Internacional del Teatro de las Naciones." *CON,* 1 (jul-ago 1964), 54-59.   General

"Los Festivales de Teatro de la Casa de las Américas." *CON,* 1 (jul-ago 1964), 51-53.   Cuba / General

Figueiredo, Guilherme. "Atuais tendências do teatro brasileiro." *RIB,* 15:3 (jul-sep 1965), 209-225.   Brasil

Fiuza, Lucio. "Teatro para crianças," en *Terceiro Congreso Brasileiro do Teatro.* Rio de Janeiro, 1957. Pp. 93-96.   Brasil

Fouchard, J. *Le théâtre à Saint-Domingue.* Port-au-Prince, n.d. 353 pp.   República Dominicana

Franco, Abel. "Teatro Campesino: Change and Survival." *New World,* 1:1 (Fall 1974), 22-26.   Chicano / General

Franco, María Amelia de. "Teatro popular y dialéctico." *TEXT,* 2:8 (jul 1972), 8. Entrevista a Carlos José Reyes.   Colombia

Fratti, Mario. " 'Che' Guevara." New York: Studio Duplicating Service,　　Argentina
1968. [Typescript.]

Freire, Tabaré J. *Ubicación de Florencio Sánchez en la literatura teatral.*　　Uruguay
Montevideo: Comisión de Teatros Municipales, 1961. 139 pp.

Gac, Gustavo, y Perla Valencia. "El último grupo de teatro popular que　　Chile
actuó en Chile: Teatro Experimental del Cobre." *CON,* 21 (jul-sep 1974),
54-60.

Galich, Manuel. "De *Amoretta* a *Historias con cárcel* [de Osvaldo Dra-　　Argentina
gún]," *CON,* 16 (abr-jun 1973), 82-86.

――――. "Boceto puertorriqueño." *CON,* 25 (jul-sep 1975), 3-16.　　Puerto Rico

――――. "Breves apuntes sobre la historia del teatro en Guatemala." *Revista*　　Guatemala
de la Facultad de Ciencias Jurídicas y Sociales (Guatemala), (mar-apr
1939), 115-120.

――――. "Díaz-Uriz: proceso y condena de la ITT." *CON,* 21 (jul-sep 1974),　　Chile
5-7. Sobre *Mear contra el viento.*

――――. "Florencio [Sánchez]: un viejo amigo mío," *CON,* 23 (ene-mar　　Uruguay
1975), 4-13.

――――. "Leonidas Barletta: cuarenta años de teatro independiente." *CON,*　　Argentina
25 (jul-sep 1975), 56-66.

――――. "Noticias ecuatorianas de teatro." *CON,* 8 (1969), 116-119.　　Ecuador

* ――――. *"Pascual Abah." CON,* 6 (ene-mar 1968), 36-68.　　Guatemala

* ――――. *"El pescado indigesto." CON,* 15 (ene-mar 1973), 19-58.　　Guatemala

* ――――. *"El último cargo,* pieza en un acto." *CON,* 20 (abr-jun 1974),　　Guatemala
83-102.

――――. "Venezuela en el teatro de César Rengifo." *CON,* 22 (oct-dic　　Venezuela
1974), 2-9.

Galindo, Alejandro. "Las artes dramáticas y la comunicación." *CON,* 10　　General
(1971), 72-86.

Gallegos Valdés, Luis. "El teatro en función cultural." *CULT,* 38 (oct-dic　　El Salvador
1965), 124-132.

Gallo, Blas Raúl. *Historia del sainete nacional.* Buenos Aires: Quetzal,　　Argentina
1958. 236 pp.

"El Galpón en 1973." *MAR,* 35:1665 (21 dic 1973), 26.　　Uruguay

* Gámbaro, Griselda. *El campo.* Buenos Aires: Ediciones Insurrexit, 1967.　　Argentina
101 pp.

――――. "¡Guerriglia Arriba!" *SIP,* 321 (feb 1973), 28-30. Sobre el Festival　　General
Latinoamericano de San Francisco, 1972.

García, Santiago. "Estamos haciendo un teatro muy comprometido." *CON,*　　Colombia
7 (abr-jun 1968), 13-17.

García Marruz, Fina. "Obras de teatro representadas en La Habana en la
última del siglo XVIII, según el *Papel Periódico." RBN,* 3a época, 14:2
(may-ago 1972), 95-126.

Garzón Céspedes, Francisco. "En América Latina el teatro le ha sido　　Argentina
expropiado al pueblo." *CON,* 20 (abr-jun 1974), 13-20. Entrevista a
Julio Mauricio. Reproducido en *CAI,* 2a época, 77 (abr 1974), 25-28.

――――. "Taller infantil de Teatro Estudio." *CON,* 24 (abr-jun 1975),　　Cuba
59-103. Entrevista a Raquel Revuelta et al.

――――. "En teatro, como en todo, podemos crear." *CAI,* 2a época, 82　　Cuba
(sep 1974), 10-11.　　General

――――. "La voluntad de ser nosotros mismos." *CAI,* 2a época, 61 (oct　　Cuba
1972), 16-19. Entrevista a Gonzalo Rojas.

――――. "...y esas posibilidades dejadas allí son el teatro." *CAI,* 2a época,　　Cuba

66 (abr 1973), 20-24. Entrevista a Herminia Sánchez y Manuel Tenaza, miembros del Teatro Escambray.

Gené, Juan Carlos. "El teatro y las masas." *RULP.* 19 (ene-dic 1965), 117-123.   Argentina

Getino, Octavio. "El teatro en la batalla del Escambray." *MAR.* 32:1543 (14 may 1971), 1-2. Entrevista a Sergio Corrieri.   Cuba

Ghiano, Juan Carlos. "Nuevos dramaturgos." *Ficción* (Buenos Aires), 21 (sep-oct 1959), 76-80.   Argentina

Gilbert, Isabel. "El Galpón cuenta América." *MAR.* 36:1674 (8 nov 1974), 23.   Uruguay

* Gois, Maria Helena. *Teatrinho de fantoches.* Rio de Janeiro: Serviço de Informação Agrícola, 1957. 57 pp.   Brasil

Gomes, Antônio Osmar. "Significação histórica da chegança." *Revista do Arquivo Municipal* (São Paulo), 6:69 (ago 1940), 233-238.   Brasil

Gomes, José. "Teatro" en *Aspectos da cultura goiana,* ed. de Atico Vilas Boas da Mota e Modesto Gomes. Vol. 2. Goiânia, Goiás: Departamento Estadual de Cultura, 1971. Pp. 141-144.   Brasil

González Badial, Jorge. *Los títeres.* Buenos Aires: Librería del Colegio, n.d.   Argentina / General

González Cajiao, Fernando. "Experimento teatral en Colombia." *LN.* 27 (sep-oct 1975), 5-11. Acerca del Teatro anónimo identificador. También en *LATR.* 9:1 (Fall 1975), 63-69.   Colombia

* ———. *Huellas de un rebelde.* Colombia: Ediciones Tercer Mundo, 1970.   Colombia

González del Valle, Alcibíades. "Teatro en el Paraguay." *TEXT.* 3:15 (9 ago 1973), 5.   Paraguay

González Freire, Natividad. "En busca de un teatro cubano." *NT.* 5:25 (sep-oct 1958), 6-7.   Cuba

———. "Centro Dramático de las Villas." *Granma* (4 may 1966), 8.   Cuba

———. "Cuba: un resumen del año teatral." *CON.* 6 (ene-mar 1968), 85-89.   Cuba

———. "El VI Festival de Teatro Latinoamericano." *CASA.* 7:41 (mar-abr 1967), 116-120.   Cuba

———. "La nueva generación teatral cubana." *NT.* 4:17 (may-jun 1957), 10-11.   Cuba

———. "Sobre dramas y dramaturgos." *UNION.* 6:4 (dic 1967), 232-242.   Cuba

———. *Teatro cubano, 1927-1961.* La Habana: Ministerio de Relaciones Exteriores, 1961. 181 pp.   Cuba

González Pacheco, Rodolfo. *Un proletario, Florencio Sánchez, periodista, dramaturgo y trabajador manual.* Buenos Aires: Teatro del Pueblo, 1935.   Uruguay

González Padilla, María Enriqueta. "El Teatro gauchesco rioplatense y el teatro revolucionario mexicano." *Anuario de Letras* (UNAM), 5 (1965), 213-324.   Argentina / México

Gordillo, José. "Lo que el niño enseña al hombre." *CON.* 24 (abr-jun 1975), 53-58. Tomado del libro homónimo sobre títeres.   México

* Gregorio, Jesús. *"Camión para un día de julio* (Teatro documental sobre el ataque al Cuartel Moncada)." *CON.* 16 (abr-jun 1973), 41-75.   Cuba

"Grupo Aleph (Santiago)," en *IX Festival Mondial du Théâtre: Documents.* Nancy, France, 1973. Pp. 22-24.   Chile

Grupo "Arena." "Arena cuenta Zumbi." *PrA.* 132 (may 1971), 21.   Brasil

* Grupo "La Candelaria." *"La ciudad dorada."* *CON.* 20 (abr-jun 1974), 42-69.   Colombia

"Grupo La Candelaria (Casa de la Cultura, Bogotá)," en *IX Festival Mondial du Théâtre: Documents*. Nancy, France, 1973. Pp. 25-28.
Colombia

* Grupo "Ollantay." *"S + S = 41."* *BdS*, 6-7 (ene 1974), 99-116. Reproducido en *CON*, 22 (oct-dic 1974), 59-77.
Ecuador

Gueñol, Zelmar. "Evocación del radio-teatro," en *Ensayos argentinos*. Concurso Historia Popular, Vol. 68. Buenos Aires: Centro Editor de América Latina, 1971. Pp. 64-73.
Argentina

Guerra, Wichy. "Javier Villafañe: titiritero y trotamundos." *CON*, 24 (abr-jun 1975), 5-8.
Argentina

Guerreiro Ramos Cooley, Eliana. "A Conversation with Abdias Do Nascimento." *New World*, 1:1 (Fall 1974), 32-35.
Brasil

Gutiérrez, H. C. "Antecedentes históricos del títere venezolano." *RNC*, 25:158-159 (may-ago 1963), 149-162.
Venezuela

Guzmán, Eugenio. "ITUCH." *CON*, 7 (abr-jun 1968), 83-85.
Chile

————. "La violencia en el teatro de hoy." *CON*, 6 (ene-mar 1968), 25-35. Publicado también en *TEXT*, 1:4 (may 1971), 1, 8.
Chile
General

Heliodora, Barbara, et al. "Teatro popular." *CB*, 6:3 (mar-jun 1964), 40-55.
Brasil

Herrera, Isabel, y Alberto Panelo. "Hacia una dramaturgia nacional y un teatro internacional." *CAI*, 2a época, 34 (sep 1969), 16-19.
Cuba

* Herzfeld, Anita, y Teresa Cajiao Salas. *El teatro de hoy en Costa Rica: perspectiva crítica y antología*. San José: Ed. Costa Rica, 1973. 268 pp.
Costa Rica

* Hesse Murga, José, ed. *Teatro peruano contemporáneo*. Madrid: Aguilar, 1959. 339 pp. Antología.
Perú

Hill, Errol. *The Trinidad Carnival: Mandate for a National Theatre*. Austin: The University of Texas Press, 1972. 139 pp.
Trinidad

Hirshfield, Dorothy. "Los Pastores." *TA*, 12 (1928), 903-911.
México
General

Hoffman, E. Lewis. "The Pastoral Drama of José Trinidad Reyes." *HISP*, 46:1 (Mar 1963), 93-101.
Honduras

Hoz, Pedro de la. "Días de primavera." *CON*, 24 (abr-jun 1975). Sobre teatro infantil y el Teatro Escambray.
Cuba

Huerta, Jorge A. "Concerning Teatro Chicano." *LATR*, 6:2 (Spring 1973), 5-11. Reproducido en español con el título de "Algo sobre el teatro chicano." *RUM*, 27:6 (feb 1973), 20-24.
Chicano
México

* Icaza, Jorge, y Marco Ordóñez. *Huasipungo*. Quito: Casa de la Cultura Ecuatoriana, 1969. 118 pp. Versión dramática de la novela de Icaza.
Ecuador

Inerarity Romero, Zayda. "José Antonio Ramos: Un escritor actual." *CAI*, 2a época, 85 (dic 1974), 14.
Cuba

"Instituto Latinoamericano de Teatro (ILAT)." *CON*, 5 (oct-dic 1967), 101.
General

"Insurgencia teatral mexicana: CLETA." *CON*, 16 (abr-jun 1973), 27-34.
México

Jacobbi, Ruggiero. *Teatro in Brasile*. Bologna: Cappeli, 1961.
Brasil

J. Ch. K. "¿Teatro popular, en sala convencional?" *El Comercio* (Lima), 3a sección (1 jun 1975), 14.
Perú

Jiménez Rueda, Julio. "La enseñanza del arte dramático en México en los últimos cincuenta años." *RUM*, 11:6 (feb 1957), 20-21, 32.
México

Jones, Willis Knapp. *Behind Spanish American Footlights*. Austin: University of Texas Press, 1966. 609 pp.
General

"Jorge Díaz: 7 años en España." *PrA*, 137 (oct 1971), 62-70.
Chile

Josber. "Otra vez con Jorge Díaz: Panorama chileno." *PrA*, 153 (feb 1973),   Chile
59-66.
Jurado, Oscar. "En busca de un lenguaje propio." *TEXT*, 1:3 (may 1971),   Colombia
3. Entrevista a Santiago García. También publicada en *CON*, 15 (ene-
mar 1973), 122-127.
Kanellos, Nicolás. "Sexto Festival de los Teatros Chicanos." *LATR*, 9:1   Chicano
(Fall 1975), 81-84.
Kirschenbaum, Leo. *History of the Brazilian Drama*. Berkeley and Los   Brasil
Angeles: University of California Press, 1954.
Klein, Eva. "Teatro de ensayo." *CON*, 7 (abr-jun 1968), 90-91.   Chile

Lacosta, Francisco C. "El teatro misionero en la América Hispánica."   General
CA, 142 (sep-oct 1965), 170.
Ladra, David. "La técnica de la deshumanización: Entrevista a Víctor   General
García." *CON*, 9 (1970), 110-116.
Lago, Roberto. *History of Puppetry in Mexico: A Film Strip*. México,   México
1965.
———. *Mexican Folk Puppets*. Wisconsin: Puppet Imprints, 1941.   México
———. "El teatro Guignol en México." *MA*, 10:11 (1951), 47-66.   México
———. "El teatro Guignol mexicano." *RM*, 9 (1948), 70-84.   México
Lago, Sylvia. "Con Atahualpa del Cioppo: el teatro, juego de la vida y de   Uruguay
la muerte." *MAR*, 36:1676 (15 nov 1974), 23.
Lam, Bich. "De Bich Lam a Vicente Revuelta: Correspondencia." *CON*,   Cuba
7 (abr-jun 1968), 2-3.
* Larreta, Antonio. *"Juan Palmieri." PrA*, 157 (jun 1973), 51-74.   Uruguay
La Torre, Alfonso. "El teatro en Perú." *CP*, 1:2 (abr-jun 1964), 32-33.   Perú
Lauderman, Gladys. "Títeres y marionetas." *BO*, 44:26 (29 jun 1952),   Cuba
32-33, 99-100.
Laverde, Cecilia. "Anotaciones sobre Brecht en Cuba." *CASA*, 15-16   Cuba
(nov 1962-feb 1963), 77-90; *CASA*, 17-18 (mar-jun 1963), 92-98.
Lavín, Carlos. *La "tirana," fiesta ritual del norte de Chile*. Santiago: Chile
Universidad de Chile, Instituto de Investigaciones Musicales, 1950.
Leal, Rine. "Acerca de la virginidad del teatro latinoamericano." *OCLAE*,   Cuba
21-22 (sep 1968), 34-35.   General
———. "Acerca de una bibliografía de teatro cubano." *RBN*, 3a época,
14:2 (may-ago 1972), 164-172.
———. "Actuales corrientes en el teatro cubano." *Nueva Revista Cubana*.   Cuba
1:1 (abr-jun 1959), 163-170.
———. "Algunas consideraciones sobre el teatro cubano." *INS*, 23:260-   Cuba
261 (jul-ago 1968), 9.
———. "Diario de viaje: Festival de Teatro Latinoamericano Casa de las   Cuba
Américas." *CRM*, 3:31 (nov 1964), 56-62.   General
———. *Introducción a Cuba: Teatro*. La Habana: Instituto del Libro,   Cuba
1968.
———. "Mesa redonda con Orlando Rodríguez, Santiago García, Juan   General
Vicente Melo y Federico Wolff." *CON*, 7 (abr-jun 1968), 8-25.
———. *En primera persona, 1954-1966*. La Habana: Instituto del Libro,   Cuba
1967. 369 pp.
———. "Ramos dramaturgo, o la República municipal y espesa." *IS*, 36   Cuba
(may-ago 1970), 73-91.
———. "Siete autores en busca de un teatro." *CON*, 6 (ene-mar 1968),   General

7-23. Entrevista a Rodolfo Walsh, Francisco Urondo, Hiber Conteris, Aimé Cesaire, Manuel Galich, Alvaro Menén Desleal y Alfonso Sastre.

—————. "Siete días de entreacto." *CRM*, 7:69 (ene 1968), 24-25.   Cuba

—————. "El teatro en Cuba." *CRM* 3:30 (oct 1964), 64-73.   Cuba

—————. *"Tembladera*, 43 años después." *Nueva Revista Cubana*, 1:2 (jul-   Cuba
sep 1959), 169-170.

—————. "Un títere es un símbolo, no tiene que repetir al hombre: Entre-   Cuba
vista con Carucha Camejo, Pepe Camejo y Pepe Carril." *CON*, 9 (1970),
126-135.

* Leal, Rine, ed. *Teatro cubano en un acto*. La Habana: Ediciones R[evo-   Cuba
lución], 1963.

Legido, Juan Carlos. *El teatro uruguayo*. Montevideo: Tauro, 1968.   Uruguay
161 pp.

Leinaweaver, Richard. "Colombian University Theatre Festival." *LATR*,   Colombia
1:2 (Spring 1968), 68-70.

* Leñero, Vicente. *"Compañero,"* en *Teatro mexicano 1970*, ed. de Antonio   México
Magaña-Esquivel. México: Aguilar, 1973. Pp. 193-243.

—————. "¿Por qué un teatro documental?" *La Vida Literaria* (México),   México
1:4 (may 1970), 8-9.

Lerer, David. "Playa Girón '61: Teatro verdad." *Universitario* (Santo   Cuba
Domingo), 2:34 (30 oct 1971), 11.   República
Dominicana

* Libre Teatro Libre. *"Contratanto." PrA*, 161 (oct 1973), 51-61. Reprodu-   Argentina
cido en *BdS*, 6-7 (ene 1974), 117-141.

—————. "La experiencia de *Contratanto." TEXT*, 3:18 (12 ago 1973),   Argentina
6-7. Reproducido en *PrA*, 161 (oct 1973), 45-49.

"Libre Teatro Libre: el otro discurso del método." *TEXT*, 3:12 (6 ago   Argentina
1973), 4.

Linde, Jed. "El teatro trashumante de México." *AM*, 19:1 (ene 1967),   México
34-37.

Lindo, Hugo. "Jóvenes dramaturgos de El Salvador." *ECA*, 15:154 (nov   El Salvador
1960), 584-591.

List Arzubide, Armando. *Teatro histórico escolar*. México, 1938.   México

* Lizárraga, Andrés. *Teatro*. Buenos Aires: Quetzal, 1962. 280 pp.   Argentina

"Lizárraga, primer Casa de las Américas." *CON*, 15 (ene-mar 1973),   Argentina
93-94.

"Los que van quedando en el camino: impacto de la obra de Isidora   Chile
Aguirre." *La Patria* (Concepción, Chile), (31 ago 1969), 5.

"Los que van quedando en el camino: la obra más valiente del teatro chi-   Chile
leno." *Ultima Hora* (Santiago), (25 ago 1969), 13.

Luanay, Jean. "¿Qué es Arena?" *PrA*, 132 (may 1971), 17-18.   Brasil

Luksic, Luis. *El maravilloso mundo de los títeres*. Caracas: Casa de la   Venezuela
Cultura Popular del Ministerio de Trabajo, 1963.   General

Luzuriaga, Gerardo. "El cuarto Festival de Manizales." *LATR*, 5:1 (Fall   Colombia
1971), 4-16.   General

—————. *Del realismo al expresionismo: el teatro de Aguilera-Malta*. Ma-   Ecuador
drid: Plaza Mayor, 1971. 204 pp.

—————. "Presencia latinoamericana en el IX Festival de Nancy." *LATR*,   General
6:2 (Spring 1973), 65-69.

—————. "Rumbos del nuevo teatro latinoamericano." *AL*, 3a época, 16   General
(ene-feb 1976), 22-27.

* Luzuriaga, Gerardo, y Richard Reeve, eds. *Los clásicos del teatro hispano-*   General
americano. México: Fondo de Cultura Económica, 1975. 908 pp.

* Luzuriaga, Gerardo, and Robert Rudder, eds. and trs. *The Orgy: Modern*   General
One-Act Plays from Latin America. Los Angeles: Latin American Cen-
ter, University of California, 1974. 180 pp.

Lyday, Leon F., and George W. Woodyard, eds. *Dramatists in Revolt.*   General
The New Latin American Theatre. Austin: University of Texas Press,
1976. 275 pp. Colección de ensayos sobre 15 dramaturgos.

Lyon, John E. "The Argentine Theatre and the Problem of National Iden-   Argentina
tity: A Critical Survey." *LATR,* 5:2 (Spring 1972), 5-18.

Maciel, Luis Carlos. "Situación del teatro brasileño." *CON,* 8 (1969),   Brasil
105-115.

Madeo, Liliana. "Descolonizar la cultura: el teatro actual en Cuba." *CAB,*   Cuba
37 (sep 1973).

Magaldi, Sábato. *Panorama do teatro brasileiro.* São Paulo: Difusão Eu-   Brasil
ropéia do Livro, 1962. 274 pp.

Magaña Esquivel, Antonio. *Medio siglo de teatro mexicano (1900-1961).*   México
México: INBA, 1964.

———. "La política en el teatro mexicano." *BUY,* 3:15 (may-jun 1961),   México
18-29.

———. "El teatro y la Revolución." *Cuadernos de Bellas Artes* (México),   México
1:4 (1960), 17-19.

* Magdaleno, Mauricio. *Teatro revolucionario mexicano.* Madrid: Cenit,   México
1933, 274 pp.

* Maldonado Pérez, Guillermo. *Por estos santos latifundios.* La Habana: Colombia
Casa de las Américas, 1975. 75 pp.

Malonda, Antonio, et al. "Noticias de El Salvador y Costa Rica." *PrA,*   Costa Rica
136 (sep 1971), 68-71.   El Salvador

Mancera, Eduardo. "El teatro que yo pretendo." *CU,* 88 (1965), 48-54.   Venezuela

Marce, Carroll E. "Nueva y más reciente información sobre los bailes-   Guatemala
dramas de Rabinal y del descubrimiento del *Rabinal Achí.*" *CON,* 10
(1971), 51-64.

Marial, José. *El teatro independiente.* Buenos Aires: Alpe, 1955. 260 pp.   Argentina

María y Campos, Armando de. *Informe sobre el teatro social (XIX-XX):*   México
testimonios y comentarios. México, 1959. 150 pp.

———. *El teatro de género chico en la Revolución mexicana.* México: México
Instituto Nacional de Estudios Históricos de la Revolución Mexicana,
1956. 439 pp.

———. *El teatro de género dramático en la Revolución mexicana.* México: México
Instituto Nacional de Estudios Históricos de la Revolución Mexicana,
1957. 438 pp.

Marino, Rubén. "*Loquepasa* lleva la agitación al escenario." *CON,* 12   Argentina
(ene-abr 1972), 57-62. Originalmente publicado en la revista argentina
Uno por Uno, 11.

"Manizales y Latinoamérica." *PrA,* 161 (oct 1973), 13-15.   Colombia
                                                                                            General

* Marqués, René. *La carreta.* Río Piedras: Cultural, 1961. 76 pp.   Puerto Rico

———. "La función del escritor puertorriqueño en el momento actual."   Puerto Rico
CA, 22:2 (mar-abr 1963), 55-63.

Martínez, Gilberto. "Hacia una taxonomía teatral." *TEXT,* 3:16 (10 ago,   Colombia
1973), 7.
———. "Mi experiencia directa con la obra de Bertolt Brecht." *CON,*   Colombia
20 (abr-jun 1974), 106-126.
* Martínez, José de Jesús. *"La guerra del banano:* o requiem para un capi-   Panamá
talista." *Tareas,* 64 (dic 1975-feb 1976), 63-126.
Martínez Correa, Luis Antonio. "Pão e circo (São Paulo)," en *IX Festival*   Brasil
Mondial du Théâtre. Nancy, France, 1973. Pp. 16-18.
* Martínez Queirolo, José. *Teatro 1.* Guayaquil: Casa de la Cultura Ecuato-   Ecuador
riana, 1974. 331 pp.
* ———. *Teatro 2.* Guayaquil: Universidad de Guayaquil, 1975. 233 pp.   Ecuador
Martínez Tamayo, María Elena. "El teatro popular en México." *NT,* 5:21   México
(ene-feb 1958), 8.
Matas, Julio. "Teatro cubano en un acto." *UNION,* 3:1 (ene-mar 1964),   Cuba
168-170.
Medina Ferrada, Fernando. "Función educadora del teatro." *Abril* (La   Bolivia
Paz), 2 (ene 1964), 67-69.
Mediza, Alberto. "Entrevista a Antonio Larreta." *CON,* 13 (may-ago   Uruguay
1972), 10-13.
* Mediz Bolio, Antonio. *Teatro social: La fuerza de los débiles. La ola.*   México
Mérida, México: Universidad Nacional del Sureste, 1956. 341 pp.
Melo, Juan Vicente. "No quisiera poner el panorama peor." *CON,* 7 (abr-   México
jun 1968), 17-20.
Méndez, Graziella. "El pueblo en escena: Primer Festival de Aficionados."   Cuba
CRM, 1:7 (nov 1962), 74-77.
Mendoça, Luiz. "Teatro é festa para o povo." *CIV,* Caderno especial, 2   Brasil
(jul 1968).
Mendoza Gutiérrez, Alfredo. *Cómo escribir teatro rural.* Pátzcuaro,   México
México: Centro Regional de Educación Fundamental para la América   General
Latina (CREFAL), 1956. 119 pp.
* ———. *Nuestro teatro campesino.* Pátzcuaro, México: CREFAL, 1960.   México
243 pp.   General
* ———. *Teatro de muñecos y teatro infantil.* Guatemala: Ministerio de   México
Educación, Dirección General de Desarrollo Socio-Educativo Rural,   General
1961.
* Menezes, Bruno de. *Boi Bumbá.* Belém, Brasil, 1958. 79 pp.   Brasil
Mesa Vidal, Lilia. "Teatro," en *El libro de los niños del pueblo.* Lima: Perú
Horizonte, 1974. Pp. 115-121.
Michel, Concha. "Pastorela o coloquio." *Mexican Folkways* (México), 7:1   México
(Jan-Mar 1932), 5-30.
Miranda, Antonio. "El teatro brasileño contemporáneo: Gonçalves y   Brasil
Eichbauer." *IM,* 29 (15/30 jul 1968), 19.
Miranda, Julio E. "José Triana o el conflicto." *CH,* 230 (feb 1969), 439-   Cuba
444.
———. "El nuevo teatro cubano." *La Estafeta Literaria* (Madrid), 364   Cuba
(feb 1967), 33-34.
Miranda, Nilda. "Escambray: un teatro de la Revolución." *CAI,* 2a época,   Cuba
47 (jun 1971), 28-31. Conversación con Sergio Corrieri.
———. "Teatro en Santiago." *Revolución y Cultura* (Instituto Cubano del   Cuba
Libro, La Habana), (mar 1972).

Monasterios, Rubén. "Los dramaturgos venezolanos hoy." *CON,* 8 (1969),   Venezuela
38-49.

———. "El primer encuentro de teatro en provincia." *CU,* 96-97 (jul-   Venezuela
dic 1967), 51-59.

———. "68 teatral en Venezuela." *IM,* 38-39 (1/31 dic 1968), 19.   Venezuela

———. "Tendencias en el teatro venezolano." *INS,* 24:272-273 (jul-ago   Venezuela
1969), 29.

Moncada, Raúl. "Un mundo de maravillas" [Teatro infantil]. *Hoy* (Méxi-   México
co), (27 oct 1945), 30-33.

Monleón, José. "Con armando Gotta, el director de la obra." *PrA,* 176   Venezuela
(ene 1975), 27-31. Acerca de *Resistencia,* de Edilio Peña.

———. "Con [Carlos] Ariel Betancurt y Luis Molina: la crisis de un dis-   Colombia
curso." *PrA,* 173 (oct 1974), 65-68.   Puerto Rico

———. "Con Carlos Jiménez." *PrA,* 174 (nov 1974), 64-68.   Venezuela

———. "Cuatro países de América Latina." *PrA,* 168 (may 1974), 42-49.   General

———. "Diálogo con Jorge Díaz." *PrA,* 69 (1965), 32-37.   Chile

———. "Diálogo con 'Teatro del 60.' " *PrA,* 178 (mar 1975), 50-54.   Puerto Rico

———. "El festival de Caracas." *PrA,* 173 (oct 1974), 56-64.   Venezuela

———. "Madrid: *Donde mueren los mamíferos.*" *PrA,* 137 (oct 1971),   Chile
55-56. Acerca de una obra de Jorge Díaz.

———. "Magnus e hijos S.A." *PrA,* 178 (mar 1975), 60. Sobre el drama   Argentina
de Ricardo Monti.

———. "Manizales, documento del teatro latinoamericano." *PrA,* 138   General
(nov 1971), 8-17.

———. "La muerte de El Galpón." *TEXT,* 2a época, 2 (nov 1976), 11.   Uruguay

———. "Puerto Rico: con Galliza, un independentista en el congreso."   Puerto Rico
PrA, 178 (mar 1975), 48-50.

———. "*Resistencia* o en busca de un teatro político." *PrA,* 176 (ene   Venezuela
1975), 25-26.

———. "Teatro Campesino." *PrA,* 152 (ene 1973), 31-33.   Chicano

———. "Teatro colectivo." *PrA,* 161 (oct 1973), 15-19.   Colombia

———. "Teatro Experimental de Cali." *PrA,* 134 (jul 1971), 65-67.   Colombia

———. "*El tuerto es rey* de Carlos Fuentes." *PrA,* 132 (may 1971), 64.   México

Monleón, José, y Moisés Pérez Coterillo. "10 críticos latinoamericanos   General
hablan para *Primer Acto.*" *PrA,* 161 (oct 1973), 30-40. Participan
Gerardo Fernández (Uruguay), Carlos José Reyes (Colombia), Orlando
Rodríguez (Chile), Roberto Jacoby (Argentina), Alonso Alegría (Perú),
Antonio Carmona (Paraguay), Ulises Estrella (Ecuador), Rómulo Rivas
(República Dominicana), Sergio Vodánovic (Chile), João Apolinario
(Brasil).

* Monterde, Francisco. *Oro negro, pieza en tres actos.* México: Talleres   México
Gráficos de la Nación, 1927.

———. "Pastorals and Popular Performances: The Drama of Viceregal   México
México." *TA,* 22:8 (Aug 1938), 597-602.

Montes Huidobro, Matías. "Virgilio Piñera: *Teatro completo.*" *CASA,*   Cuba
5 (mar-abr 1961), 88-90.

* Montes Huidobro, Matías, Ingrid González y Enrique G. de Capablanca.   Cuba
3 obras dramáticas de Cuba revolucionaria. La Habana: Instituto de
Cultura de Marianao, 1961[?]. 48 pp.

* Monti, Ricardo. *Historia tendenciosa de la clase media argentina.* Buenos   Argentina
Aires: Talía, 1972.

* ———. *Una noche con el Sr. Magnus e hijos.* Buenos Aires: Talía, 1971. Argentina
47 pp.

Montoya, Angela. "Influencia de Brecht en el teatro colombiano." *CON,* Colombia
20 (abr–jun 1974), 128–130.

Montoya, Matilde. *Estudio sobre el Baile de la Conquista.* Guatemala: Guatemala
Editorial Universitaria, 1970. 422 pp.

Morales, María Victoria. "La actividad teatral en Puerto Rico." *HOR,* Puerto Rico
5:10 (abr 1962), 92–102.

Morandi, Julio. "Argentina, un año muy censurado." *CON,* 6 (ene–mar Argentina
1968), 90–95.

Morejón, Nancy. "Hablar con Nicomedes Santa Cruz." *La Gaceta de Cuba,* Perú
127 (sep–oct 1974), 19–21.

Moreno, Armando. "Cómo vi *El pagador de promesas.*" *PrA,* 75 (1966), Brasil
21.

Morfi, Angelina. *Temas del teatro.* Santo Domingo: Editora del Caribe C. Puerto Rico
por A., 1969. 123 pp. Incluye ensayos sobre la obra de Alejandro Tapia,
Enrique Laguerre, René Marqués, Francisco Arriví y Piri Fernández.

Morris, Andrés. "El teatro en Copán." *Presente,* 2:14 (sep 1965), 7–15. Guatemala
Sobre el *Rabinal Achí.* Honduras

Morton, Carlos. "The Teatro Campesino." *TDR,* 18:4 (T46), (Dec 1974), Chicano
71–76.

"El movimiento teatral chileno." *CON,* 7 (abr–jun 1968), 75–78. Chile

Moya, Nilda Celia. "Ambrosio Morante y el drama *Túpac Amaru.*" *RET,* Argentina
4:10 (1966), 20–34.

Muguercia, Magaly. "En Cuba: el teatro." *UH,* 186, 187, 188 (jul–dic Cuba
1967), 71–76.

Muñoz, Peggy. "Drama in Miniature." *AM,* 6:4 (Apr 1954), 13–16, 41. General

———. "Puppets Turn Teacher." *Mexican-American Review* (Mexico), General
22:5 (June 1954), 14–15, 32–36.

Murch, Anne C. "Genet-Triana-Kopit: Ritual as 'Danse Macabre.' " *MD,* Cuba
15:4 (March 1973), 369–381.

* Murgueytio, Reynaldo. "*Llacta cuyani* (Tierra querida): drama en tres Ecuador
actos." *Casa de la Cultura Ecuatoriana* (Quito), 4:11 (ene–dic 1951),
211–291.

Musto, Jorge. "Don Zoilo a caballo de las brujas: 'El Galpón' de gira por Uruguay
América Latina." *MAR,* 34:1647 (15 jun 1973), 27.

———. "Duendes de la comedia." *MAR,* 34:1638 (16 apr 1973), 26. Uruguay

———. "Legitimidad del teatro clandestino." *MAR,* 34:1635 (16 mar Uruguay
1973), 25.

———. "26 teatros 26." *MAR,* 35:1653 (17 ago 1973), 23. Uruguay

Nascimento, Abdias do. "The Negro Theatre in Brazil." *African Forum,* Brasil
2:4 (Spring 1967), 35–53. Versión española en *CON,* 9 (1970), 14–28,
y portuguesa en *CIV,* Caderno especial 2 (jul 1968).

* ———. *Sortilégio,* Mistério negro. Rio de Janeiro: Teatro Experimental Brasil
do Negro, 1959.

* Nascimento, Abdias do, ed. *Dramas para negros e prólogo para brancos;* Brasil
antologia de teatro negro-brasileiro. Rio de Janeiro: Teatro Experimental
do Negro, 1961. 419 pp.

"National Popular Theatre in Quito." *WT,* 16:5-6 (Sept–Dec 1967), Ecuador
538–541.

Neglia, Erminio G. *Aspectos del teatro moderno hispanoamericano.* Bogotá: Stella, 1975.   General

"Nelson Rodrigues: um debate." *CB.* 8:35 (mai–jun 1966), 46–52.   Brasil

Noguera, Héctor. "Hacia un teatro auténticamente chileno." *CON* 13 (may-ago 1972), 89–90.   Chile

Nomland, John B. *Teatro mexicano contemporáneo, 1900–1950.* México: INBA, 1967. 337 pp.   México

"Notas para un panorama del teatro en Chile." *PrA.* 69 (1965), 27–30.   Chile

Novaes, Maria Stella de. "O teatro no Espírito Santo. O teatro jesuítico. O teatro popular. Propulsores do teatro no Espírito Santo. *O Melpomene* e o *Carlos Gomes."* *Revista de História* (São Paulo), 20:42 (abr–jun 1960), 461–470.   Brasil

Novo, Salvador. "El teatro campesino." *El Maestro Rural* (México), 2:7 (15 ene 1933), 3–6.   México

Novoa, Bruce, y C. May Gamboa. "Tiempoovillo: Paraguayan Experimental Theatre." *LATR.* 8:2 (Spring 1975), 75–83.   Paraguay

N. R. "The Documentary Theatre in Brazil." *WT.* 17:5–6 (jun–jul 1968), 419–427.   Brasil

"Nueva imagen cultural de la Universidad de Carabobo." *ZF.* 8 (1971), 74–75.   Venezuela

* *"Nuevo teatro centroamericano."* *REP.* 5:14 (jun 1969). 116 pp. Antología.   General

Núñez, Carlos. "El pueblo en escena, Festival del teatro." *INRA* (Cuba), 2:4 (abr 1961), 86–91.   Cuba

"Obras presentadas en los seis festivales." *CON.* 4 (1966).   Cuba
    General

Obry, Olga. "The Haps and Mishaps of the Brazilian Puppet." *WT.* 14:5 (Sept 1965), 455–457.   Brasil

———. *O teatro na escola.* São Paulo: Melhoramentos, 1956. 139 pp.   Brasil

"Ocho preguntas: entrevista." *CON.* 7 (abr–jun 1968), 96–98. Entrevista a Orlando Rodríguez.   Chile

O'Dwyer, Heitor. "Dramas para negros e prólogo para brancos." *Leitura,* 61 (1962), 54–56. Reseña del libro de Abdias do Nascimento.   Brasil

O'Hara, Hazel. "Títeres docentes." *AM.* 3:1 (ene 1951), 20–22.   El Salvador

* *Ollantay: adaptación al teatro moderno por César Miró y Sebastián Salazar Bondy.* 3a ed. Lima: Librería Internacional del Perú, 1963. 71 pp.   Perú

Onetti, Jorge. "Uruguay, una visión dinámica." *CON.* 6 (ene–mar 1968), 96–100.   Uruguay

Onís, Juan de. "New Plays Chide Brazilian Regime." *New York Times* (25 Apr 1965), 26. Sobre *Opinião* y *Liberdade, Liberdade.*   Brasil

* Ordaz, Luis, ed. *El drama rural.* Buenos Aires: Librería Hachette, 1959. 349 pp.   Argentina

Orrillo, Winston. "Realidad del teatro en el Perú." *CON.* 8 (1969), 123–126.   Perú

———. "La realidad sube a la escena." *Oiga,* 7:335 (1 ago 1969), 29.   Perú

Orsini, Humberto. "Hacia el teatro de la revolución latinoamericana: entrevista con Atahualpa del Cioppo." *PAP.* 17 (dic 1972), 27–40.   Uruguay

Ortega, Julio. "La noche de los asesinos." *CA.* 164:3 (may–jun 1969), 262–267.   Cuba

Ossandón, Javier. "El nuevo teatro aficionado." *EAC.* 1 (ene 1972), 67–76.   Chile

Oursler, Anna L. *El drama mexicano desde la revolución hasta el año de 1940.* México, 1947.   México

Oviedo, José Miguel. "Sebastián Salazar Bondy en su teatro." *RPC,* 7-8   Perú
(1966), 70-97.
"O Pagador de Promessas." *Anhembi,* 40:118 (set 1960), 192-193.   Brasil
Parajón, Mario. "El teatro que queremos para Cuba." *IS,* 2:1 (sep-dic   Cuba
1959), 69-78.
"En París el Conjunto Folklore Nacional." *CON,* 1 (jul-ago 1964), 59.   Cuba
Partida, A. "Teatro cubano: ¿revolucionario o conservador?" *LOSUN,*   Cuba
62-63 (15-31 dic 1975), 29-30.
Paulo, Rogério. "La lección de Jean Vilar." *CON,* 14 (sep-dic 1972), 2-5.   General
———. "Panorama teatral latinoamericano." *CON,* 15 (ene-mar 1973),   General
128-132.
Peden, Margaret S. "Three Plays of Egon Wolff." *LATR,* 3:1 (Fall 1969),   Chile
29-35.
Peixoto, Fernando. "Problemas del teatro en el Brasil." *CON,* 9 (1970),   Brasil
2-12.
———. "Teatro no Brasil: como transmitir sinais de dentro das chamas."   Brasil
LATR, 7:1 (Fall 1973), 91-98.
* Peña, Edilio. "*Resistencia* (o un extraño sueño sobre la tortura de Pablo   Venezuela
Rojas)." *PrA,* 176 (ene 1975), 32-42.
Peñaloza, Wálter. *El teatro en la escuela.* Lima: Servicio de Difusión de la   Perú
ENAE, 1951.   General
Peraza, Luis. "El indio y el negro de nuestro teatro." *El Farol* (Creole   Venezuela
Petroleum Corporation, Caracas), 7 (may 1946), 2, 30.
Pérez Coterillo, Moisés. "Crónica del Festival de Manizales." *PrA,* 161   Colombia
(oct 1973), 20-27.
———. "Latinoamérica: orgía y revolución." *PrA,* 157 (jun 1973), 36-39.   General
Pérez Coterillo, Moisés, y Orlando Rodríguez. "Con María Escudero del   Argentina
Libre Teatro Libre." *PrA,* 161 (oct 1973), 49-51.
Phillips, Jordan P. *Contemporary Puerto Rican Drama* [1938-1968]. New   Puerto Rico
York: Plaza Mayor, 1972.
Piga, Domingo. *Dos generaciones del teatro chileno.* Santiago: Bolívar,   Chile
1963.
———. "Teatro popular." *El Comercio* (Lima). Serie de artículos publi-   General
cados semanalmente en la Sección Dominical a partir del 20 de octubre
de 1974.
Piga, Domingo, y Orlando Rodríguez. "El teatro obrero y social," en *Tea-*   Chile
tro chileno del siglo veinte. Santiago: Publicaciones de la Escuela de
Teatro, Universidad de Chile, 1964. Pp. 26-49.
Pignataro, Jorge. *El teatro independiente uruguayo.* Montevideo: Arca,   Uruguay
1968. 134 pp.
Pimentel, [Alberto] Figueiredo. *Os meus brinquedos: livro para crianças.*   Brasil
4a ed. Rio de Janeiro: Liv. Quaresma, 1958. 286 pp.
* Pimentel, Altimar de Alencar. *João Redondo, teatro do povo.* Paraíba: Brasil
Faculdade de Filosofia, Ciências e Letras da Universidade da Paraíba,
1965. 87 pp.
———. "Maneiro pau: uma dança dramática?" *RBF,* 10:26 (jan-abr   Brasil
1970), 39-44.
———. "Três 'peças' de João Redondo." *RBF,* 4:8-10 (jan-dez 1964),   Brasil
145-178.
Piñera, Virgilio. "Notas sobre el teatro cubano." *UNION,* 6:2 (abr-jun   Cuba
1967), 130-142.

————. "El teatro actual." *CASA,* 4:22-23 (ene-abr 1964), 95-107. Con-   Cuba
versación con Arrufat, Triana, Estorino, Brene y Dorr.

* ————. *Teatro completo.* La Habana: Ediciones R[evolución], 1960.   Cuba

Podestá, Bruno. "Teatro Nacional Popular: un teatro popular o la popula-   Perú
rización del teatro." *LATR,* 7:1 (Fall 1973), 33-41. Entrevista a Alonso
Alegría.

Pongetti, Henrique, et al. *Teatro experimental do Negro. Testemunhos.*   Brasil
Rio de Janeiro: Ediçoes GRD, 1966. 170 pp.

Pontes, Joel. *Machado de Assis e o teatro.* Rio de Janeiro: Campanha   Brasil
Nacional de Teatro, Ministério de Educação e Cultura, 1960. 89 pp.

————. "Plinio Marcos, dramaturgo da violência." *LATR,* 3:1 (Fall 1969),   Brasil
17-27.

Portocarrero, Ronald. "La intensa experiencia teatral ecuatoriana." *Oiga,*   Ecuador
385 (7 ago 1970), 33-34.

Portuondo, José Antonio. "El contenido político y social de las obras de   Cuba
José Antonio Ramos." *RBN,* 3a época, 11:1 (ene-abr 1969), 5-58.

Potenze, Jaime. "Del teatro del absurdo al teatro del optimismo." *CON,*   Argentina
13 (may-ago 1972), 98-105.

Prado, Décio de Almeida. *Teatro em progresso: crítica teatral, 1955-1964.*   Brasil
São Paulo: Martins, 1964. 314 pp.

Presa Camino, Fernando de la. "Panorama actual del teatro peruano."   Perú
FAN, 16:58 (1961), 26-31.

* *Primer Acto,* 75 (1966). Número dedicado al teatro brasileño, con ensayos   Brasil
de Angel Crespo y Walmir Ayala y traducciones españolas de *O pagador
de promessas* y *Morte e vida serverina.*

* *Primer Acto,* 108 (may 1969). Número dedicado al teatro cubano.   Cuba

Quackenbush, Louis H. "The *Auto* Tradition in Brazilian Drama." *LATR,*   Brasil
5:2 (Spring 1972), 29-43.

————. "The Other *Pastorelas* of Spanish American Drama." *LATR,*   General
6:2 (Spring 1973), 55-63.

Queiroz, Maria Isaura Pereira de. "O bumba-meu-boi: manifestação de   Brasil
teatro popular no Brasil." *Revista do Instituto de Estudos Brasileiros*
(São Paulo), 2 (1967), 89-97.

"¿En qué punto está el teatro en Venezuela?" *RNC,* 27:171 (sep-oct 1965),   Venezuela
95-101.

* Quevedo y Zubieta, Salvador. *Huerta, drama histórico en cinco actos.*   México
México: Botas, 1916. 136 pp.

* Quintero, Héctor. *Contigo pan y cebolla.* La Habana: Ediciones R[evolu-   Cuba
ción], 1965. 139 pp.

Quinto, José María de. "Recuerdo emocional de Sebastián Salazar Bondy."   Perú
PrA, 69 (1965), 63-65.

————. "Teatro cubano actual." *INS,* 260-261 (jul-ago 1968), 3, 24, 26.   Cuba

Rama, Angel. "A propósito de *'Juan Palmieri'*: Historia y literatura."   Uruguay
MAR, 34:1638 (6 abr 1973), 25.

————. "Ariano Suassuna: el teatro y la narrativa popular y nacional."   Brasil
PH, Epoca nueva, 13 (ene-mar 1975), 7-14.

Ramírez, Manuel A. "Florencio Sánchez and His Social Consciousness of   Uruguay
the River Plate Region." *Journal of Inter-American Studies,* 8:4 (1966),
585-594.

Ramírez, Marta. "México: manifiesto para un teatro político." *PrA,* 154   México
(mar 1973), 13-14.

Ramón y Rivera, Luis Felipe. "El teatro popular en Venezuela." *BIF,* 2:8   Venezuela
(nov 1957), 261-266.

Ramos Foster, Virginia. "Theatre of Dissent: Three Young Argentine Play-   Argentina
wrights." *LATR,* 4:2 (Spring 1971), 45-50.

Rangel, Flabio, y Millord Fernández. *"Libertad, libertad,* presentado por   Brasil
TUC de Lima." *Caretas,* 500 (27 may-5 jun 1974), 25.

Rau Alliende, Erwin. "Breve reseña histórica del teatro aficionado chi-   Chile
leno." *CON,* 13 (may-ago 1972), 86-89.

Ravicz, Marilyn Ekdahl. *Early Colonial Religious Drama in Mexico: From*   México
Tzompantli to Golgotha. Washington, D.C.: Catholic University of
America Press, 1970. 263 pp.

R. D. L. "Teatro para el pueblo." *CP,* 1:1 (ene-mar 1964), 39.   Perú

Reedy, Daniel, and Robert J. Morris. "The Lima Theatre, 1966-67."   Perú
LATR, 1:1 (Fall 1967), 26-38.

Reguera Samuel, Manuel. *"Recuerdos de Tulipa." PH,* 2a época, 27 (jul-   Cuba
sep 1963), 475-510.

Rela, Wálter. *Historia del teatro uruguayo, 1808-1968.* Montevideo: Edi-   Uruguay
ciones de la Banda Oriental, 1969. 187 pp.

——. *Teatro brasileño.* Buenos Aires: Centro Editor de América Latina,   Brasil
1969.

Rengifo, Beni. "Una nueva forma de buscar el teatro popular: *El gallo*   Perú
en marionetas." El Comercio (Lima), 3a Sección (20 abr 1975), 21.

* Rengifo, César. *Esa espiga sembrada en Carabobo (Funeral a un soldado*   Venezuela
del pueblo). Cantata. 2a ed. Caracas, 1971. 34 pp.

* ——. *"Una medalla para las conejitas." Expediente* (Caracas), 1 (n.d.),   Venezuela
43-53.

* ——. *"La sonata del alba." CON,* 22 (oct-dic 1974), 10-24.   Venezuela

* ——. *Teatro: Buenaventura chatarra; El vendaval amarillo; Estrellas*   Venezuela
sobre el crepúsculo. Caracas: Universidad Central de Venezuela, 1967.

Revello, Edovico. "Apuntes para una historia del teatro uruguayo." *COM,*   Uruguay
12:45 (nov-dic 1965), 67-75.

Reyes, Carlos José. "El movimiento en Colombia, a la hora de busca y su   Colombia
propio lenguaje." *CON,* 10 (1971), 90-92. Tomado de *Pliego* (Bogotá),
1er año (12 oct 1970).

——. "Notas sobre la práctica teatral: la improvisación." *CON,* 22   Colombia
(oct-dic 1974), 43-53.

——. "Proyección del TEC en el teatro nacional." *LN,* 8 (may-jun 1966),   Colombia
33-36.

* ——. *"Soldados." TEXT,* 1:4 (may 1971), 4-5.   Colombia

——. "El teatro en Colombia en 1968." *CON,* 8 (1969), 99-104.   Colombia

——. "Tras la pantalla de acciones inocentes puede esconderse toda una   Colombia
trama amoral y mentirosa." *CON,* 24 (abr-jun 1975), 35-36. Sobre
títeres.

Reyes de la Maza, Luis. "El lugar de Juan A. Mateos en el teatro mexi-   México
cano." *Anales del Instituto de Investigaciones Estéticas* (UNAM, Méxi-
co), 26 (1957), 67-76.

Ribadeneira, Santiago. "Ultimos estrenos [1976]." *La Última Rueda,* 2-   Ecuador
3 (1976), 123-127.

Ribeiro, Camila. "Novos caminhos do teatro universitario: o teatro univer-   Brasil
sitario em marcha com o CPC." *Revista Brasiliense* (São Paulo), 43
(1962), 188-190.

Rivarola Matto, José María. "Julio Correa y el teatro guaraní." *CON,*   Paraguay
12 (ene-abr 1972), 70-73.

* Robe, Stanley L., ed. *Los pastores: Coloquios de pastores from Jalisco,*   México
Mexico. Berkeley: University of California Press, 1954. 158 pp.

* Robles, J. Humberto. *Los desarraigados.* México: Instituto Nacional de   México
Bellas Artes, 1962. 162 pp.

Robreño, Eduardo. *Historia del teatro popular cubano.* La Habana: Oficina   Cuba
del Historiador de la Ciudad, 1961. 93 pp.

Rocha Filho, Rubem. "Dois momentos da dramaturgia brasileira." *Praxis*   Brasil
(São Paulo), 3 (1963), 65-73.

Rodríguez, Orlando. "El Galpón: 27 años de escenario." *TEXT,* 2a época,   Uruguay
2 (nov 1976), 10.

———. "El teatro chileno contemporáneo." *AP,* 64 (nov-dic 1966), 1-41.   Chile

Rodríguez, Orlando, y Sergio Vodánovic. "Chile: su teatro y su Revolu-   Chile
ción." *TEXT,* 3:15 (9 ago 1973), 7.

* Rodríguez, Yamandú, y Domingo Parra. *"Juan sin tierra:* pieza en 1 acto."   Uruguay
La Escena (Montevideo), 712 (1932).

* Rodríguez Castelo, Hernán, ed. *Teatro social ecuatoriano.* Clásicos Ariel,   Ecuador
55. Guayaquil: Ariel, [1972]. 192 pp.

* Rodríguez-Sardiñas, Orlando, y Carlos Miguel Suárez-Radillo, eds. *Teatro*   General
contemporáneo hispanoamericano. 3 tomos. Madrid: Escelicer, 1971.

Romero, Jesús C. *Nuestras posadas.* México: Biblioteca de Historiadores   México
Mexicanos, Vargas Rea Editor, 1952. 39 pp.

Romero Alzate, José. *Mi teatro ranchero.* Rosario (Sinaloa, México), 1958.   México

Rosenfield, Anatol. "Héroes y coringas." *CON,* 9 (1970), 29-45. Original-   Brasil
mente publicado, en portugués, en *Teoría e Prática,* 2.

* Rozenmacher, Germán N. *Réquiem para un viernes a la noche: drama*   Argentina
en un réquiem y un acto. 2a ed. Buenos Aires: Talía, 1971. 51 pp.

Ruiz Gómez, Darío, et al. "La expresión latinoamericana." Coloquio   General
realizado durante el IV Festival de Manizales, junto con A. Boal, J.
Monleón y Emilio Carballido, *TEXT,* 2:8 (jul 1972), 1-2.

* Salazar Bondy, Sebastián. *Comedias y juguetes.* Lima: Francisco Moncloa,   Perú
1967. 458 pp.

* ———. *"El rabdomante."* *CASA,* 5:31 (jul-ago 1965), 71-81.   Perú

* Salmón, Raúl, ed. *Teatro boliviano.* La Paz: Los Amigos del Libro, 1969.   Bolivia
650 pp.

Salvador, Francisco. "El teatro en Honduras." *RUT,* 1:1 (jul-sep 1960),   Honduras
103-122.

Sánchez Garfias, Luis Cristián. "Realidad o irrealidad en el teatro." *EAC,*   Chile
1 (ene 1972), 93-98.

Santa Cruz, Nicomedes. "Danzas negras en el Perú." *CP,* 6:17-18 (ene-   Perú
jun 1970), 32.

Santiago, José Alberto. "El teatro universitario en la Argentina." *PrA,*   Argentina
67 (1965), 50-52.

Santiesteban, Elder. "El teatro llega" [Teatro Escambray]. *Verde Olivo,*   Cuba
13:23 (6 jun 1971), 30-36.

Santos, José de Oliveira. "Solano Trindade e o teatro popular brasileiro."   Brasil
Revista Brasiliense, 33 (jan-fev 1961), 170-172.

Sastre, Alfonso. "Prólogo a la edición cubana [de *Juan Palmieri*]." *PrA.*   Uruguay
157 (jun 1973), 50.
———. "Teatro latinoamericano de agitación: tres menciones." *CON.* 13   General
(may-ago 1972), 18-19.
Saz, Agustín del. *Teatro social hispanoamericano.* Barcelona: Labor, 1967.   General
176 pp.
Scarabótolo, Hélio Alberto. "Evolución de la dramaturgia brasileña." *RET.*   Brasil
2:5 (1962), 40-51.
———. "Evolución del teatro brasileño." *UNI,* 53 (1962), 59-78.   Brasil
———. "El teatro brasileño de nuestros días." *Ficción* (Buenos Aires),   Brasil
39 (sep-oct 1962), 43-50.
Shank, Theodore. "A Return to Aztec and Mayan Roots." *TDR.* 18:4   Chicano
(Dec 1974), 56-70. Sobre el Festival de México, 1974.   General
Sharim, Nissim. "Teatro popular ICTUS: el peso cotidiano." *Plan* (San-   Chile
tiago), 42 (nov 1969), 14.
Shedd, Karl E. "Thirty Years of Criticism of the Works of Florencio   Uruguay
Sánchez." *Kentucky Foreign Language Quarterly* (University of Ken-
tucky, Lexington), 3:1 (Jan-Mar 1956), 29-39.
Silva, Ahtayde Ribeiro da. "História contemporânea do teatro brasileiro."   Brasil
2004 (Rio de Janeiro), 2:1 (1961), 50-52.
Silva, Mario Alfredo. "Ensayos de teatro: cosas del maestro." *RM,* 8   Guatemala
(1948), 148-153.
Siré, Agustín. "Instituto Latinoamericano de Teatro." *CON,* 5 (oct-dic   General
1967), 101-102.
* Solari Swayne, Enrique. *Collacocha: Drama en tres actos.* Lima: Populi-   Perú
bros Peruanos, [1963]. 124 pp.
* Solórzano, Carlos, ed. *El teatro hispanoamericano contemporáneo.* 2   General
tomos. México: Fondo de Cultura Económica, 1964.
———. "El teatro mexicano contemporáneo." *CASA,* 5:28-29 (ene-abr   México
1965), 99-104.
———. "Los teatros universitarios de México." *RIB,* 15:1 (ene-mar 1965),   México
29-34.
* Sotoconil, Rubén, ed. *Teatro escolar (manual y antología).* Santiago: Aus-   Chile
tral, 1965. 259 pp.
* ———. *Teatro para escolares y aficionados.* Santiago: Ernesto Toro, 1952.   Chile
126 pp.
Sousa, José Galante de. "Fontes para a história do teatro no Brasil."   Brasil
DIO, 21:18 (dez 1970), 111-121.
———. *O teatro no Brasil.* 2 vols. Rio de Janeiro: Ministério da Educa-   Brasil
ção, Instituto Nacional do Livro, 1960.
Spencer, Sara. *El teatro infantil.* Lima: Servicio de Difusión de la ENAE,   Perú
1956.
Stack, Juan, y Margarita Castillo. "Vitalidad del teatro universitario."   México
LOSUN, 62-63 (15/31 dic 1975), 22-23.
Suárez Radillo, Carlos Miguel. "Apuntes incompletos para una historia   Cuba
del teatro en Cuba en el siglo XX." *Guadalupe* (Colegio Mayor Hispano-
americano de Madrid), 6 (dic 1958), 37.
———. "El areyto de Marojo: festival de la tierra portorriqueña." *Mundo*   Puerto Rico
Hispánico (Madrid), 24:282 (sep 1971), 46-51.
———. "Un medio a ensayar para la creación de un teatro auténticamente   Venezuela
popular en Hispanoamérica: el teatro de los barrios en Venezuela." *Ana-*
les de Literatura Hispanoamericana (Madrid), 1 (1972), 127-142.

————. "Poesía y realidad social en el teatro peruano contemporáneo."   Perú
CH, 269 (nov 1972), 254-270.

————. "El pueblo protagonista y espectador teatral en Ecuador." TER, 3   Ecuador
(ene-mar 1972), 6-13.

————. Lo social en el teatro hispanoamericano contemporáneo. Caracas: General
Equinoccio, 1976.

————. "El teatro boliviano: de lo histórico a lo humano contemporáneo."   Bolivia
CH, 263-264 (may-jun 1972), 339-354.

————. "El teatro chileno actual y las universidades como sus principales   Chile
fuerzas propulsoras." INT, 1 (ene-mar 1972), 18-29.

————. "Tema y problema en el teatro hispanoamericano." CH, 46:138   General
(jun 1961), 394-400.

* Suárez Radillo, Carlos Miguel, ed. 13 autores del nuevo teatro venezolano.   Venezuela
Caracas: Monte Arila, 1971. 535 pp. Contiene Agua linda, de Ricardo
Acosta; Fiésole, de José Ignacio Cabrujas; Los ángeles terribles, de
Román Chalbaud; Tric Trac, de Isaac Chocrón; Catón y Pilato, de
Alejandro Lasser; En el vasto silencio de Manhattan, de Elisa Lerner;
Los peces del acuario, de José Gabriel Núñez; El hombre de la rata,
de Gilberto Pinto; 1 x 1 = 1, pero 1 + 1 = 2, de Lucía Quintero; La
esquina del miedo, de César Rengifo; La muerte de Alfredo Gris, de
Rodolfo Santana; Intervalo, de Elizabeth Schön; Las tijeras, de Paul
Williams.

Suárez Solís, Rafael. "Los inevitables." IS, 6:2 (ene-jun 1964), 259-306.   Cuba

Suassuna, Ariano. "Folk Theatre in Northeastern Brasil." AM, 16:11   Brasil
(nov 1964), 18-23.

* Subero, Efraín, ed. Teatro escolar. Caracas: Ministerio de Educación,   Venezuela
Dirección General, 1970. 431 pp.

"Teatro." CP, 1:4 (oct-dic 1964), 39.   Perú

"El teatro actual." CASA, 4:22-23 (ene-abr 1964), 95-107. Conversación   Cuba
de V. Piñera, A. Arrufat, A. Estorino, J. Triana, José R. Brene y Nicolás
Dorr.

"Teatro al aire libre." CI, 7:71 (jul 1975), 75. Sobre el Teatro Escambray.   Cuba

"El teatro chileno y los mimos." TEXT, 3:13 (7 ago 1973), 4, 6.   Chile

* Teatro cubano. Cuatro obras recomendadas en el II Concurso Literario   Cuba
Hispanoamericano de la Casa de las Américas. La Habana: Casa de las
Américas, 1961. 248 pp. Contiene La viuda, de M. I. Fornés; La paz en
el sombrero, de G. Parrado; El robo del cochino, de A. Estorino; El
vivo al pollo, de A. Arrufat.

"Teatro de muñecos." CI, 3:19 (feb 1971), 68-74.   Cuba

"Teatro e realidade brasileira." CIV, 4:2, caderno especial (jul 1968),   Brasil
286.

* Teatro ecuatoriano contemporáneo. 3 tomos. Guayaquil: Casa de la Cultura   Ecuador
Ecuatoriana, Núcleo del Guayas, 1970-73.

"El teatro en Costa Rica." TEXT, 3:13 (8 ago 1973), 6.   Costa Rica
                                                                                Ecuador

"El teatro en Latinoamérica: Colombia." Visión (México), 44:7 (15 mar   Colombia
1975), 40-42.

Teatro Experimental de Cali (TEC). "Cómo trabajamos en La denuncia."   Colombia
TEXT, 3:12 (6 ago 1973), 6.

————. "Creación colectiva." PrA, 163-164 (dic 1973-ene 1974), 39.   Colombia

* ———. "La denuncia." *PrA*, 163-164 (dic 1973-ene 1974), 40-58. Colombia
———. "Nuestro trabajo." *PrA*, 163-164 (dic 1973-ene 1974), 36-39. Colombia
———. "¿Teatro político o teatro humano?" *PrA*, 132 (may 1971), 38-39. Colombia
"El Teatro Experimental de Cali tiene sala." *CON*, 9 (1970), 143. Colombia
"El teatro infantil en Venezuela." *Escena 3* (Caracas), 2 (feb-mar 1975), 50-67. Venezuela
"Teatro Nacional." *CP*, 3:9-10 (dic 1966), 33. Perú
"El teatro nacional popular de Bolivia." *CON*, 2 (1964), 57-58. Bolivia
"Un teatro nuevo popular: desde Arica a Puerto Montt." *CON*, 16 (abr-jun 1973), 4-9. Chile
"Teatro para niños: 'Los televisones.'" *El Comercio* (Lima), (8 sep 1974), 18. Perú
* *Teatro peruano*. Lima: Ediciones "Homero Teatro de Grillos," 1974. 126 pp. Antología: obras de Grégor Díaz, Savina Helfgot, Sara Joffre, Estela Luna, Juan Rivera Saavedra. Perú
"TEKNOS: ocho años después." *CON*, 7 (abr-jun 1968), 94-95. Chile
Terceiro Congresso Brasileiro do Teatro. Rio de Janeiro, 1957. Brasil
Tessier, Domingo. "El teatro experimental de la Universidad de Chile." *RUM*, 11:3 (nov 1956), 15-19. Chile
Teurbe Tolón, Edwin, y Jorge Antonio González. *Historia del teatro en La Habana*. Santa Clara, Cuba: Universidad Central de las Villas, 1961. 165 pp. Cuba
Tinker, Edward Larocque. "Puppets Turned Teachers." *PA* (Jan 1945), 34-37. México
Tirri, Néstor. *Realismo y teatro argentino*. Buenos Aires: Ediciones La Bastilla, 1973. 213 pp. Argentina
"Un títere es un símbolo, no tiene que repetir al hombre." *CON*, 9 (1970), 127-135. Entrevista con los directores del Teatro Nacional de Guiñol de Cuba. Cuba
Toor, Frances. "Nota sobre Pastorela y Coloquios." *Mexican Folkways* (México), 7:1 (Jan-Mar 1932), 4. México
* Torres, Víctor. *Una casa en Lota Alto*. La Habana: Casa de las Américas, 1973. 96 pp. Chile
Torres Fierro, Danubaio. "Los caminos de la dramaturgia uruguaya." *CON*, 13 (may-ago 1973), 93-97. Uruguay
Trenti Rocamora, José Luis. "Algunos apuntamientos sobre los títeres en Hispano-América." *EST*, 78:422 (sep 1947), 138-141. General
* Triana, José. "Entrevista al jurado." *CASA*, 5 (mar-abr 1961), 39-44. Cuba
———. *La noche de los asesinos*. La Habana: Casa de las Américas, 1965. 110 pp. Cuba
Trifilo, Samuel. "The Contemporary Theater in Mexico." *The Modern Language Journal* (St. Louis, Missouri), 46:4 (Apr 1962), 153-157. México
"TUC: teatro universal." *CON*, 7 (abr-jun 1968), 95-96. Chile
Tunberg, Karl. "The New Cuban Drama: A Report." *TDR*, 14:2 (Winter 1970), 43-55. Cuba
"Túpac Amaru, afirmación revolucionaria." *CON*, 15 (ene-mar 1973), 15-16. Argentina

Ugarte Chamorro, Guillermo. "La actividad teatral en Lima." *RPC*, 1 (mar-jun 1963), 169-174. Perú
Ulive, Ugo. "El Galpón." *CON*, 3 (1965). Uruguay

"Las últimas experiencias del Teatro Experimental de Cali." *CON.* 14 (sep-   Colombia
dic 1972), 94-101.

* Usigli, Rodolfo, *El gesticulador: pieza para demagogos, en tres actos.*   México
México: Letras de México, 1944.

———. "Position and Problems of the Contemporary Mexican Play-   México
wright," in *Proceedings of the Conference on Latin American Fine Arts.*
Austin: University of Texas, 1952. Pp. 58-70.

———. "El teatro de propaganda." *Panoramas* (México), 3:13 (ene-feb   México
1965), 137-142.

Valdés Rodríguez, J. H. "Algo sobre el teatro en Cuba." *UH,* 28:170 (nov-   Cuba
dic 1964), 47-63.

* Valdez, Luis. *Actos: El Teatro Campesino.* San Juan Bautista, California: Chicano
Cucaracha Press, 1965.

———. "Notes on Chicano Theater," in *Guerrilla Theater,* ed. John   Chicano
Weisman. Garden City, New York: Anchor Press, 1973. Pp. 55-58.
También, en español, en *PrA.* 152 (ene 1973), 34-36.

Valencia, Gerardo. "Los temas nacionales en el teatro colombiano." *Bole-*   Colombia
tín de la Academia Colombiana (Bogotá), 19:80 (1969), 473-486.

* Valès, Jean-Louis. *Théâtre champêtre.* Port-au-Prince, 1961. 65 pp. Colec-   Haití
ción de sainetes.

Valienti, María Eugenia. "El teatro antropológico de Yaví." *NOR.* 1 (abr   Argentina
1971), 8-12.

Valle, Pompeyo del. "Diálogo sobre el teatro con Francisco Salvador."   Honduras
Honduras Ilustrada, 69 (may-jun 1971), 31-32, 44.

Vallejo, César. "El decorado teatral moderno." *El Comercio* (Lima), (9   Perú
jun 1929), 20.

"Variaciones sobre un teatro en percusión." *CON,* 15 (ene-mar 1973),   Chile
12-14. Sobre la obra de Jorge Díaz.

Vásquez Pérez, Eduardo. "Una experiencia de creación colectiva en Ecua-   Ecuador
dor." *CON,* 22 (oct-dic 1974), 54-58. Sobre el Grupo de Teatro Ollantay.

Velázquez, Francisco. "A propósito del II Festival Latinoamericano de
Teatro." *TEAM,* 2 (abr 1970), 45-54. Sobre el II Festival de Manizales.   General

Velázquez, Rolando. "Carpa Flores." *CULT* (jul-ago 1955), 121-132.   El Salvador

Vieira, César, y Teatro União e Olho Vivo. *En busca de un teatro popular.*   Brasil
tr. de Ruth Konche et al. São Paulo: Grupo Educacional Equipe, [1977?].
198 pp.

Vieta, Ezequiel. "Dramaturgia y revolución." *UH,* 31 (1967), 59-70. Tam-   Cuba
bién en *PrA,* 108 (may 1969), 22-30.

Villafañe, Javier. *Los niños y los títeres.* Buenos Aires, 1946.   Argentina
                                                                            General

Villalobos, Héctor Guillermo. "El teatro experimental del Liceo 'Fermín   Venezuela
Toro.' " *ED,* 8:49 (jun-jul 1947), 85-93.

"Vinieron de dieciocho países y cuatro continentes," *CON,* 4 (1966).   General

Vodánovic, Sergio. "La experimentación teatral chilena: ayer, hoy, maña-   Chile
na." *EAC,* 1 (ene 1972), 8-16. Publicado también en *TEXT,* 2:9 (nov
1972), 8, 7.

Wallace, Penny A. "Enrique Buenaventura's *Los papeles del infierno.* "   Colombia
LATR, 9:1 (Fall 1975), 37-46.

* Walsh, Rodolfo J. *Operación Masacre*. La Habana: Instituto Cubano del   Argentina
Libro, 1971.
Wolff, Egon. "Crisis de impaciencia." *EAC*, 1 (ene 1972), 33-40.   Chile
Wolff, Federico. "Síntesis del movimiento teatral uruguayo." *CON*, 5 (oct-   Uruguay
dic 1967), 89-93.
Woodyard, George. "Toward a Radical Theatre in Spanish America," in   General
Contemporary Latin American Literature. Houston: University of Hous-
ton, 1973. Pp. 93-102.

Yglesias, Antonio. "Entrevista a Fabio Pacchioni." *TER*, 3 (ene-mar 1972),   Costa Rica
3-5.   Ecuador
"Young Cuban Writers Define Their Goals." *El Mundo* (San Juan, Puerto   Cuba
Rico), 2 (23 Oct 1968), 94-100.

Zapata Olivella, Manuel. "Comparsas y teatro callejero en los carnavales   Colombia
colombianos." *Boletín Cultural y Bibliográfico* (Bogotá), 6:11 (1963),
1763-1765.
———. "Encuentro latinoamericano de grupos de teatro educacional."   General
LN, 27 (sep-oct 1975), 41-44.
———. "Teatro anónimo identificador." *LN*, 27 (sep-oct 1975), 12-22.   Colombia
También en *LATR*, 9:1 (Fall 1975), 55-62.
———. "Teatro concientizador y teatro identificador." *LN*, 27 (sep-oct   Colombia
1975), 3-4.
* Zavala Cataño, Víctor. *Teatro campesino*. La Cantuta, Perú: Ediciones   Perú
Universidad Nacional de Educación, 1969. 189 pp.
Zúñiga, Cuauhtémoc. "1975: ¡Se acabaron los dramaturgos!" *LOSUN*,   México
62-63 (15-31 dic 1975), 18.

Consulta General

Adorno, Theodoro W., et al. *El teatro y su crisis actual*. Caracas: Monte Avila, 1969. 135 pp.
Aronoff, Joel. *Psychological Needs and Cultural Systems: A Case Study*. Princeton: Van
Nostrand, 1967.
Artaud, Antonin. *The Theatre and Its Double*. New York: Grove Press, 1958.
Arte popular chileno: definiciones, problemas, realidad actual. Santiago: Ed. Universitaria,
1959. 109 pp.
Avalos A., Benigno. *El arte popular en la América Latina*. Santiago: Imp. Horizonte, 1962.
124 pp.
Babruskinas, Julio. "Comentario a lo popular y el realismo." *CON*, 22 (oct-dic 1974), 98-103.
Barata, Mário. "Conceito e metodologia das artes populares." *CULT*, 1:3 (mai-ago 1949),
27-46.
Barreiro, Julio. *Educación popular y proceso de concientización*. Buenos Aires: Siglo XXI,
1974. 161 pp.
Baxter, Ivy. *The Arts of an Island*. New York: Scarecrow Press, 1970.
Benedetti, Mario. "El escritor latinoamericano y la revolución posible." *CASA*, 79 (jul-ago
1973), 136-144. También en *BdS*, 6-7 (ene 1974), 3-14.
———. "Present Status of Cuban Culture," in *Cuba in Revolution*, ed. by Rolando E.
Ponachea and Nelson P. Valdés. Garden City, New York: Doubleday, 1972. Pp. 500-526.
———. *Terremoto y después*. Montevideo: Arca, 1973. 278 pp.
Benedetti, Mario, ed. *Literatura y arte nuevo en Cuba*. Barcelona: Estela, 1971.

Benegal, Dom, ed. *Puppet Theatre around the World.* New Delhi: Bharatiya, Natya Sangh Org., 1960.

Bentley, Eric. *The Theatre of Commitment and Other Essays.* New York: Athenaeum, 1967.

Borba Filho, Hermilo, et al. *Arte popular do Nordeste.* Recife: Departamento de Turismo e Recreação, 1966. 112 pp.

Brecht, Bertolt. *Brecht on Theatre: The Development of an Aesthetic,* ed. and tr. by John Willet. New York: Hill and Wang, 1964.

———. *La política en el teatro.* Buenos Aires: Alfa, 1972.

Brisky, Norman, et al. *La cultura popular del peronismo.* Buenos Aires: Cimarrón, 1973. 155 pp.

Brustein, Robert. *The Theatre of Revolt: An Approach to Modern Drama.* Boston: Atlantic-Little, Brown, 1964.

Cardoso, Fernando Henrique, y Enzo Faletto. *Dependencia y desarrollo en América Latina.* México: Siglo XXI, 1969. 166 pp.

Carvalho-Neto, Paulo de. *Concepto de folklore.* México: Pormaca, 1965.

———. *El folklore de las luchas sociales.* México: Siglo XXI, 1973. 217 pp.

———. *Folklore y educación.* Buenos Aires: Omeba, 1969. 272 pp.

———. *Historia del folklore iberoamericano.* Santiago de Chile: Ed. Universitaria, 1969.

Casal, Lourdes. "Literature and Society," in *Revolutionary Change in Cuba,* ed. by Carmelo Mesa-Lago. Pittsburgh, Pennsylvania: University of Pittsburgh Press, 1971. Pp. 447-469.

Cascuo, Luis da Câmara. "Da cultura popular." *RBF,* 1:1 (set-dez 1961), 5-16.

Castagnino, Raúl H. *Semiótica, ideología y teatro hispanoamericano contemporáneo.* Buenos Aires: Nova, 1974. 263 pp.

Chiara, Ghigo de. "Dalla liturgia del samurai alla liturgia de Grotowsky." *SIP,* 26:299 (mar-apr 1971), 13-15.

Chocrón, Isaac. *Tendencias del teatro contemporáneo.* Caracas: Monte Avila, 1968. 122 pp.

Cirigliano, Gustavo F. *Universidad y pueblo.* Buenos Aires: Librería del Colegio, 1973. 145 pp.

Collazos, Oscar, Julio Cortázar y Mario Vargas Llosas. *Literatura en la revolución y revolución en la literatura.* México: Siglo XXI, 1970. 118 pp.

Copferman, Emile, et al. *Teatros y política,* tr. de María Luz Romero. Buenos Aires: Ediciones de la Flor, 1969. 195 pp.

Crothers, Frances J. *The Puppeteer's Library Guide: The Bibliographic Index to the Literature of the World Puppet Theatre.* Metuchen, New Jersey: Scarecrow Press, 1971. 474 pp.

Cueto, Mireya. "Muñecos animados: origen, historia." *TEXT,* 1:5 (jul 1971), 4-5.

Culture and Agitation: Theatre Documents. London: Action Books, 1972. 64 pp. Ensayos sobre "agitational and proletarian theatre."

Dalton, Roque, et al. *El intelectual y la sociedad.* 2a ed. México: Siglo XXI, 1969. 151 pp.

Davis, R. G. "El teatro de guerrilla." *CON,* 5 (oct-dic 1967), 10-14. Tomado de *TDR,* 10:4 (Summer 1966), 130-136.

Directory of Institutes and Centers Devoted to Social and Economic Research in the Caribbean. Río Piedras: Instituto de Estudios del Caribe, 1971.

Dorfman, Ariel. *Ensayos quemados en Chile (Inocencia y neocolonialismo).* Buenos Aires: Ediciones de la Flor, 1974. 268 pp.

The Drama Review (T61, Mar 1974). Número dedicado a "popular entertainments."

Espinheira, Ariosto. *Arte popular e educação.* São Paulo: Editôra Nacional, 1938. 182 pp.

Esslin, Martin. *Brecht: The Man and His Work.* Garden City, New York: Doubleday, 1961.

———. *Reflections: Essays on Modern Theatre.* Garden City, New York: Doubleday, 1969. 229 pp.

Fagen, Richard. *The Transformation of Political Culture in Cuba.* Stanford, California: Stanford University Press, 1969.

Fernández, Alvaro. "Primer Congreso Nacional de Cultura." *CRM,* 2:10 (1963), 74-81.

Fernández Retamar, Roberto. *Calibán.* México: Diógenes, 1971.

Figueroa, J. J. "Society, Schools and Progress in the West Indies." *CEB*, 9:1-2 (1972).

Freire, Paulo. *Pedagogía del oprimido*. Montevideo: Tierra Nueva, 1970; 2a ed. México: Siglo XXI, 1973. 245 pp.

――――. *La educación como práctica de la libertad*. Montevideo: Tierra Nueva, 1969; Buenos Aires: Siglo XXI, 1973.

García Buchaca, Edith. "Las transformaciones culturales de la Revolución Cubana." *Cuba Socialista*, 8:29 (ene 1964), 28-54.

Gené, Juan Carlos. "El pueblo es el único creador auténtico y fundamental de la cultura." *CON*, 22 (oct-dic 1974J), 78-82.

Goldberg, Moses. *Children's Theatre: A Philosophy and a Method*. Englewood Cliffs, New Jersey: Prentice-Hall, 1974.

Herrero, Fernando. "París, dos propuestas de teatro popular." *PrA*, 155 (abr 1973), 77-79.

Hilton, Ian. *Peter Weiss: A Search for Affinities*. London: Oswald Wolff, 1970.

Hormigón, Juan Antonio. *Ramón del Valle Inclán: la política, la cultura, el realismo y el pueblo*. Madrid: Alberto Corazón, 1972.

――――. *Teatro, realismo y cultura de masas*. Madrid: EDICUSA, 1974. 323 pp.

Hughes, Catherine. *Plays, Politics, and Polemics*. New York: Drama Book Specialists/ Publishers, 1973.

Hurwitt, Roberto. "Teatro guerrilla." *CON*, 8 (1969), 14-16.

James, Louis. *The Islands in Between*. London: Oxford University Press, 1968. 166 pp. Sobre las Antillas, negritud.

Jaramillo, Carlos E. *Los "comics": ¿Educación o polución?* Bogotá: Ministerio de Educación de Radio y T.V. Educativas, 1972. 24 pp.

Jiménez G., Ernesto Bienvenido. *Educación rural en Guatemala*. San José, Costa Rica: Pineda Ibarra, 1967.

Kiddler, Frederick E. *Latin America and UNESCO: The First Five Years*. Gainesville: University of Florida Press, 1960.

Kleist, Heinrich von. "Textos sobre el teatro de marionetas." *DIAPR*, 6:16 (jul-sep 1969), 7-13.

La Belle, Thomas J., ed. *Education and Development: Latin America and the Caribbean*. Los Angeles: University of California, Latin American Center, 1972. 732 pp.

――――. *Educational Alternatives in Latin America: Social Change and Social Stratification*. Los Angeles: University of California, Latin American Center, 1975. 490 pp.

Ley Piscator, María. *The Piscator Experiment: The Political Theatre*. New York: James H. Heinemann, 1967. 336 pp.

Luca, Gemma R. Del. "Creativity and Revolution: Cultural Dimensions of the New Cuba," in *Cuba, Castro and Revolution*, ed. by Jaime Suchlicke. Coral Gables, Florida: University of Miami Press, 1972. Pp. 94-108.

Maldonado, Carlos. *El arte moderno y la teoría marxista del arte*. Santiago de Chile: Universidad Técnica del Estado, 1971. 184 pp.

Mantovani, Juan. *Educación popular en América*. Buenos Aires: Nova, 1958. 141 pp.

McPharlin, Paul. *The Puppet Theatre in America: A History*. Boston: Plays Inc., 1969.

Mesa Vida, Lilia. *El libro de los niños del pueblo*. Lima: Horizonte, [1974]. 128 pp.

Miranda, Julio E., ed. *Nueva literatura cubana*. Madrid: Taurus, 1971.

Monleón, José. "*Oratorio.*" *PrA*, 132 (may 1971), 26-29. Teatro popular y populismo.

"Nancy 71." *PrA*, 132 (may 1975), 6-16.

Nicolescu, Margaret. *The Puppet Theatre of the Modern World*. Boston: Plays Inc., 1967.

Otero, Lisandro. *Cultural Policy in Cuba*. Paris: UNESCO, 1972. 55 pp.

Philpott, A. R. *Dictionary of Puppetry*. Boston: Plays Inc., 1969. 286 pp.

Portuondo, José Antonio. *El contenido social de la literatura cubana*. México, 1944.

Posada, Francisco. *Lukacs, Brecht y la situación actual del realismo socialista*. Buenos Aires: Galerna, 1969.

Revista de la Universidad de México, 27:6 (feb 1973). Número dedicado a la cultura chicana.

Rodríguez Bou, Ismael. *Educación de adultos.* Río Piedras: Universidad de Puerto Rico, 1952.

Roy, Claude. *Jean Vilar.* Paris: Seghers, 1968. 191 pp.

Ruffinelli, Jorge. "Cultura nacional, pobreza, silencio y exilio." *MAR.* 35:1666 (28 dic 1973), 29.

Salper, Roberto. "Literature and Revolution in Cuba," *Monthly Review* (New York), 22:5 (Oct 1970), 15-30.

Sánchez Vásquez, Adolfo, ed. *Estética y Marxismo.* 2 tomos. México: Era, 1970.

————. *Las ideas estéticas de Marx: ensayos de estética marxista.* México: Era, 1965. 203 pp. Traducido al inglés por Maro Riofrancos con el título de *Art and Society: Essays in Marxist Aesthetics* (New York: Monthly Review Press, 1973).

Sanders, Thomas G. "The Paulo Freire Method: Literacy Training and Conscientización," in *Education and Development: Latin America and the Caribbean,* ed. by Thomas J. La Belle. Los Angeles: University of California, Latin American Center, 1972. Pp. 587-602.

San Francisco Mime Troupe. *Guerrilla Theatre Essays.* San Francisco: San Francisco Mime Troupe, 1970.

Santa Ana, Julio de, et al. *Conciencia y revolución.* Montevideo: Tierra Nueva, 1972.

Serriere, Marie-Thérese. *Le T.N.P. [Théâtre National Populaire] et Nous.* Paris: Librairie José Corti, 1959.

Shank, Theodore. "Political Theatre as Popular Entertainment." *TDR* (Mar 1974), 110-117. Sobre el San Francisco Mime Troupe.

Shular, Antonia C. *Chicano Literature.* Englewood Cliffs, New Jersey: Prentice-Hall, 1972.

La situación educativa en América Latina. La enseñanza primaria: estado, problemas, perspectivas. Paris: UNESCO, 1960.

Smiley, Sam. "Thought as Plot in Didactic Drama," in *Studies in Theatre and Drama: Essays in Honor of Hubert C. Heffner,* ed. by Oscar G. Brockett. New York: Humanities, 1973. Pp. 81-96.

Torres, Fielden. *Acerca del teatro dialéctico.* Guayaquil; Ecuador: INTI, 1972.

Trouillot, Henock. *Les origines sociales de la littérature haitienne.* Port-au-Prince: Imp. N. A. Theodore, 1962.

Valdés, Nelson P. "The Radical Transformation of Cuban Education," in *Cuba in Revolution,* ed. by Rolando E. Bonachea and Nelson P. Valdés. Garden City, New York: Doubleday, 1972. Pp. 422-455.

Vilar, Jean. "Le théâtre et les masses," en *De la tradition théâtrale.* Paris: Gallimard, 1955. Pp. 173-179.

Weisman, John. *Guerrilla Theater: Scenarios for Revolution.* Garden City, New York: Anchor Books, 1973. 201 pp.

Weiss, Peter. "Catorce tesis a propósito del teatro documental." *UNION,* 6:2 (jun 1969), 151-157. También en inglés, en *WT,* 17 (jun-jul 1968), 375-389.

————. "Declaraciones de un gran dramaturgo." *CON,* 5 (oct-dic 1967), 3-9.

Wilbert, Johannes, ed. *Enculturation in Latin America: An Anthology.* Los Angeles: Latin American Center, University of California, 1976. 421 pp.

World Theatre, 17 (Jun-Jul 1968). Número dedicado a E. Piscator y al Teatro documental.

Wright, Peter C., et al. *The Impact of a Literacy Program in a Guatemalan Ladino Peasant Community.* Tampa: University of South Florida, 1967. 151 pp.

Zilliacus, Clas. "Documentary Drama: Form and Content." *CD,* 6 (Fall 1972), 223-253.

El cine y la televisión popular

"Algunas preguntas a Octavio Getino." *CC,* 73-74-75, n.d., 72-79.

Alfaro, Hugo. "Diez años de cine cubano." *Cine y Medios* (Buenos Aires), 1:22 (1969), 14-17.

"A Talk with Jorge Sanjines." *CINE,* 4:3 (Winter 1970-71), 12.

Alvarez, Carlos. "Una historia que está comenzando: Colombia." *CC,* 63-64-65, n.d., 41-50.

Alvarez, Isabelle. "Revolution Versus Entertainment: What Directions for the Film Medium?" *Atlas* (New York), 20:11 (Oct 1971), 57-59.

Arai, Alberto T. *Voluntad cinematográfica: ensayo para una estética del cine.* México: Cultura, 1937.

Ayala Blanco, Jorge. *La aventura del cine mexicano.* México: Era, 1968.

Balde, Gibril. "Blood of the Condor." *CINE,* 4:3 (Winter 1970-71), 11.

Bastide, Roger. "L'Amérique Latine vue a travers le miroir de son cinéma." *Revue de Psychologie des Peuples* (Le Havre, France), 15:4 (1960), 366-379.

Belmans, Jacques. "Critique et realité sociales dans le cinéma novo." *Etudes Cinematographiques* (Paris), 93-96 (1972), 41-60.

Bernardet, Jean-Claude. "Para um cinema dinâmico." *CIV,* 2 (mai 1965), 219-226.

Bibliowicz, Azriel. "Plaza Sésamo y la industria cultural." *1 x 1,* (Quito), 2 (sep-oct 1973), 19-27. Reproducido del diario *El Tiempo* (Bogotá), 8 ago 1973.

Birri, Fernando. "Cinéma et sous-développement." *CC,* 7:42-43-44, n.d., 13-21.

Burns, E. Bradford, ed. *Latin American Cinema: Film and History.* Los Angeles: University of California, Latin American Center, 1975. 137 pp.

Catrice, Paul. "Le cinéma en l'Amérique Latine." *Revue de Psychologie des Peuples* (Le Havre, France), 18:4 (1963), 424-427.

"El chacal de Nahueltoro: modelo de un cine nacional y popular auténtico." *Sucesos* (México), 2206 (9 sep 1975), 44-46.

Chávez Taborga, César. "Seminario de televisión educativa para América Latina." *Mensaje al Educador Boliviano* (La Paz), 1:10 (ago 1964), 18-22.

"Chile: le cinéma de l'Unité Populaire." *Ecran,* 22 (feb 1974), 13-20.

"Cinema as a Gun: An Interview with Fernando Solanas." *CINE,* 3:2 (Fall 1969), 18-26.

"Cinema Novo vs. Cultural Colonialism: An Interview with Glauber Rocha." *CINE,* 4:1 (Summer 1970), 1-11.

Colina, Enrique, y Daniel D. Torres. "Ideología del melodrama en el viejo cine latinoamericano." *CC,* 73-74-75, n.d., 27-39.

Collazos, Oscar. "Cine colombiano: ¿Por quién, para quién, contra quiénes?" *CC,* 76-77, n.d., 34-39.

"Conversación con Santiago Alvarez." *CC,* 78-79-80, n.d., 80-91.

"Conversación con un cineasta revolucionario: Jorge Sanjines." *CC,* 73-74-75, n.d., 1-7.

"*El coraje del pueblo:* nuevo filme de Jorge Sanjines." *CC,* 71-72, n.d., 46-51.

"*The Courage of the People:* An Interview with Jorge Sanjines." *CINE,* 5:2 (Spring 1972), 18-20.

Culkin, John M. "Televisión educativa en América Latina." *UNIS,* 3:11 (ene-mar 1963), 57-65.

Dahl, Gustavo. "Cinema Novo e seu público." *CIV,* 11-12 (dez 1966-mar 1967), 192-202.

"Entrevista con Manuel Octavio Gómez." *CC,* 71-72, n.d., 32-36.

"Film in Chile: An Interview with Miguel Littín." *CINE,* 4:4 (Spring 1971), 4-17.

Galindo, Alejandro. *Una radiografía histórica del cine mexicano.* México: Fondo de Cultura Económica, 1968.

García Espinosa, Julio. "Nuestro cine documental." *CC,* 23-24-25, n.d., 3-21.

Getino, Octavio, y Fernando Solanas. "Apuntes para un juicio crítico descolonizado." *Cine del Tercer Mundo* (Montevideo), 2 (nov 1970), 75-101.

Hijar, Alberto. *Hacia un tercer cine.* México: Universidad Autónoma de México, 1972.

Hitchens, Gordon. "The Way to Make a Future: A Conversation with Glauber Rocha." *Film Quarterly* (Berkeley), 19:5 (Fall 1970), 27-30.

Irigoyen, Oribe. *Cine, crítica, espectador.* Montevideo: Pueblos Unidos, 1972.

Jaramillo, Carlos E. *Los impresos, la radio y la televisión.* Bogotá: Ministerio de Educación, División de Radio y T.V. Educativas, 1972. 19 pp.

"Jorge Sanjines: una entrevista." *CC*, 71-72, n.d., 52-59.

Kavanagh, Thomas M. "Imperialism and the Revolutionary Cinema: Glauber Rocha's *Antonio-das-Mortes.* "*Journal of Modern Literature*, 3:2 (Apr 1973), 201-203.

Littín, Miguel. "Apuntes de filmación." *La Quinta Rueda* (Santiago), (nov 1972), 13.

————. *El chacal de Nahueltoro.* Santiago: Zig-Zag, 1970. Contiene el libreto y una introducción sobre la película.

Loy, Jane M. "Classroom Films on Latin America: A Review of the Present Situation with Some Suggestions for the Future." *The History Teacher* (South Bend, Indiana), 7:1 (Nov 1973), 89-98.

MacBean, James Roy. "La hora de los hornos." *Film Quarterly* (Berkeley), 19:5 (Fall 1970), 31-37.

Mahieu, José Agustín. *Breve historia del cine argentino.* Buenos Aires: Ed. Universitaria, 1966.

"Más vale una sólida formación política que la destreza artesanal: entrevista a Patricio Guzmán." *Primer Plano* (Valparaíso), 2:5 (verano 1973), 19-36.

Matas, Julio. "Theater and Cinematography," in *Revolutionary Change in Cuba: Policy, Economy, Society,* ed. by Carmelo Mesa-Lago. Pittsburgh, Pennsylvania: University of Pittsburgh Press, 1971. Pp. 427-445.

Mattelart, Armand, Michèle Mattelart y Mabel Piccini. "Los medios de comunicación de masas." *Cuadernos de la Realidad Nacional* (Santiago de Chile), 5 (mar 1970).

Moral G., Fernando del. "Contra el cine comercial latinoamericano." *Novedades* (México), (15 sep 1974), 2-3, 12.

Munizaga, Giselle. "Algunas ideas sobre lo ideológico en el cine." *EAC*, 2 (1972), 58-61.

Myerson, Michael, ed. *Memories of Underdevelopment: The Revolutionary Films of Cuba.* New York: Grossman, 1973. 199 pp.

"Nuevo cine, nuevos realizadores, nuevos filmes: entrevista a Miguel Littín." *CC*, 63, 64, 65, n.d., 1-6.

Padrón, Carlos. "Cine con gente de verdad: once años del Conjunto Dramática de Oriente." *CON*, 14 (sep-dic 1972), 102-110.

Pérez Turreut, Tomás. "¿Qué es el cine 'popular' mexicano?" *Sucesos* (México), 2207 (12 ago 1975), 44-46.

Pick, Zuzana Myriam. "Le cinéma chilien sous le signe de l'Union Populaire (1970-1973)." *Positif* (Paris), 155 (jan 1974), 35-41.

Racz, Juan-Andrés. "El chacal de Nahueltoro." *CINE*, 4:3 (Winter 1970-71), 37-38.

Rocha, Glauber. "Beginning at Zero: Notes on Cinema and Society." *TDR*, 14:2 (Winter 1970), 144-149.

————. "Uma estética da fome." *CIV*, 3 (jul 1965), 165-170.

————. *Revisión crítica del cine brasileño.* Madrid: Fundamentos, 1971.

Rocha, Glauber, y Augusto M. Torres. *Glauber Rocha y Cabezas cortadas.* Barcelona: Anagrama, 1970.

Sanjines, Jorge. "Un cine militante," *CC*, 68, n.d., 45-47.

————. "Cine revolucionario: la experiencia boliviana." *CC*, 76-77, n.d., 1-15.

————. "Cinema and Revolution." *CINE*, 4:3 (Winter 1970-71), 13-14.

————. "Sobre Ukamau." *CC*, 48, n.d., 28-33.

Schwarz, Roberto. "O cinema e os fuzis." *CIV*, 9-10 (nov 1966), 217-222.

Solanas, Fernando E., y Octavio Getino. *Cine, cultura y descolonización.* Buenos Aires: Siglo XXI, 1973. 204 pp.

————. "Toward a Third Cinema." *CINE*, 4:3 (Winter 1970-71), 1-14.

"Somos los heraldos de la revolución: entrevista con Glauber Rocha." *CC*, 73-74-75, n.d., 40-46.

Soto de Pinto, Viola. "Plan de educación a través de la televisión." *BUCH*, 19 (abr 1961), 57-59.

Torres, Augusto M., y Manuel Pérez Estremera. *Nuevo cine latinoamericano.* Barcelona: Anagrama, 1973.

Tyler, Parker. *Cine Underground.* Barcelona: Planeta, 1973. 256 pp.

"Ukamau and Yawar Mallku: An Interview with Jorge Sanjines." *Afterimage* (London), 3 (Summer 1971), 40-53.

Vega, Pastor. "Cuba: el cine, la cultura nacional." *CC,* 73-74-75, n.d., 80-92.

La nueva canción popular

Alen, Olavo. "Música para colonizar." *CAI,* 2a época, 82 (sep 1974), 13-15.

Almeida, Renato. "Música folclórica e música popular." *Província de São Pedro* (Pôrto Alegre), 14 (set-dez 1949), 19-25.

Alvarenga, Oneida. *Música popular brasileira.* Pôrto Alegre: Globo, 1950. 330 pp. También, en español, *Música popular brasileña,* tr. de José Lión Depetre (Buenos Aires: Fondo de Cultura Económica, 1947); en italiano, *Musica populare brasiliana,* tr. di Cornelio Bisello (Milano: Sperling e Kupfer, 1953).

Andrade, Mário de. "A música e a canção populares no Brasil." *Revista do Arquivo Municipal* (São Paulo), 2:19 (1936), 249-262. También en español, *La música y la canción populares en el Brasil,* tr. de Alarcón Fernández (Rio de Janeiro: Imp. Nacional, 1942); en inglés, *Popular Music and Song in Brazil,* tr. by Luiz Victor Le Cocq D'Oliveira (Rio de Janeiro: Imp. Nacional, 1943).

Aprile, Bartolomé R. *Arrabal salvaje de la sabiduría,* ed. de Enrique R. del Valle. Buenos Aires: Freeland, 1964. 167 pp. Poesía popular.

"Así era Víctor Jara." *AL,* 3a época, 14 (sep-oct 1975), 170-174.

Braga, Henriqueta Rosa Fernandes. "O cancioneiro folclórico infantil como fator de educação." *Folclore* (São Paulo), 2:2 (1953), 14-18.

Cardoso, Ornelio Jorge. *El pueblo canta; selección de OJC.* La Hbana: Imp. Nacional de Cuba, 1961. 69 pp.

Carvalho, Herminio Bello de. "La nueva poética de la música popular brasileña." *Revista de Cultura Brasileña* (Madrid), 32 (dic 1971), 5-17.

Cruz Luis, Adolfo. "Encuentro de música latinoamericana." *CAI,* 2a época, 62 (nov 1972), 16-17.

Curran, Mark J. "A 'página editorial' do poeta popular." *RBF,* 12:32 (jan-abr 1972), 5-16.

Franco-lao, Méri. *¡Basta! Canciones de testimonio y rebeldía de América Latina.* México: Era, 1970. 356 pp.

Garzón Céspedes, Francisco. "Mercedes Sosa: esta mujer que canta como los pájaros." *CAI,* 2a época, 85 (dic 1974), 2-5.

———. "Mi pueblo canta conmigo" [Mercedes Sosa]. *CI.* 7:65 (ene 1975), 14-17.

Gómez Cairo, Jesús. "Del ámbito y el hombre en el universo musical latinoamericano." *CAI,* 2a época, 77 (abr 1974), 5-8.

Grupo Los Mascarones. "Tres canciones." *PrA.* 178 (mar 1975), 54.

———. "Víctor Jara, su pensamiento, sus canciones." *Boletín de Música* (La Habana), 40 (1974).

"Hablar con Nicomedes Santa Cruz." *GACH,* 127 (sep-oct 1974), 19-21.

Hare, Billy. "Pregunta a Mercedes Sosa." *TEXTUAL,* 8 (dic 1973), 81.

———. "Pregunta a Víctor Jara." *TEXTUAL,* 8 (dic 1973), 81-83.

Literatura popular em verso: antologia. Tomo 1. Rio de Janeiro: Casa de Rui Barbosa, 1964. 592 pp.

Magis, Carlos. *La lírica popular contemporánea: España, México, Argentina.* México: El Colegio de México, 1969. 724 pp.

Meléndez, Jorge. "El artista como militante político: entrevista con Víctor Jara." *CASA,* 15:88 (ene-feb 1975), 96-101.

Melo, Verssiade. "A glosa, veículo de comunicação popular." *RBF.* 11:30 (mai-agô 1971), 183-190.

Mendoza, Vicente T. *El corrido de la Revolución Mexicana.* México: Biblioteca del Instituto Nacional de Estudios Históricos de la Revolución Mexicana, 1956. 151 pp.

Muller, Nilda. "Cantantes quieren cantar." *MAR.* 34:1634 (2 mar 1973), 26.

Paredes, Américo. "El concepto de la 'médula emotiva' aplicada al corrido mexicano 'Benjamín Argumedo.' " *Folklore Americano* (Lima), 7 (21 feb 1970), 8-12.

Paret-Liruardo de Vela, Lise. *Folklore musical de Guatemala.* Guatemala: Tip. Nacional, 1962.

Parra, Violeta. *Décimas: autobiografía en versos chilenos.* Santiago de Chile: Universidad Católica, 1970.

————. *Poésie populaire des Andes.* tr. de Fanchita González-Battle. Paris: Librairie F. Maspero, 1965. 174 pp.

"Primer Congreso Nacional de Poetas y Cantores Populares de Chile." *AUCH.* 113:93 (1954). 79 pp.

Rangada, Carlos. "Guía musical del Perú." *Fénix* (Lima), 14 (1964), 3-95.

Rodríguez, Joaquín, y Dionisio Cabal. "La canción política" [en Costa Rica]. *AL.* 3a época, 12 (may-jun 1975), 88-91.

Rodríguez-Puértolas, Julio. "La problemática socio-política chicana en corridos y canciones." *AZT.* 6:1 (Spring 1975), 97-116.

Tinhorão, José Ramos. *Música popular: um tema em debate.* Rio de Janeiro: Saga, 1966. 169 pp.

Vicuña, Magdalena. "Violeta Parra, hermana mayor de los cantores populares." *Revista Musical Chilena* (Santiago), 12:60 (jul-ago 1958), 71-77.

Viggiano Esain, Julio. *Cancionero popular de Córdoba: poesía tradicional (coplas).* Tomo 1. Córdoba, Argentina: Universidad Nacional de Córdoba, 1969. 366 pp.

Viglietti, César. *Folklore musical del Uruguay.* Montevideo: Ediciones del Nuevo Mundo, 1968. 127 pp.

Viglietti, Daniel. "Carlos Molina: payador contra el viento." *MAR.* 34:1643 (17 may 1973), 29; y 34:1644 (25 may 1973), 26.

————. "El circo de Chico Guarque." *MAR.* 35:1650 (27 jul 1973), 23.

————. "De la raíz del pueblo." *MAR.* 35:1673 (31 may 1973), 24.

————. "En la garganta del Angel." *MAR.* 34:1633 (23 feb 1973), 24, 26.

————. "Tres chilenicos en Buenos Airicos." *MAR.* 34:1631 (9 feb 1973), 27.

Zitarrosa, Alfredo. "Yupanqui o el pesado posible." *MAR.* 35:1657 (26 oct 1973), 27.

Indice

Indexed are all personal names; titles of plays, with author appearing in parentheses; dramatists named or alluded to; theater groups; theater organizations (excluding playhouses); theater festivals and similar events.

Constan en el índice nombres personales; títulos de dramas, con el nombre del autor en paréntesis; dramaturgos nombrados o aludidos; grupos de teatro; organizaciones de teatro (excluyendo salas); festivales de teatro y eventos semejantes.

420   INDICE

COLABORADORES

Karla Barro. Directora teatral y dramaturga cubana. Dirige el Teatro Nacional de Guiñol, La Habana.

Augusto Boal. Director de teatro, dramaturgo y tratadista brasileño. Afiliado por muchos años al Teatro de Arena, São Paulo.

Enrique Buenaventura. Dramaturgo colombiano, fundador y director del Teatro Experimental de Cali.

Paulo de Carvalho-Neto. Folklorólogo y novelista brasileño.

Sergio Corrieri. Director del Grupo de Teatro Escambray, Cuba.

Charles B. Driskell. Master of Arts en Literatura Hispanoamericana por University of California, Los Angeles.

Angel Facio. Periodista y crítico español de teatro.

Víctor Fuentes. Profesor de Teatro y Literatura Hispanoamericana, University of California, Santa Barbara.

Grupo de Teatro Ollantay de la Escuela Politécnica Nacional, Quito, Ecuador.

Nicolás Kanellos. Director del Teatro Desengaño del Pueblo. Editor de *Revista Chicano-Riqueña* y Profesor de Indiana University Northwest.

Gerardo Luzuriaga. Profesor de Teatro y Literatura Hispanoamericana, University of California, Los Angeles.

Julio Mauricio. Dramaturgo argentino.

José Monleón. Crítico español de teatro, fundador y director de la revista *Primer Acto,* Madrid.

Abdias do Nascimento. Dramaturgo y pintor brasileño, fundador del Teatro Experimental do Negro y del Museu de Arte Negra, en Río de Janeiro. Profesor de Teatro y Cultura Afro-Latinoamericana, State University of New York, Buffalo.

Moisés Pérez Coterillo. Periodista y crítico español de teatro.

Marina Pianca. Master of Arts en Literatura Hispanoamericana por University of California, Los Angeles.

Domingo Piga T. Crítico y director chileno de teatro, ex-decano de la Facultad de Ciencias y Artes Musicales y Escénicas de la Universidad de Chile. Profesor de Teatro, Universidad de San Marcos, Lima.

Bruno Podestá. Sociólogo peruano. Profesor y Editor de la revista *Apuntes,* Universidad del Pacífico, Lima.

Beatriz Sanz. Doctora en Literatura Hispanoamericana por University of California, Irvine.

Adele Edling Shank. Crítica de teatro y autora de varios dramas.

Theodore Shank. Profesor y Director de Teatro, University of California, Davis.

Eugene R. Skinner. Profesor de Literatura Hispanoamericana.

Carlos Miguel Suárez Radillo. Crítico y director español de teatro.

Sergio Vodánovic. Dramaturgo y crítico teatral chileno. Ex-profesor de la Universidad de Concepción y de la Universidad Católica de Santiago.

A. Michael Wilson. Master of Arts en Literatura Brasileña por University of California, Los Angeles.

Manuel Zapata Olivella. Médico y antropólogo colombiano. Director de la Fundación Colombiana de Investigaciones Folklóricas y de la revista *Letras Nacionales,* Bogotá.